EDITION MARySOL

Über das Buch:

Nach Jahren im Fernen Osten stellte sich die Frage nach der Zukunft: Bleiben oder die Rückkehr nach Europa.

Der Autor, als Verkaufsingenieur in der Stahlindustrie tätig, entschied sich für die Rückkehr. Damit begann eine abenteuerliche Episode. Ein Segelboot wurde gesucht und für die lange Reise ausgestattet. Doch unvorhergesehene Hürden riskierten dem Projekt ein Ende zu bereiten, bevor es überhaupt los ging. Dem unerfahrenen Kapitän und seinen Begleitern öffnete sich eine neue Welt. Nicht auf die Geschwindigkeit, sondern auf das Erleben kam es an. Natur, Kulturen, Menschen und nicht zuletzt prickelndes Abenteuer. Der Bogen der Reise spannt sich von Asien, via Afrika und Amerika, nach Europa.

Doch am Ende stand die Erkenntnis: Der Weg war das Ziel!

Der Autor:

Ralph von Arnim, 1956 in Frankfurt am Main als Sohn deutsch-französischer Eltern geboren, studierte Eisenhüttenkunde an der Technischen Universität Clausthal im Harz. Im Anlagenbau von Stahlwerken tätig, führte ihn sein Weg nach Asien. Heute lebt er mit einem Fuß auf seiner Segelyacht ‚Ryusei' und einem an Land.

Ralph von Arnim

FÜR EINE FLASCHE WHISKY

Von Asien nach Europa

22.000 Seemeilen / 24 Monate / 4 Kontinente

Hongkong
Thailand – Malaysia – Singapur – Indonesien
Chagos – Mauritius – Réunion – Südafrika – Namibia – St. Helena
Brasilien – Franz. Guayana – Tobago – Grenadinen – Grenada – Venezuela
Kolumbien – Panama – Honduras – Mexiko – Kuba
Bahamas – Vereinigte Staaten – Kanada
St. Pierre – Irland
Schottland

von Arnim, Ralph:
Für eine Flasche Whisky: Von Asien nach Europa

2. Auflage
ISBN 3-00-004464-7
1999 by EDITION MARySOL
St. Felix / Chemin Grenier
Mauritius

Fotos: R. & Y. v. Arnim, G. Hammond, L. Raubenheimer
Zeichnungen: Sabine Aly, Gary Cain, Vibeke Schrøder
Umschlag: Godja Momsen - Hamburg
Druck und Bucheinband: Clausen & Bosse, Leck
Printed in Germany

Meinem ‚Nordlicht‘

und

‚John Mac Nab‘

INHALT

TEIL II

Grand Bruit – Neufundland

VORWORT

„Der Weg ist das Ziel" (Tao)

Jeden, der mit dem Gedanken spielt, auf große Fahrt zu gehen, möchte ich warnen. Das Fahrtensegeln macht süchtig, und es revolutioniert die Einstellung zum Leben. Aber es lohnt sich, und es ist nie zu spät, damit anzufangen.

Es war eine Illusion zu glauben, die Seereise von Asien nach Europa ließe sich in einem Urlaubsjahr erledigen. Ich rechtfertigte mich dann mit der Behauptung: Ein Urlaubsjahr zur See hat 24 Monate. Die Wartung und Reparatur einer Fahrtenyacht verschlingt viel Zeit. Besonders dann, wenn es sich um ein hölzernes Schiff handelt. Zudem gelang es mir nicht, all die interessanten Orte links liegen zu lassen, um geradewegs meinem Ziel entgegenzusegeln. Eine der wichtigsten Grundregeln, die ich während meiner Reise erfahren habe, ist: Wer segeln will, muß Zeit haben. Zeit zu haben, ist nicht nur ein Luxus, sondern auch ein Sicherheitsfaktor.

Dinge, die wir in unserem Leben für selbstverständlich hielten, bekamen einen anderen Stellenwert. Die Gewalten der Natur wurden uns bewußter. Außerdem wunderte es uns plötzlich, mit welch unbedeutenden Problemen sich die Menschen in der westlichen Welt beschäftigen.

Für meine Begleiter und mich war es eine sensationelle Erfahrung. Die Sucht nach dem Abenteuer und die Neugier trieben uns. Die Begegnungen mit Menschen und Kulturen, die vielerorts geschichtlich mit Europa verbunden waren, bildeten ein ideales Vorfeld für das Endziel der Reise. Wir reisten in Zeitlupe und führten ein Leben auf der Überholspur. Ich hatte das Glück, die Erlebnisse zusammen mit sehr humorvollen Menschen zu teilen. Außenstehende beurteilten *Ryuseis* Team mit den Worten: „It is a happy boat!"

In der langen Geschichte der Seefahrt verblassen unsere Abenteuer. Dennoch glaube ich, daß einige unserer Erlebnisse es verdienen, niedergeschrieben zu werden. Ich hoffe damit diejenigen anzusprechen, die schon immer vom Segeln träumten. So können sie, ohne sich aus ihren Verpflichtungen zu lösen, die Reise auf geistiger Ebene nachvollziehen.

Fair Winds

TEIL I

CRAMALOTT INN
Juli 95 / Grand Bruit / Neufundland

Dichter Nebel umgab uns, es war eisig kalt, und RYUSEI stampfte unkontrolliert in der aufgewühlten See. Schon bereuten wir, den Hafen Petites an der Südküste Neufundlands verlassen zu haben. Ein Sturm hatte uns dort festgehalten. Dann, als sich der Wind legte und der Wetterbericht günstig erschien, waren wir in See gestochen. An den Nebel hatten wir uns in den letzten Monaten gewöhnt. Doch heute war er besonders dicht, so daß uns Norman, der hilfsbereite Bootsbauer, mit seinem Fischerboot aus dem winzigen Hafen lotste. Wir mußten einen längeren, aber sicheren Umweg wählen, denn über der Barre der kürzeren Hafenausfahrt brachen sich die Wellen. Allein dies hätte uns sofort zur Umkehr bewegen sollen. Nun war es zu spät. Norman hatte der Nebel verschluckt, und wir befanden uns auf offener See. Ohne ihn würden wir den Weg durch die Felsen in den Hafen nach Petites nicht zurückfinden. Also nahmen wir, wie geplant, Kurs auf Grand Bruit, einen Hafen, der uns empfohlen worden war. Die kurze Strecke von lediglich 22 Meilen ließe sich doch auch bei schlechtem Wetter zurücklegen – glaubten wir.

Wir, das waren Malley, Elizabeth und ich. Meine Begleiterinnen stammten aus den USA. Ich hatte sie in Maine kennengelernt, und nun wagten sie, mit mir über den Nordatlantik nach Schottland zu segeln. Malley hatte sich für dieses Abenteuer von ihrem Verlobten und ihrer Arbeitsstelle beurlauben lassen. Elizabeth unterbrach ihr Studium für ein Jahr, um nach Europa und Afrika zu segeln.

Zu allem Überfluß legte sich nun auch noch der Wind. Die Segel fielen ein und der Großbaum krachte bei jeder Welle hin und her. Der Sturm, ein Tief aus der Karibik, war vorbeigezogen. Nur das Meer hatte sich noch nicht beruhigt. Wir holten die Segel ein und starteten den Motor. Das Schiff schaukelte so wild, daß alle seekrank wurden. Malley traf es am schlimmsten. Durch die heftigen Bewegungen riß eines der Halteseile des Radarreflektors. Entfesselt knallte der über der Saling angebrachte Zylinder gegen den Mast und drohte, sich selbst zu zerstören. Mir blieb nichts anderes übrig, als mit Sicherheitsgurt und Spinnakerfall gesichert den Mast hinaufzuklettern und den Reflektor notdürftig festzubinden.

Kaum war ich wieder unten, rief Malley: „Hinter uns muß ein Schiff sein. Ich sehe ein Signal auf dem Bildschirm des Radars." „Das sieht nach Kollisionskurs aus", meinte ich, nachdem wir die Bewegung des Signals für eine Weile verfolgt hatten. „Der Intensität des Signals nach zu urteilen, muß es sich um ein größeres Schiff handeln. Es holt schnell auf." Ich übernahm das Ruder. Elizabeth saß am Niedergang und gab die Distanz zum nahenden Objekt durch. Malley und ich starrten nach achtern. Plötzlich sahen wir in etwa zweihundert Meter Entfernung die Umrisse eines Frachtschiffes. Es näherte sich und überholte uns. Auch das viel größere Schiff kämpfte mit dem Seegang. Als es vor uns im Nebel verschwand, stellte ich erleichtert fest: „Zumindest sind wir nicht die einzigen, die bei dem Sauwetter unterwegs sind."

Das tröstete uns wenig, denn schon standen wir vor dem nächsten Problem. Können wir es wagen, bei diesem Seegang den uns unbekannten Hafen von Grand Bruit anzulaufen? Zusammen studierten wir die Karte. Mein Gefühl sagte mir, daß wir eher den Schutz der offenen See suchen sollten. Aber unter diesen Verhältnissen, da das Schiff unkontrolliert wie ein Korken herumgeworfen wurde, beschloß ich, es zu versuchen. Ich deutete auf die Seekarte und sagte: „Wenn wir die Insel vor der Hafeneinfahrt und die Markierungsboje auf dieser Untiefe mit dem Radar identifizieren, könnten wir es schaffen." Mit Hilfe des GPS, des Tiefenmessers und des Radars tasteten wir uns in Richtung der zerklüfteten Küste. Die Wellen wurden höher, da sich die Wassertiefe verringerte. Elizabeth konzentrierte sich auf das Radar. „Ralph, ich sehe so viele Signale, daß ich weder die Insel noch die Boje ausmachen kann. Das Signal der Insel scheint mit der dahinter liegenden Küste zu verschmelzen", klagte sie. „Das können nur die Reflektionen der hohen Wellen sein. Wenn wir den Signalfilter verstärken, dann läßt sich auch die Boje nicht mehr orten. Laßt uns Augen und Ohren offenhalten, damit wir in dem Nebel feststellen können, wo die Brandung ist", rief ich zurück. Die Spannung stieg, denn wir wußten, daß die Gegend voller Untiefen und Felsen ist.

Malleys scharfer Blick rettete uns. „Brechende Wellen voraus", schrie sie. Seitlich und vor uns sah ich im Nebel plötzlich Brecher und Schaum. Ich gab Vollgas, riß das Ruder herum und ging auf Gegenkurs. Dann steuerten wir weiter nach Osten, in der Hoffnung, auf die kleine Insel vor der Hafeneinfahrt zu stoßen. Die Konfusion wurde immer größer, da wir wegen der hohen Wellen und des nahen Landes die leitende Untiefenmarkierung nicht finden konnten. Wieder kamen wir brechenden Wellen gefährlich nahe, und wieder gab es eine Notwende. Jetzt konnten wir uns nur auf das Gespür und die Sinne verlassen. Malley hielt Ausschau, während Elizabeth, die weniger gute Augen, aber dafür ein um so besseres Gehör besaß, auf Geräusche lauschte und kontinuierlich den Tiefenmesser beobachtete. Den am Niedergang befestigten Radarschirm konnte ich auch vom Steuerstand aus sehen. Ich hatte mir angewöhnt, in brenzligen Situationen mit Humor die aufsteigende Panik an Bord zu verhindern. Unser Leben stand auf dem Spiel, und diese Furcht konnte auch ich kaum noch unterdrücken. In diesem Moment der Verzweiflung sahen wir plötzlich die gesuchte Markierungsboje jenseits der Schaumkronen. Gleichzeitig tauchte nahe der Untiefe das kleine Frachtschiff auf, das uns vorher überholt hatte. Es lief auf Gegenkurs. „Die sind ja noch tollkühner als wir", rief Elizabeth. Wir umrundeten die Untiefe und befanden uns schließlich zwischen der Boje und der gesuchten Insel. Tosend brachen sich die Wellen auf den Klippen. Die Sicht war mehr als miserabel. In solch beengten Verhältnissen war das Radar kaum zu gebrauchen. In langsamer Fahrt näherten wir uns dem unsichtbaren Hafen. „Brecher auf Steuerbord, Backbord und voraus", schrie der Ausguck. In diesem Moment, als die Passage zwischen den Felsufern mit brechenden Wellen am engsten war und wir eigentlich hätten kehrt machen müssen, erschien plötzlich vor uns der Bug eines großen Schiffes. Der Kapitän stand auf der Brücke im Freien und winkte uns zu. Dann verschwanden Schiff und Kapitän im Nebel. Ein haarsträubendes Erlebnis. Wir waren nur knapp einer Kollision entgangen. Langsam fuhren wir weiter und verglichen dabei das Küstenprofil mit dem der Seekarte. Norman hatte uns gewarnt, daß man die Einfahrt zum Hafen erst sehen könne, wenn man quasi darin sei. Eine etwa einhundert Meter breite Spalte zwischen den Felsen tat sich auf. War dies der richtige Weg? Im Nebel konnten wir nichts sehen. Dafür hörten wir um so mehr das Tosen der Brandung. Ich riskierte es, gab Gas und lenkte Ryusei auf die Spalte zu. Augenblicke später befanden wir uns in ruhigem Gewässer und ein hölzerner Pier mit einigen Häuschen tauchte aus dem dichten Nebel.

Wir hatten es geschafft. Mit zitternden Knien stiegen wir an Land und umarmten uns vor Freude. Ein Rauschen erfüllte Luft. Was war das? Wir blickten uns um und sahen die schemenhaften Umrisse einer kleinen Bucht. Holzhütten säumten das Ufer. Inmitten dieser kleinen Siedlung stürzte ein Wasserfall in die Meeresbucht. Der Lärm, den er erzeugte, gab dem Ort den Namen Grand Bruit, was übersetzt 'großer Lärm' bedeutet.

Zu Fuß wanderten wir durch den Ort, der im Nebel eine romantische Atmosphäre ausstrahlte. Die Häuser waren alle aus Holz gebaut. Mit einem der Fischer kamen wir ins Gespräch. Er lächelte wissend, als wir von unseren Problemen mit der Landung berichteten. Trotz Nebel finden sich die Fischer zurecht, sie kennen die Küste wie ihre Westentasche. Auf unserer Erkundungstour kamen wir an eine kleine Hütte mit der Aufschrift ‚Cramalott Inn‘. „Dort treffen sich allabendlich die Einheimischen auf einen Drink“, erklärte uns ein Fischer, dessen Weg wir kreuzten.

Später, bei Einbruch der Dunkelheit, fanden wir uns dort ein. Jeder brachte seine eigenen Getränke und Verpflegung mit. In der Hütte gab es einen Kühlschrank und einen Gasherd. Sie war klein, warm und brechend voll. An dem Tag machte sie ihrem Namen alle Ehre, sinngemäß würde man ‚Cram-a-lott Inn‘ mit ‚Pack eine Menge hinein‘ übersetzen.

Viele der Anwesenden waren gestrandete Gäste. Zwei Tage zuvor hatte in Grand Bruit eine Hochzeit stattgefunden. Wegen des schlechten Wetters war eine der Fähren ausgeblieben, und jetzt saßen die Hochzeitsgäste in Grand Bruit fest. Als wir von unserem Malheur auf See erzählten, ernteten wir Gelächter. Es konnte gelacht werden, weil es gut ausgegangen war. Auf jeden Fall hätten wir in Petites besseres Wetter abwarten sollen.

Das Schiff, das wir an jenem Tag in den dramatischen Stunden zweimal gesehen hatten, war das Versorgungsschiff für die Goldmine in der Nachbarbucht (Cinq Cerf Bay). Wegen des schweren Seegangs konnte es den Zielhafen nicht anlaufen und mußte unverrichteter Dinge nach Port Aux Basque zurückkehren. Das andere Schiff, mit dem wir im Nebel fast kollidiert wären, war eine der Fähren, die Grand Bruit regelmäßig anlief.

Im Cramalott Inn gab es weder Fernsehen noch Radio. Die Unterhaltung bestand ausschließlich im Erzählen von Witzen und Geschichten. Sprüche und Karikaturen dekorierten die Wände. Beispielsweise konnten wir da lesen: „If Assholes could fly, this place would be crowded like an airport“. Die Hütte erzitterte vor Gelächter, als Elizabeth den Spruch hinzufügte: „Wenn wir Ärsche fliegen könnten, würden wir endlich die Sonne über dem Nebel sehen.“ Aber soweit brauchte es nicht zu kommen, denn nach dem überstandenen Schrecken befanden wir uns sowieso auf einem Höhenflug. Einige junge Mädchen der Hochzeitsgesellschaft gesellten sich zu uns, was die Stimmung in der Hütte noch mehr anheizte.

Berichte über die Fischerei besaßen einen hohen Stellenwert. Daher erzählte ich unsere Anekdote vom Wildern der Hummer: „Auf unserer Reise segelten wir in Novia Scotia durch den Lake Bras d'Or, einen großen Salzwassersee. Dort ankerten wir zufällig neben einer Hummerreuse. Die heiße Witterung verleitete uns, trotz des kalten Wassers, zum Schnorcheln. Natürlich tauchte ich dabei einmal ab, um nach der Reuse zu sehen, die in etwa fünf Meter Tiefe lag. Zu meiner Freude saß darin ein Hummer.

„Elizabeth, Malley, könnten wir nicht einen Hummer zum Abendessen gebrauchen?" fragte ich nach dem Auftauchen.

„Ja, natürlich", antworteten sie.

Wiederum tauchte ich ab. Aber als ich die Reuse öffnen wollte, griff mich der Hummer mit seinen zwei überdimensionalen Scheren an. Panikartig schloß ich den Deckel und tauchte auf. Beim Erzählen imitierte ich den Angriff des Hummers in Pantomime, was die angeheiterten Zuhörer in Höchststimmung versetzte. Ich fuhr fort: „Mit baren Händen hätte ich den Hummer nie fangen können. Daher tauchte ich beim nächsten Versuch mit der Harpune. Ich öffnete die Klappe, und wieder erschreckte mich der Angriff. Luftschnappend tauchte ich auf. „Wo bleibt die versprochene Beute, Kapitän?" spotteten meine Damen. Ich atmete mehrmals tief durch und tauchte nochmals. Mit dem Spott im Nacken ließ ich mich durch die mir entgegengestellten Scheren nicht mehr einschüchtern. Ich öffnete die Klappe und schoß dem Hummer mit der Harpune zwischen die Augen. Das beruhigte ihn. Aber jetzt hatte sich der Speer mit dem Netz der Reuse verheddert. Es bedurfte noch einiger Tauchgänge, bis ich die Beute meiner wartenden Mannschaft übergeben konnte. „Der arme Fischer darf nicht leer ausgehen", bestimmten wir. So bereiteten wir einen durchsichtige Plastiktüte vor, die eine 5–Dollar–Note und einen Dankesbrief enthielt. Diese deponierte ich dann in der Reuse. Auf dem Papier stand geschrieben: „Lieber Fischer – Ich, der Hummer, habe alles versucht, die Wilderer mit meinen großen Scheren in die Flucht zu schlagen. Ohne Erfolg. Beiliegenden Obolus ließen meine Wilderer zur Wiedergutmachung zurück. Mit besten Grüßen!" Wir hatten etwas Angst, denn sowohl in Kanada als auch den USA wird auf Wilderer geschossen.

Ich schloß die Geschichte mit der Frage: „Könnt ihr euch das Gesicht des Fischers vorstellen, wenn er anstatt des Hummers das Geld mit der Nachricht findet?"

Die Anwesenden johlten und imitierten noch lange die Pantomime mit dem angreifenden Hummer.

Zur vorgerückten Stunde wurde ich mit einer Frage bedrängt, die nicht mit wenigen Worten zu beantworten war: „Erzähl uns doch von deiner Seereise. Wie seid ihr hierher gekommen?"

Der Alkohol hatte meine Zunge gelöst, und so begann ich im ‚Cramalott Inn' mit der Erzählung meiner Abenteuer.

BINGO

„Der sieht ja aus wie ein Affe!" waren die ersten Worte, mit denen man mich auf dieser Welt willkommen hieß.

32 Jahre später arbeitete ich in einem Stahlwerk in China. Mein chinesischer Dolmetscher, Herr Liu, immer neugierig mit Fremden, den sogenannten ‚Langnasen', fragte: „Wann sind sie geboren?" „Dezember 1956." Bei dieser Antwort klatschte er freudig in die Hände und rief: „Dann sind sie ja auch ein Affe – wie ich. Wir sind die Besten. Wir sind Affenkönige!"
Herr Lius Gefühlsausbruch bezog sich auf unsere chinesischen Tierzeichen. Nach der chinesischen Legende, hat Buddha vor langer Zeit alle Tiere herbeigerufen und ehrte die, die kamen, in dem er ein Jahr nach ihnen benannte. Im Gegenzug gab jedes der Tiere seine Charaktereigenschaften den Menschen, die in jenem Jahr geboren wurden.
Asien drohte meine Heimat zu werden. Mein Beruf wollte es so. Außerdem gewann eine Asiatin namens Lisa mein Herz. Die Firma, für die ich arbeitete, war von einem 65jährigen Herrn gegründet worden. Die hölzerne Segelyacht meines Freundes, mit dem ich einen Törn unternahm, hatte er in seiner Freizeit als über 60jähriger gebaut. Der erste Herr lebte und arbeitete bis er über 100 wurde. Der andere segelt und arbeitet immer noch, obwohl er über 70 ist. Lisa und ich waren beruflich gestreßt. In unserem Umfeld verausgabten sich Mitarbeiter so sehr, daß sie an Herzversagen starben.
„Würden wir je das Alter erreichen, um unsere Träume zu verwirklichen?" fragten wir uns in einer romantischen Mondnacht. Lisa, eine attraktive Chinesin aus Singapur, hatte in Amerika Meeresbiologie und Wirtschaft studiert. Sie liebte das Meer, arbeitete jedoch als Brokerin bei einer Bank. Ich war Ingenieur und verkaufte Stahlwerksanlagen im Fernen Osten. Unsere Berufe verlangten vollen Einsatz. Wir sahen uns selten, hatten jedoch einen gemeinsamen Traum: Einmal die Weltmeere zu besegeln. Vor allem aber: Asien zu verlassen. Mir fehlten die Jahreszeiten und das vertraute Umfeld. Nach fünf Jahren in Asien, lag für mich das Ziel in Europa, für Lisa eher in den Vereinigten Staaten. Die grobe Richtung stimmte.

Allein hätte ich es nie gewagt – aber zu zweit: BINGO!

Singapur / September 1992

DIE SUCHE

Romantik des Holzes

Wir besaßen ein altes Motorboot, womit wir des öfteren der polierten Geschäftswelt Singapurs entflohen. Zusammen mit Seth, Lisas treuem Hund, verbrachten wir Nächte an einsamen Stränden oder verlassenen Kellongs (Fischerhütten, die im Meer auf Stelzen stehen) auf malaiischem oder indonesischem Territorium. Hier träumten wir von der Freiheit und der Zukunft.

Unsere Bootsexkursionen dienten auch zur Erkundung der in Singapur verweilenden Segelyachten. Begegnungen mit Fahrtenseglern folgten. So trafen wir den legendären Vincent Goudi auf dem englischen Pilot Cutter ‚Amulet' oder jene französische Familie, die zusammen mit ihren Drillingen die Welt umsegelte.

Schließlich lernten wir auch den Australier Graeme Irland kennen. Er lebte allein an Bord seiner 52-Fuß-Yacht ‚Nefertiti', segelte allerdings immer in Begleitung von netten Damen. Er kannte die Yachtbranche besser als jeder andere. Graeme stand unserem Projekt Pate. Ohne seine wertvolle Hilfe hätten wir vor der Abreise Schiffbruch erlitten.

Durch Graeme kam das neue Projekt überhaupt erst richtig ins Rollen. Ohne ihn wäre ich wahrscheinlich noch in Asien. Graeme führte uns in die Geheimnisse des Fahrtensegelns ein, denn darin hatten wir praktisch keine Erfahrung. Er studierte mit mir die Angebote von Schiffen, die ich mir aus allen Ecken und Enden des Fernen Ostens, inklusive Australien und Neuseeland, habe zusenden lassen. Keine Yacht paßte uns. Entweder sie war zu klein, zu groß, zu häßlich, zu verkommen – oder zu teuer. Bei der Suche wurde mir langsam bewußt, welche Art von Yacht die Richtige wäre. „Eine klassische Yacht aus Holz oder Fiberglas; aber keinesfalls aus Metall", befand ich als Metallurge.

Nicht nur Graeme runzelte beim Namen ‚Holz' die Stirn. Er kannte die Probleme einer Holzyacht, er hatte einmal eine besessen. Holzyachten sind wegen der höheren Wartungskosten weniger beliebt und daher wesentlich preisgünstiger als mit modernen Mitteln gebaute Yachten. Andererseits ist eine hölzerne Segelyacht etwas Besonderes. Eine Holzyacht lebt, strahlt eine angenehme Atmosphäre aus und sie birgt die Romantik der traditionellen Seefahrt.

Ein weiterer unschätzbarer Ratgeber war unser Freund Henry Batchelder. Er, dessen Urgroßvater das blaue Band bei der Atlantiküberquerung auf dem Segelschoner ‚Cestina Readman‘ gewann, kannte sich in der Yachtbranche bestens aus. Auch er träumte von der großen Fahrt. Aber das ließ sich natürlich nicht mit dem Beruf eines Bankmanagers und der Rolle eines Familienvaters verbinden.

Nur wenige der vielen angebotenen Segelyachten kamen schließlich in die engere Wahl:

Länge	Design	Rumpf	Bj.	Name	Standort	Urteil
42'	Collen Archer Cutter	Teak	80	Bowmen	Singapur	zu klein
49'	Wintrop L. Warner Ketch	Mahagoni	62	Tere	Australien	zu weit
52'	John Alden Schoner	Jarrah	29	Pavana	Australien	Holzwurm
40'	W. Gardener Ketch	Mahagoni	67	Encanta	Malaysia	verkauft
44'	Lafitte Sloop (Perry d.)	Fiberglas	81	Laffaire	Hong Kong	zu teuer
52'	Roberts Ketch	Fiberglas	81	Nefertiti	Singapur	zu teuer
47'	Sparkman&Stevens Yawl	Huon Pine	47	La Cigale	Hong Kong	Holzfäule

Im November rief Graeme bei uns an. Er segelte gerade mit einer alten Freundin von Singapur Richtung Phuket/Thailand. „Warum begleitet ihr uns nicht am nächsten Wochenende von Kuala Lumpur nach Lumut? Ein wenig Training und Frischluft würden euch guttun", meinte er, „außerdem liegt hier im Hafen zufällig ein geeignetes Boot zum Verkauf." Dies ließen wir uns nicht zweimal sagen und verbrachten ein wunderbares Segelwochenende.

Die Yacht von der mein Freund gesprochen hatte, war tatsächlich ein hübsches, gut ausgerüstetes Fahrtenschiff. Um sicher zu gehen, sah ich es mir eine Woche später nochmals an. Der Preis war zudem so verlockend, daß ich nicht widerstehen konnte. Also rief ich den Besitzer mit einer mir bis dahin unbekannten Art von Nervosität an und machte ihm ein Angebot. Es ist schwer zu beschreiben, was in einem vorgeht, der sich mit Leib und Seele einem schwimmenden Objekt verschreibt. Insbesondere dann, wenn man noch nie auf einer Yacht gelebt hat. Im übertragenen Sinne entspricht eine überlaufende Badewanne an Land dem Sinken einer Yacht auf dem Meer; wobei letzteres sicherlich gefährlicher ist.

„Sie haben Pech", meinte der englische Besitzer am Telefon, „ich habe gestern das Schiff einem notleidenden Ehepaar versprochen, deren Fahrtenyacht wegen eines Kombüsenfeuers an Bord gesunken ist. Mein Wort kann ich nicht brechen, auch wenn sie mir mehr bieten."

Hier wurde mir erstmalig bewußt, wie sehr die Gemeinschaft der Fahrtensegler zusammenhält.

‚LA CIGALE' / Hongkong

In meiner Enttäuschung, ob der verpaßten Gelegenheit studierte ich nochmals alle Angebote, die sich bei mir zu Hause aufstapelten.

Vor diesem Ereignis hatte ich bereits mit einem Schiffsmakler in Hongkong telefoniert, um Informationen über eine zum Verkauf angebotene, klassische Sparkman & Stevens Segelyacht zu erhalten. „Ja, die Yacht ist noch zu haben", sagte der Herr am Telefon. „ihr Rumpf besteht aus dem seltenen Holz der tasmanischen Huon Fichte. Sie ist karweelbeplankt und genietet. ‚La Cigale' ist zweifellos eines der schönsten Boote in diesem Teil der Welt. Ich werde ihnen weitere Informationen zusenden."

Ende November während einer Geschäftsreise nach Korea, gab es eine Gelegenheit in Hongkong zwischenzulanden. Der Besuch Hongkongs bedurfte starker Nerven. Nicht nur wegen des halsbrecherischen Landemanövers der Düsenjets mitten in der Stadt, sondern auch wegen der überwältigenden Geschäftigkeit, die einem beim Verlassen des Flughafens entgegenschlägt. Auf den Straßen wimmelt es von Chinesen und ihre Geschäftstüchtigkeit kennt keinen Grenzen. Wie ein Wirbelsturm drängen sich dem Besucher die Eindrücke auf: Ein Gewimmel von Menschen, fremde Sprachen, exotische Gerüche, farbenprächtigen Ladenfronten und vieles mehr. Tausende von rot-golden Werbetafeln mit chinesischen Texten hängen über den Straßen, die dadurch wie Tunnel wirken. Dazwischen ratternde, quietschende, zweistöckige Straßenbahnen, das Pendant zum traditionellen Londoner Bus, nur auf Schienen.

Mit der Starferry fuhr ich von Kowloon nach Hongkong Island, wo ich den sympathischen Schiffsmakler David Westerhout kennenlernte. Er gab mir in wenigen Worten seinen Kommentar zu Hongkong.

„Wie aufstrebend dieser kleine Stadtstaat ist, läßt sich an den Wolkenkratzern ablesen", sagte er. „In den letzten Jahrzehnten sind sie wie Pilze aus dem Erdboden geschossen. Chinas Machtanspruch wird hier anschaulich demonstriert. Das Hochhaus der Bank of China übertrumpft bereits das ganze Stadtbild. Die Tage der britischen Herrschaft sind leider gezählt. Was dann geschieht steht in den Sternen."

David zeigte mir eine Reihe von Segelyachten, die in Hongkong zum Verkauf standen. Aber nachdem ich die im Jahre 1947 gebaute S&S Yawl mit dem romantischen Namen ‚La Cigale' sah, hatte ich für die anderen Yachten kein Auge mehr. Es war, als hätte ich den besten Wein am Anfang probiert. Liebe auf den ersten Blick!

‚La Cigale' (= die Grille) stach sofort ins Auge. Ihre elegante Linie stellte alle anderen Yachten in den Schatten. Die schmale Schiffsbreite (10'6") im Vergleich zur Länge (51' mit Bugsprit) und die feinen Holzmasten gaben ‚La Cigale' einen grazilen Charakter. Das lackierte Deckhaus und das Teakdeck strahlten Wärme aus. Kein unnötiges Geschnörkel störte die vollkommene Einheit dieser Yacht. Ein klassisches Schiff voller Romantik, das zum Träumen herausforderte. Es gab scheinbar nur einen einzigen Nachteil: Es fehlte die kostspielige Ausrüstung zum Fahrtensegeln, denn ‚La Cigale' segelte bisher nur in den Gewässern Hongkongs.

Davids Ausführungen bezüglich der Vor- und Nachteile einer klassischen Holzyacht hielten mich in Bann. Das Thema beschäftigte mich so sehr, daß ich nur in allerletzter Minute meinen Anschlußflug nach Korea erreichte, wo ich mit dem aus Europa angereisten Geschäftsführer unserer Firma Kunden besuchen sollte. Hätte ich den Flug verpaßt, wären wir eventuell früher in See gestochen.

Während eines weiteren Besuchs lernte Lisa ‚La Cigale' kennen. Sie war ebenso begeistert wie ich. Wenig später, im Februar 1993, handelte ich am Telefon den Preis aus. Euphorisch köpften wir eine Flasche Champagner auf der Terrasse meines Hauses in Singapur. Der erste Schritt war getan, und im Geiste segelten wir schon in die Ferne.

„Wie sollte unsere Reiseroute aussehen, etwa um die Welt?" fragte meine Freundin.

„Nein das macht doch heute jeder", erwiderte ich: „Laß uns auf Zickzack-Kurs in Richtung Europa segeln, anstatt rund um den Globus. Mit einem Jahr haben wir doch Zeit genug, und bekanntlich führen alle Wege nach Rom."

Wie beim Kauf einer Segelyacht üblich, hatte ich meine Zusage von dem Urteil eines unabhängigen Gutachters abhängig gemacht. Nicht zuletzt riskierten wir, im Falle eines Konstruktionsfehlers, unser Leben. Ich war zwar Ingenieur, aber ich verstand nicht viel von Segelyachten. Für ‚La Cigale' benötigte ich einen Gutachter mit Erfahrung im traditionellen Yachtbau aus Holz.

„Mach' dir darüber keine Sorgen. Ich kenne den richtigen Mann", sagte David. „Er ist der Beste im Fernen Osten. Außerdem finde ich jemanden, der die Masten begutachten kann, denn dieser Herr ist zu alt, um auf Masten zu steigen."

Wir vereinbarten, daß ich am 5. März, zehn Uhr morgens, beim zweiten Teil des Gutachtens, dem am geslipten Boot, zugegen sein würde.

Nach einer vor Aufregung schlaflosen Nacht im Hongkong Airport Hotel nahm ich frühmorgens ein Taxi zum Hebe Haven Yacht Club. Es war ein grauer, nichts Gutes verheißender Morgen. Da stand sie, ‚La Cigale‘, im Trockenen neben dem Yacht Club. Mit Herzklopfen schlich ich um ihren schön geformten Rumpf, als mich eine Stimme aus den Träumen riß.

„Sind sie derjenige, der die Yacht kaufen möchte?"

Ich drehte mich um und sah einen älteren Herren mit wettergegerbtem Gesicht in Begleitung einer zierlichen Chinesin. „Ja", sagte ich etwas zögerlich, und er erwiderte: „Dann möchte ich mich vorstellen. Ich bin Kapitän Gardner und das hier ist meine Assistentin Frl. Wu. Ich habe die Yacht mit Hilfe meiner jungen Assistentin eingehend untersucht. Bevor wir mit der Arbeit fortfahren, sollten wir allerdings gemeinsam einen Kaffee trinken und die bereits gefundenen Ergebnisse besprechen."

Bei diesen Worten überfiel mich ein leichter Anflug von Übelkeit. Wir ließen uns an einem Tisch im Yacht Club nieder und bestellten Kaffee. Ohne Umschweife erklärte mir Kapitän Gardner, anhand einer technischen Konstruktionszeichnung und einigen Fotos, welche schwerwiegenden Mängel er gefunden hatte. David, der mit Verspätung eintraf, hörte gleichermaßen mit langem Gesicht den Ausführungen des Gutachters zu. Bevor der Gutachter geendet hatte, fiel David ein:

„Ralph, Ich bin schockiert. Auch wenn du ‚La Cigale‘ unter diesen Umständen kaufen wolltest, würde ich es als Makler nicht zulassen, daß ihr beide euer Leben riskiert."

„Zusammenfassend möchte ich nochmals feststellen", sagte der unerbittliche Fachmann: „ ‚La Cigales‘ Kielbalken, praktisch das Rückgrat des Schiffes, ist an mehreren Orten verfault. Die Hälfte der Planken sind weich und müßten ersetzt werden. Falls sie mit diesem Schiff auf Seereise gehen wollten, müßten sie es vollständig renovieren. Die Reparatur wäre eine sehr kostspielige Angelegenheit, mit der sie mindestens ein Jahr beschäftigt wären. Man weiß nie, welche zusätzlichen Defekte bei so einem alten Schiff noch aufgedeckt werden. Seien sie froh, daß Sie das Schiff haben untersuchen lassen. Äußerlich sind die Schäden kaum auszumachen. Das hätte eine böse Überraschung werden können. Im Falle eines Sturmes oder einer Kollision mit Treibholz würde der Rumpf sich öffnen und das Schiff rasch sinken."

Aus der Traum. Weder wollten wir uns gefährden, noch das ‚Sabbatical Year‘ mit dem Renovieren eines Schiffes verbringen. Wir wollten eigentlich nur dem Horizont entgegensegeln und uns vom Streß der vergangenen Berufsjahre erholen. Was soll daran so kompliziert sein?

Nur Freund Graeme versuchte im Vorfeld der Ereignisse, unsere Begeisterung zu dämpfen: „Segeln ist voller Unwägbarkeiten. Wind, Wetter, Laune und sonstige Ereignisse können eure Pläne durchkreuzen. Laßt euch doch Zeit! Ihr bewegt euch hier in einer anderen Welt."

Wir hatten ein Schiff verloren, ohne je in See gestochen zu sein. Aber dafür gewannen wir einen neuen Freund, David. Gemeinsam schworen wir, daß das Schiff auf dem wir eines Tages die Reise antreten würden, unter der Flagge Hongkongs, dem Ort unserer ersten Liebe, segeln würde.

‚RYUSEI‘

Tag X

In meiner Nachbarschaft wohnte ein Engländer, der zusammen mit seiner Freundin in Thailand eine Segelyacht gechartert hatte. Beide waren anschließend so begeistert vom Segeln, daß sie vorübergehend den Kauf einer Yacht in Erwägung zogen. Als ich ihm von unserer mißlungenen Aktion in Hongkong erzählte, meinte er: „Ralph, komm doch mal herüber. Ich habe einen ganzen Stapel Angebote von Segelyachten, die mir ein Schiffsmakler aus Thailand zugesandt hat. Unseren Plan, eine Yacht zu kaufen, haben wir vorläufig auf Eis gelegt.“

Noch am gleichen Abend studierten wir die Dokumente. Die Beschreibung einer Segelyacht stach uns sofort ins Auge. Nicht nur besaß sie ein außergewöhnlich schönes Design, sondern auch eine komplette Ausrüstung zum Fahrtensegeln:

Name	RYUSEI		
Typ:	Sparkman & Stevens Slup		
LÜA	44'	Verdrängung	13 Tonnen
LWL	34'	Ballast	4.9 Tonnen
Breite	11'6"	Rumpf	Burma Teak
Tiefgang	6'9"	Baujahr	1966 Japan

Ryusei ist ein Schwesterschiff der Sparkman & Stevens Yacht ‚Firebrand‘, die den Admiral‘s Cup gewonnen hat. Die Yacht ist in einer der bekanntesten Werften Japans für einen japanischen Eigner gebaut worden. Nach erfolgreicher Beteiligung am South China Sea Race im Jahre 1966 dominierte sie viele Jahre die lokalen Regatten. Mit Änderung des International Ocean Racing (IOR) Reglements endete die Karriere als Regattayacht. Im Jahre 1982 kaufte ein in Japan lebender Amerikaner die Yacht, stattete sie zum Fahrtensegeln aus und bereiste seither den fernen Osten.

Am Telefon bestätigte mir der Schiffsmakler in Thailand, daß *Ryusei* immer noch zum Verkauf stand. Lisa und ich verloren keine Zeit. Am folgenden Wochenende flogen wir nach Phuket, einer bekannten Touristeninsel im Südwesten von Thailand. Ein Taxi brachte uns über eine staubige Straße nach Ao Chalong an der Südspitze Phukets. Dort, in der für Fahrtensegler bekannten Bar ‚Lattitude 8‘, trafen wir John, den australischen Schiffsmakler, der sich in Thailand niedergelassen hatte. Ich glaubte, daß mich nach ‚La

Cigale' kein anderes Schiff mehr in Bann ziehen könnte. Das war, Gott sei Dank, ein Irrtum. Als wir nach der Besichtigung *Ryusei* verließen, waren wir beide fest davon überzeugt, endlich das Richtige gefunden zu haben. Die Yacht entsprach allen Anforderungen zum Fahrtensegeln. Die Größe stimmte und sie machte einen sehr soliden Eindruck.

„*Ryusei* ist klar zur Abreise. Sie brauchen nur noch ihre Zahnbürste mitbringen", sagte der Makler.

Am gleichen Tag lernten wir Raudi kennen, der im Fernen Osten den Amateurfunk für Fahrtensegler leitete. Er erzählte uns, daß *Ryuseis* Besitzer, Ron Brandon, drei Jahren zuvor mit seiner japanischen Frau in Phuket eingetroffen sei.

„In Thailand zerbrechen fast alle Ehen. Die Versuchungen sind einfach zu groß", warnte Raudi.

So kam es, daß sich das Paar trennte. Ron, ein alter Vietnam-Veteran, der viele Jahre in Japan gelebt hatte, verlor jeglichen Halt. Als er sich schließlich wieder fing, gründete er eine eigene Firma in Phuket. Wie es hieß, hatte er sich seit jenem Zeitpunkt, vor drei Jahren, auch von *Ryusei* getrennt. Seither kümmerte sich der Makler um die verlassene Yacht. Er hatte sie allerdings wegen des verlangten Preises, bisher nie verkaufen können.

Die Versuchung von der Raudi sprach, war in Thailand, insbesondere in Phuket, allgegenwärtig: Die Prostitution. Sex genießt hier oberste Priorität. Es handelt sich um das Geschäft notleidender Menschen. Die einen, zumeist junge Frauen, brauchen es zum Überleben und um ihre Familien über Wasser zu halten. Die anderen, die Männer, lassen sich durch ihre Triebe leiten. Da erübrigt sich die Frage nach dem schwächeren Geschlecht.

Zurück in Singapur, gingen wir beide in der folgenden Woche unserer Arbeit nach. Aber *Ryusei* gärte in unseren Köpfen. Meine Freunde Graeme Ireland und David Westerhout wurden zu Rate gezogen. Außer der Tatsache, daß das Schiff wiederum aus Holz bestand, waren sie optimistisch. Ein Außenstehender, der *Ryusei* kannte, schwärmte von den Segeleigenschaften der Yacht. Auch ein auf klassische Schiffe spezialisierter Schiffsmakler, den ich in England kontaktierte, fand das Angebot sehr attraktiv, falls die Segelyacht der Spezifikation entspräche.

„In diesem Fall werden sie beim Verkauf in Europa keinen Wertverlust erfahren", sagte er.

Dann kam der Tag X. Ich rief den Makler an diskutierte mit ihm den Preis. Kurze Zeit später hatte ich *Ryuseis* Eigner an der Leitung. Nach einigem hin und her einigten wir uns auf 88.000 US$ unter Vorbehalt eines Gutachtens. 10% des vereinbarten Kaufpreises sollten angezahlt werden.

Anstatt nun bescheidener zu sein, öffneten wir wiederum eine Flasche Champagner, feierten den Moment und ließen unsere Gedanken in die Ferne schweifen. Diesmal waren wir uns nicht nur sicher, das Richtige gefunden zu haben, sondern, auch ohne Komplikationen, Eigner dieser Segelyacht zu werden.

Daß beide Yachten, für die ich mich entschied, vom Zeichenbrett der renommierten Konstruktionsfirma Sparkman & Stevens stammten, war ein Zufall.

Ausstieg

Mit dem Kauf der Segelyacht begannen die Turbulenzen! Der Makler verlangte die Anzahlung auf sein Konto in Singapur, der Eigner dagegen die Überweisung auf sein Konto in Hongkong. Die Übergabe von *Ryusei* sollte in internationalem Gewässer erfolgen, um die thailändischen Verkaufssteuern zu umgehen.

Für das Gutachten wollte ich bereits Kapitän Gardner aus Hongkong engagieren. Doch dann wählten wir einen in Thailand lebenden Fachmann. Wir vereinbarten, daß *Ryusei* Ende März geslippt werden sollte und daß wir uns zum Abschlußgespräch in Phuket treffen würden.

Wir waren unserer Sache so sicher, daß Lisa und ich die Kündigungen einreichten. Da Lisa sich bei einer amerikanischen Investmentbank um Großkunden kümmerte, wurde sie mit der Kündigung vom Dienst suspendiert. Für mich war dies nicht so einfach. Ich hatte sieben Jahre loyal meiner Firma gedient und plante, in friedlichem Einvernehmen zu scheiden. Ich kündigte Ende März zu der vertraglich festgelegten dreimonatigen Frist.

Gleichzeitig schrieb ich Briefe an meinen Vater in Deutschland und an meine Mutter auf Mauritius. Darin erklärte ich meine Absichten und die Beweggründe für meine Entscheidung, ein Urlaubsjahr einzulegen.

Mein Vater antwortete sinngemäß: „Mein lieber Sohn / Ich weiß nicht, ob Dein Schritt, eine erfolgreiche Karriere abrupt abzubrechen, ein weiser ist. Offen gestanden, war ich nach dem Lesen Deines Briefes sehr aufgebracht und genehmigte mir einen großen Whisky. Ich las den Brief ein zweites Mal. Da ich immer noch sehr beunruhigt war, genehmigte ich mir einen zweiten Whisky. Danach las ich deinen Brief zum dritten Mal, und dann tat es mir leid, daß ich mich nicht jung genug fühle, Dich auf der Seereise zu begleiten."

In einem Brief aus Mauritius antwortete meine Mutter: „Lieber Ralph / Ich stand des öfteren in meinem Leben vor schweren Entscheidungen.

Wenn man fest von der Notwendigkeit einer drastischen Änderung über-zeugt ist, darf man nicht zögern. Genug ist genug. Das verstehe ich. Trotzdem darf ich Dir nicht verschweigen, daß mich Euer Plan mit Sorge erfüllt. ..."

Wie ich anschließend hörte, erkundigte sich meine Mutter bei einem ihrer Freunde, dessen Söhne als Fahrtensegler unterwegs waren. Sein Kommentar soll gelautet haben: „Das Segeln ist kein Grund zur Sorge. Allerdings mußt du dich darauf gefaßt machen, daß dein Sohn nach dieser Reise nicht mehr der Gleiche ist. Eine längere Seereise verändert einen Menschen; glück-licherweise nicht zum Schlechten." Diese Nachricht beruhigte sie ein wenig.

Komplikationen

Von einer Geschäftsreise kommend, traf ich am Morgen des 3. Aprils in Phuket ein. Ich fühlte mich unausgeschlafen, denn in der Nacht zuvor hatte ich einen Alptraum von Yachten mit Holzfäule und Holzwürmern. Unser Freund Graeme, der sich bereit erklärt hatte, mir zu helfen, holte mich vom Flughafen ab. Sein Gesichtsausdruck ließ Böses ahnen. Nach einer kurzen Begrüßung sagte er: „Es gibt leider keine guten Nachrichten. Wir müssen uns die Sache noch einmal gut überlegen. Aber ich möchte dem Bericht des Gutachters, der in der Marina auf uns wartet, nichts vorwegnehmen."

In der Blue Lagoon Marina warteten der Eigner, der Makler und Andy Dowdon, der Gutachter auf uns. Zunächst hatte ich nur Augen für *Ryusei*, denn ich sah die Yacht zum ersten Mal an Land. Ein massiger Rumpf mit einem 3/4 Kiel und beeindruckend klassischer Linie. Nach einer kurzen Einleitung überreichte mir Andy das getippte Gutachten, inklusive seines Lebenslaufes. Dies hatte ich verlangt, denn ich wollte wissen, welche prakti-schen Erfahrungen er besaß.

Der Bericht war ernüchternd. Andy hatte folgende Mängel gefunden:
- Die Planken des Heckspiegels, inklusive des letzten Rahmens und der Kniestücke, sind von Holzfäule befallen. Dadurch ist auch die Befesti-gung des Achterstags gefährdet.
- Die Glasfaserschicht des Decks weist viele Risse auf. Das eingedrungene Regenwasser hat an einigen Stellen das darunterliegendes Holz verrotten lassen. Das Ausmaß der Schäden läßt sich nicht genau feststellen.
- Das Takelwerk aus rostfreien Stahldrähten muß aus Altersgründen ersetzt werden. Die Walzterminals der Wanten haben bereits Risse.
- Der Anstrich des Unterwasserbereiches sollte erneuert werden, da die Farbe bereits an vielen Stellen abblättert.

Sein Bericht erwähnte auch Positives:
- Für eine 27 Jahre alte, hölzerne Segelyacht ist das Schiff in einem sehr guten Zustand. Dies deutet darauf hin, daß es gut gewartet wurde.
- Die Yacht hat eine außerordentlich umfangreiches Inventar zum Fahrtensegeln.
- Insgesamt ist die Yacht sehr solide und fachmännisch konstruiert.

Abschließend warnte er uns: „Alle von Holzfäule befallenen Teile müssen ersetzt werden, um die Stabilität der gesamten Struktur nicht zu gefährden. Ihr riskiert sogar, auf der Fahrt nach Singapur den Mast zu verlieren, wenn der Spiegel und die Befestigungselemente des Backstags nicht repariert werden."

Nachdem der Gutachter, unter den skeptischen Blicken des Eigners und des Maklers, am Schiff selbst die Problembereiche angezeigt hatte, ließ er uns mit betretenen Gesichtern zurück.

„Scheiße", rief ich enttäuscht, „ein Unglück kommt selten allein."

Mit dem Pragmatismus eines Fahrtenseglers schlug Graeme vor: „Laß uns erst mal etwas essen und trinken. Dann wird uns schon was einfallen."

Mir war der Appetit vergangen. Dennoch zogen wir davon, nachdem wir uns mit Ron und seinem Makler für den Spätnachmittag verabredet hatten.

Beim Mittagessen diskutierten Graeme und ich die Möglichkeiten, *Ryusei* zu reparieren. Hauptfragen waren natürlich: Wer könnte die Arbeit machen, wie lange wird es dauern, und wieviel wird es kosten. Graeme, der sowohl mit thailändischer Arbeitsmoral als auch mit Renovierung von Yachten Erfahrung hatte, sagte: „Wir dürfen uns hier nichts vormachen. Falls alles gut geht, benötigen wir für die Arbeiten zwei Monate. Daher müßtest du einen bedeutenden Preisnachlaß verlangen. Wenn du mich fragst: Ich würde die Yacht nicht kaufen."

Aber Graeme rechnete nicht mit meiner Dickköpfigkeit. *Ryusei* war, abgesehen von ‚La Cigale', bei weitem die beste Yacht, die wir gesehen hatten. Ich war bereit, dafür zu kämpfen. Nach dem Essen suchten wir einen Spezialisten auf, der die Renovierungsarbeiten für uns erledigen könnte. Auch er rechnete damit, daß die Arbeiten ungefähr zwei Monate benötigen würden, und gab uns eine Preisvorstellung.

Danach setzten wir uns zusammen und überschlugen die Kosten. Für die Arbeiten bezifferte der Spezialist den Preis auf ca. 12.000 US$. Dazu addierten wir 5.000 US$ für Unvorhergesehenes sowie weitere 3.000 US$ für unsere Reisen zur Überwachung der Arbeiten und sonstiger Spesen. Damit kamen wir auf die stattliche Summe von 20.000 US$, die wir als Nachlaß vom Kaufpreis verlangen müßten.

Ich hielt die Kosten für übertrieben, aber Graeme insistierte: „Ralph, glaube mir! Die Kosten einer Renovierung fallen immer höher als geplant aus. Außerdem verlierst du wertvolle Zeit, von der du ja ohnehin nicht genug hast, da ihr nur ein Jahr segeln wollt. Entweder Ron, der Besitzer, reduziert seinen Preis um mindestens 20.000 US$, oder du läßt *Ryusei* fallen."

Das war eine bittere Pille. Aber ich verdaute sie und dachte mir eine Strategie für das kommende Treffen mit dem Eigner aus. Mir war bewußt, daß Ron ein mit allen Wassern der westlichen und östlichen Verhandlungskünste gewaschener Geschäftsmann war. Ich wählte daher den Angriff als Mittel der Verteidigung bzw. des Verhandelns.

Als wir uns wieder versammelten, kam ich ohne Umschweife zur Sache: „Ron, ich bin überzeugt, daß keiner von uns den wahren Zustand deiner Yacht kannte. Ich bin schockiert, denn nach unserer Enttäuschung in Hongkong hoffte ich, nun endlich das richtige Boot für unser ‚Sabbatical Year' gefunden zu haben. Wir wollen ein Jahr segeln und nicht renovieren. Daher muß ich, basierend auf dem Resultat des Gutachtens, meine Kaufzusage zurücknehmen."

Aufgebracht entgegnete Ron: „Der Gutachter übertreibt. Ich kenne meine Yacht in- und auswendig. Alle Schäden ließen sich binnen weniger Wochen beheben."

„Die Yacht hat drei Jahre vor Anker gelegen, und dabei offensichtlich unter der tropischen Witterung gelitten. In deiner Verkaufsspezifikation hieß es: ‚*Ready to go - with the tooth brush only'*. Dies ist nun nicht der Fall, daher kann ich *Ryusei* nicht kaufen", sagte ich und fügte nach einer kurzen Pause hinzu: „Eventuell wäre ich doch zu einem Kauf bereit. Aber den Preis wage ich dir nicht zu nennen, da er einer Beleidigung gleichkäme. Bitte laß es mich wissen, wenn du daran interessiert bist." Ron bat daraufhin, sich mit seinem Makler separat zu unterhalten. Graeme und ich verließen den Raum.

Einige Minuten später kam Ron und verlangte, mit mir unter vier Augen zu sprechen. Wahrscheinlich hoffte er, daß er mich ohne Beisein meines Freundes eher beeinflussen könnte. „Nun, wie hast du entschieden?" fragte ich. „Ich will wissen, welchen Preis du bereit wärst zu zahlen", sagte er. „Ron, ich habe dich gewarnt. Ich würde lieber den Kauf ohne Diskussionen fallen lassen. Der Preis für *Ryusei* so wie sie ist: 20.000 Dollar weniger als vereinbart. Nicht mehr und nicht weniger!"

Ron war sehr aufgebracht. Ich blieb stur und erklärte ihm, wie diese Reduktion nach unserer Rechnung zustande kam. Zudem hob ich hervor, daß darin die für mich verlorene Zeit nicht enthalten sei. Falls ich auch nur einen Monat verspätet absegelte, würde ich die Saison für die geplante Route via Rotes Meer nach Europa verpassen. Im Prinzip, hob ich hervor, wäre das Ganze ein Verlustgeschäft für mich. Nur weil mir *Ryusei* so gut gefiele, wäre ich bereit, das Risiko auf mich zu nehmen.

Nach zähem Handeln kamen wir zu folgendem Ergebnis: 69.000 anstatt der ursprünglich ausgehandelten 88.000 US$. Zahlbar, abzüglich der bereits gemachten Anzahlung, in Form eines Bankschecks, nach Erreichen der zollfreien Insel Langkawi und nach Übergabe der Schiffsdokumente. Die Kosten für die notwendigen Reparaturen würde ich im Vorfeld der Übergabe selbst tragen.

Wie abgemacht, sollte die Übergabe der Yacht in internationalen Gewässern stattfinden. Außerdem wollten wir sichergehen, daß die Yacht, nach erfolgter Übergabe, nicht wegen irgendeines Grundes in Thailand blockiert würde. Unter normalen Umständen hätte ich die Übernahme der Reparaturkosten nicht akzeptieren dürfen, da mir die Yacht noch nicht gehörte. Aber ich wollte, verständlicherweise, die Reparaturen in Eigenregie durchführen. Im Extremfall hätte ich meine Anzahlung und die Kosten für die Renovierung verlieren können.

Herzensangelegenheiten lassen selten rationale Entscheiden zu. Insbesondere wenn es sich um eine Segelyacht klassischen Stils handelt.

Nach diesem teils turbulenten Vier-Augen-Gespräch setzten wir uns alle nochmals zusammen, und ich wiederholte die getroffene Entscheidung. Der Makler zuckte beim Erwähnen des Preises zusammen und wandte sich an Ron: „Aber ich erhalte meine Kommission auf die ursprünglich ausgehandelten 88.000 Dollar"

„Nein", erwiderte Ron gereizt: „Du erhältst natürlich deine Kommission auf den neuen Verkaufspreis und zwar wie vereinbart."

„Das heißt 10% auf 69.000, nicht wahr?" fragte der Makler. Ron antwortete mit scharfer Stimme: „Nein, wie vereinbart und keinen Cent mehr. Ich habe bereits genug geblutet!"

Daraufhin entbrannte zwischen den beiden ein Wortgefecht. Einer schimpfte den anderen einen Lügner, und Ron, dessen explosiver Charakter nun zu Tage trat, drohte: „Ich warne dich. In diesem Land kann man mich nicht ungestraft als Lügner bezeichnen." Im Geiste sah ich bereits die gezückten Klappmesser. Graeme und ich saßen mit eingezogen Köpfen dabei, denn wir wußten, daß Ron ein abgebrühter Vietnamveteran war. Anscheinend gab es eine mündliche Abmachung über eine gleitende Kommission. Falls *Ryusei* für 100.000 Dollar verkauft worden wäre, hätte der Makler 10%

von diesem Betrag erhalten. Bei 110.000,-- wären daraus 11% geworden. Das hieße, bei 69.000 Dollar würde unser Makler nur noch magere 6.9% von 69.000,-- erhalten. Der Makler hielt dem entgegen, daß er wegen des ursprünglich überhöhten Preises drei Jahre erfolglos versuchte, das Schiff zu verkaufen, und daß er nun mit dieser lächerlichen Kommission nicht einmal seine Kosten decken könnte. Außerdem hätte das Abkommen einer gleitenden Kommission nie bestanden. Dann versuchte der Makler, auch uns mit hineinzuziehen.

„Die Kommission ist Angelegenheit zwischen Makler und Verkäufer", sagte Graeme lapidar.

Da die Situation sich gefährlich zuspitzte, schlug ich schließlich einen Kompromiß vor: „Beruhigt euch doch. Ungeachtet eurer internen Abmachungen bin ich bereit, die Hälfte der Differenz zwischen der umstrittenen Kommission von 6.9% und 10% des neuen Verkaufpreises zu tragen, wenn Ron die andere Hälfte trägt."

Doch Ron antwortete gereizt: „Was du machst ist mir gleichgültig, Ralph, aber wir hatten eine Abmachung. Ich gebe keinen weiteren Cent her." Damit endete das Gespräch.

In der Bar von ‚Latitude-8' genehmigten wir uns einen Beruhigungstrunk. Graeme war unter den dort versammelten Fahrtenseglern sehr bekannt. Da Phuket ein Dorf ist, wußte bereits jeder, daß ich Rons Yacht kaufen wollte. Auch die Ergebnisse des Gutachtens hatten sich bereits in den Seglerkreisen herumgesprochen. Wir berieten das weitere Vorgehen. Ich befand mich in dem Dilemma, daß meine Freizeit nach wie vor von der Arbeit aufgezehrt wurde. Am folgenden Tag erwartete man mich bereits in der Schweiz. Zeit spielte für einen Fahrtensegler wie Graeme keine Rolle. Er freute sich, daß etwas Abwechslung in sein Leben kam und er Freunden helfen konnte. Graeme versprach, Rons Schiffspapiere genauestens zu prüfen und die Reparaturarbeiten in die Wege zu leiten. Außerdem war er einverstanden, bis zur Fertigstellung der Arbeiten alle ein bis zwei Wochen nach Phuket zu fliegen. Reisekosten und Spesen gingen auf meine Rechnung.

Noch am gleichen Tag verabschiedeten wir uns. Ich flog nach Singapur, packte und reiste am gleichen Abend zusammen mit Lisa nach Zürich. In kaum 24 Stunden legten wir eine Distanz zurück, die wir in einem Jahr segeln wollten.

Kaum in Europa eingetroffen, erhielt ich ein Fax von unserem Schiffsmakler. Darin beklagte er sich bitter über die Tatsache, daß ich die Anzahlung für *Ryusei* nicht, wie von ihm verlangt, auf sein Konto in Singapur überwiesen hatte. Da mein Geld ohnehin bereits in Hongkong, als Anzahlung für

‚La Cigale' deponiert war, hatte ich es einfach auf Rons dortiges Konto überwiesen. Mir erschien diese Lösung sicherer, denn weder Makler noch Verkäufer hatten offiziell ihren Wohnsitz in Thailand. Beide mußten, wie ich in der Zwischenzeit herausgefunden hatte, alle drei Monate Thailand kurzfristig verlassen, um ihr Visum für weitere drei Monate zu verlängern. „Wenn ich nicht binnen 14 Tagen die verlangte Kommission auf meinem Konto habe, werde ich den Verkauf den örtlichen Behörden melden", schrieb unser Makler. „Das kann ja lustig werden", dachte ich und rief Ron in Thailand an.

Wir saßen im selben Boot. Ron wollte *Ryusei* endlich verkaufen, und ich wollte sie kaufen. Auf Erpressung würden wir uns nicht einlassen. Also verabredeten wir, den Verkauf wegen der vielen Komplikationen abzusagen. Inoffiziell würden wir allerdings wie besprochen fortfahren. Nur daß nun angeblich er, Ron, die Renovierung der Yacht in die Hand nehmen würde.

Ich erhielt auch eine Nachricht von Graeme. Darin berichtete er von den erheblichen Problemen mit dem Makler und daß wir in Zukunft so fortfahren, wie ich es mit Ron abgemacht hatte. Glücklicherweise hatte er in der Zwischenzeit jemanden gefunden, der *Ryuseis* Renovierung durchführen würde. Graeme bat mich außerdem, mit den Behörden in Guam/USA Kontakt aufzunehmen, um zu prüfen, ob *Ryusei* unter Rons Namen gemeldet sei.

Die Sorge war glücklicherweise unbegründet, wie ich bei dem Telefonat mit der Schiffsbehörde in Guam herausfand. Der Beamte am anderen Ende der Leitung bestätigte: „Herr Brandon ist Besitzer der in Japan gebauten Yacht *Ryusei*. Aber die Registrierung ist seit mehr als einem Jahr abgelaufen." Auf seine Frage, wo sich Herr Brandon aufhält, gab ich keine Auskunft. Ich wollte nicht noch mehr Ärger.

Für mich war die Reise nach Europa beruflicher Natur. Nur wenige Tage später mußte ich zu Kunden nach Korea aufbrechen. Lisa, die ja schon nicht mehr arbeitete, beschloß, ihre Freunde in Südfrankreich zu besuchen. Es war Anfang April, also die beste Saison für die Provence. Da ich erst zwei Wochen später nach Singapur zurückkehren sollte, riet ich ihr sogar, etwas länger dort zu bleiben. Im Scherz warnte ich sie noch vor dem legendären Charme der Südfranzosen.

Fast drei Wochen später sahen wir uns wieder. Ich war unter Höchststreß. Kündigung, Arbeit, *Ryuseis* Renovierung, bevorstehender Umzug und Finanznot zerrten an meinen Nerven. Nur die Aussicht, bald in See stechen zu dürfen, gab mir Auftrieb.

STAPELLAUF

Renovierung

Ryuseis Zustand erlaubte es nicht, nach Singapur zu segeln. Mit der Renovierung betrauten wir einen Engländer, der in Phuket eine Firma für Yachtreparaturen betrieb. Die Zeit war knapp. Daher mußten wir uns auf die wichtigsten Arbeiten konzentrieren.

Der Auftrag lautete:

- Reparatur des von Holzfäule befallenen Heckspiegels inklusive des Rahmens an dem das Achterstag befestigt ist,
- Reparatur aller undichten Stellen im Deckbereich und der darunterliegenden, von Holzfäule betroffenen Teile,
- Kalfatern und kompletter Neuanstrich des Rumpfes,
- Neuanstrich des Decks und Lackieren aller externen Holzteile mit sieben Schichten Klarlack.

Wie befürchtet, entdeckten wir einen weiteren Schaden: Der obere Teil des Vorstevens war durch eingedrungenes Süßwasser von Holzfäule befallen. Das gefährdete die Stabilität des Vorstags. Alle Bugbeschläge mußten entfernt und die Planken im Bereich des Bugs gelöst werden. Anschließend wurde der obere Teil des Vorstevens durch ein neues Stück Teakholz ersetzt. Eine zeitraubende Angelegenheit, die fachmännisches Können verlangte.

Mehrere Male reiste Graeme nach Phuket, um die Arbeiten zu beaufsichtigen und die Leute anzutreiben. Es gab Grund zur Eile: Den neuen Yachthafen konnte man, mit dem Tiefgang unserer Yacht, nur bei besonders hohen Flutkoeffizienten über einen lang gewundenen Flußlauf erreichen.

Diese Erkenntnis beruhte auf praktischer Erfahrung. Als *Ryusei* zum slippen in den Yachthafen gebracht wurde, lief sie auf Grund und fiel trocken. Viele erwarteten ungeduldig die Eröffnung der neuen ‚Blue Lagoon Marina'. Daher wurde dieser Vorfall, sogar bei den Seglern jenseits der Grenzen, bekannt. Während einer Versammlung der German Business Association in Singapur gesellte ich mich zu einigen mir unbekannten Teilnehmern, die sich zufällig über das Segeln unterhielten. Dabei wurde dieser Vorfall unter Gelächter erwähnt. „Das ist doch die alte Holzyacht, die bereits seit Jahren in der Chalong Bucht vor Anker lag und die jetzt so ein verrückter Kerl kaufen will", sagte einer von ihnen. Ich stellte mich vor, dankte für das Kompliment und lachte innerlich über sein rot anlaufendes Gesicht.

Der 13. Mai war der letztmögliche Termin zum Auslaufen. Eine Woche vor dem geplanten Stapellauf reisten Graeme, Lisa und ich nach Phuket. Kaum eingetroffen gab es neuen Ärger. Die Stereoanlage und ein Fernglas mit eingebautem Peilkompaß waren aus der Yacht gestohlen worden. Außerdem sprach es sich herum, daß wir eingetroffen waren. Prompt tauchte der Makler auf und drohte: „Falls ihr *Ryusei* kauft und Ron nicht die verlangte Kommission zahlt, dann werde ich mir die Kommission von der Yacht holen."

„*Ryusei* ist nun Rons Angelegenheit. Wir sind nur zum Urlaub hier", antwortete ich kühl.

Da wir einen Anschlag auf die Yacht befürchteten, wurde ein zusätzlicher Nachtwächter engagiert. Brandstiftung oder das Entfernen der Bootsböcke hätte das Ende unserer schönen Yacht bedeutet.

Leider gab es einen weiteren Grund, der mir schlaflose Nächte bereitete. Meine Freundin Lisa legte seit ihrer Rückkehr aus Europa ein völlig fremdes Verhalten zutage. Sie war abweisend und aggressiv. Ich schrieb ihr Verhalten dem enormen Streß zu, unter dem wir in dieser Phase litten und hoffte, daß diese Spannung nur vorübergehend sei. Da wir nun mit den Reisevorbereitungen ohnehin bis über beide Ohren in Arbeit steckten, versuchte ich jegliche Konflikte zu meiden.

Zwei Tage vor der geplanten Abreise waren alle Decksreparaturen beendet. Graeme und ich nahmen einen Wasserschlauch und prüften das Deck auf Dichtheit. Wütend fluchte ich, als ich bemerkte, wie das Wasser nahe der elektrischen Schaltzentrale des Schiffes in die Hundekoje rann. Das Leck muß bekannt gewesen sein, denn die Kissenbezüge unterhalb der Leckage wiesen Wasserflecken auf. Sofort machten wir uns an eine notdürftige Reparatur. Auch beim Streichen gab es Probleme. Regelmäßige Regenschauer kündigten den Monsun an. Den Lack konnten wir natürlich nur auf eine trockene Oberfläche auftragen.

Graeme, Lisa und ich erledigten zwischenzeitlich die Reisevorbereitungen. Die aufgebrauchten Schiffsbatterien mußten ausgetauscht werden, wir wählten auf Graemes Rat lokal gefertigte Lkw–Batterien. „Die funktionieren genauso gut wie die teureren Heavy Duty Marine Batterien", meinte Graeme. Da wir, wegen der ungünstigen Jahreszeit, auf der Reise nach Singapur viel unter Motor fahren würden, wechselten wir das Motorenöl und alle Filter. Unser Ratgeber befand auch, daß unser Beiboot aus Fiberglas viel zu schwer und instabil sei. „Ihr braucht unbedingt ein Schlauchboot mit einem

15–PS–Motor, damit ihr einen vernünftigen Aktionsradius nach dem Ankern habt." So kauften wir ein stabiles, lokal gefertigtes Schlauchboot. Wie wir später feststellten, sollte dies eine unserer besten Investitionen sein.

Die Bezeichnung des Heimathafens an *Ryuseis* Spiegel, war für mich von besonderer Bedeutung. An Stelle ‚GUAM – USA' schraubten wir nun ein Brett an, auf dem der Name HONG KONG graviert war.

Der Countdown lief. Die Drohungen des Maklers saßen uns im Nacken. Wir konnten ja nicht wissen, mit welchen Tricks er oder die Behörden aufwarten würden. Zur Täuschung gaben wir an, daß wir *Ryusei* am 13. Mai vom Stapel lassen und am 15. absegeln würden.

Die Übergabe

Wie bereits zuvor erwähnt war der Eigner ein ausgefuchster Geschäftsmann. In ihm vereinigten sich der Geschäftssinn eines New Yorkers mit der List eines Asiaten. Nachdem er sich von dem Trennungsschock erholt hatte, kaufte er eine kleine Handelsfirma und avancierte innerhalb kurzer Zeit zum erfolgreichsten Fleisch- und Wurstimporteur Phukets. Da er nun expandieren wollte, benötigte er Geld. Dies war der Grund für den forcierten Verkauf seiner Yacht.

Ron hatte verlangt, daß die letzte Zahlung bei Übergabe der Yachtdokumente in Form von Bankschecks beglichen werden sollte. Also brachte ich diese, auf Rons Namen ausgestellten Bankschecks mit nach Phuket. Kaum angekommen, bat er die Schecks zu sehen und fragte: „Sind diese Schecks widerrufbar? Wie kann ich feststellen, ob sie gültig sind?" Ich gab ihm eine der Bankauszüge auf dem die Adresse und Telefonnummer meiner Bank aufgedruckt waren und forderte ihn auf, in Europa anzurufen. Auf Englisch erklärte ihm der dortige Bankmanager, daß er für mich zwei Bankschecks im Gesamtwert von 52.000 US$ auf den Namen von Ron Brandon ausgestellt hatte. Natürlich seien Bankschecks, auf Grund der internationalen Definition, widerrufbar. Nur ein ‚Letter of Credit' könnte mit dem Zusatz ‚Unwiderufbar' versehen werden. Diese Aussage beunruhigte Ron sehr. Am liebsten hätte er die Bankschecks in einen L.O.C. gewechselt. Aber dazu blieb uns keine Zeit. Ron insistierte außerdem, daß wir die Bankschecks seiner Bank in Phuket zeigen sollten, denn seiner Meinung nach könnten auch sie die Gültigkeit bestätigen.

Kurze Zeit später saßen wir beim Manager von Rons Bank. Mit großen Augen betrachte er den Scheck. Wahrscheinlich sah er nur selten solche Summen. Immerhin bestätigte er, daß diese Papiere wie Bankschecks aussähen, jedoch nur die Hauptstelle in Bangkok könne diese auf Gültigkeit überprüfen. So etwas würde, wegen der kommenden Feiertage, mindestens eine Woche dauern.

Gereizt sagte ich: „Ron, ich habe genau das getan was du von mir gefordert hast. Jetzt, im letzten Moment willst du die Spielregeln wieder ändern und deutest an, daß ich dich übers Ohr hauen will. Bis zur geplanten Abreise bleibt uns zu wenig Zeit, um den Zahlungsmodus zu ändern. Entweder es läuft wie geplant, oder ich lasse den Kauf wirklich platzen."

Ron lenkte nun ein und schlug vor, daß ich aus Sicherheitsgründen die Schecks im Safe seiner Bank deponieren sollte. Sofort stellten sich bei mir die Nackenhaare auf, denn darin sah ich einen Versuch, sich der Schecks im Vorfeld der Schiffsübergabe zu bemächtigen. Ungehalten antwortete ich: „Die Schecks lauten auf deinen Namen. Kein anderer kann sie folglich einlösen. Es kommt nicht in Frage, daß ich die Schecks aus der Hand gebe, bevor der Kaufvertrag unterschrieben und die Schiffsdokumente in meiner Hand sind."

Als nun der Tag unserer Abreise nahte, ließ uns Ron wissen, daß er unter keinen Umständen die Zeit hätte, für die offizielle Übergabe der Yacht nach Langkawi zu segeln. „Ich erwarte jeden Moment die Ankunft eines Containers Fleisch per Luftfracht aus Australien. Außerdem erwarte ich Anrufe von meinen Lieferanten und Kunden", sagte er

„Deine thailändische Freundin arbeitet doch für dich als Sekretärin. Während der 24 Stunden Abwesenheit könnte sie doch alle Gespräche entgegennehmen", sagte ich, „Wo liegt das Problem? An Stelle der 80 Meilen nach Langkawi könnten wir auch gemeinsam die kurze Strecke nach Phi Phi Island segeln und dort die Übergabe regeln. Dann wärst du bereits am gleichen Tag zurück im Büro. Wie du weißt, wollen wir sicher gehen, daß *Ryusei* unbehindert und unbeschadet Phuket verläßt. Ich kenne weder die Tricks der thailändischen Behörden noch die deines Maklers."

Aus unerfindlichem Grund weigerte sich Ron, unsere Abmachung einzuhalten. Graeme, Lisa und ich hielten beim Abendessen Kriegsrat. „Wieso will er nicht mitkommen?" fragte ich, „irgend etwas ist doch hier faul."

„Ich glaube er hat Angst, daß der Makler sich in seiner Abwesenheit an seinem Hab und Gut rächen würde", antwortete Graeme.

„Oder er befürchtet, daß wir ihn bei der Überfahrt nach Langkawi nach alter Piratensitte den Haien zum Fraß vorwerfen", fügte Lisa lachend hinzu.

Die Zeit drängte, denn es war bereits der 10. Mai, drei Tage vor dem letztmöglichen Termin, die Marina zu verlassen. Wir beschlossen schließlich das Risiko einzugehen, *Ryusei* in Phuket zu übernehmen. Allerdings nur unter der Voraussetzung, daß Ron uns einen weiteren Preisabschlag gewähren würde.

Am nächsten Morgen entdeckten wir die bereits zuvor erwähnte zusätzliche Leckage im Deck. Bei den sofort in Angriff genommenen Reparaturarbeiten wurde uns bewußt, daß dieser Schaden nur temporär behoben werden konnte. Was uns besonders ärgerte, war der Umstand, daß Ron dieses Problem offensichtlich seit längerem kannte. „Dem werde ich es zeigen", dachte ich wütend und besprach mit Graeme das weitere Vorgehen. „Laß uns die Yacht endlich übernehmen und abhauen", sagte er. Es war, als könnte er meine Gedanken lesen.

Wenig später trafen wir Ron in seiner Firma. Zunächst zeigte er uns seine Lagerhalle und den großen Gefrierraum für das importierte Fleisch. Für einen kurzen Moment umgab uns wohltuende Kälte. Welch ein Kontrast zur feuchtheißen Hitze Phukets! Anschließend ließen wir uns in Rons Büro nieder, öffneten eine Flasche Wein und schnitten eine seiner Würste auf. Ob das Surren in meinem Kopf vom kühlenden Ventilator oder von meinen gestreßten Gehirnzellen her stammte, konnte ich in jenem Moment nicht feststellen. Der Wein beruhigte.

Ein weiterer Versuch, Ron zu überreden mit uns nach Phi Phi Island zu segeln, blieb erfolglos.

„Ron, du kannst nicht erwarten, daß ich *Ryusei* bei gleichem Preis übernehme, wenn du uns alle Risiken in die Schuhe schiebst. Außerdem entdeckten wir selbst heute wieder ein Problem an *Ryusei*, von dem du wahrscheinlich wußtest. Ganz zu schweigen von der Holzfäule im Vorsteven, die selbst der Gutachter nicht bemerkte. *Ryusei* war praktisch an beiden Enden verfault."

Ich verlangte nun eine weitere Reduktion des Kaufpreises. Ein Wortgefecht entbrannte. Doch schließlich wurden wir uns einig.

Das Ausklarieren und die Vertragsunterschrift mit Übergabe der Schiffsdokumente wurden für den nächsten Tag geplant. Bevor wir uns verabschiedeten wollte ich nochmals die Schiffsdokumente, inklusive des ursprünglichen Kaufvertrags sehen. Aus Versehen gab er mir einen japanisch-englischen Kaufvertrag, welcher ein anderes Schiff enthielt, nämlich eines mit 36 anstatt 44 Fuß Länge. Verwirrung folgte; aber dann hielt ich endlich das richtige Papier in den Händen. Ich konnte und wollte mir nicht vorstellen, was das nun wieder zu bedeuten hatte, nahm mir aber vor, die Schiffslänge umgehend nachzumessen.

Der nächste Tag war ein Spießrutenlaufen von Amt zu Amt; Immigration, Zollbehörde und Hafenmeister. Ron bat uns, letzteren allein besuchen zu dürfen. Kurze Zeit später kam er strahlend aus dem Amt des Hafenmeisters. Auf der Rückfahrt hielten wir bei einer Bank, wo er die Klarierungsdokumente kurz vorlegen wollte. Da er mehrere Jahre in Thailand gelebt hatte, mußte Ron für die Segelyacht eine Bankgarantie über mehrere tausend Dollar hinterlegen. Diese holte er sich mit Hilfe der Klarierungsdokumente zurück.

Die Übergabe fand schließlich im Garten vor Rons Firma statt. Im Schatten eines tropischen Baumes wurden alle Dokumente auf den Tisch gelegt. Der Kaufvertrag, laut David in Hongkong ein „wasserdichtes" Dokument, wurde von Ron und mir unterschrieben. Lisa und Graeme unterzeichneten als Zeugen. Ich übergab die zwei Bankschecks, einen über 50.000,-- und einen über 2.000,-- Dollar. Den Rest zahlte ich in bar. Im Gegenzug erhielt ich die Schiffsregistrierung und die Klarierungsdokumente.

Countdown

Mir war, als schwebte ich einen Meter über dem Boden. Nach all den Nakkenschlägen konnte ich es kaum glauben, daß wir nun lossegeln würden. Trotzdem lag mir die Ungewißheit schwer auf dem Magen. Eine Flasche Wein, die wir zur Feier des Moments teilten, wirkte. Beschwingt stieg mein Mut. Mit den Worten: „Ralph, wir müssen das Schiff zum Auslaufen vorbereiten", holte mich Graeme wieder auf den Boden zurück. „Wenn wir die morgige Flut verpassen, sitzen wir für mindestens drei Wochen in der Marina fest."

Der Countdown lief. Den Rest des Tages verbrachten wir in großer Eile. In der Zwischenzeit war mein Bruder Axel eingetroffen. Eine erholsame Seereise wollte er sich nicht entgehen lassen. Hätte er gewußt, wieviel Arbeit auf ihn zukommt, wäre er wohl zu Hause geblieben. Aber er war voller Begeisterung angesichts seines ersten Törns. Er kümmerte sich um die Betankung und das Aufprovisionieren der Yacht. Insbesondere das Tanken war ein schwieriges Unterfangen, da alle Kanister auf das an Land stehende Boot gehievt werden mußten. Bei 300 l Diesel und 400 l Wasser war das keine angenehme Aufgabe. Das neue Schlauchboot wurde vom Hersteller abgeholt und aufgeladen. Die Arbeiter an Bord beendeten unter Hochdruck die verbleibenden Decksreparaturen. Auch am defekten Travellift der Marina wurde mit Hochdruck gearbeitet. Das Management hatte uns versprochen, daß *Ryusei* am folgenden Tag zu Wasser gelassen wird. Die Reparatur des Travellifts hätte bei der thailändischen Arbeitsmoral viele Wochen gedauert, wenn das Management nicht so sehr um den Ruf der Marina gebangt hätte.

Zur Stärkung für die kommende Abreise, genehmigten wir uns am nächsten Morgen ein großes Frühstück. Dann packten wir unsere Taschen, bezahlten das Hotel in dem wir während der letzten Tage genächtigt hatten und fuhren zur Marina. An Bord gab es viel zu erledigen. Erschwerend kam hinzu, daß wir noch nie auf *Ryusei* gesegelt waren und der ehemalige Besitzer uns nicht einmal zur Seite stand. Nur ein alter Seebär von Graemes Kaliber, konnte da noch die Nerven behalten. In aller Ruhe delegierte er die Aufgaben und überprüfte, soweit dies an Land möglich war, systematisch alle Funktionen der Yacht. Axel und Lisa verpackten die Nahrungsmittel, räumten und reinigten die Yacht, denn die Arbeiter hatten eine Menge Dreck hinterlassen. Während der Travellift das Schiff bereits anhob, installierte ich noch mit Graeme das elektronische Navigationsgerät und den neuen Kompaß am Steuerstand.

Die Zeit lief und die Flut stieg. Um 13.50 Uhr sollte sie ihren höchsten Stand erreichen. Da keine Zeit zu verlieren war, blieben wir, während der Travellift das Schiff vom Landplatz zu Wasser brachte, an Bord.

Die manuellen Kettenzüge rasselten, als um 13.00 Uhr das Schiff langsam zu Wasser gelassen wurde. Graeme und ich nahmen uns des Motors an; noch nie hatten wir diesen selbst gestartet, daher las ich laut aus dem Bedienungshandbuch vor, während Graeme in aller Eile die Maschine überprüfte. In diesem Moment ließ uns ein heftiger Ruck kurz aufschrecken jedoch nicht weiter beirren. Wir hatten einige Tage zuvor alle Filter gewechselt und es war klar, daß normalerweise die Treibstoffleitungen hätten entlüftet werden müssen. Würde der Motor nicht sofort starten, säßen wir, wegen des geringen Flutkoeffizienten, für Wochen im Marinabecken fest. Als dann endlich der Motor, nach anfänglichem Spotzen, zum Leben erwachte, erschien mir mein Herzklopfen lauter als der Klang des Diesels. Mit Jubel machten wir unserer Freude Luft.

Welch ein Glück, daß der Motor, nach fast zwei Monaten Landaufenthalt, schnell ansprang und wir somit ohne Verzögerung auslaufen konnten.

Thailand: *Ryusei* im Travellift auf dem Weg ins Wasser.

Bis zum offenen Meer mußten drei Meilen auf einem schmalen, gewundenen Flußlauf zurückgelegt werden. Kaum hatten wir die Marina verlassen, saßen wir auch schon auf Grund; und das trotz des Lotsen an Bord, von dem man sagte, er könne die Fahrrinne riechen. Wir kamen trotz unserer 44 Pferdestärken und ‚Volldampf zurück' nicht mehr frei. Leichte Panik kam auf, denn die Flut war fast auf dem höchsten Stand. In diesem Moment erschien der Mann der *Ryuseis* Renovierung geleitet hatte mit einem großen Schlauchboot als Retter in Not. Sein starker Außenbordmotor half uns, vom schlammigen Grund loszukommen. Eine halbe Meile weiter saßen wir wieder fest. Spätestens da realisierten wir, daß unser Lotse entweder ein Stümper war oder zufällig gerade dann Probleme mit seiner fahrrinnenriechenden Nase hatte. Mit Spannung verfolgten wir den weiteren Verlauf. Als das Meer sich vor uns öffnete, war es, als kämen wir in eine neue Welt. Die Welt der Freiheit!

Wenig später berichteten mir mein Bruder von einem Vorfall, der mich noch heute erschauern läßt. „Ich wollte die Geschichte nicht vorher erzählen, da ihr bereits genug Sorgen hattet. Könnt ihr euch an den Ruck erinnern als *Ryusei* ins Wasser gelassen wurde, und habt ihr den Thailänder, der danach neben dem Boot tauchte, gesehen?" Nichtsahnend bejahten wir die Frage. „Ihr beide, Graeme und du, wart unter Deck mit dem Motor beschäftigt, während Lisa und ich hier oben bei der Arbeit mit dem Travellift halfen. Als wir halbwegs im Wasser waren, flog der Schäkelzapfen, der eines der beiden Tragebänder hielt, davon. Die Yacht fiel das letzte Stück ins Wasser. Dies war der Ruck, den ihr verspürt hattet."

Nicht auszudenken, was passiert wäre, hätte der Schäkel vorher nachgegeben. Insbesondere da wir alle noch an Bord waren. Ob dieser Vorfall ein Zufall war, werden wir nie wissen.

Das Glück war endlich mit uns. Aber ohne den Rat und die tatkräftige Unterstützung meines Freundes Graeme, hätte uns all das Glück der Welt nicht genutzt.

Sternstunde

Unser Mann, der die Renovierung durchgeführt hatte, kam mit seinem Schlauchboot längsseits, übernahm den unglücklichen Lotsen und wünschte uns eine gute Reise. Ein schelmenhaftes Grinsen lag auf seinem Gesicht. Er kannte die Probleme und freute sich nun mit uns, daß die Abreise ihr Happy-End fand.

Erstmalig setzten wir die Segel und nahmen Kurs auf Phi Phi Island. *Ryusei* glitt geräuschlos über das Wasser. Wir schwebten wie auf Wolken.

Auch unser sonst so gefaßter Freund Graeme jubelte. Er war nun endlich wieder in seinem Element. Das Ruder haltend, sagte er mit euphorischer Stimme: „Selten habe ich eine Yacht gesegelt, die sich auf Anhieb so gut anfühlt und steuern läßt." Wir genossen in vollen Zügen. Die warme Witterung, der leichte Wind, die Sonne und das Schaukeln der Yacht ließen uns aufatmen und den Streß der vergangenen Tage vergessen. „Schaut euch mal den hübschen Drachen im Segel an!" rief Lisa. Wir blickten nach oben. Tatsächlich, im oberen Bereich des Großsegels war ein roter Drachen aufgestickt.

Erst jetzt besannen wir uns auf die Bedeutung des Namens RYUSEI. RYUSEI ist ein japanischer Name und bedeutet übersetzt: Drachen-Stern. Der Drachen war das Wappenzeichen der Yacht. Im Gegensatz zur europäischen Mythologie, gilt der Drache in der asiatischen Welt als ein angenehmes Fabelwesen. Wir sinnierten weiterhin über den Namen, und einer von uns bemerkte schließlich: „Ich hoffe, daß uns *Ryuseis* ‚Drache' nicht seine Krallen zeigen wird, sondern eher, daß uns sein ‚Stern‘ noch viele Sternstunden gibt.“

Die gewaltigen Felswände der Inseln Phiphidon und Phraya Nak glühten in der Abendsonne, als ob sie zur ersten Sternstunde *Ryuseis* beitragen wollten. Es war so schön, daß wir beschlossen, die erste Nacht durchzusegeln.

Wir hatten gerade unser Abendessen gegessen und genossen die abendliche Stimmung, als es unter Deck rumorte und ein lauter Schrei ertönte: „Oh Shit!“ Dann tauchte mein Bruder mit hochrotem Kopf am Niedergang auf und rief: „Die Toilette funktioniert nicht!“ Graeme und ich studierten das Problem. Leider hatten wir versäumt, die Toilette zu prüfen. Wichtige Plastikteile des Pumpengehäuses waren gesprungen. Falls wir unterwegs nach Singapur nicht Eimer nutzen wollten, blieb uns nichts anderes übrig, als die Toilette notdürftig zu reparieren. Eine denkbar unappetitliche Arbeit begann. Die Plicht, wo wir zuvor gemütlich beisammen gesessen hatten, wurde zur Toilettenreparaturwerkstatt. Das Zerlegen, Reinigen, Trocknen und Kleben der relevanten Teile brauchte einige Zeit, während der ich nicht an Flüchen sparte. Es war, als hätte uns, nach der phantastischen Sternstunde, der Drachen bereits seine Krallen gezeigt.

Lake of Pregnant Maiden

In der Nacht passierten wir Malaysias Grenze und gelangten zur Insel Langkawi. Endlich lagen die Probleme hinter uns. Daher beschlossen wir, noch einen Tag herumzugondeln, anstatt sofort einzuklarieren. Graeme kannte sich hier so gut aus, daß er noch nicht einmal die Seekarten konsultieren brauchte. Er dirigierte uns zunächst in eine Lagune, die von schroffen Felswänden eingerahmt war. Wir ankerten und feierten unsere Ankunft mit einem Festmahl. Wenig später zog ein tropischer Gewitter über uns hinweg. Die Tropfen prasselten wie Hagelkörner herab. Für uns war es eine willkommene Dusche und Abkühlung.

Eine kurze Fahrtstrecke weiter erreichten wir am späten Nachmittag einen Ankerplatz zwischen zwei dicht beieinander liegenden Inseln. Auf einer der Inseln, Dayang Bunting, lag der bekannte Vulkansee ‚Lake of Pregnant Maiden‘. Einer Sage folgend würde ein Bad in diesem See unsere Fruchtbarkeit stärken. Wer läßt sich so etwas schon entgehen, auch wenn der See hoch in den Bergen liegt. Nur mein Bruder klagte, weil wir in unserer Hochstimmung das ganze Bier aufgebraucht hatten, und es deswegen für den schwierigen Aufstieg nichts mehr zu trinken gab. Zufällig fand ich in den

Tiefen unseres Kühlschranks noch eine Flasche Bier. In einem Isolierbehälter verpackt steckte ich sie heimlich in meinen Rucksack.

Vom Aufstieg durchschwitzt erreichten wir den See, entledigten uns unserer Kleider und sprangen in das kühle Naß. Während die anderen nicht hinschauten, versenkte ich unbemerkt die Flasche Bier neben dem Steg. Als alle wieder auf dem Steg saßen verkündete ich, „Laßt uns nach den geheimnisvollen Schätzen des Sees suchen." Dann sprang ich ins Wasser und tauchte einen Moment später mit einer Flasche Bier auf. Lisa und Graeme, die ich zuvor eingeweiht hatte, bogen sich vor Lachen. Axel staunte, denn wir ließen ihn im Glauben, ein Tourist hätte die Flasche verloren. Erst als er fühlte wie kalt sie war, merkte er den Betrug. Wir tranken unser letztes Bier in der Hoffnung auf ewige Fruchtbarkeit.

Auf dem Heimweg kamen wir mit unserem Beiboot an einer Segelyacht vorbei, die in der Zwischenzeit eingetroffen war. Zufällig kannte Graeme sie. Es gab eine überschwengliche Begrüßung, und wir wurden von dem netten amerikanischen Ehepaar und ihrer hübschen Tochter an Bord gebeten. Sie waren so glücklich an diesem abgelegen Platz ihren Freund wiederzusehen, daß sie uns alle zum Abendessen einluden.

Der See hatte prompt gewirkt: Fruchtbarkeit in Form von Speis, Trank und Gastfreundschaft.

Grüße aus Thailand
Nach einer erholsamen Nacht segelten wir nach Langkawis Hauptort, Kuah, um offiziell in Malaysia einzuklarieren. Wiederum gab uns Graeme einen wertvollen Tip. „Bitte achtet etwas auf euer äußeres Erscheinungsbild, wenn ihr die Behörden aufsucht. Ein ausgewaschenes T-Shirt, dreckige Shorts und Sandalen flößen nicht unbedingt Vertrauen ein." Außerdem empfahl er, die Schiffsdokumente ordentlich in einer Mappe aufzubewahren. „Ihr tretet am besten so auf, als wolltet ihr etwas verkaufen. Im Umgang mit den Behörden sind Geduld und Hartnäckigkeit oberstes Gesetz", lehrte uns Graeme.

Herausgeputzt präsentierten wir im Hafenamt unsere Klarierungsdokumente in einer neu erstandenen Mappe. Der Hafenmeister, der in diesem Fall auch für die Zollformalitäten zuständig war, warf einen Blick auf das thailändische Klarierungsdokument. Er stutzte, studierte das Papier etwas eingehender und schüttelte den Kopf: „Sie müssen zurück nach Thailand. Mit diesem Papier können sie hier nicht einreisen." „Wieso?" fragte ich. Zu unserer Verblüffung antwortete er: „Dieses Dokument ist eine Fälschung. Es ist bereits schon einmal für die Einreise nach Malaysia verwendet worden. Hier auf der Rückseite des Dokuments sehen Sie eindeutig meinen

Stempel und meine Unterschrift aus dem Jahre 1990. Obwohl auf Vorderseite das korrekte Datum eingetragen ist, kann ich dieses Klarierungsdokument nicht akzeptieren. Sie müssen sich in Thailand eine neues Dokument ausstellen lassen." Wir waren sprachlos. Schließlich wendete sich Graeme an den Beamten: „Wir kennen uns doch bereits. In den letzten Monaten bin ich zweimal mit meinen eigenen Schiffsdokumenten bei Ihnen gewesen." Der Hafenmeister bejahte, denn einen Mann mit einem solch imposanten Sonnenhut vergißt man nicht so leicht. „Hören Sie", sagte Graeme mit selbstsicherer Stimme, „mein Freund, hat soeben diese Segelyacht in Thailand gekauft. Ich helfe ihm, sie nach Singapur zu segeln. Dies sind die einzigen Dokumente, die er vom Verkäufer erhalten hat. Es gibt keine anderen." Der Hafenmeister ließ nicht locker. Geduldig ließen wir die Zeit verstreichen. Anstatt ihm meine innere Unruhe anmerken zu lassen, wiederholte ich mit ruhiger Stimme unser Anliegen und bat, daß er doch in diesem Fall eine Ausnahme machen sollte. Wahrscheinlich flößte Graemes bekanntes Gesicht dem Hafenmeister Vertrauen ein, oder er bangte um seine bevorstehende Mittagsruhe. Mit einem Seufzer gab der Hafenmeister schließlich nach, klarierte uns ein und verabschiedete uns mit den Worten: „Haut endlich ab!"

Beim Mittagessen machten wir unserer Empörung Luft. „Dieser Gauner hat uns reingelegt", meinte Lisa, und Axel fügte hinzu: „Jetzt weiß ich, warum Ron nicht mit uns nach Langkawi segeln wollte. Er wußte natürlich auch von all den Defekten wie der Toilette, dem Tiefenmesser usw. Spätestens jetzt hätten wir ihn über Bord geworfen."

Graeme erhob fröhlich seine Flasche Bier und rief: „Welcome to Malaysia!" Das gute malaiische Essen besänftigte unsere Gemüter und gab mir eine Idee, wie ich mich rächen könnte. „Erinnert ihr euch an Rons Theater wegen der Widerrufbarkeit von Bankschecks?" fragte ich und ergänzte: „Wenn ich morgen nach Singapur zurückkehre, werde ich den kleineren der Bankschecks, denjenigen über 2.000,-- Dollar, stornieren."

Danach besprachen wir Zeitplanung und Route für die weitere Überführung der Yacht bis nach Singapur. Graeme schlug vor, in Tagestouren bis nach Kuala Lumpur zu segeln und dort eine Woche Pause einzulegen. „Erstens muß ich mich um meine eigene Yacht in Singapur kümmern, und zweitens haben wir bis dahin vom Segeln die Nase voll, da wir in der Straße von Malakka saisonbedingt den Wind von vorne haben werden", sagte er.

Ich mußte wegen meiner Arbeit am folgenden Tag nach Singapur zurückkehren. Also würden Lisa, Graeme und mein Bruder ohne mich weiter segeln.

Georgetown

Auf dem Weg nach Süden wurde die Reise in Georgetown auf der malaii-schen Insel Penang unterbrochen. Während der Kolonialzeiten besaß dieser Ort größere Bedeutung als Singapur. Er war nicht nur Wohnsitz der reichen Plantagen- und Grubenbesitzer, sondern auch Zentrum des Handels und der Administration. In Georgetown gab es noch eine Atmosphäre, die Singapur bereits im Laufe der Modernisierung verloren hatte. Ähnlich wie dort domi-niert hier die chinesische Bevölkerung. Die Häuser der Innenstadt sind vorwiegend in chinesischem Stil erbaut. Traditionen haben hier noch Be-stand. Eine Besonderheit ist der Stadtteil auf Pfählen entlang des Meeres. Dort leben verschiedene chinesische Clans in alten Holzhäusern. In alten Zeiten war das ‚Eastern and Oriental' das beste Hotel am Platz. Heute kann man in dem heruntergekommenen Hotel den alten Glanz nur noch erahnen. Ein imposanter Berg bildet die Kulisse von Georgetown. Seine Höhenzüge bieten Erholung von der schwülen Hitze Malaysias. Ernüchternd ist der Besuch auf dem historischen Friedhof der Stadt. Die Inschriften der Grab-steine bezeugen wie kurz die Lebensspanne der Menschen um die Jahrhun-dertwende war. Damals mordete das Klima und die Tropenkrankheiten. Besonders in den letzten Jahrzehnten hat sich das Leben sehr geändert. Moderne Produktionsstätten, Büros und Wohnhäuser sind mit Klimaanla-gen ausgerüstet. Der Flugplatz und eine große Hängebrücke verbinden die Insel Penang mit dem Rest der Welt. Überall wird gebaut. Wer in einigen Jahren zurückkehrt, wird leider nur noch Bruchstücke der Vergangenheit vorfinden. Nicht die Natur, sondern der Mensch bestimmt in dieser Gegend über das Wohl und Wehe.

Auch ich war an dieser Entwicklung beteiligt, denn die Firma, deren Ver-treter ich in Asien war, hatte hierher Stahlwerke geliefert.

Gegenwind

Als ich am Ende der Woche von meiner Geschäftsreise aus Taiwan zurück-kehrte, berichtete mir meine Freundin aufgebracht über den Verlauf der Weiterreise. Die verbleibende Strecke nach Port Klang bei Kuala Lumpur, mit Unterbrechungen in Penang und Lumut, mußten wegen des starken Gegenwindes unter Motor zurückgelegt werden. Die Bedingungen waren denkbar schlecht. Axel war wie geplant nach Europa zurückgekehrt, und Graeme befand sich wieder auf seiner Segelyacht in Singapur. Beschwichti-gend sagte ich zu ihr: „Trotzdem wäre ich viel lieber bei euch gewesen, als mich mit den Kunden abzuquälen."

Bevor ich zwei Tage später die nächste Geschäftsreise antrat, verabredeten wir mit Graeme, am kommenden Wochenende den letzten Abschnitt nach Singapur zu segeln. Kurz vor meiner Abreise spitzte sich der bereits latente Konflikt mit meiner Freundin zu. „Think positive", dachte ich und hoffte, daß sich unsere Beziehung wieder normalisieren würde, sobald wir gemeinsam auf der Yacht leben würden.

Das Schicksal steckt voller Überraschungen, wie ich bei meiner Rückkehr feststellte. Meine Freundin hatte sich bei ihrem Aufenthalt in Südfrankreich Hals über Kopf in einen Franzosen verliebt. Dieses und die Erfahrung, daß eine Seereise mit Strapazen verbunden sei, müssen dann zu ihrem Entschluß geführt haben, die Koffer zu packen und eine Flug- anstatt eine Seereise nach Europa anzutreten.

Auch auf dem letzten Reiseabschnitt, den ich nun mit meinem wertvollen Freund Graeme allein unternahm, hatten wir Gegenwind. Aber angesichts der Enttäuschung spürte ich nicht viel davon.

Wie konnte es so weit kommen, daß wir uns so kurz vor dem Ziel verloren? Vielleicht klafften für meine Freundin Traum und Wirklichkeit zu weit auseinander. Ich merkte, daß meine Ambitionen für unser Segelprojekt viel ausgeprägter waren als ihre. Die Hektik der vergangenen Monate mußte mich geblendet haben, sonst hätte ich die Alarmzeichen früher erkannt und rechtzeitiger reagiert.

Im nachhinein können wir uns glücklich schätzen, daß sich unsere Wege bereits vor der Seereise trennten.

SINGAPUR

Singapur

Der Schiffsverkehr wurde dichter und immer mehr Flugzeuge zogen über den Himmel. Dann sahen wir Hafenkräne und Wolkenkratzer am Horizont. Die Zeichen waren untrüglich. Wir näherten uns Singapur, einer kleinen Insel an der Südspitze der malaiischen Halbinsel. Einst gehörte Singapur zu Malaysia. Die Unabhängigkeit im Jahre 1965 war die Folge eines Konfliktes zwischen verschiedenen Volksgruppen. Seit alters her lebten Mohammedaner in Malaysia. Dann kamen chinesische Emigranten. Sie ließen sich dort nieder, wo sie Arbeit finden konnten. Die Hafenstädte Penang und Singapur wurden somit zu chinesisch dominierten Orten.

Die malaiischen Machthaber in Kuala Lumpur fürchteten sich vor dem Einfluß der Chinesen, daher trennten sie sich von Singapur. Ein Chinese namens Lee Kuan Yew übernahm das Ruder. Er führte das Land mit der Effizienz eines Unternehmers und mit der harten Hand eines alten Seekapitäns. Wer nicht mitmachte, wurde über Bord geworfen, beziehungsweise eingesperrt.

Drei Millionen Menschen leben in Singapur. Davon sind 77% chinesischer und der Rest, mit wenigen Ausnahmen, malaiischer sowie indischer Abstammung. Neben Englisch wird auch Chinesisch (Mandarin), Malaiisch und Tamil gesprochen.

Der Erfolg konnte sich sehen lassen. Als wir an Singapurs Küste entlang segelten, sahen wir Hafenanlagen, Werften, Raffinerien, Stahlwerke, Wolkenkratzer, ein unendliches Meer von Wohnhäusern und schließlich den Flughafen. Hunderte, wenn nicht sogar Tausende von Schiffen lagen auf Reede und die Luft war voller startender und landender Flugzeuge. Singapur hatte sich in weniger als dreißig Jahren zum Handels-, Produktions- und Dienstleistungszentrum Südostasiens entwickelt. Eine Perle inmitten von chaotisch geführten Nachbarstaaten. In der ganzen Welt findet sich kein Hafen und auch kein Flughafen, der effizienter arbeitet. In Singapur herrschte Zucht und Ordnung. Alles war bestens organisiert. Hier lebte ich. Vielmehr befanden sich hier meine Wohnung und unser Büro. Als Verkäufer von Stahlwerksanlagen verbrachte ich die meiste Zeit auf Reisen, denn mein Kundenkreis erstreckte sich von Neuseeland bis nach China.

Meine Kunden waren zumeist Chinesen. In Indonesien, Malaysia, auf den Philippinen und in Thailand wird die Wirtschaft von einer chinesischen

Minorität dominiert. Die Chinesen haben sich mit einem unglaublichen Fleiß von der niedrigsten zur höchsten sozialen Stufe hochgearbeitet. Das Geld investieren sie in die Ausbildung ihrer Kinder. Keine Schule der Welt ist ihnen zu teuer, wenn es darum geht, die besten Qualifikationen zu erlangen. Daher erfordert das Verhandeln mit Chinesen größte Flexibilität. Brauchte es beim alten Patriarch viel Zeit bevor sich in einer Verhandlung das Gespräch auf das geschäftliche zuwandte, kam der in Amerika ausgebildete Sohn ohne Umschweife zur Sache. Einmal sagte mir einer zu Beginn einer Verhandlung: „Stop the bullshit. Let us talk straight about business!"

Ich erlebte, wie rasant sich Singapur in nur wenigen Jahren entwickelte. Während meines ersten Besuchs wohnte ich im berühmten ‚Raffles Hotel'. Es befand sich in einem desolaten Zustand. Das Zimmer teilte ich mit Kakerlaken. In der verstaubten ‚Long Bar' knarrten die Dielen und taumelten die Ventilatoren über den Köpfen. Aber die Atmospäre war unschlagbar. Besonders dann, wenn man in einem der gemütlichen Korbsessel saß und ein ‚Singapore Sling' schlürfte. Fünf Jahre später war dieser Ort nicht mehr wiederzuerkennen. Luxus und Sterilität kennzeichnen das renovierte Hotel. Aber das ist Fortschritt. Wir dürfen nicht klagen. Doch für mich war dies ein weiteres Zeichen, in Richtung Heimat zu segeln.

In dem Meeresarm, der Singapur von Malaysia trennt, befinden sich die Ankerplätze und Yachthäfen. Am Changi Point vor der NatSteel Marina machten wir an einer Muringsboje neben Graemes Yacht ‚Nefertiti' fest. Wir wollten nicht ankern, da innerhalb Wochenfrist die Ankerketten von dickem Meeresbewuchs überkrustet werden. Das Reinigen der Ketten ist dann eine harte, zeitraubende Arbeit. Im Kontrast zur polierten Welt Singapurs ist das umliegende Meer eine undurchsichtige, stinkend trübe Brühe, in der nur noch Muscheln, Krabben und hartgesottene Fische überleben.

Arbeit

Die Wochen nach unserer Rückkehr wurden sehr anstrengend. Meine Arbeit verlangte vollen Einsatz bis zum letzten Tag. Außerdem mußte der Umzug organisiert werden und die Segelyacht bedurfte noch vieler Vorbereitungsarbeiten. Für mich konnte es nicht besser kommen, denn nach der Enttäuschung mit meiner Lebensgefährtin war die Arbeit sehr heilsam.

Mit Graemes Hilfe erstellte ich eine Liste von Arbeiten, die vor dem geplanten Trainingstörn entlang der Ostküste Malaysias erledigt werden mußte. Die wesentlichen Punkte waren:

Toilette
Ich wählte eine ‚Lavac‘. Dies sei die einzige Toilette, die sehr selten verstopft. Sie könne es sogar mit Ziegelsteinen aufnehmen, hieß es.

Instrumentierung
Der Echolot und Geschwindigkeitsmesser waren defekt oder veraltet. Daher ersetzte ich die gesamte Instrumentierung.

Ankerwinde
Wer fast täglich ankert, benötigt eine elektrische oder hydraulische Ankerwinde, die sich im Notfall auch manuell bedienen läßt. Darüber waren sich alle Fahrtensegler einig. Also ersetzten wir die handbetriebene Winde durch eine elektromechanische Ankerwinde.

Hochdruck-Deckpumpe
Eine Wasserpumpe zum Reinigen des Decks und der Ankerkette sollte auf jeder Fahrtenyacht vorhanden sein.

Radar
Ein Radar ist für die südlichen und nördlichen Regionen, wo es Nebel oder starken Schiffsverkehr gibt, obligatorisch. Ich wählte ein kleines Radar mit flachem LCD Bildschirm und acht Meilen Reichweite.

Sonnenschutz
Wer in den Tropen ohne Sonnenschutz segelt oder vor Anker liegt, riskiert schwere Hautschäden. Daher erhielt *Ryusei* ein völlig neues Sonnendach.

Segel
Alle Segel wurden inspiziert und wo nötig repariert. Außerdem kaufte ich einen neuen Fahrten-Spinnaker.

Lakieren mit Klarlack
Die hölzerne Fußreling und alle Holzteile an Deck mußten mit mehreren Lagen Klarlack gestrichen werden: Eine zeitaufwendige Arbeit. Aber für klassische Yachten ein ‚Muß‘!

Wanten
Korrosion und Haarrisse an den Walzterminals der Wanten zeigten, daß sie ausgetauscht werden mußten. Keiner der professionellen Takler konnte uns sagen, wie man die Top- und Unterwanten vom altertümlichen Aluminium-

mast löst, ohne den Mast herauszunehmen. Die geschätzten Kosten für diese Arbeiten lagen für mich astronomisch hoch. „Dem Ingenieur ist nichts zu schwer", dachte ich, ließ mich den Mast hinaufziehen und versuchte, mit großen Impaktschraubenziehern die innerhalb des Mastes gelegenen Befestigungsschrauben der Wanten zu lösen. Es wurde ein frustrierendes Unterfangen. Im Bootsmannsstuhl hing ich am Mast, klammerte mich mit den Beinen fest, versuchte mit einer Hand den Impaktschrauben zu halten, und mit der anderen den schweren Hammer zu schwingen. Es fehlte die dritte Hand zum Festhalten. Außerdem ließen Heckwellen von Schiffen *Ryusei* wild schaukeln. Selbst zu zweit versagten wir. Schließlich gaben wir auf und beschlossen, trotz des Risikos, die Wanten erst in Südafrika auszutauschen.

Bilanz

Für jemanden, der sich erstmals eine Segelyacht kauft, sind die Kosten und der Zeitaufwand für eine Renovierung erschreckend. Ich hatte sie bei weitem unterschätzt. Ohne Gutachten wäre es noch teurer geworden.

An *Ryuseis* Beispiel stellt sich die Kostenentwicklung (in US$) seit der ersten Verhandlungsrunde wie folgt dar:

1. Verhandlung		
Reduktion von US$ 98,000.-- auf		88.000,--
2. Verhandlung		
Wegen des negativen Gutachten	- 19.000,--	69.000,--
3. Verhandlung		
Wegen Schiffsübergabe in Thailand	- 3.000,--	66.000,--
4. Stornierter Bankscheck	- 2.000,--	64.000,--
Gesamtreduktion:		24,000.--

Bis zur Abreise aus Singapur beliefen sich die Ausgaben für die Reisen, Reparaturen und Neuanschaffungen auf:	22.000,--

Weitere Kosten, die anschließend in Südafrika anfielen, da wegen des Zeitdrucks die Renovierung weder in Thailand noch in Singapur abgeschlossen werden konnte:	15.000,--

Die ‚ernüchternde' Bilanz im ersten Jahr:

Kauf *Ryusei*	US$ 64.000,--
Kosten für Renovierung	US$ 37.000,--
Gesamtkosten für den Kauf und Renovierung	US$ 101.000,--
Zeitaufwand für Reparaturen und Wartung	7 Monate

Singapur: Schiff und Mannschaft bereiten sich auf die große Fahrt vor.

Die neue Mannschaft

Eines Abends nahm ich das Telefon und rief meinen alten Freund Guillaume in Paris an. In unserer Jugend hatten wir gemeinsam das Jollensegeln erlernt. Ich erzählte Guillaume von meinem Malheur und fragte, ob er nicht mit mir segeln wolle. Begeistert rief Guillaume: „Welch ein Zufall! Ich habe soeben meine Stellung bei einer Weinhandelsfirma aufgegeben und brauche jetzt ohnehin etwas Erholung. Soll ich morgen oder in einer Woche kommen?"

Eine Woche später traf Guillaume mit Seesack und Gitarre in Singapur ein.

Als ich mich Anfang Juni von meinem Arbeitgeber in Zürich verabschiedete, traf ich eine alte Freundin. Zufällig kamen wir auf ihre Urlaubspläne zu sprechen: Hilde hatte noch keine. Daher lud ich sie zu unserem Trainingstörn nach Malaysia ein.

Die Arbeiten an Bord liefen auf Höchsttouren. Eine Woche vor dem geplanten Törn wurde es für mich Zeit, die aufgelaufenen Rechnungen zu bezahlen. Daher fuhr ich zu meiner Bank, die im Hochhausdistrikt Singapurs lag. Plötzlich stellte sich mir ein junger Mann in den Weg. Der Eile wegen, wollte ich ihn schon beiseite schieben, als er mich fragte: „Sprechen sie Englisch?"

Ich bejahte.

„Kennen sie sich hier aus?"

Ungeduldig antwortete ich: „Ja, natürlich. Wo wollen sie hin?"

„Können sie mir den Weg zum Yachtclub beschreiben?"

Mitten im Geschäftsviertel Singapurs, traf mich diese Frage unvorbereitet.

„Der Yachtklub liegt am anderen Ende von Singapur", antwortete ich. „Wenn du ein wenig Zeit und Geduld hast, kann ich dich sogar bis zum Yachtclub mitnehmen." Der Rucksackreisende namens ‚Luke' besaß beides.

In dem Moment piepste in meiner Tasche das Mobiltelefon. Die Umzugsfirma wartete vor meinem Haus, um die letzten Kisten abzuholen. Im Laufschritt erledigten wir die Bank, fuhren zu meinem Haus, dann wegen der Post zu meinem Büro und landeten schließlich, nach einer tollkühnen Fahrt, im Yachtclub. Luke muß geglaubt haben, er sei einem Verrückten in die Hände gefallen.

Erst als alle Rechnungen gezahlt und Arbeiten an Bord für diesen Tag beendet waren, ließen wir uns, das heißt Guillaume und ich, mit Luke an der Bar vom Changi Yacht Club nieder. Luke, ein 21jähriger Südafrikaner, suchte eine Möglichkeit als Besatzungsmitglied anzuheuern. Da wir ihn sympathisch fanden, machte ich ihm das Angebot, uns im ersten Abschnitt unseres Segeltörns zu begleiten. „Ich kann auch segeln", sagte er.

Aber das sagt wohl jeder, der mitsegeln will, dachten wir.

Abschiedsfest
Der 30. Juni war mein letzter Arbeitstag. Zur Abschiedsfeier versammelten sich meine Freunde und Kollegen in einem Restaurant von dem man die Bucht überblickte, in der *Ryusei* lag. Zwischen zwei Kokospalmen hatte ich, als Symbol für die durchlebten Turbulenzen, *Ryuseis* Sturmsegel gespannt. Für mich war es ein Fest der gemischten Gefühle. Eine intensive Zeit in Asien ging zu Ende und mein Leben wies in eine neue Richtung.

Verwundert starrten einige meiner Freunde auf die Yacht und sagten: „In dieser Nußschale willst du nach Hause segeln? Bist du denn total verrückt?"

Dem Anlaß entsprechend feierten wir unter freiem Himmel bis tief in die Nacht. Eine Freundin, die auch an dem Fest teilnahm, verirrte sich zuletzt in meine Koje. Der viele Alkohol bescherte uns einen tiefen Schlaf. Dennoch konnte sich Guillaume am nächsten Morgen nicht die Bemerkung verkneifen: „Heute nacht hat scheinbar jemand *Ryuseis* Planken getestet!"

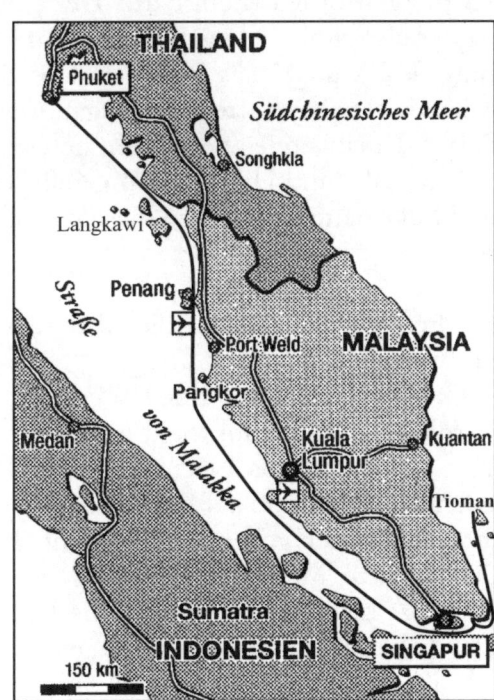

Segelrouten: Phuket – Singapur
Singapur – Tioman

TRAININGSTÖRN

Nachtübung

Im Südosten der malaiischen Halbinsel auf der Höhe von Mersing liegt die Insel Tioman, umringt von 63 kleineren Inseln. Einige, insbesondere Tioman, sind touristisch erschlossen. Die Schönheit dieser Inseln und deren Nähe zu Singapur machten diese Region zu einem idealen Ziel für unseren Trainingstörn.

Geplant war die Abreise um die Mittagszeit, denn wir wollten am folgenden Morgen die Insel Sibu an Malaysias Ostküste erreichen. Es lag wohl an unserer Unerfahrenheit, daß wir *Ryusei* nicht rechtzeitig segelklar bekamen.

Mit Hildes Ankunft waren wir jetzt zu viert: Hilde, Luke, Guillaume und ich. Am Spätnachmittag sammelten wir uns auf Graemes Yacht ‚Nefertiti' zur letzten Besprechung. Als Jollensegler beschränkte sich meine Erfahrungen mit Segelyachten auf drei Törns. Entsprechend groß war die Nervosität. Guillaume ging es ähnlich. Besonders, weil er schon einmal einen dramatischen Schiffbruch erlebt hatte. Der Skipper der Segelschule, die er besuchte, hatte sich bei der Navigation verrechnet. Während der nächtlichen Überquerung des Ärmelkanals liefen sie auf Grund und sanken innerhalb weniger Minuten. In der Aufregung vergaß Guillaume den Sicherheitsgurt zu lösen, der an der sinkenden Segelyacht befestigt war. Dabei wäre er fast ertrunken.

Nur Luke und Hilde waren gefaßt. Hilde wußte nicht, was auf sie zukam und Luke hatte, was wir zu diesem Zeitpunkt nicht ahnten, die größte Erfahrung.

„Sollten wir nicht besser die Abreise auf morgen verschieben?" fragten wir uns wieder.

Graeme lachte und rief: „Wenn ihr immer alles auf morgen verschiebt, werde ich euch nie los. Seid unbesorgt. Es wird schon klappen. Das Wetter ist perfekt und das Nachtsegeln ist viel sicherer, als ihr glaubt." Als wir nochmals die Route auf der Seekarte studierten, fügte Graeme hinzu: „Wenn ihr ganz sicher gehen wollt, könnt ihr ja um die Insel Mungging an der Südostspitze Malaysias herumsegeln. Ich würde aber eher den kürzesten Weg, das heißt die Meerenge zwischen der Insel und dem Festland nehmen. Das habe ich schon mehrmals gemacht. Selbst in einer mondlosen Nacht seht ihr die Felsen. Im Notfall könnt ihr euren Radar nutzten."

Bevor wir uns dann trennten, verabredeten wir noch die Frequenz, auf der wir täglich zu einer bestimmten Uhrzeit über Amateurfunk kommunizieren würden.

Als wir vom Changi Point aus, bei leichter Brise davonsegelten, versank hinter uns die Sonne über Singapur. Die Abendstimmung wurde allerdings von den dröhnenden Turbinen der startenden Düsenjets gestört, die kontinuierlich von Changi, Singapurs Flughafen, abhoben. Für uns klangen sie wie Abschiedsfanfaren. In den Tropen bricht die Nacht schnell herein und so segelten wir bald im Dunkeln. Um uns ein Lichtermeer, das von Stadt sowie den unzählige Schiffen herrührte. Dies erinnerte uns daran, daß Singapur einen der größten Häfen der Welt besitzt.

Ich war gerade unter Deck mit der Navigation beschäftigt, als Guillaume und Luke mich nach oben riefen. Luke deutete in die dunkle Nacht und rief: „Da bewegen sich einige Boote mit hoher Geschwindigkeit auf uns zu. Ich glaubte wir sind auf Kollisionskurs." Zunächst sah ich überhaupt nichts. Als sich meine Augen an die Dunkelheit gewöhnt hatten, machte ich die Positionslampen aus. Es waren etwa zehn Schiffe, die mit hoher Geschwindigkeit auf uns zuhielten. Ich wollte gerade den Motor starten, um schnell ausweichen zu können, als die Schiffe sich trennten und beiderseits an uns vorbeirauschten. Dann fuhren sie im wilden Zickzack um uns herum. Wir waren ratlos.

„Was geht hier vor? Die sind wohl total übergeschnappt!" schrie Luke in seinem südafrikanischen Akzent. Plötzlich kam eines der Boote so nah an uns vorbei, daß wir es trotz der Dunkelheit erkennen konnten. Es handelte sich um ein Landungsboot der Marine. Endlich fiel uns der Groschen. Wir befanden uns in einem Manöver der singapurischen Marine. Die Nähe zu Malaysia und Indonesien stellt ein großes Risiko für das kleine Land dar. Deswegen unterhält Singapur eine schlagkräftige Milizarmee, die unablässig Manöver abhalten.

Unser Segelboot schien das geeignete Übungsobjekt zu sein. Glücklicherweise verschwand die Marine so plötzlich, wie sie aufgetaucht war.

Insel der gefährlichen Überfahrt
Gegen Mitternacht näherten wir uns der beschriebenen Meeresenge.

„Willst du wirklich dadurch segeln?" fragte Guillaume nervös.

„Natürlich! Was Graeme kann, können wir auch. Außerdem haben wir ja einen Radar", versuchte ich ihn zu beruhigen.

Kurz zuvor hatten wir erstmals mit dem Radar experimentiert. Wegen des schwachen Windes planten wir, mit Motorunterstützung die Meerenge zwischen der Felsinsel und dem Festland zu passieren. Die Spannung stieg, als wir uns der Insel näherten, sie aber wegen der Dunkelheit nur auf dem Radar ausmachen konnten. Plötzlich erschien sie als riesiger Schatten auf unserer Steuerbordseite. Gleichzeitig merkten wir, wie der Seegang unruhiger wurde, was auf eine starke Strömung hindeutete. Ich hatte gerade die Motordrehzahl erhöht, um die Kontrolle über das Schiff zu verbessern, als der Diesel zu stottern anfing und verstarb. Ein eisiger Schreck durchfuhr uns. Luke reagierte als erster: „Schnell! Laßt uns die Genua wieder ausrollen und den Anker klar machen!" Guillaume und ich bedienten die Segel, während Luke sich am Anker zu schaffen machte. Der leichte Wind von Backbord gab uns wieder Fahrt. Doch die Strömung trieb uns nach Steuerbord auf die Insel zu. „Wirf den Anker wenn wir noch näher kommen", rief ich Luke zu, während ich versuchte, den Kurs soweit wie möglich nach Backbord zu korrigieren. Es dauerte noch eine Ewigkeit, bis wir genügend Vortrieb bekamen und uns vom Ufer der felsigen Insel entfernten. Nicht Steine, sondern eher Felsbrocken fielen von unseren Herzen, als die Meerenge endlich hinter uns lag!

Zwischen Thailand und Singapur hatte die Maschine nicht einen einzigen Takt verfehlt.

„Wieso muß der Motor im heikelsten Moment den Geist aufgeben?" fragten wir uns. Der Grund war ein einfacher. Selbst der beste Motor der Welt arbeitet nicht ohne Treibstoff.

„Aber wir haben doch vor unserer Abfahrt vollgetankt", warf Hilde ein. Das Rätsel löste sich bald, denn *Ryusei* besaß zwei Treibstofftanks. Doch nur einer war gefüllt worden, weil wir irrtümlich geglaubt hatten, die Tanks seien miteinander verbunden.

In den Morgenstunden drehte der Wind auf Ost und legte zu. Wir segelten auf Halbwind-Kurs unter vollen Segeln. Wegen des geringen Freibords unserer Yacht, fließt bei maximaler Krängung das Wasser über die Fußreling und das Deck. Die Ironie des Schicksals wollte, daß nun durch die Krängung der Treibstoff des randvoll betankten Steuerbordtanks aus dem Entlüftungsrohr austrat und aus gerechnet in Lukes Wanderschuhe lief, die darunter standen. Die Schuhe kannten bereits den ganzen Mief Asiens. In Verbindung mit dem Dieselöl war der Gestank unschlagbar. Eine Diskussion entbrannte darüber, ob wir die Schuhe nicht gleich über Bord werfen sollten. Auf Lukes Flehen hin, vertagten wir die Entscheidung und deponierten sie außer Reichweite.

Die Insel Sibu erreichten wir am Nachmittag. Wir konnten es kaum erwarten, vor dem beliebten Island Resort an Sibus Nordspitze zu ankern. Nach einem flüchtigen Blick auf die Seekarte, wählte ich den kürzesten Weg um die Nordspitze der Insel. Entspannt saßen wir in der Plicht und genossen die Aussicht auf das vorbeiziehende Ufer, als ich zufällig den Blick nach vorn warf. Die gekräuselte Wasseroberfläche einige hundert Meter voraus machte mich stutzig.

„Luke, mir kommt die Wellenformation etwas komisch vor. Kannst du mal bitte vorn Ausschau halten", sagte ich.

Mein Freund kletterte auf den Bugkorb während ich das Ruder übernahm. Sekunden später brüllte er: „Wenden! Wenden! Wenden!" und deutete mit heftigen Armbewegungen nach Steuerbord. Ich riß das Ruder mit aller Kraft herum. Das Schiff reagierte augenblicklich. Wir wendeten mit flatternden Segeln durch den Wind und steuerten in Richtung der offenen See. Luke kam zum Steuerstand gerannt und berichtete, daß wir um Haar einen überfluteten Felsen gerammt hätten. Der Schock saß uns in den Knochen. Wir studierten nochmals die Seekarte und fanden heraus, daß ich einen Felsen nahe der Küste übersehen hatte. Eile und Unachtsamkeit wären uns fast zum Verhängnis geworden.

Nun segelten wir mit einem respektvollen Abstand um die Nordkante der Insel und landeten wenig später vor dem Island Resort. Kaum hielt der Anker, setzten wir mit dem Beiboot zur Insel über. Die Bar befand sich in einer großen, strohbedeckten Hütte. Im Gespräch mit dem Besitzer des Ressorts erwähnten wir unser Beinahe-Unglück. Er nickte wissend und sagte: „Erst kürzlich hat wieder eine Segelyacht diesen Felsen gerammt. Mit viel Glück konnte die Yacht gerettet werden. Der Felsen ist ausnahmsweise unter Wasser, weil wir heute eine besonders hohe Flut haben."

Dann fragte er: „Kennt ihr eigentlich die Bedeutung des Namens unserer Insel, Pulau Sibu?" Wir verneinten und er antwortete: „Pulau Sibu heißt übersetzt, Insel der gefährlichen Überfahrt."

Zum Gelächter meiner Freunde rief ich: „Das soll uns eine Warnung sein. Auf der Rückreise werden wir einen riesigen Bogen um diese Insel machen!"

Die Sirenen von Sibu

Die Abendsonne tauchte den palmenbestandenen Strand mit den strohbedeckten Hütten in rötliches Licht. Dazu kam der Anblick der verankerten Segelyachten vor dem Korallenriff. Selbst ein Reiseprospekt könnte eine solche Idylle nicht besser darstellen. Unsere Hütte mit der Bar war mit Strohmatten und Kissen ausgelegt. In ausgelassener Fröhlichkeit lagen wir auf diesen Kissen und genossen die Farben des Sonnenuntergangs. Die Strapazen der Reise von Singapur nach Sibu hatte uns bereits zu einem Team zusammengeschweißt: Herkunft, Alter und Hintergründe eines jeden spielten nun keine Rolle mehr. Hier, in dieser heilen Welt, vergaßen wir alle Sorgen und besannen uns auf das gemeinsame Ziel: „Wir wollen uns amüsieren."

In diesem Moment betraten vier attraktive Chinesinnen unsere gemütliche Hütte. Auch sie bestellten sich Getränke und ließen sich auf den Kissen nieder. Das Herz der Seeleute schlug beim Anblick so vieler Naturschönheiten höher. Es dauerte nicht lange, bis sich die hübschen ‚Sirenen' unserem Kreis anschlossen. Jeder hörte die Geschichte des anderen und wir kamen bald zum Schluß, daß alle ähnliche Gründe hatten, hier zu sein. Alle wollten dem beruflichen Alltag oder den persönlichen Problemen entfliehen. Unsere neuen Freundinnen kamen aus Singapur und planten, ein Wochenende auf Sibu zu verbringen. Bevor wir zur Nachtruhe zum Schiff zurückkehrten, verabredeten wir uns für eine gemeinsame Segeltour.

Bei strahlendem Sonnenschein hißten wir am folgenden Morgen die Segel und nahmen Kurs auf eine nahegelegene, unbewohnte Insel. Das Gekicher unserer hübschen Gäste verstarb, als sich die Yacht durch den Winddruck zur Seite neigte. Für Neulinge sind alle Geräusche und Bewegungen eines Schiffes fremd bzw. beängstigend. Rasant schnitt sich *Ryuseis* Rumpf durch die Wellen und nach einer kurzen Fahrt ankerten wir vor einem weißen Sandstrand. Mit dem Schlauchboot gelangten wir an Land und saßen bald darauf in fröhlicher Runde auf dem einsamen Strand. Die mitgebrachten Picknickkörbe enthielten Getränke und unser Mittagessen. Wir scherzten, diskutierten und flirteten nach allen Regeln der Kunst. Unser Umgang wurde immer vertrauter. Nach und nach verschwanden alle mit den mitgebrachten Schnorchelausrüstungen im Wasser oder gingen auf Erkundungstour der Insel. Besonders Luke und eines der Mädchen zeigten Interesse füreinander. Beide ließen sich viel Zeit bei ihrer Schnorchelexpedition. Das Wasser war warm, glasklar, voller Korallen und Meerestiere. Guillaume und ich verhielten uns etwas zurückhaltender, denn wir wollten nicht durch zu forsches Flirten mit den Singapurinnen Hildes Stand in unserem Kreis verletzen.

Die Wettergötter fühlten sich scheinbar von unserem unkeuschen Lebenswandel gestört. Als es gerade richtig gemütlich wurde, zogen dunkle Regenwolken auf. Wir erkannten die Warnzeichen und kehrten eilig zur Yacht zurück. Kaum war der Anker gelichtet, fegten Sturmböen und Regen über uns hinweg. *Ryusei* rauschte unter vollen Segeln davon. Wegen des Windes wurden die Wellen nun etwas höher, was wiederum alle Gespräche verstummen ließ. Lukes neue Freundin wurde plötzlich grün und verbrachte den Rest der Überfahrt an der Reling. Glücklicherweise erreichten wir unsere geschützte Bucht bevor die Seekrankheit weiter um sich griff. Kaum standen unsere Damen wieder auf festem Boden, kehrte Leben in sie zurück. Die Seereise mußte gefeiert werden. Somit verschwanden wir wieder zum Ausgangspunkt unserer Exkursion, der Strohhütte mit der Bar. Nach einigen tropischen Drinks veranstalteten wir eine wilde Kissenschlacht. Wie Teenager tollten wir herum. Warum auch nicht? Wir waren jung und außerhalb des öffentlichen Auges. Bis tief in die Nacht blieben wir zusammen und diskutierten über den Sinn des Lebens, Partnerschaften und Segeln. Wir waren so vertieft, daß keiner die Abwesenheit von Luke und unserer jüngsten ‚Sirene‘ bemerkte. Sie waren mit dem Beiboot verschwunden. Auf unsere neugierige Frage antwortete Luke später: „Ich wollte ihr nur noch einmal die Yacht zeigen."

„Wer es glaubt wird selig", erwiderten wir belustigt.

Der Abschied am folgenden Morgen stimmte uns traurig. An Bord einer kleinen Fähre, die sie zum Festland brachten, verließen uns die ‚Sirenen von Sibu‘.

Insel zu Insel

Am gleichen Tag setzten wir die Segel und nahmen Kurs auf die Insel Aur, 30 Meilen nordöstlich von Sibu. Der Wind kam aus südöstlicher Richtung mit 15 bis 20 Knoten. Endlich konnten wir das Segeln in einer entspannten Atmosphäre genießen. Wir experimentierten mit verschiedenen Segeln und machten uns mit der Handhabung der Segelyacht vertraut. Auch prüften wir die neue Instrumentierung, justierten die Windmesseinrichtung und probierten den Autopiloten bei verschiedenen Einstellungen. Dabei wurde uns bewußt, wie komplex eine vollausgerüstete Segelyacht sein kann. Unser Trainingstörn würde nur den Anfang einer langen Lehrzeit darstellen. *Ryusei* fühlte sich solide an. Der schwere Schiffsrumpf furchte durch die Wellen, ohne daß dabei die Yacht sich verlangsamte oder zu heftig schlingerte. Es war eine Yacht, die Vertrauen einflößte. Dies erinnerte mich an das, was ich über die Philosophie der alten Sparkmann & Stevens Yachten gelesen hatte. Sie wurden als Hochseerennyachten konzipiert, die schnell, seetüchtig und wohnlich sein sollten.

Ryuseis Schnelligkeit zeigte sich allerdings nur bei Starkwind. Bei Leichtwind wurde uns die schwere Zusatzausrüstung für das Fahrtensegeln zum Handicap. Der anfänglich gefährlich erscheinende Krängungswinkel stellte sich mit der Zeit als normal heraus. Wir waren so beschäftigt mit der Yacht, daß wir jegliches Zeitgefühl verloren. Daher kam uns die Überfahrt nach Aur so schnell vor.

Loreleiähnlicher Gesang weckte mich am folgenden Morgen. Verwirrt kletterte ich an Deck und suchte nach der Urheberin. Es war Hilde.

„Als Opernsängerin muß ich auch im Urlaub die Stimmbänder trainieren", meinte sie.

Ich hatte nichts dagegen einzuwenden, machte mir aber Sorgen um die Kristallgläser an Bord. Auch Guillaume war bereits unterwegs. Er hatte sich mit seiner Gitarre an den Strand begeben, wo er an einer abgelegenen Stelle übte.

„Bei all den guten Klängen werden wir heute wohl auch Wind bekommen", meinte Luke, als wir uns gemeinsam zum Frühstück niederließen.

„Oder einen riesigen Fisch fangen", setzte ich scherzend hinzu, denn kurz zuvor sahen wir nahe unserer Yacht einen Marlin springen.

Während des Frühstücks machte ich Luke das Angebot, an Stelle der zugesagten Überfahrt bis zur Insel Tioman, am gesamten Trainingstörn teilzunehmen. Luke war begeistert. Da sein Vater eine Segelyacht in Südafrika besaß, war Luke mit dem Segeln aufgewachsen. Außerdem hatte er Erfahrung im Schwer-Wetter-Segeln vor der Küste Afrikas.

Unsere Opernsängerin serviert das Frühstück.

In den nächsten Tagen gondelten wir von Insel zu Insel. Eines der Inseln war Babi Kechil, auf der sich eines der traurigen Kapitel Asiens abgespielt hatte: 15.000 vietnamesische Flüchtlinge waren hier lange Zeit auf der knapp ein Quadratkilometer großen Insel eingepfercht.

Eine weitere Insel, die wir besuchten war Babi Besar, auf der sich einige Privathäuser befinden. Wir ankerten vor der Küste und verbrachten den Nachmittag am Strand. Dort lernten wir Betty kennen. Betty, eine exzentrische, naturverbundene Dame chinesischer Herkunft aus Singapur, verbringt einen Teil ihrer Freizeit auf Besar. Da sie an uns Gefallen fand, lud sie uns zum Sundowner in ihre am Strand gelegene Hütte ein. Der Sundowner ist ein altes Ritual der Kolonialzeiten. Man trifft sich zum Sonnenuntergang mit Freunden, diskutiert und genehmigt sich einen oder auch mehrere Drinks.

Kaum waren wir zum Abendessen auf die Yacht zurückgekehrt, fing es an zu regnen und zu stürmen. Auflandige Windböen pfiffen durch die Takelage. Unter Deck spürten wir wenig von dem Regensturm. Trotzdem ließen wir zur Sicherheit die gesamte Ankerkette ausfahren, denn wir wollten nicht an Land gespült werden. Anschließend machten wir es uns in der Kabine bequem und schauten uns ein Video an. Das Videogerät und der Fernseher gehörten zum Inventar *Ryuseis*. Ein Luxus, von dem wir uns bald trennten. Wer Abenteuer sucht, braucht nicht fernzusehen.

Strahlender Sonnenschein begrüßte uns am nächsten Morgen. Beim Klappern des Wasserkessels und dem Duft des Kaffees kam Bewegung ins Schiff. Dann wurde aus Papaya, Mango, Ananas und sonstigen exotischen Früchten ein Fruchtsalat zubereitet.

Als wir beim Frühstück in der Plicht saßen, kehrte die Segelyacht zurück, die am Vorabend neben uns verankert war. Wenig später erschien der Skipper mit seinem Beiboot und erzählte, daß er während des Sturms den Ankerplatz fluchtartig verlassen hatte. Dabei blieb im keine Zeit den Anker einzuholen. Dieser lag nun mitsamt der Kette auf dem Meeresgrund und er bat uns, ihm bei der Suche zu helfen.

„Wenn wir nach erfolgreicher Suche auf ein kühles Bier eingeladen werden, sind wir für alle Taten bereit", lautete unsere Bedingung. Endlich hatten wir einen Grund, die Tauchausrüstung einzuweihen. Wir suchten und wurden fündig.

„Ihr hattet Glück, daß der Wind nicht noch stärker wurde", sagte der Skipper, „solche Regenfälle werden oft von orkanartigen Böen begleitet, die bereits vielen Schiffen zum Verhängnis geworden sind. Bei auflandigem Wind solltet ihr unter allen Umständen den Ankerplatz verlassen."

Im Alleingang begab sich Guillaume auf Erkundungstour. Dabei fiel er Betty in die Hände, die gerade an der äußersten Ecke der Insel einen dekorativen

Baumstamm gefunden hatte. Diesen wollte sie in den Garten ihrer Hütte stellen. Gentleman Guillaume ließ sich hinreißen, ihr beim Tragen der schweren Last zu helfen. Wir lagen faul auf dem Strand, als die beiden wie Lastesel bepackt vorbeikamen.

„Was ist denn das? Es gibt doch sicher noch leichteres Feuerholz auf dieser Insel!" riefen wir. Betty erklärte ihren Plan, und schon waren wir alle auf den Beinen und halfen ihr, das Werk zu vollenden.

„Was soll denn dieser Baumstamm symbolisieren?" fragte Hilde.

„Das ist mein Phallusbaum", antwortete Betty schelmisch. Dann lud sie uns zum Abendessen ein. Der Abend bei Vollmond und Kerzenlicht vor Bettys strohbedeckter Hütte war ein voller Erfolg. Nur einer blieb in dieser Nacht zurück, Guillaume. Ein Grund für Spekulationen, die uns noch für Tage beschäftigten.

Fallende Kokosnüsse!

Auf der Strecke nach Tioman ankerten wir für eine Nacht vor der Insel Pualu Rawa. Auf Rawa liegt eines der romantischsten Resorts der ganzen Inselgruppe. Es gehört dem Neffen des Sultans dieser Region. Hier erlebte ich während meines letzten Besuchs – vor zwei Jahren – denkwürdige Ereignisse. Erstens erteilte mir der Sultansneffe eine Lektion über das Öffnen von Kokosnüssen mit einem Buschmesser, zweitens wäre ich fast von einer fallenden Kokosnuß ins Jenseits befördert worden.

Letzteres spielte sich wie folgt ab: Zur Siesta hatte ich meine Hängematte zwischen zwei Palmen aufgehängt. Kaum war ich darin eingeschlummert, weckte mich ein lauter Knall. Eine Kokosnuß war haarscharf neben meiner Hängematte gelandet und rollte nun den geneigten Strand hinunter. Die einzigen Zeugen, ein sonnendes Pärchen, kam später vorbei und gratulierte mir zu meinem Glück. Im Geiste sah ich bereits die Schlagzeilen in der heimischen Presse: „Manager in der Hängematte von Kokosnuß erschlagen." Künftig würden dann unsere Mitarbeiter eine Gefahrenzulage für den fernen Osten verlangen. Nicht umsonst hängt hier vielerorts die Warnung: „Beware of Falling Coconuts".

In diesem Zusammenhang erinnere ich mich an einen chinesischen Schausteller, der auf einer von der Pharmaindustrie organisierten Konferenz ein ungewöhnliches Kunststück vollbrachte. Vor den verdutzten Augen der anwesenden Mediziner, warf er eine Kokosnuß hoch in die Luft. Krachend landete die Nuß auf seinem haarlosen Schädel und zersprang. Womöglich handelte es sich um eine Demonstration für die Wirksamkeit eines Mittels gegen Kopfschmerzen.

Pulau Tioman

Tioman ist die größte Insel an Malaysias Westküste. Sie gilt als eine der zehn schönsten Inseln der Welt. Kennzeichnend ist ihr markantes Gebirgsprofil mit dem über tausend Meter hohen Berg Gunung Kayang. Dichte tropische Wälder bedecken die Flanken der Berge und weiße Strände, gemischt mit schwarzen Felsen, säumen die Küste.

Der Schönheit und der günstigen Lage wegen, hat sich diese Insel zu einem Zentrum des Tourismus in Malaysia entwickelt. Leider werden dadurch die letzten Naturreservate zerstört. Traditionelle Fischerboote wurden zu Tourismusfähren, der Dschungel wich dem Flugplatz, kleine Siedlungen wurden zu Dörfern, auf den Stränden türmt sich der Müll und in romantische Buchten entstanden häßliche Hotels. Auch das Meer leidet: Abfälle, ungeklärte Abwässer, rücksichtsloser Fischfang, Ankern auf Korallenriffen und Souvenirjäger haben der einzigartigen Unterwasserwelt zugesetzt.

Naturschönheiten ziehen Touristen an; wo es diese hinzieht, ist es zumeist um die Schönheit der Natur geschehen. Dies ist eine der traurigen Gesetzmäßigkeiten dieser Welt.

Der Ferne Osten befindet sich in einer sehr turbulenten Phase. Hier wird, wie im Frühbeginn der Industriellen Revolution, ohne Rücksicht auf Natur und Umwelt gehandelt. Profitsucht und Korruption beherrschen die Länder wie China, Thailand, Philippinen, Indonesien und Malaysia. Der Unterschied zu früheren Zeiten besteht darin, daß man mit der modernen Technik ein Land in viel kürzerer Zeit vergewaltigen kann. Wer heute die ehemaligen Perlen Thailands besucht, wie zum Beispiel Bangkok, Phuket, Pataya und Phi Phi Island, wird nichts mehr von der schönen Natur bzw. Kultur erleben, die diese Orte so berühmt machten. Gleiches erlebt, wer heute mit dem Flugzeug über Malaysia fliegt. Die letzten Urwälder dieses Teils der Welt wichen zu Gunsten von Plantagen, Industrieanlagen und gewaltigen Siedlungsprojekten. Auch hier werden die Menschen spätestens fünf Minuten vor zwölf aufwachen. Als Vertreter Europas steht es mir natürlich nicht zu, lauthals zu kritisieren, denn auch wir sitzen im Glashaus.

Da wir ja auf einem Trainingstörn waren, mußten wir gelegentlich auch segeln. So erreichten wir bei leichtem Wind das Dorf Juara auf Tiomans Ostseite. Uns gefiel der abgelegene Ort so sehr, daß wir für drei Tage blieben. Guillaume litt unter der mangelnden Privatsphäre an Bord. Deswegen mietete er sich eine kleine Hütte am Strand. Seine Unterkunft besaß eine Dusche, was für uns sehr praktisch war. Von hier aus unternahmen wir Wandertouren in die dicht bewaldeten Berge. Dabei entdeckten wir einen wunderbaren Wasserfall, in dem wir endlich ein wenig Abkühlung fanden. Die tropische Hitze kann sehr angenehm sein. Aber nicht dauernd. Ich sehnte mich bereits nach Europa.

Schüsse in Indonesien

Auf *Ryusei* besaßen wir eine komplette Amateurfunkeinrichtung. Mir fehlte die Zeit, eine Lizenz zum Betreiben eines solchen Instruments zu erwerben. Mein Freund Graeme sagte dazu folgendes: „Die Amateurfunkeinrichtung ist wichtig für Notfälle und allgemeine Kommunikation. Viele der Fahrtensegeler besitzen gar keine Lizenz. In Amateurfunkkreisen bezeichnen wir diese Leute als ‚Piraten'. Ein lizenzierter Amateurfunker riskiert, seine Zulassung zu verlieren, wenn er mit solchen Funkpiraten kommuniziert. Aber in diesem Teil der Welt werden die Regeln nicht so ernst genommen. Ihr müßt euch nur an gewisse Grundregeln halten." Seine Ausführungen schloß er mit den Worten: „Wer nur nach dem Gesetzbuch handelt, kommt nirgendwo hin."

Anschließend half er uns, eine fiktive Lizenznummer zu erfinden. Wie wir später erfuhren, nutzen fast alle Funkpiraten Panama, als Land für gefälschte Lizenznummern.

Während unseres Trainingtörns hatten wir dann jeden Morgen einen kurzen Kontakt mit Graeme in Singapur. Somit war er immer über unsere Abenteuer informiert.

Dank des Amateurfunk erfuhren wir auch einiges von unseren Bekannten, einem kanadischen Ehepaar, die zu der indonesischen Inselgruppe Anambas gesegelt waren. Diese lag etwa fünfzig Meilen östlich von Tioman. Angeblich seien die Inseln noch schöner und natürlich wesentlich unberührter, als die der Tioman–Gruppe. Ursprünglich wollten wir gemeinsam segeln. Wir erhielten jedoch keine Einreisegenehmigung. Die Kanadier wagten es allerdings ohne Genehmigung. Wie wir nun über Funk erfuhren, ankerten sie nach einer anstrengenden Überfahrt in der erstbesten Bucht. Wenig später wurden sie durch Gewehrschüsse geweckt. Ein Boot mit halbwegs militärisch gekleideten Männern war längsseits zu ihrer Yacht gekommen. Da unsere schlafenden Freunde ihr Rufen nicht hörten, schossen sie in die Luft. Dann kamen die Indonesier an Bord und durchsuchten das Schiff. Das Ehepaar war völlig schockiert. Aber ohne Einreisegenehmigung und angesichts der schwer bewaffneten Leute konnten sie nichts machen. Glücklicherweise entwendeten sie nur alkoholische Getränke und Zigaretten bevor sie die Yacht verließen. Umgehend setzten dann unsere Freunde die Segel und kehrten nach Malaysia zurück. Sie waren froh, mit einem blauen Auge davongekommen zu sein. Und wir waren froh, daß wir nicht mit ihnen nach Indonesien gesegelt waren.

Pulau Sembilang

Auf der Strecke zur Insel Sembilang ließen wir nichts unversucht, einen Fisch an den Haken zu bekommen. Der Erfolg war kläglich. Luke fing Seetang, Hilde verlor den Köder und mir gelang es, die Angelschnur in der Schiffsschraube zu verheddern. Mit Taucherbrille und Messer tauchte ich unter das Boot und befreite den Propeller. Fische hatten bei uns Schonzeit. Besonders Luke war über unseren Mißerfolg deprimiert. Nachdem er beim Schnorcheln die reichhaltige Fischwelt zu Gesicht bekam, ging er übermütig eine riskante Wette ein. Falls er bis zur Rückkehr nach Singapur keinen Fisch fangen würde, ließe er sich kastrieren! Zu seiner Beruhigung erinnerten wir ihn regelmäßig daran, woraufhin er sich ununterbrochen mit dem Fischen beschäftigte.

Hoch am Wind und mit maximaler Krängung rauschten wir in Richtung Sembilang, als wir zufällig bemerkten, daß die automatische Bilgenpumpe sich eingeschaltet hatte. Leichte Panik kam auf, denn der Wasserpegel in der Bilge erreichte bereits die Bodenbrettern. „Wir sinken!" schallte es durchs Schiff.

Sofort schalteten wir die große Notpumpe ein und sahen zu unserer Erleichterung, wie sich dann der Wasserpegel in der Bilge senkte. „Wie konnte das passieren?" fragten wir uns anschließend. Am Vortag hatten wir die Bilgenpumpen getestet. *Ryusei* besaß drei Bilgenpumpen. Eine kleine elektrische Pumpe mit automatischer Pegelstandsschaltung für den Tagesgebrauch und für den Notfall eine größere elektrische, und zusätzlich eine manuelle Pumpe. Der Auslaß der Notpumpen lag unterhalb der Wasserlinie. Daher mußte zuerst ein Ventil öffnen werden. Wir hatten leider vergessen, das Ventil nach dem Test zu schließen. Wegen der starken Krängung funktionierte der zu Sicherheit eingebaute Siphon nicht mehr und somit lief die Bilge voll.

Am Ankerplatz vor der Insel Sembilang versprachen Luke und ich, daß wir zum Sonnenuntergang einen Kokosnußcocktail brauen würden. An Land gab es genug Kokospalmen. Aber wie kommt man ohne Leiter an die Kokosnuß? Da alle Tricks erfolglos blieben, versuchten wir schließlich eine Palme zu besteigen. Luke schaffte es; kam aber, nachdem er ein Seil um eine Kokosnuß geworfen hatte, schreiend den Stamm herunter gerutscht. Die

Palmenkrone war voller roter Ameisen, die sich von Luke in ihrer Privatsphäre gestört fühlten.

Die Nuß war widerstandsfähiger als wir glaubten. Wir ruckten und zogen mit aller Kraft am Seil und entwurzelten dabei fast die Palme. Als sie sich dann unverhofft löste, landeten wir auf dem Rücken. Zum Glück gab es keine Zuschauer.

Riskante
Kokosnußernte.

Die Ernüchterung folgte an Bord, denn wir besaßen kein geeignetes Buschmesser zum Öffnen der Kokosnuß. Hilde und Guillaume sparten nicht mit Spott, als wir Ingenieure mit Messer, Hammer, Schraubenzieher und Eisensäge an die Arbeit gingen. Bis die Nuß offen war, hatten wir eine Messerklinge zerbrochen und die Plicht in ein Schlachtfeld verwandelt. Ein sagenhafter Sonnenuntergang und das Abendessen ließen die Strapazen für den Cocktail vergessen. Trotzdem hüteten wir uns seither, vor übermütigen Versprechungen.

Rückreise

Die Zeit verstrich wie im Fluge. Mehr als zwei Wochen waren wir bereits unterwegs und hatten uns einigermaßen an das neue Leben gewöhnt. Der Alltag in dieser Inselwelt ließe sich wie folgt skizzieren:

Aufstehen nach belieben. Einige schlafen in den Tag hinein, andere nutzen die morgendliche Ruhe zum Schwimmen oder um mit dem Beiboot Ausfüge zu unternehmen. Irgendwann wird gemeinsam gefrühstückt beziehungsweise gebruncht. Spätestens dann schmiedeten wir Pläne für den Tag. Nach Lust und Laune setzten wir die Segel und ließen uns zum nächsten Ankerplatz oder Insel treiben, wo die üblichen Aktivitäten begannen. Erkundungstouren, Lesen in der Hängematte, Schnorcheln, Fischen, Sundowner und zuletzt Vorbereitungen zum Abendessen. Jeder Tag bot etwas Neues. Zufälle und Begegnungen brachten uns immer wieder auf Abwege. Doch all dies ermüdet, und so endeten die Tage normalerweise früh in der Koje.

Wegen Windstille verließen wir Sembilang unter Motor. Ein quietschendes Geräusch schreckte uns auf. Es kam aus dem Maschinenraum. Wir suchten und fanden den Grund. *Ryusei* besaß einen starren Propeller und eine hydraulische Kupplung im Getriebe. Beim Segeln muß daher der Propellerschaft mit dem sogenannten Shaft Lock arretiert werden, um ein freies Rotieren zu verhindern. Das Lager dieser Wellenbremse war defekt und glühte bereits. Sofort stoppten wir den Motor, denn die Antriebswelle riskierte, wegen Überhitzung beschädigt zu werden. Bei näherer Betrachtung stellte sich heraus, daß wir den Shaft Lock entfernen müßten, falls wir weiterhin den Motor benutzen wollten. Nach einer Stunde Sägen, Hämmern und Fluchen war der Schaden provisorisch behoben. Von nun ab mußten wir die Antriebswelle mit einer Schnur anbinden, um ein freies Rotieren beim Segeln zu vermeiden.

Etwas später kam Wind auf. Der Motor erstarb und wir segelten bei ruhiger See in Richtung einer altbekannten Insel. Trotz unseres Schwures, konnten wir der Verlockung Sibus nicht widerstehen. Ohne spektakuläre Vorkommnisse landeten wir am Nachmittag vor unserem Island Resort. Der Besitzer grüßte uns freudig und hörte sich bei einem kühlen Bier unsere Geschichten an. Wir befreundeten uns auch mit anderen Seglern, die sich in der Hüttenbar niedergelassen hatten. Casanova Luke trennte sich von uns und unterhielt sich mit zwei soeben eingetroffenen Damen an der Bar. Das war dann auch das letzte, was wir von ihm bis zu unsrer Abreise zu sehen bekamen. Die ‚Sirenen‘ hatten wieder zugeschlagen.

Das Seebegräbnis

Wiederum gab es einen herzzerreißenden Abschied von Sibu. Nachmittags setzten wir die Segel, um am nächsten Tag Singapur zu erreichen. Da der Wind aus Südost kam, mußten wir kreuzen. Bei gemäßigtem Wind- und Wellengang war das Segeln anfangs noch angenehm. Daher sahen wir die Zeit gekommen eine wichtige Handlung vorzunehmen.

„Luke, können wir endlich deine Stinkschuhe über Bord werfen?" fragte Guillaume provozierend.

„Nein, das dürft ihr nicht. Mit den Wanderschuhen habe ich ganz Asien bereist. Die sind mir heilig", antwortete Luke mit einem Anflug von Panik.

„Drei Wochen haben wir den Mief deiner ölgetränkten Schuhe ausgehalten, und dabei alles versucht sie zu retten. Tagelang schleppten wir sie an einem Seil hinter uns durchs Wasser. Wir ließen sie in der Sonne braten und selbst der saubere Wasserfall mußte herhalten. All dies ohne Erfolg. Nun haben wir die Nase voll und unsere drei Nasen überstimmen deine. Wir geben den Schuhen auch ein ehrenhaftes Seebegräbnis."

„Mein herzliches Beileid im voraus", warf Hilde lachend ein.

Luke merkte, daß er keine Chancen mehr hatte und gab nach. Ein hektisches Treiben begann. Die Fahne Malaysias wurde auf Halbmast gesetzt. Die Schuhe zusammengebunden und mit Gewichten versehen. Getränke bereitgestellt und schwermütige Musik aufgelegt. Schließlich standen wir mit gefüllten Gläsern an der Bordkante. Luke hielt eine feierliche Ansprache zu Ehren seiner alten Wanderschuhe. Dann flogen sie über Bord.

Am Abend verschlechterte sich das Wetter. Es wurde langsam ungemütlich. Hoch am Wind stampften wir unter vollen Segeln in die Wellen. Hilde wurde erstmals seekrank und verschanzte sich an der frischen Luft in der Plicht.

„Poseidon ärgert sich über das stinkende Geschenk und läßt uns jetzt leiden." scherzte Luke. „Ihr werdet die Tat noch bereuen!"

Guillaume lies sich durch das rauhe Wetter nicht entmutigen und beschloß, einen Kuchen zu backen. Er war gerade dabei, die Eier in den Teig zu geben, als eine große Welle *Ryusei* erfaßte und die Eier im hohen Bogen durch die Kabine flogen. Danach flog das Mehl. Ein unbeschreibliches Bild. Die Bodenbretter waren voll glitschigem Eigelb, und in der Kombüse sah es aus, als hätte es geschneit. Doch Guillaume, unser Sturmkoch, gab nicht auf. Er vollbrachte sein Backwerk.

Die berüchtigte Meeresenge an der Südostspitze Malaysias passierten wir früh morgens während eines schweren Gewitters. Der Regen prasselte wie

72

Hagel auf uns herab. Doch blieben wir dieses Mal gefaßt – trotz des schlechten Wetters.

Unser Trainingstörn fand somit ein glückliches Ende. Auf Englisch bezeichneten wir diesen Törn als ‚Shake-Down Trip'. In Anbetracht der vielen Pannen fanden wir dann allerdings, daß unsere Reise eher den Namen ‚Break-Down-Trip' verdient hatte.

Guillaume zaubert
in der Kombüse.

ABSCHIED

„Partir, c'est un peut mourir"

Kurs Schottland

Im Changi Yacht Klub ging es hoch her, als wir unsere Rückkehr feierten. Trotz unserer geringen Erfahrung hatten wir zum Ausgangshafen zurückgefunden. Das Schiff und die Besatzung hatten, abgesehen von kleineren Problemen, den ersten Törn gut überstanden. Darauf konnten wir stolz sein.

Auch Graeme war in euphorischer Stimmung, denn in der Zwischenzeit hatte er seine Yacht an einen Australier verkauft. Mit dem Käufer war vereinbart, daß er ‚Nefertiti' nach Australien überführe. Für diese Seereise wollten ihn – zu seiner Freude – zwei Freundinnen begleiten. Besser konnte es kaum werden. Graeme beabsichtigte schon seit langer Zeit, ‚Nefertiti' zu verkaufen, um sich eine größere Yacht zu bauen. Er begründete diesen Schritt mit den Worten: „Jeder Mensch braucht von Zeit zu Zeit ein neues Projekt."

In dieser beschwingten Atmosphäre besann auch ich mich auf mein neues Projekt.

„Irgendwo muß doch die Reise einen Anfang und ein Ende haben", fand ich. Die Trennung von meiner Lebensgefährtin hatte vieles geändert. Bis auf meinem Plan, innerhalb eines Jahres nach Europa zu segeln.

„Und was geschieht wenn du dort eintriffst?" war eine Frage, die ich öfters hörte. Meine Antwort lautete: „We cross the bridge, when we come to it."

Dann wandten wir uns dem dringlichsten Problem zu, nämlich den Abreisetag und die Reiseroute festzulegen. Da ich unterwegs auch meinen Familie in Mauritius besuchen wollte, meinte Graeme: „Wenn ihr über Mauritius segelt, werdet ihr nicht rechtzeitig ins Rote Meer gelangen. Für die Reise nach Norden gibt es im Roten Meer nur im Januar und Februar den richtigen Wind. Außerdem wird euch auf dem Weg von Mauritius nach Djibouti der Monsun Gegenwind bescheren. Wenn ihr gegen die Natur geht, werdet ihr immer den kürzeren ziehen. Kein vernünftiger Fahrtensegler wagt es, solche Distanzen gegen den Wind zu kreuzen."

Nach längerer Diskussion entschieden wir uns für den Seeweg der alten Handelsschiffe. Dieser führt um das Kap der Guten Hoffnung. Normalerweise müßten wir wegen der vorherrschenden Südostwinde durch die Straße von Malaka in Richtung Thailand segeln. Aber nach all dem Ärger wollten wir unter gar keinen Umständen nach Thailand zurück. Daher beschlossen wir, über die Meerenge zwischen Java und Sumatra, der Sunda Straits, zum Indischen Ozean zu gelangen.

Zur vorgerückten Stunde kam mir eine Idee. „Freunde, ihr habt doch immer behauptet, daß jeder Mensch ein Ziel vor Augen haben muß!" rief ich. „Soeben ist mir ein Ziel in den Sinn gekommen. Vor vielen Jahren habe ich zusammen mit einem Studienfreund eine Bergwanderung auf der Insel Arran in Schottland unternommen. Unterwegs legten wir eine Rast ein. Im Rucksack befand sich, außer unseren Butterbroten, auch eine Flasche Whisky. Wir nahmen dann auch einen kleinen Schluck zur Stärkung. Das Gegenteil geschah. Bevor wir die nächste Steigung nahmen, mußten wir unser Gewicht reduzieren. So vergruben wir die Whiskyflasche als Notration für die Zukunft. Dort liegt sie heute noch. Meine neues Ziel ist, nach Europa zu segeln und die Flasche Whisky auf der Insel Arran auszugraben. Nach der langen Reise benötigen wir dann sicher einen guten Tropfen."

Für meinen neuen Plan erntete ich Gelächter: „Du verrückter Kerl. Den Whisky können wir sofort haben. Dafür brauchen wir nicht so weit zu segeln." Dann riefen sie den Kellner und bestellten eine Runde Whisky.

An jenem Abend beschlossen wir, zur gleichen Zeit, Ende August, abzusegeln. Graeme mit seinen zwei Damen nach Australien, wir nach Europa mit Kurs auf Schottland. Wir, das waren bisher Guillaume und ich. Luke wollte nach Südafrika fliegen und Hilde mußte die Rückreise in die Schweiz antreten, da ihre Ferien endeten.

Three Men on a Boat

Die Erfahrung des ersten Törns ließ klar werden, daß es viel sicherer wäre, die Reise zu dritt zu unternehmen. Also fragte ich Guillaume, ob er mit Luke als drittem Mann einverstanden wäre.

„Na klar", sagte er, „ich wollte das auch schon vorschlagen, denn er hat sich fachlich wie auch menschlich bestens bewährt."

Wir waren einer Meinung und somit wandte ich mich an Luke: „Eigentlich solltest du ja nur für ein paar Tage an Bord bleiben. Jetzt bist du schon seit über vier Wochen dabei. Was würdest du davon halten, mit uns nach Südafrika, deiner Heimat, zu segeln?"

„Ich bin dabei!" rief Luke begeistert, „Allerdings muß ich dann meinen Rückflug ungenutzt verfallen lassen und meine Eltern auf weitere zwei bis drei Monate vertrösten."

Es gab einen weiteren Grund, über den er glücklich war: der Militärdienst. Luke erzählte uns, er habe vor einem Jahr, wegen der bevorstehenden Einberufung zum Militärdienst, seinen Rucksack gepackt und sei nach Asien abgereist. Weder Luke noch seine Eltern wollten, daß er als Soldat in einen möglichen Bürgerkrieg während der bevorstehenden Wahlen in Südafrika verwickelt würde. Daher ging er auf eine längere Reise ins Ausland. Mit einer Segelyacht könnte unser Deserteur Luke unbemerkt wieder nach Südafrika einreisen.

Ich mußte lachen, als ich diese Geschichte hörte. Die Parallele zu meinem Lebenslauf war unglaublich. 17 Jahre zuvor war ich nach meinem Abitur nach Südafrika gereist, um der Bundeswehr zu entgehen. Allerdings mußte ich dann, nach meiner Rückkehr, doch ins Militär. Welch ein unglaublicher Zufall, der uns beide im Finanzdistrikt von Singapur zusammengeführt hatte. Von da ab waren Guillaume, Luke und ich ein Team: „Three Men on a Boat".

Sturm

In den Tagen nach unserer Rückkehr klingelte ständig das Telefon im Changi Yacht Club. Der Verwalter des Klubs schimpfte, da fast alle Anrufe für uns bestimmt waren, d. h. zumeist für Luke. Seine Affären auf Sibu blieben leider nicht ohne Folgen. Völlig geknickt kam er eines Abends und beichtete, daß er seine (verheiratete) chinesische Freundin geschwängert habe. Seit mehr als zwei Jahren versuchten sie und ihr Mann, einen Nachkommen zu zeugen. Die Ironie des Schicksals wollte es, daß sie nun, nach einem einzigen Seitensprung mit Luke, ein Kind erwartete. „Was wollt ihr machen?" fragte ich.

„Wir werden uns morgen treffen und beraten", antwortete Luke. Moralisch saßen wir in demselben Boot, und diese Tatsache bereitete uns Schlaflosigkeit.

„Wir sind ein Team. Daher laß es mich wissen, wenn du Hilfe brauchst", sagte ich zu Luke vor seiner Krisensitzung. Scherzend fügte ich hinzu: „Im Notfall werden wir unter dem Motto ,Three Men and a Baby on a Boat' segeln müssen."

Später berichtete Luke, daß die vier Freundinnen bereits vor der Begegnung mit ihm eine Entscheidung getroffen hatten. Sie wollten einen Schwangerschaftsabbruch. Ihre Freundin beabsichtigte, sich ohnehin von ihrem Mann zu trennen. Außerdem sei Lukes europäischer Einschlag unleugbar, was in einer traditionellen chinesischen Familie zu großem Ärger geführt hätte. Luke beteiligte sich natürlich an den Kosten für den medizinischen Eingriff.

In Singapur, wo seit Jahren eine strikte Familienpolitik verfolgt wird, sind Schwangerschaftsabbrüche keine Seltenheit. Vier Jahre zuvor wurde noch auf den Frontseiten der Tageszeitungen mit der Losung *„One is enough"* für die Einkind-Familie geworben. In den folgenden Jahren änderte sich das Wirtschaftswachstum und damit auch die Familienpolitik. Um einer Überalterung der Bevölkerung vorzubeugen, wurde dann für die Zweikind-Familie geworben. Schließlich erschienen sogar folgende Zeilen auf den Titelblättern: *„Have two or more ... If you can afford it!"* Der lokale Humor verdrehte den Sinn dieser Propaganda. Die Männer behaupteten der Spruch beziehe sich nicht auf die Anzahl der Kinder sondern die Anzahl Frauen, die sie besitzen dürfen.

All dies gab uns wenig Trost. Wir konnten uns der berechtigten Schuldgefühle nicht erwehren. Es war, als wäre unser Leben in einen bösen Sturm geraten.

Versicherung & Registrierung

Nach Europa zu segeln, muß ein riskantes Unternehmen sein. Dessen wurde ich mir bewußt, als ich versuchte, eine Versicherung für *Ryusei* abzuschließen. Auf Verlangen einer Versicherungsgesellschaft ließ ich ein kostspieliges Gutachten erstellen. Erst danach erfuhr ich, daß den Versicherungen das Risiko zu groß war. Sie wollten weder eine klassische Holzyacht noch die vorgesehene Route um das Kap der Guten Hoffnung versichern. Ganz zu schweigen von der mangelnden Erfahrung unserer Mannschaft. Ich war so wütend über das mir anfänglich vorgespielte Interesse der Versicherungsmakler, daß ich mir schwor, künftig ohne Versicherung zu reisen.

Aus eigenem Interesse versuchten wir das Risiko möglichst gering zu halten – und gegen die eigene Dummheit gibt es ohnehin keinen Versicherungsschutz.

Nicht nur die Versicherung machte mir Schwierigkeiten. Auch unser Plan, *Ryusei* in Hongkong zu registrieren, stieß auf Hindernisse. David fand heraus, daß eine Freizeityacht nur dann registriert werden kann, wenn sich das Schiff in Hongkongs Territorialgewässern befindet. Am Telefon beruhigte er mich: „Mit den ausgefüllten Antragsformularen und deinem französischen Paß läßt sich das schon regeln. Den Beamten im Hafenamt werde ich sagen, unsere alte *Ryusei* befände sich in der abgelegensten Bucht Hongkongs. Die sind sowieso zu bequem, um nachzuschauen. Allerdings mußt du dich ein wenig gedulden. Solange kannst du ja mit der alten amerikanischen Registrierung segeln.“

Da Guillaume gerade mit großer Kunstfertigkeit das Holzschild mit der gravierten Aufschrift des neuen Heimathafens ‚Hongkong‘ bemalt hatte, schraubten wir dieses, ungeachtet der Tatsache, daß unsere Schiffspapiere noch auf GUAM/U.S.A. lauteten, auf den Spiegel der Yacht.

Graeme meinte: „Bei mir hat noch niemand die Schiffspapiere mit der Beschriftung des Heimathafens verglichen. Und wenn sich einer beklagt, dann sagt ihr, daß ihr die Yacht neu gekauft habt und die Umschreibung der Registrierung noch etwas Zeit benötigt.“

Packen
In einer Nachricht an meine Familie beschrieb ich unsere geplante Reiseroute und die letzten Vorbereitungen: „Leider haben die Reisevorbereitungen wesentlich mehr Zeit beansprucht als ursprünglich angenommen. Ihr könnt euch gar nicht vorstellen, was es bedeutet, ein Schiff für eine mehrmonatige Reise auszurüsten. Es ist, als ob man sich gleichzeitig für 10 Urlaubsreisen vorbereitet. Unter anderem beluden wir *Ryusei* mit ca. 700 l Wasser, 600 l Diesel, 150 l Benzin, 200 Dosen Bier, 60 Flaschen Whisky, 30 Flaschen Wein und 40 l Milch. Dazu kamen kistenweise Nahrungsmittel wie Reis, Nudeln, Früchte, Gemüse und unzählige andere Dinge.

Es gibt soviel zu packen, daß wir bereits seit einer Woche die Abreise verschieben. Das Schiff ist technisch im besten Zustand. Trotzdem sind wir nervös.

Wie bereits zuvor berichtet, werden wir entlang Sumatras Küste nach Süden bis zur Sunda Straße zwischen Java und Sumatra segeln. Von dort geht es weiter nach Chagos, das ein paradiesisches Atoll sein soll. Man sagte uns, es sei töricht, nur zwei Wochen für Chagos einzuplanen. Da es dort keine Frauen gibt, würde meine Crew ohnehin nach mehr als zwei Wochen Aufenthalt zu meutern anfangen.

Die Reise inklusive der Zwischenstopps, wird ungefähr 50 Tage dauern, d. h. wir würden Mauritius Mitte Oktober erreichen.

Bitte sorgt Euch nicht, auch wenn die Nachrichten für einige Zeit ausbleiben ..."

Zur Unterhaltung an Bord deckten wir uns noch mit Büchern und Musik ein. Da wir nicht denselben Musikgeschmack hatten, kaufte jeder seine eigene Sammlung. Guillaume wollte klassische Musik, Luke Pop und ich südamerikanische Musik.

Im Buchladen fragte Luke: „Haben wir eigentlich eine Bibel an Bord?" Ich verneinte, sah aber ein, daß jedes Schiff eine Bordbibel haben müßte. Es erstaunte uns, daß es in einem der größten Buchläden Singapurs keine Bibel gab.

„Bibeln gibt es im Bibelladen nebenan", sagte die Verkäuferin.

Doch im Bibelladen gab es etwa tausend verschiedene Bibeln. Alle Sprachen, alle Versionen und jede Größe standen zur Auswahl. Auf unsere Frage nach einer Bibel erhielten wir die Gegenfrage: „Wieviel wollen sie denn dafür ausgeben?"

„Wir hätten gern eine ganz normale, universelle Bibel in englischer Sprache", antwortete ich, und Guillaume fügte grinsend hinzu: „Möglichst wasserdicht bitte, denn wir wollen damit um die Welt segeln." Die Verkäuferin schaute uns ungläubig an, fand aber schließlich doch noch die geeignete Bibel.

Zweifel

In den Tagen vor der Abreise besann ich mich auf meine Episode in Asien. Ich fragte mich nochmals, ob mein Weg der richtige sei. Ich hatte ein ungutes Gefühl. War es aus Angst? Sicher, aber ich erinnerte mich an eine ähnliche Situation, als ich vor fünf Jahren mit geringen Vorkenntnissen zur Inbetriebnahme eines Stahlwerkes nach China entsandt worden war. Der Lärm, der Staub, die Hitze des flüssigen Stahls, die sprühenden Funken und die riesigen Dimensionen der Stahlwerksanlagen blieben unvergeßlich. Auch vor meiner ersten Verhandlung als Verkäufer von Stahlwerksanlagen empfand ich ähnliches. Eines hatte ich dabei gelernt: Den Sprung ins kalte Wasser und das Schwimmen zum Überleben.

Nicht alles war spurlos an mir vorübergegangen. Als ich 33jährig China verließ, spürte ich erstmalig mein Herz. Der Erfolg des Arbeitslebens macht scheinbar süchtig; mit dem Ergebnis, daß streßbedingte Alarmzeichen des Körpers ignoriert werden. Nur so kann ich mir jetzt erklären, warum einige meiner Kollegen allzufrüh das Zeitliche gesegnet haben.

Dies und weitere Erkenntnisse bestätigten meinen Entschluß, auf gemächliche Art in die Heimat zurückzukehren. Wer in den lateinamerikanischen oder asiatischen Raum entsandt wird, gilt nach mehr als fünf Jahren als nicht mehr reintegrierbar. Daher bleiben viele bis zu ihrer Pensionierung im Ausland. Das wäre auch mein Schicksal gewesen, wenn ich in Asien geblieben wäre.

Hier, in der Nähe des Äquators fehlten mir die Jahreszeiten und das kulturelle Umfeld in dem ich aufgewachsen war. Ich wollte das nicht für immer missen. Trotz aller Sympathie für die asiatische Bevölkerung fühlte ich mich als Fremder.

Mir war bewußt, daß die Rückkehr mit einer Segelyacht viele Nachteile hatte. Das Segeln gilt als die unbequemste, teuerste, langsamste und gefährlichste Art des Reisens. Doch der Reiz am Unbekannten, am Abenteuer und an der damit verbundenen Romantik war zu groß, um die Nachteile zu honorieren. Es ist, als würde man eine neue Dimension betreten. Eine Dimension der Zeit. Eine Dimension, die Gemächlichkeit und Ruhe verlangt. Ich besann mich auf die Worte meines Freundes: „Wer segeln will und keine Zeit mitbringt, provoziert das Unglück."

Dieses Wagnis kann nur derjenige eingehen, der finanziell und familiär ungebunden ist und vor allem bereit ist, eine Unterbrechung seiner beruflichen Karriere in Kauf zu nehmen. All dies war bei mir der Fall. In Verbindung mit meiner Neigung zum Wassersport, mußte mein Schicksal fast zwangsläufig so verlaufen.

Die Zweifel änderten schließlich nichts an dem Entschluß, in See zu stechen.

SINGAPUR – CHAGOS

Abreise mit Hürden
30.8.93 – 1°23' N / 103°58' E

Seit Tagen gab es immer wieder einen Grund, die Abreise zu verschieben. Dann kam der Tag, an dem ich deklarierte: „Morgen lichten wir den Anker. Komme, was wolle!"

Am nächsten Morgen verschwanden Guillaume und Luke kurzfristig auf eine scheinbar geheime Mission. Niedergeschlagen kehrten sie zurück und eröffneten mir, daß wir die Abreise um einen weiteren Tag verschieben müßten. Ich wollte bereits aus der Haut fahren, als Guillaume mir den Grund nannte: „Es sollte eigentlich eine Überraschung werden. Wir haben einen Kuchen speziell für die Äquatortaufe bestellt und dabei vergessen, daß heute, am Sonntag, die Konditorei geschloßen ist. Also müssen wir bis morgen warten." Luke und Guillaume waren einer Meinung, der Kuchen dürfe nicht zurückbleiben. Auch ich blieb standhaft. „Heute wird abgereist! Selbst wenn wir nur eine Meile segeln und dann wieder ankern."

So ankerten wir wenig später in einer abgelegenen, kleinen Bucht vor der Insel Pulau Ubin im Norden Singapurs. Den Rest des Tages verbrachten wir mit kleineren Arbeiten. Ich studierte nochmals die vorgesehene Route, trug die Kurslinien in die Seekarte ein und notierte die entsprechenden Kurse und Entfernungen. Zusätzlich programmierte ich die Wegpunkte in unser elektronisches Navigationsgerät ein. Graeme kam mit seinem Beiboot vorbei und verbrachte mit uns den letzten gemeinsamen Abend. Die Gespräche, angeregt von einigen Flaschen Bier, fanden kein Ende. Graemes Mannschaft, für die Seereise nach Australien hatte sich zwischenzeitlich von zwei auf drei Damen erhöht.

„Du wirst verwöhnt werden, wie ein persischer Pascha", prophezeiten wir belustigt.

Wir beneideten ihn nicht, denn nach all unseren Beziehungsproblemen waren wir glücklich, die Reise ohne weibliche Begleitung anzutreten. Schwermütiger wurde die Diskussion, als wir auf den bevorstehenden Abschied zu sprechen kamen.

Frühmorgens kehrten wir an unseren ursprünglichen Ankerplatz vor dem NatSteel Marina zurück. Die Witterung war extrem schwül und diesig. Da wir nur den Kuchen holen wollten, ließen wir die Yacht an verkürzter Ankerkette liegen. Mit dem Beiboot setzten wir zum nahe gelegenen Changi Village über. Als wir die Konditorei betreten wollten, fegte eine starke Windböe durch die Straßen, und erste Tropfen kündigten ein Gewitter an. Luke reagierte sofort: „Ralph, ich kehre besser zum Schiff zurück. Wer weiß, ob unser Anker bei diesem Wind hält. Ich hole euch später im Changi Yacht Club ab."

Ungeduldig warteten wir mit unserem Äquatorkuchen auf dem Steg des Yachtklubs bis Luke zurück kam.

Aufgeregt berichtete er: „Stellt euch vor: Unsere Yacht hat sich selbständig gemacht. Ich fand sie am anderen Ende der Bucht wieder. An Bord war unser Freund Geoff. Er hatte von seiner Yacht aus gesehen, wie *Ryusei* nach der ersten Böe abtrieb. Es gelang ihm gerade noch rechtzeitig, *Ryusei* mit seinem Beiboot einzuholen, zu entern und die Ankerkette voll ausrauschen zu lassen. Fast wäre unserer Yacht auf den Felsen des Changi Points gestrandet."

Geoff kannte sich glücklicherweise bei uns aus, denn er hatte mir geholfen die Ankerwinde zu installieren. Mit seinem britischen Humor kommentierte er den Vorfall mit folgenden Worten: *„Your impatient boat wants to leave Singapore on its own, since her crew cannot get ready for departure."*

Der Wink mit dem Zaunpfahl wirkte. Wir verstauten den Kuchen, verabschiedeten uns von unseren Freunden und lichteten den Anker. Schiffsglocken und Nebelhörner erklangen, während wir davon segelten.

Das Batam Abenteuer

Zum letzten Mal donnerten die startenden Jets des Changi Flughafens über unsere Köpfe. Es waren die Jets, die in 12 Stunden Flugzeit das Ziel meiner Seereise erreichen würden. Wie lange ich dafür brauchen würde, stand in den Sternen. Immerhin hatte es vom Entschluß nach Hause zu segeln bis zur Abreise ‚nur' elf Monate gedauert. Feierlich holten wir Singapurs Fahne ein und hißten dafür die indonesische. Dann warfen wir noch einen letzten Blick auf Singapurs imposante Skyline.

Die indonesische Insel Batam, zehn Meilen südlich von Singapur, ist ein beliebter Ausflugsort, da man dort steuerfrei Alkohol und Zigaretten kaufen kann. Dies wollten wir nutzen, um unsere Vorräte zu ergänzen. Auf Wunsch meiner Familie wollte ich soviel Whisky wie möglich nach Mauritius schmuggeln. Damals kostete dort eine Flasche etwa viermal soviel wie auf Batam.

„Ihr würdet einen halben Tag verlieren, um offiziell nach Indonesien einzuklarieren. Da ankert ihr besser heimlich an der abgelegenen Nordostküste, wo eine Feriensiedlung gebaut wird, und nehmt ein Taxi zum nächsten zollfreien Laden", lautete der Rat eines Freundes.

Nicht ohne Herzklopfen näherten wir uns Batam, denn ‚heimlich' hieß illegal. Vorgelagerte Riffe erschwerten die Annäherung. Etwa eine Meile vor der Küste ankerten wir. Luke und ich setzten mit dem Schlauchboot über.

Die Straße entpuppte sich als ein staubiger Feldweg. Weit und breit war kein Auto zu sehen.

„Das kann ja lustig werden", meinte Luke verdrossen, nachdem wir bereits eine Weile gingen. Plötzlich kam uns ein vollbesetzter Personenwagen entgegen. Der Wagen hielt auf unser Winken hin. Kaum hörte der Fahrer unseren Wunsch, ließ er alle Passagiere aus- und uns einsteigen. Erst hatten wir ein schlechtes Gewissen. Doch der Fahrer beruhigte uns: „Das sind Familienangehörige, die nur eine Meile von hier wohnen." Er roch das Geschäft, denn er wußte, was wir nicht wußten. Der Hauptort Sekupang lag viel weiter als wir geglaubt hatten. Kurz vor 18.00 Uhr hielten wir dort vor einem zollfreien Laden. Die Angestellten waren gerade dabei zu schließen.

„Beeilt euch, wenn ihr noch etwas haben wollt", sagte der Verkäufer mürrisch.

Weil keine Kreditkarten akzeptiert wurden, konnte ich mit dem verbleibenden Bargeld nur die Hälfte dessen kaufen, was geplant war. Immerhin erhielt ich dafür noch 6 Kisten Dosenbier der Marke „Tiger" und 40 Flaschen Whisky. Luke besorgte für sich und Guillaume Tabak und Zigarettenpapier.

Es war bereits Nacht, als uns der Fahrer auf der abgelegenen Ecke Batams absetzte. Luke und ich schleppten die Beute zum Schlauchboot, das wir unter einem Baum am Ufer versteckt hatten. Voll beladen bugsierten wir es über das schlammige Ufer ins Wasser. Die Dunkelheit erschwerte die Orientierung. Im seichten Wasser setzten wir mehrere Male mit der Schraube des Außenbordmotors auf. Plötzlich kam uns von der offenen See ein größeres Motorboot entgegen. Wir glaubten schon, es sei die Küstenwache, und verdrückten uns schnell hinter einer kleinen Insel. Die Spannung war fast unerträglich.

„Wenn die uns erwischen, sitzen wir im Knast", raunte Luke

„Ach was! Die können uns nur für den Verstoß gegen die Einreisebestimmung bestrafen. Vielleicht ist dies ja auch nur ein Fischerboot", versuchte ich ihn zu beruhigen. Zum Glück entfernte sich das Motorboot.

„Wo wart ihr denn so lange? Ich habe mir schon Sorgen gemacht", rief Guillaume bei unserer Rückkehr. Er überraschte uns mit einem delikaten

Abendessen an Bord. Während wir heißhungrig die saftigen Steaks mit Ratatouille verschlangen, berichteten wir von dem Abenteuer auf Batam.

„Nach soviel Glück sollten wir jetzt ein Kapitel aus unserer neuen Bibel vorlesen", meinte Luke im Spaß. Wir nahmen ihn beim Wort und verlangten, daß er, der ehemalige Meßdiener, sofort beginnen sollte. Luke positionierte sich am Niedergang und las wie ein geübter Prediger auf der Kanzel. Das Kapitel seiner Lesung ist mir leider entfallen. Aber es paßte zu unserem Erlebnis, denn es war ebenfalls dramatisch.

In der Zwischenzeit war der Mond aufgegangen. Völlige Windstille und spiegelglatte See umgaben uns. Unter Motor dampften wir nach Süden in Richtung des Äquators. Wir genossen die kühle Nachtluft und die Reflexionen des Mondes auf der Wasseroberfläche. Vor Aufregung konnten wir kaum schlafen.

Äquatortaufe (Position: 00°00'000" / 104°30' E)

Frühmorgens kam Wind auf, leider von vorn. So mußten wir hoch am Wind motorsegeln. Die Meeresströmung lief entgegen der Windrichtung und sorgte für eine rauhe See. Gegen Mittag erreichten wir das Nadelöhr südlich der Insel Pasirgagah. Die vor mehr als fünfzig Jahren angefertigte Seekarte zeigte 15 m Tiefe an. Luke kletterte vorsichtshalber auf die Saling, um vor Untiefen in der engen Fahrrinne zu warnen. Mit mehr als vier Knoten Strömung gab es hier Turbulenzen wie bei Wildwasser. Es war haarsträubend. Wenig später kreuzten wir den Äquator und erreichten, nach heiklem Navigieren zwischen Korallenriffen, einen Ankerplatz hinter der Insel Botot. Weniger als eine halbe Meile vom Äquator lagen wir in einer perfekt geschützten Bucht, umgeben vom satten Grün der Mangroven. Die Ruhe war himmlisch. Wir befanden uns hier in einer dichten Inselgruppe namens Lingga, östlich von Sumatra und etwa 115 Meilen südlich von Singapur.

Bei Vollmond feierten wir unsere Äquatortaufe. Klassische Musik und ein fürstliches Abendessen, gaben dem Abend eine unvergeßliche Atmosphäre. Zum Nachtisch gab es den Äquatorkuchen und Champagner. Die Welt stand uns nun offen. Wir fühlten uns frei und voller Optimismus.

Am Äquator
wird gefeiert.

Sunda Straits

Einen Tag gönnten wir uns Erholung. Dann entfernten wir den Meeresbewuchs vom Schiffspropeller, überprüften nochmals unsere Seenotsausrü-
stung und lichteten den Anker.

Luke stand auf dem Bugkorb, um nach Untiefen Ausschau zu halten. Die
Region war mit Korallenriffen gespickt, die sich nur an der Färbung des
Wassers erkennen ließen. Wegen des bedeckten Himmels konnten wir je-
doch die Wassertiefe schlecht abschätzen. Ich stand am Ruder, als Luke
einen durchdringenden Schrei von sich gab. Dafür gab es nur einen Grund.
Reflexartig riß ich den Ganghebel des Motors von ‚langsam vorwärts‘ auf
‚volle Fahrt zurück‘. Dank der hydraulischen Kupplung schaltete der Motor
ohne Verzögerung. Er röhrte auf, und ich wartete endlose Sekunden auf die
Grundberührung. Es dauerte schier ewig, bis die schwerbeladene Yacht zum
Stillstand kam und langsam zurücksetzte. Luke berichtete zitternd vor Aufregung: „Ein Korallenriff. Wegen der schlechten Beleuchtung sah ich es viel
zu spät. Es lag etwa einen Meter unter der Wasseroberfläche und verschwand unter dem Rumpf. Ein Wunder, daß wir es nicht gerammt haben!“
Wieder hatten uns Lukes Adleraugen vor dem Schlimmsten bewahrt. Ich sah
schon die peinlichen Schlagzeilen vor meinen Augen: „Am Äquator gestrandet.“

Bald darauf segelten wir, unterstützt von einer starken Strömung, in
Richtung Banka. Ein schweres Gewitter braute sich zusammen und zog über
uns hinweg. Blitze und ohrenbetäubender Donner erschreckten uns. In

unserer Nähe schlug ein Blitz ein. Der Donnerknall war so laut, daß wir vor Schreck erstarrten. Gegen Abend beruhigte sich das Wetter. Unter vollen Segeln erreichten wir bei Raumen-Wind 6 bis 7 Knoten. Nach dem Nervenkitzel des Tages genehmigten wir uns bei der Abenddämmerung einen zünftigen Whisky. Luke hatte die Strandung verhindert und deswegen die doppelte Ration verdient. Wieder zeigte sich der Mond und gab Grund, romantische Träume zu spinnen. In solchen Nächten freute sich jeder von uns auf die Nachtwache.

Erfreulicherweise hatten wir heute einen guten Funkkontakt mit Raudi in Phuket. Wie alle anderen Fahrtensegler gaben wir unsere Position und das nächste Fahrtziel durch. Auch Graeme meldete sich auf dem Netz. Er gratulierte uns zur Äquatortaufe und wünschte ‚Fair Winds' für die Weiterreise. Da seine Abreise mit den drei Damen als Mannschaft bevorstand, beschlossen wir das Gespräch mit dem zweideutigen Satz: „Mach's gut, aber nicht zu gut!"

In der darauffolgenden Nacht legte sich wiederum der Wind. Um vier Uhr morgens, während meiner Schicht, ertönte plötzlich der schrille Alarm des Motors. Der Hauptkeilriemen war gerissen. Dadurch fiel die Wasserpumpe aus und das Kühlwasser kam ins Kochen. Fluchend ersetzten Guillaume und ich den Keilriemen. Eine halbe Stunde später waren wir wieder unterwegs.

„Das bißchen Überhitzung schadet keinem Diesel", beruhigte uns Graeme bei unserem nächsten Funkruf. Der Jahreszeit entsprechend hatten wir den ganzen Tag Gegenwind. Abseits von den Schiffahrtsrouten ist diese Region berüchtigt für Piraten. Daher segelten wir nachts ohne Navigationsbeleuchtung. Auch hatte man uns geraten, das Radar zu benutzen. Dies hielten wir für unnötig, da der Mond genügend Licht spendete. Ein eisiger Schrecken durchfuhr mich, als dann während meiner Nachtwache ein unbeleuchtetes Motorschiff unseren Bug kreuzte.

Wie am Vortage hatten wir beste Segelbedingungen. Bei 14 – 20 Knoten Wind erreichten wir hoch am Wind beeindruckende Geschwindigkeiten. So macht das Segeln Spaß. Auch wenn mein Freund Luke in seinem Tagebuch vermerkte: „Da *Ryusei* bereits kränkt, wenn jemand einen fahren läßt, aßen, schliefen und schissen wir die letzten 24 Stunden in 45 Grad Neigung."

Erst in der Nähe der Sunda Straits gelangten wir in tieferes Wasser; sie liegt zwischen den indonesischen Inseln Java und Sumatra und bildet das Tor zum Indischen Ozean. Wie im Seehandbuch angekündigt, erlebten wir hier eine starke Strömung, die uns seitlich versetzte. Jetzt zeigte sich, wie ausgezeichnet unser Navigationsgerät, das GPS, arbeitete. Es berechnete nicht nur unsere Position, sondern auch die Geschwindigkeit und den Kurs über Grund. Letzteres zeigte uns die nötige Kurskorrektur an, um das gewünschte Ziel zu erreichen. Wir konnten es kaum glauben, wie sehr der Kurs bei der starken Seitenströmung korrigiert werden mußte. Trotz des elektronischen Systems, prüften wir unsere Position durch Peilungen. Mit dem GPS und dem Autopilot verfügten wir über einen Luxus, von dem unsere Vorfahren nur träumen konnten.

Nach einer phantastischen Überfahrt erreichten wir gegen Abend die Hafenstadt Merak auf Java. Vor Anker und beim obligatorischen Sundowner diskutierten wir über Indonesien, in dessen Gewässern wir uns seit der Abreise aus Singapur befanden.

Indonesien ist mit annähernd 200 Millionen Einwohnern eines der bevölkerungsreichsten Länder der Welt. Ein Segler fände zwischen Indonesiens 13.000 Inseln Abwechslung auf Ewigkeit. Eine der größten ist Sumatra. Auf unserer Reise von Thailand hatten wir die ganze Länge Sumatras abgesegelt, ohne auch nur einen Hafen anzulaufen. Sumatra ist mit 1.750 km Länge und 400 km Breite fast viermal so groß wie Java. Doch auf Java drängeln sich etwa 2/3 aller Indonesier. Hier liegt das Zentrum von Politik und Wirtschaft.

Während meiner Jahre in Asien erlebte ich, mit welch rasanter Geschwindigkeit sich die Wirtschaft dieses Landes entwickelte. Billige Arbeitskräfte lockten Firmen aus aller Welt hierher. Indonesien sitzt allerdings auf einer sozialen Zeitbombe, denn der Reichtum befindet sich in den Händen weniger Menschen. So kontrollieren beispielsweise die fleißigen Chinesen 70 Prozent der Wirtschaft, obwohl sie nur drei Prozent der Bevölkerung ausmachen. Im Westen Javas, wo es reichhaltige Öl- und Gasvorkommen gibt, hat sich ein Zentrum der Schwerindustrie entwickelt. Als Lieferant für das staatliche Stahlwerk ‚Krakatau Steel‘, kannte ich diese Region bestens.

Stahlhölle

In Merak begrüßten uns Karel, mein ehemaliger Vertreter und meine Geschäftspartner von Krakatau Steel. Sie wollten unbedingt die Abreise des tollkühnen Mr. von Arnim erleben.

Am Morgen statteten wir den Hafenmeister einen Besuch ab. Er bestätigte, daß wir ohne Immigrationsformalitäten unser Schiff betanken und aufprovisionieren dürften. Am Abend lud uns Karel zum Essen mit einem befreundeten Ehepaar ein. Es handelte sich um den obersten Hafenmeister von Westjava. Er versicherte uns, daß wir tun und lassen könnten, was wir wollten. Falls irgendein Beamter – und davon gibt es in Indonesien viele – Probleme machen würde, sollten wir ihn anrufen. Solche Freunde können

Gold wert sein, in einem Land, wo wegen des geringen Einkommens jeder Beamte Schmiergeld verlangt. Bestechung ist hier so alltäglich, daß man es als ‚zweites Einkommen' bezeichnet.

Beim Essen saß ich neben der charmanten Frau des ‚Hafenkönigs'. Neugierig wollte sie alles über unsere Seereise wissen. „Wenn ihr die Reise beendet habt, müßt ihr uns unbedingt die Yacht verkaufen. Mein Mann und ich träumen auch schon lange von so einem Abenteuer", sagte sie.

Der Abend wurde noch heiterer, da wir in eine Diskothek gingen. Luke notierte dieses Ereignis in sein Tagebuch: „Nach dem Essen besuchten wir einen Nachtclub mit den phänomenalsten Frauen. Wie gut, daß unser Kapitän müde war und nach Hause wollte, denn sonst wäre ich wieder der Versuchung erlegen."

Wie versprochen nahm uns Karel auf eine Tour in das Stahlwerk. Luke und Guillaume hatten noch nie ein solches Werk besucht. Da ich Krakatau Steel gut kannte und für mich als Stahlwerksingenieur der Anblick der riesigen Anlagen nichts Ungewöhnliches darstellt, möchte ich wiederum aus Lukes Aufzeichnungen zitieren:

„... Der Anblick der Stahlwerksanlagen war beeindruckend. Ich konnte kaum glauben, wie riesig die Öfen waren. Alle Arbeiter trugen Schutzhelme und feuerfeste Kleidung. Im Konverterstahlwerk sprühten die Funken nach allen Richtungen. Die Temperatur in den Öfen soll über 1600°C betragen. Die Hitze in den Hallen war unbeschreiblich. Ich kam mir vor wie auf Besuch in der Hölle. Zum Schluß sahen wir die Stranggießanlagen, die Ralphs ehemaliger Arbeitgeber geliefert hatte. Hier wurde der flüssige Stahl oben hineingekippt, und unten kamen rotglühende Stränge heraus, die dann geschnitten und im Walzwerk zu Endprodukten ausgewalzt werden ..."

Nach dem Besuch lud ich Karel, seine zwei Assistenten und meine indonesischen Geschäftsfreunde von Krakatau Steel zum Mittagessen in das abgelegene Restaurant ‚Café de Paris' ein. Oftmals waren wir in den vergangenen Jahren hier gewesen. Beim Essen kommentierte der anwesende Chefingenieur meinen Abgang aus dem Berufsleben mit folgenden Worten: „Nachdem alle Geschäfte abgeschlossen sind, flüchten Sie nun auf die hohe See und lassen uns hier in der Stahlhölle schmoren. Am liebsten würden wir mitkommen. Aber ich fürchte mich vor dem Meer". Dies sagte ein Mann, der als Stahlwerksingenieur in einem der gefährlichsten Berufe arbeitete.

Tanz auf dem Vulkan

Bevor wir die Segel setzten, stockten wir die Vorräte an frischem Gemüse und Obst auf. Wie immer spiegelte der Markt den Charakter des Landes wieder. Es wimmelte von Menschen und auf zahllosen Ständen wurde alles zum Kauf anboten, was Java zu bieten hatte. Wegen der Sprachschwierigkeiten waren wir anfangs etwas verloren. Aber mit Karels Unterstützung gab es keine Probleme.

Dreißig Meilen östlich von Merak liegen einige Inseln, die einen zweifelhaften Ruf genießen. Sie sind die Überreste des Vulkans Krakatau, der im Jahre 1883 mit einer gewaltigen Explosion in die Luft flog. Es war der größte dokumentierte Vulkanausbruch unserer Zeit. Die Explosion verkleinerte die Insel Krakatau von 34 auf 11 km^2 und entsprach der unvorstellbaren Energie von 2.000 Hiroshima–Bomben. Eine gewaltige, bis 40 Meter hohe Flutwelle richtete verheerende Schäden an. Sie war sogar im Ärmelkanal zu spüren, und die Explosion konnte man von Perth bis nach Sri Lanka hören. Rund 40.000 Menschen verloren dabei ihr Leben. Seit 1928 zeigte der Krakatau erneut heftige Aktivität mit unterseeischen Ausbrüchen und neuer Inselbildung. Die neue Insel, genannt Sohn des Krakatau (Anakrakata) hat bisher eine Höhe von 200 m erreicht. In den Monaten zuvor hatte es wieder rumort, und kürzlich waren bei einer kleineren Eruption zwei amerikanische Touristen umgekommen. Daher wurde allen Schiffen empfohlen, einen Mindestabstand von mindestens fünf Meilen einzuhalten.

Wir scheuten uns allerdings nicht vor dem Nervenkitzel. In der Dunkelheit erreichten wir die Inseln. Die Phantasie schien mit uns durchzugehen, denn wir glaubten, den Schwefel des Vulkans zu riechen. Im Spaß gaben wir Guillaume, der steuerte, das Atemgerät der Taucherausrüstung und setzten ihm einen Topfdeckel zum Schutz vor fliegendem Vulkangestein auf. Dank GPS, Tiefenmesser und Radar fanden wir einen Ankerplatz in respektvollem Abstand vom Anakrakata. Das Schaukeln der Yacht am ungeschützten Ankerplatz und die Furcht vor dem Vulkan gaben uns eine schlaflose Nacht. Im Morgengrauen bot sich ein beeindruckendes Bild. Vier schroffe Inseln lagen in Sichtweite. Anakrakata war die kleinste und am harmlosesten wirkende Insel, obwohl eine Rauchfahne über dem Gipfel stand.

„Seht mal, da hinten am Fuß des Vulkans ist sogar ein Fischerboot", rief Guillaume. „Wenn die Einheimischen so nahe herangehen, dann haben wir ja nichts zu befürchten."

Wenig später landeten wir mit dem Schlauchboot auf einem pechschwarzen Strand. Daneben reichte ein erstarrter Lavafluß neueren Ursprungs bis ins Wasser. Die Flanken des Vulkans waren mit einer Schicht von Aschesand und scharfkantigem Kies bedeckt. Felsbrocken lagen überall verstreut in kleinen Kratern. Die Krater deuteten darauf hin, daß die Felsen nach vulkanischen Explosionen aus großer Höhe heruntergefallen waren. Dies war wohl auch den Touristen zum Verhängnis geworden.

Luke und mich reizte das Risiko. Wir wollten den rauchenden Gipfel besteigen. Ein unvernünftiger Entschluß. Aber wann hat man schon die Gelegenheit, so nah an einen aktiven Vulkan heranzukommen. Guillaume blieb vorsichtshalber unten. Er hatte Angst und meinte, im Notfall sollte wenigstens einer in der Lage sein, Hilfe zu holen. Während des Aufstiegs hörten wir rumpelnde Geräusche, was den Nervenkitzel erhöhte. In der Nähe des Gipfels wurde das Felsgestein unter unseren Füßen heißer. Übelriechende Dämpfe zischten aus allen Felsspalten. Die Hitze und der Gestank verschlugen uns den Atem. Dann erreichten wir den Kraterrand. Ein abgrundtiefer Schlund tat sich auf, dessen fast senkrechte Flanken mit gelblichem Schwefel überkrustet waren. Rauchschwaden stiegen aus der Tiefe, wo verborgen von unseren Blicken das Lava brodelt. Nirgendwo spürten wir die schlummernden Gewalten der Natur - Feuer und Wasser - intensiver als auf dem Gipfel dieses Vulkans.

Nach einer stärkenden Mahlzeit an Bord lichteten wir den Anker und nahmen Kurs auf den Indischen Ozean. Die Erleichterung über das bestandene Abenteuer lies die Furcht vor unserer ersten Ozeanüberquerung verblassen. Der ‚Tanz auf dem Vulkan' war uns tiefer unter die Haut gegangen, als wir zugeben wollten.

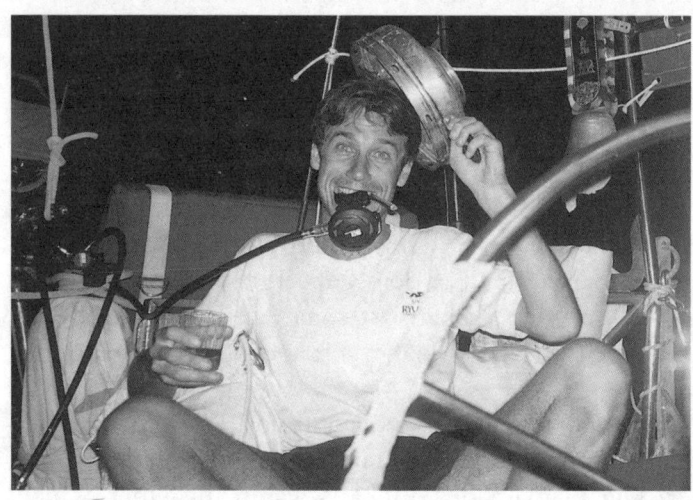

Der Vulkanologe bereitet sich auf den Einsatz vor.

Krakataus Projektile können sich sehen lassen.

Indischer Ozean
1. Tag

Die Landmassen verloren sich langsam hinter dem Horizont. Graduell nahm die Meerestiefe zu. Laut Seekarte würden wir den Sunda Graben, eines der tiefsten Seegebiete der Welt überqueren. Die Vorstellung, mehrere Kilometer Wasser unter dem Kiel zu haben, ließ uns erschauern. Der Rand des Kontinentalen Schelfs muß sehr fischreich sein, denn wir sahen Schwärme von fliegenden Fischen vor unserem Bug davonsegeln. Den ganzen Nachmittag über begleiteten uns Delphine, einige vollführten sogar Saltos. Wir faßten dieses als Abschiedsgeste Südostasiens auf.

Erst bei Sonnenuntergang kam eine kleine Brise auf. Dies war der erste Vorbote des südöstlichen Passats, der in diesen Breitengraden mit großer Beständigkeit weht. Wir stellten den Motor ab und setzten die Segel. Eine wohltuende Ruhe umgab uns. Nur das Rauschen des Windes und der Wellen war zu hören. Der leichte Seegang gab uns Zuversicht. Wir glaubten nicht an die sprichwörtliche ‚Ruhe vor dem Sturm'. Über Nacht gab uns ein Gewitter mit variablen Winden bis 35 Knoten den ersten Vorgeschmack auf das Kommende. Die Windböen erwischten uns unter vollen Segeln und kamen so plötzlich, daß *Ryusei* aus dem Kurs lief und wir ungewollt halsten. Der Preventer des Großsegels bewahrte uns vor dem Schlimmsten. Aber die Genua verwickelte sich mit dem Vorstag und bereitete größte Schwierigkeiten beim Reffen.

Unter den extremen Bedingungen zeigte sich, wie gering unsere Erfahrung war. Nur Luke beherrschte das Segeln bei schwerem Wetter. Wer die südafrikanische Küste kennt, weiß warum. In solchen Situationen gewährte ich Luke freie Hand. Wir saßen im gleichen Boot und wollten möglichst lebend unser Ziel erreichen. Rang, Alter und Herkunft spielten da keine Rolle. Es wäre gefährlich gewesen, wenn ich, Unerfahrener, immer auf das Entscheidungsrecht des Kapitäns gepocht hätte.

2. Tag
Wind: SSE 20 kn / bedeckt / 7.1 kn / raumwindkurs / Großsegel, Genua

Im Morgengrauen sahen wir zum ersten Mal, mit was für Wellen wir es zu tun hatten. Sie waren riesig und bewegten sich mit beeindruckender Geschwindigkeit. Oft hatte ich das Gefühl, die nächste Welle würde uns verschlingen. Aber dann, im letzten Moment, stieg die Yacht wie ein Fahrstuhl und befand sich plötzlich auf der Welle, von wo wir einen erhebenden Blick genossen. Im nächsten Moment befanden wir uns wieder im Wellental und blickten auf die nächste herannahende blaugraue Wasserwand. Gelegentlich brach ein Wellenkamm mit Getöse. Es stellte alles bisher Erlebte in den Schatten. Wir waren zum Spielball der Natur geworden.

„Wieso sind hier die Wellen so ungewöhnlich groß?" fragte Guillaume. Ich deutete auf die Spezialkarte mit den eingetragenen Windrosetten und zitierte, was ich zuvor gelesen hatte: „Wellen entstehen durch die Reibung zwischen dem Wind und der Oberfläche des Wassers. Windstärke und Strecke der Windangriffs auf die Wasseroberfläche bestimmen maßgeblich die Geschwindigkeit, Wellenlänge und Höhe der Wellen. Auch Wassertiefe und Meeresströmungen haben einen erheblichen Einfluß auf die Wellencharakteristik. In dieser Region weht der Passat über große Distanzen aus vorwiegend südöstlicher Richtung. Daher bauen sich die Wellen ungehindert zu solch imposanten Größen auf."

Bis nach Chagos lagen noch 1.843 Meilen vor uns. Das Segeln machte Spaß, da wir bei Raumwindkurs und 20 Knoten Wind die etwa fünf Meter hohen Wellenberge hinunter surften. Unter Deck endete allerdings das Vergnügen. Die rollenden Bewegungen des Schiffes verschoben alles was nicht angebunden war. Ananas, Melonen, Kürbisse, Bücher etc. kugelten hin und her. Es dauerte einige Zeit, bis jeder Gegenstand auf einen festen Platz gerüttelt war. Das heftige Rollen lag unter anderem auch an der schweren Beladung unserer Yacht. An Bord befanden sich Proviant für zwei bis drei Monate, zwei Beiboote, zwei Außenbordmotoren, Tauchausrüstungen mit Kompressor, gefüllte Treibstoff- und Wassertanks. Zusätzlich lagerten wir Treibstoff und Wasser in Kanistern an Deck.

Unter diesen Umständen verlangte das Kochen akrobatisches Geschick. Als Guillaume das Mittagessen vorbereitete, wurde eine große Packung Reis Opfer der Schwerkraft und verteilte sich gleichmäßig in der Kajüte.

Am Abend verstärkte sich der Wind auf 30 Knoten. Da wir nicht nochmals mit zuviel Segelfläche in Not geraten wollten, reduzierten wir bis auf die Sturmfock. Nun konnte auch der Autopilot wieder eingesetzt werden. Die geringe Segelfläche gab leider auch weniger Stabilität und ließ die Yacht noch mehr schaukeln, was verständlicherweise unsere Stimmung dämpfte.

Die Wacheinteilung wurde bei Abenddämmerung durch das Los entschieden. Zur Sicherheit führten wir folgende Regeln ein: Der Wachhabende muß sich in der Plicht aufhalten und den Sicherheitsgurt tragen. Falls er aus irgendeinem Grund die Plicht verlassen will, muß er einen von uns wecken. Beim Heulen des Windes und dem Rauschen der Wellen würde es keiner merken, wenn der Wachhabende über Bord fiele. Davor hatten wir die größte Angst. Auch das für uns Männer übliche Pinkeln über die Bordkante wurde verboten. Es ist altbekannt, daß man ertrunkene Seeleute zumeist mit offenem Hosenstall auffischt.

3. Tag
Wind: OSO 20 - 30 Kn / Wechselnd bewölkt / doppelt gerefftes Großsegel, Sturmfock

Die Nacht war erwartungsgemäß sehr rauh. Da wir in unseren Kojen hin und her geschleudert wurden, konnten wir kaum schlafen. Am folgenden Morgen fanden wir zum ersten Mal fliegende Fische an Deck. Unser Kochbuch beschrieb, wie man aus diesen ein schmackhaftes Frühstück vorbereiten kann. Dafür waren aber diese Fische etwas zu klein. Außerdem fehlte uns für solch exotische Speisen der Appetit, was auf einen Anflug von Seekrankheit zurückzuführen war. In den frühen Morgenstunden standen wir mit Raudi und Graeme in Funkkontakt. Die Tatsache, daß wir mit Hilfe elektromagnetischer Wellen über mehrere tausend Kilometer sprechen konnten, faszinierte uns. Graeme war inzwischen in Richtung Australien aufgebrochen und befand sich mit seinen drei Damen vor der Küste Borneos. Wir waren erleichtert, seine vertraute Stimme zu hören, und scherzten trotz unserer mißlichen Lage. „Ich würde gerne die Hälfte meiner Flaute gegen die Hälfte eures Sturms eintauschen", rief er über Funk. „Und ich würde gern Guillaume und Luke gegen deine Damen eintauschen", antwortete ich, worauf er dankend ablehnte. Anstelle eines Kommentars legten meine Freunde wenig später das Lied ‚No woman, no cry' auf, welches wir dann zum Hit des Tages erklärten.

Schließlich gewöhnten wir uns an den Seegang. Daher setzten wir zusätzlich zum Sturmfock das doppelt gereffte Großsegel. Die verbleibende Zeit wurde mit Umpacken und Festzurren aller Gegenstände im Boot verbracht. Kaum hatten wir diese Arbeit erledigt, verweigerte plötzlich der Autopilot seine Dienste. Es dauerte eine Weile, bis ich die Ursache fand. Der am Ruderschaft befestigte Hebelarm, an dem der elektromechanische Antrieb des Autopilots angreift, hatte sich unter der Belastung gelöst. Da sich der Antrieb an einer schwer zugänglichen Stelle befand und das Ruder ständig in Bewegung war, kostete es viel Mühe, die entsprechenden Schrauben anzuziehen.

5. Tag
12.00 / OSO 15-20 kn / Sonnenschein / doppelt gerefftes Großsegel, Genua

Wiederum erlebten wir eine unruhige Nacht. Das Meer war aufgewühlt, der Wind böig und wir segelten zumeist unter Handsteuerung mit atemberaubender Geschwindigkeit. Da wir nach wie vor den instabilsten, nämlich einen raumen- bis vor-Wind Kurs segelten, arbeitete der Autopilot schwer. Aber solange das Schiff einigermaßen Kurs hielt, störte uns das nicht weiter.

Bei unserem morgendlichen Funkgespräch mit Raudi und Graeme konnten wir einen Tagesmeilenrekord melden. 187 Meilen in 24 Stunden. Diesen Rekord verdankten wir der Südäquatorströmung, die uns zusätzlich einen Knoten Fahrt verschaffte.

Die Funkgespräche fanden immer morgens statt, weil zu der Zeit der Empfang am besten war. Als ich an diesem Morgen eine andere Frequenz wählen mußte, lief plötzlich das Schiff aus dem Ruder. Ich unterbrach das Gespräch, rannte an Deck und stellte fest, daß gleichzeitig der Autopilot und alle unsere Meßinstrumente ihren Dienst versagt hatten. Guy krabbelte aus der Koje und übernahm das Ruder, während ich das Gespräch mit Graeme wieder aufnahm. Er konnte mir sofort den Grund des Vorfalls erklären: „Bestimmte Frequenzen stören die Bordelektronik. In Zukunft solltet ihr vor dem Senden den Autopilot und die Meßinstrumente ausschalten."

Piraten

Ich war gerade in die Lektüre eines Buchs vertieft, als mich Guillaume und Luke an Deck riefen. Eine obskures Fischerboot von etwa zwanzig Meter Länge näherte sich auf entgegengesetztem Kurs. „Ist es nicht erstaunlich, ein solches Schiff so weit vor der Küste zu sehen", meinte Guillaume. Wir begutachteten es mit dem Fernglas und stellten fest, daß es weder Namens-

und Nationalitätskennzeichnung noch sichtbare Ausrüstung zum Fischen besaß. Nachdem uns das Schiff auf zwei Meilen Distanz passiert hatte, quoll plötzlich schwarzer Rauch aus dem Schornstein und es nahm Kurs auf uns.

„Die beschleunigen. Sie wollen etwas von uns!" rief Luke.

Ich holte das Handfunkgerät und übergab es ihm. „Hier, nimm das Funkgerät und versuche, sie auf Kanal 16 zu erreichen. Guillaume, starte den Motor. Ich hole die Signalpistole." Während Luke erfolglos versuchte, mit dem uns verfolgenden Schiff Kontakt aufzunehmen, packte ich, mit vor Aufregung zitternden Händen, die Signalpistole aus. Dann verwandelte ich es mit dem für Notfälle bestimmten Adapter in eine Schrotpistole und legte Munition bereit. „Die antworten nicht", schrie Luke. Inzwischen war das Schiff bis auf eine 3/4 Meile herangekommen. Ein Dutzend Männer standen am Bug und schauten aus, als wollten sie uns entern. Jemand, der selbst in Not ist, würde sich jedenfalls anders verhalten. Wir drei stellten uns demonstrativ auf das Deck und blickten einen kurzen Moment zurück. Dann nahm ich das Ruder, änderte leicht den Kurs, um auf höhere Geschwindigkeit zu kommen und gab Vollgas. Der kalte Dieselmotor heulte auf.

„Luke, wir müssen unser Handfunkgerät verstecken. Damit könnten wir dann später noch um Hilfe rufen, falls die uns überfallen und ausrauben." Luke verschwand nach unten und versteckte das Gerät im Backofen, während Guillaume unsere für Kokosnüsse bestimmte Machete holte. Anschließend stellten wir auf Autopilot und nahmen wiederum zusammen eine offensive Stellung an Deck ein. Trotz Volldampf und 18 Knoten Wind kam das Motorschiff unaufhaltsam näher. Plötzlich erstarb unser Motor.

„Das hat uns gerade noch gefehlt", rief ich wütend. Es gelang mir, die Maschine wieder zu starten. Aber sobald ich mehr Gas gab, stotterte die Maschine und drohte, wieder stehenzubleiben. Wie gelähmt sahen wir dem Schiff entgegen. Es hatte sich bereits soweit genähert, daß wir die Gesichter der Leute am Bug klar erkennen konnten. In dem Moment drehte das Schiff ab und nahm seinen alten Kurs auf. Erst als sie mehrere Meilen entfernt waren, fühlten wir uns wieder sicherer. Entweder sie hatten sich nur aus Neugier genähert, oder falls es wirklich Piraten waren, hatten sie an unserem Fluchtmanöver gesehen, daß wir keine leichte Beute gewesen wären. Der Schrecken saß uns in den Knochen, denn diese Region war berüchtigt für Piratenüberfälle.

Fliegende Kraken

Die Sonne neigte sich zum Horizont, und damit wurde es Zeit, den Sundowner vorzubereiten. Luke saß am Steuerstand. Ich war gerade dabei, ihm einige Schalen mit Snacks zu reichen, als er kurz aufschrie und mit seinen Händen um sich fuchtelte.

„He Ralph, was soll das!" rief er wütend.

„Was ist? Ich habe doch gar nichts gemacht", erwiderte ich.

„Mir war, als hättest du mich mit etwas beworfen."

Erst jetzt schaute sich Luke suchend um und fand etwas Gelatineartiges in der Plicht. „Was ist denn das?" fragte er. Neugierig gesellte sich Guillaume dazu. Gemeinsam begutachteten wir den Fremdkörper. Unser Meister der Kombüse bemerkte sofort: „Das könnte ein kleiner Tintenfisch sein." Er hatte recht. Staunend stellten wir nun fest, daß das ganze Deck mit Tintenfischen übersät war. Es sah aus, als hätte man unser Schiff mit schwarzer Farbe beworfen. Während wir die Tintenfische aufsammelten, knallte unsere Angelleine, die wir seit diesem Morgen hinter uns herschleppten, aus der Halterung. Bevor wir sie einholen konnten, hatte sich der Fisch wieder losgerissen. Der große Plastikköder wies tiefe Zahnspuren auf. Wir sammelten weiter und zählten zum Schluß 62 kleine Tintenfische in unserem Eimer.

„Kann sich einer vorstellen was wir heute abend essen werden?" fragte Guillaume grinsend. Die Antwort erübrigte sich und das nicht nur für dieses Abendessen. Scheinbar wurden die Tintenfische von einem der Fische verfolgt, der auf unseren Köder gebissen hatten. In Panik muß der Schwarm in dem Moment aus dem Wasser gesprungen sein, als eine Welle auf Deckhöhe war. Somit landeten sie an Bord und schließlich in unserem Kochtopf.

Nach den Aufregungen des Tages wurde am Abend zünftig gefeiert. Dem Aperitif mit Whisky folgte ein großes Abendessen mit Wein, Knoblauchbrot, Salat und in Zitronenbutter gebratenem Tintenfisch. Dabei phantasierten wir über blutrünstige Piraten und Riesenkraken.

Schließlich wurde im Bordlexikon unter dem Stichwort ,Kraken' nachgeschlagen: „Kraken = Tintenfisch = Oktopoden / Artenreiche Ordnung der zweikiemigen Kopffüßler, mit nur acht Armen und rückgebildeter Schale. Ein Arm des Männchens ist zum Hektokotylus, einem Hilfsorgan bei der Begattung, umgestaltet. Bei einigen Arten löst er sich während der Begattung ab und bleibt noch längere Zeit in der Mantelhöhle des Weibchens am Leben. Manche Kraken erreichen beträchtliche Größe und viele Arten haben große wirtschaftliche Bedeutung."

Anschließend zogen wir das Los für die Nachtschicht. Ich bekam die sogenannte ,Hundewache' zwischen 0100 und 0400 Uhr morgens. Normalerweise wählten wir den Drei-Stunden-Rhythmus. Nur bei schlechtem Wetter, wenn manuell gesteuert werden mußte, hielten wir zweistündige Wachen.

Damit jeder in den Genuß der beliebten Frühwache kam, verschoben wir täglich die Wachzeiten um drei Stunden. Am zweiten Abend eines mehrtägigen Törns, losten wir dann darum, ob die Wachzeiten von da an im oder gegen den Uhrzeigersinn rotieren sollte.

8. Tag
Wind: E 15-20 kn / Sonnenschein / Großsegel, Fahrtenspinnaker

Das Wetter und die See hatten sich so sehr beruhigt, daß wir am Tag zuvor das volle Großsegel und den Fahrtenspinnaker setzten konnten. Wir hatten uns an das monotone Leben gewöhnt, und die Zeit verfloß unmerklich. Die automatische Steuerung nahm uns die größte Arbeit ab. Wir verbrachten die Tage und Nächte wachend, schlafend, lesend und essend. In der Plicht wurde es über Mittag so heiß, daß wir Bettlaken als Sonnenschutz aufspannten. Endlich konnte ich die mitgebrachten Bücher auspacken. Tagsüber las ich anspruchsvollere Literatur, und nachts während der Nachtwache spannende Romane. Während der Nachtwache reichte es, alle fünf Minuten einen Blick in die Runde zu werfen. Diesen Luxus konnten wir uns nur auf hoher See erlauben. Es war wie in einer Wüste. Inseln, quasi die Oasen der Wasserwüste, fehlten im Umkreis von über tausend Seemeilen. In diesem Teil des Indischen Ozeans gibt es nur wenig kommerzielle Schifffahrt. Aber wehe dem Segler, der mit einem Großschiff kollidiert. Ein Tanker oder Frachtschiff würde eine solchen Vorfall noch nicht einmal merken. Es wäre also, selbst in dieser abgelegenen Region, gegen jegliche Vernunft, ohne Wacheinteilung zu segeln. Da wir uns tagsüber ohnehin meistens an Deck aufhielten, brauchten wir lediglich die Nachtwache einzuteilen.

Wir hatten soviel Zeit, daß wir im Schnitt ein Buch pro Tag lesen konnten. Vergnügen bereitete mir das für uns passende Buch ‚Three Men on a Boat'. Es handelt von drei Freunden, die um die Jahrhundertwende eine lustige Bootsreise auf der Themse unternehmen. Alle drei litten unter Alltagsstreß. Sie waren schlecht gelaunt, deprimiert und suchten nach einem Gegenmittel. Als Gegenmittel wählten sie eine Bootsreise zu dritt mit einem Hund. Sie fanden dabei ähnlich viel Spaß wie wir an Bord.

Die Geschichte zeigte auch, daß bei einer kleinen Mannschaft, das Konfliktrisiko geringer ist, als bei einer großen, insbesondere auf engem Raum. Den Hund hätten wir auch noch akzeptiert, wenn es nicht in den meisten Ländern strenge Quarantänebestimmungen für Haustiere gäbe.

Trotz des engen Raums an Bord schaffte sich jeder seine kleine Privatsphäre. Guillaume konnte sich in die große vordere Kabine zurückziehen, Luke in die Hauptkabine und ich in die Hundekoje hinter dem Navigationstisch. Nur mittags und abends verbrachten wir unsere Zeit gemeinsam im Gespräch. Besonders abends, nach einem oder, je nach Wetterlage und Laune, mehreren Gläsern Whisky, gab es angeregte Diskussionen. Als musikalische Untermalung wählten wir zumeist lateinamerikanische Musik. Bestimmte Musikstücke liebten wir so sehr, daß sie schließlich zu unseren Nationalhymnen des Indischen Ozeans wurden. Gelegentlich spielte Guillaume auf seiner Gitarre. Besonders die klassischen spanischen Melodien beherrschte er meisterhaft.

Bei Sonnenuntergang erlebten wir die glücklichsten Stunden. Unvergeßlich blieb für mich der Abend, an dem die blutrote Sonne hinter unserem Drachenspinnaker unterging. Guillaume, Luke und ich saßen auf dem Vordeck und philosophierten. Die Tatsache, daß wir in die Richtung der untergehenden Sonne segelten, versetzte uns in Hochstimmung. Jeder Tag brachte uns ein wenig näher zum Chagos Archipel, der noch etwa 1000 Meilen vor uns lag. Diese Entfernung legt man im Flugzeug in weniger als zwei Stunden zurück. Wenn alles gut ginge, bräuchten wir dafür noch etwa eine Woche. Welch ein Luxus, in der heutigen Zeit, so gemächlich zu reisen. Gleichzeitig waren wir von allen Medien verschont, mit denen wir im alltäglichen Leben berieselt werden. An jenem Tag befanden wir uns mit der Sonne, dem Meer und dem Wind in Harmonie. Kein Zeitdruck lastete auf uns. Seit unserer Abreise aus Singapur hatte ich meine Armbanduhr abgelegt. Die Zeit ließ sich grob am Knurren des Magens und am Stand der Sonne ablesen. Die Uhr brauchten wir nur zur Navigation und für täglichen Gespräche über Amateurfunk.

Wie mir erst im nachhinein bewußt geworden ist, gab es doch einen Grund, der die Atmosphäre trübte. Meinen Freunden wurde der Zigarettenvorrat knapp. Zitat aus Lukes Tagebuch: „Wir sind bisher alle so gut miteinander zurechtgekommen. Es ist schade, aber ich spüre, wie nun wegen der Zigaretten Ärger aufkommt. Guillaume hat seinen Vorrat aufgebraucht, und ich teile bereits meine letzte Stange mit ihm. Nun habe ich beschlossen, daß ich nur noch die nächste Zigarettenschachtel mit ihm teilen werde, denn sonst bleibt nicht mehr genug für mich übrig.“

Als Nichtraucher hatte ich ein blindes Auge für dieses Problem. Da wir an Deck brennbaren Treibstoff in Kanistern lagerten, verlangte ich, daß sie aus Sicherheitsgründen nur im Bereich des Steuerstandes rauchten.

Am 15. September wehte der Wind bei sonnigem Wetter mit 15 – 20 Knoten von Osten. Wir segelten vor dem Wind mit gerefftem Genua und Großsegel. Jeder war in seine Welt vertieft, als ein Fisch an unserer Schleppangel anbiß. Der Knall, der sich plötzlich spannenden Angelschnur, schreckte uns aus den Träumen. Es dauerte einen Moment, bevor wir die Lage erkannten und koordiniert handelten. Durch Kursänderung verlangsamten wir die Fahrt und holten vorsichtig die Angelschnur ein. Ein silberfarbener Fisch hing an der Leine. Es war eine Dorade. Jedesmal, wenn der Fisch in Bootsnähe kam, tobte er wie verrückt. „Diesmal dürfen wir ihn nicht verlieren", rief ich. Da wir kein Gaff besaßen, nahm Luke ein langes Messer. Er lehnte sich über die Heckreling. Nach mehreren erfolglosen Versuchen gelang es ihm, den Fisch aufzuspießen. Kaum an Bord, zeigte uns die Dorade wieviel Energie noch in ihr steckte. Mit kräftigen Schwanzschlägen jagte sie uns aus der Plicht. Es kam mir vor, als wollte sie unser Schiff versenken. Ein, zwei Schläge mit der Winschkurbel beruhigten sie. Wir schätzten das Gewicht der Dorade auf 15 Pfund. Obwohl sie nicht sehr groß erschien, hatten wir zwei Tage später, nach mehreren Mahlzeiten, immer noch die Hälfte übrig. Wie gut, daß wir ein kleines Gefrierfach besaßen.

Da wir uns immer weiter voneinander entfernten, verloren wir eines Tages den Funkkontakt mit unserem treuen Freund Graeme. In der Hoffnung, daß sich eines Tages unsere Wege wieder kreuzen würden, segelte jeder von uns in seine Richtung. Er nach Osten, wir nach Westen.

„Glücklicherweise ist die Welt rund", stellten wir gemeinsam fest.

Nur Raudi erreichten wir noch regelmäßig. Unseren Bericht vom vermeintlichen Piratenangriff, kommentierte er mit den aufmunternden Worten: *„Keep going, Boys!"*

Das Menü ist gesichert.

13. Tag
Wind: SE 20 / bewölkt / doppelt gerefftes Großsegel, Genua

Die Zeit verlangsamte sich, je mehr wir uns Chagos näherte. „Wer wird da sein? Könnte dort etwa auch eine Schiffsladung junger Damen auf uns warten?" fragten wir uns. Nun erkannte ich, warum Seeleute so eine lebhafte Phantasie besitzen.

Das Wetter hatte sich wieder verschlechtert. 35 Knoten Wind und schwere Regenschauer vermiesten uns die letzte Nacht. Am Morgen war es stark bewölkt, und das aufgewühlte Meer besaß eine düstere Graufärbung. Des öfteren begleiteten uns Delphine. An jenem Tag waren sie besonders unterhaltsam. Sie schwammen knapp unter der Wasseroberfläche und nutzten die hohen Wogen als Schanze für spektakuläre Sprünge.

Nun sind wir bereits seit 13 Tagen auf See. Der Seegang war, mit Ausnahme von zwei Tagen, sehr rauh. *Ryusei* schlingerte und stampfte, was an der Beladung, der geringen Schiffsbreite und dem gewählten Kurs lag.

Teilweise fühlten wir uns wie auf einer Achterbahn. Luken, Fenster und Deck hatten undichte Stellen und machten das Leben unter Deck unbequem. Es ist kaum zu glauben, daß wir unter diesen Umständen noch schlafen konnten. Der Mensch paßt sich unglaublich gut veränderten Bedingungen an.

Land in Sicht

Da in der Nacht unser Autopilot seinen Geist aufgegeben hatte, waren wir vom Steuern recht müde. Endlich, nach 16 Tagen, kam Land oder besser die Wipfel von Kokospalmen in Sicht. Wir konnten es kaum glauben, daß der GPS uns mit solcher Genauigkeit zum Ziel geleitet hatte. Wegen Navigationsfehlern mit dem Sextanten endete eine solche Reise in früheren Zeiten oft mit Schiffbruch oder damit, daß die gesuchte Insel einfach verfehlt wurde.

Vor Freude tanzten wir auf Deck. Luke erklomm sogar den Mast und lies seine Hose herunter, damit – wie er meinte – die an Land wartenden Mädchen seine Manneskraft erspähen könnten.

CHAGOS

Landung im Paradies (05° 18' S / 72° 15' E)

Chagos umfasst die drei Inselgruppen Salomon, Perros Banjos und Diego Garcia mit einer Gesamtfläche von etwa 46 km². Diese Koralleninseln liegen im Indischen Ozean zwischen Vorderindien und Mauritius. Chagos wurde von der ehemals britischen Kolonie Mauritius verwaltet. Heute gehört es zum British Indian Ocean Territory. Ursprünglich lebten hier Mauritianer, zumeist afrikanischer Abstammung. Sie handelten mit Kokosprodukten, Salzfisch und etwas Guano. Nur noch die im Süden gelegene Insel Diego Garcia ist bewohnt. Dieses Naturparadies wurde von den USA gepachtet und zum größten Marinestützpunkt im Indischen Ozean ausgebaut. Wegen der hufeisenförmigen Insel nennen die Amerikaner diesen Ort sinnigerweise ‚Footprint of Freedom'. Während des Golfkrieges um Kuwaits Öl starteten von hier aus die Flugzeuge, die den Irak bombardierten. Diego Garcia ist militärisches Sperrgebiet. Alle anderen Inseln werden von dem in Diego Garcia stationierten britischen Comissioner verwaltet. Fahrtensegler finden hier ein Refugium ohne den üblichen administrativen Rummel.

Im nördliche Teil von Chagos liegen die Salomon Inseln. Sie gelten als Paradies für Fahrtensegler. Eine Gruppe palmenbestandener Inseln bilden ein ringförmiges Atoll mit etwa fünf Meilen Durchmesser. Eine kleine Öffnung im Riff erlaubt es, in die geschützte Lagune des Atolls zu gelangen.

Kaum hatten wir die windabgewandte Seite des Salomon Atolls erreicht, legte sich der Seegang. Der Anblick dieser romantischen Inseln versetzte uns in Hochstimmung.

„Schaut, da hinten sehe ich einen Mast", rief Guillaume. „Das muß die Yacht ‚Star Gazy' sein, mit der wir in Funkkontakt waren."

Bei hochstehender Sonne konnten wir klar das Riff und die Passage ausmachen. Wegen der vielen Untiefen und der starken Strömung wagten wir nicht, nur unter Segel die Einfahrt zu passieren. Daher holten wir die Segel ein und starteten den Motor. Guillaume und Luke hielten Ausschau. Als wir gerade das Hauptriff passiert hatten, gab ich etwas mehr Gas, woraufhin der Diesel wieder anfing zu stottern und erstarb. Luke und Guillaume handelten sofort. Während ich versuchte, die Maschine wieder zu starten, setzten sie die Genua und bereiteten den Anker vor. Zu unserer Erleichterung sprang der Motor wieder an. Sobald ich aber die Drehzahl erhöhen wollte, drohte er stehenzubleiben. Daher setzten wir unseren Weg bei geringster Geschwindigkeit fort, was uns in Anbetracht der vielen Korallenköpfe innerhalb des Atolls nicht weiter störte. Die Vermutung, daß der Treibstoffilter verdreckt war, erwies sich später als richtig.

„Das ist Murphy's Law", meinte Luke. „Der Motor versagt immer im ungünstigsten Moment."

Wir wußten, daß man kurz vor dem Ziel unvorsichtig wird. Vergangene Fehler lehrten uns, gerade jetzt geduldig zu sein und dem Landemanöver volle Aufmerksamkeit zu schenken.

Die Einfahrt und das Navigieren innerhalb der Lagune war trickreich, da überall Korallenköpfe bis dicht unter die Wasseroberfläche reichten. Diese lassen sich nur sehen, wenn die Sonne im günstigen Winkel steht und man möglichst im steilen Winkel auf die Wasseroberfläche schaut. Daher kletterte Luke auf die Saling und dirigierte mich zwischen den Untiefen hindurch. Auf dem Weg über die Lagune gesellten sich einige Delphine zu uns. Sie schienen uns die Richtung zeigen zu wollen. Gegen 15.00 Uhr ankerten wir vor der Insel Tanaka. Nur ein Fahrtensegeler kann nachempfinden, wie erlösend das Gefühl ist, nach einer langen Seereise sicher und ruhig vor Anker zu liegen.

Chagos

Unverzüglich ließen wir das Beiboot zu Wasser und standen bald darauf auf Tanakas Strand. Der helle Sand in Verbindung mit dem klaren Wasser und den Kokospalmen, gaben uns den Eindruck, wir seien im Paradies gelandet. Nur ‚Eva' fehlte hier noch. Die meisten Kokospalmen waren so niedrig, daß wir die Nüsse, ohne zu klettern, ernten konnten. Bei unserer Wanderung um die Insel sahen wir Fische in allen Farben wenige Meter vom Ufer entfernt. Selbst kleine Rochen und Muränen ließen sich aus nächster Nähe beobachten. Den Tieren fehlte die Angst vor dem Menschen. Voller Enthusiasmus schrieb Luke in sein Tagebuch: „Ich kann noch nicht glauben, daß wir tatsächlich hier sind. Ich weiß, daß ich heute nacht bei der Vorstellung über die morgigen Abenteuer, trotz meiner Müdigkeit nach 16 Tagen zur See, nicht schlafen kann. Ich fühle mich wie ein Kind am Abend vor Weihnachten."

Salomon Abenteuer

Das Krähen eines Gockels weckte uns im Morgengrauen. Guillaumes musikalisch trainiertes Gehör vernahm ihn zuerst. Wahrscheinlich hatte er Hunger, denn aus seiner Koje im Vorschiff ertönte der Ruf: „Ich höre ein Brathähnchen krähen." Damit kam Leben ins Schiff. Nach dem Frühstück beförderten wir unsere Tauchausrüstung, mitsamt dem Kompressor und den Treibstoffkanistern, an Land. Unter einer schattigen Palme schlugen wir unser Tauchquartier auf. Währenddessen erforschte Guillaume, bewaffnet mit einer Machete, das Innere der Insel. Aufgeregt berichtete er später: „Ich habe den Brunnen gefunden, von dem uns berichtet wurde. Außerdem sind mir drei Hühner über den Pfad gelaufen. Als sie mich sahen, flüchteten sie, als wäre der Teufel hinter ihnen her. In dem Palmengestrüpp werden wir sie nie fangen."

Lachend erwiderten wir: „Diese Hühner haben sicher einen siebten Sinn für hungrige französische Seeleute. Sie sind schlauer als der mauritianische Vogel Dodo, von dem das letzte Exemplar, vor über hundert Jahren im Kochtopf verschwand. Außerdem sind wir sicher nicht die ersten, die ihnen nachstellen."

Wenig später unternahmen wir mit unserem Beiboot einen Ausflug zur Insel Boddam auf der anderen Seite der Lagune. Unser Ziel war es, die Yacht ‚Star Gazy' zu besuchen. Die englische Yacht ‚Star Gazy' war eine große, schwere Ketch aus Ferrozement auf dem Derek und Virginia lebten. Nach mehr als fünf Monaten auf Chagos, verdienten sie, als Eingeborene bezeichnet zu werden. Virginia, der ‚Admiral an Bord', und Derek, der wettergegerbte Kapitän, waren echte Originale. Abgesehen von den mitgebrachten Grundnahrungsmitteln, ernährten sie sich aus dem Meer und von den Früchten, die sie auf den Inseln fanden. Sie wußten, wo es sauberes Trinkwasser gab, wo die Früchte wuchsen, wie Kokosnüsse zum Brotbacken genutzt werden, Palmherzen zum Salat oder gekochtem Gemüse verarbeitet wird und wie man hier am besten Fische fängt. Außerdem berichteten sie uns vom monatlichen Inspektionsbesuch britischer Verwaltungsangestellten.

„Wir hörten über Funk, daß sie nächsten Mittwoch kommen werden. Dann solltet ihr auch vor Boddam ankern, denn sie versorgen uns mit Steaks und veranstalten eine Grillparty."

Mitten im Indischen Ozean sind frische T-Bone-Steaks Gold wert. Diese Gelegenheit wollten wir uns nicht entgehen lassen. Bevor wir nach Tanaka zurückkehrten, landeten wir auf der Insel Boddam, wo wir die Besatzungen der zwei anderen Yachten trafen, die auch auf Chagos verweilten. Die eine hieß ‚Rumbling Rose' mit Paul und John, die andere ‚Manxman' mit Gary und Corren. Zufrieden über die netten Bekanntschaften machten wir uns mit dem Schlauchboot auf den Heimweg. Dabei schleppten wir eine Angelschnur mit Blinker hinter uns her. Ein großer Zackenbarsch biß an und somit war unser Abendessen gerettet. Anstatt des gebratenem Gockels gab es Bratfisch mit Reis und Curry.

Tauchen

Die Wirklichkeit bestätigte unsere Vermutung. Der Archipel Chagos, das aus über 3000 m Wassertiefe emporragt, ist ein Eldorado für Taucher. Unberührte Korallenriffe innerhalb und außerhalb der Lagune und der Reichtum an Meerestieren machen diesen Ort spektakulär. Zumindest da, wo die Fahrtensegler ihre Mahlzeiten noch nicht mit Harpunen jagen, sind die Fische sehr zutraulich. Da wir nur zwei komplette Tauchausrüstungen besaßen, tauchte ich abwechselnd mit Guillaume und Luke. Beide waren erfahrene Taucher mit Maske und Schnorchel. Aber sie hatten noch nie mit einer richtigen Tauchausrüstungen getaucht. Daher gab es zunächst einen Lehrgang im flachen Gewässer. Wenn wir nicht gerade im Wasser waren, füllten wir am Strand die Tauchflaschen mit unserem Kompressor oder erholten uns von den Freizeitstrapazen in der Hängematte.

Bereits am nächsten Tag unternahmen wir unsere erste Tauchexpedition. Mit dem Beiboot besuchten wir die Ile de Passe, nördlich der Passage durch das Riff. Zunächst tauchte ich mit Guillaume vom Strand aus. Selbst im flachen Wasser sahen wir phantastische Korallenformationen, die wie kleine Oasen aus dem Sandboden emporwuchsen. Der Kontrast zwischen den farbigen Korallen und Fischen mit dem hellen Sandboden und der tiefblauen Farbe des Wasser überwältigte uns. Ein neugieriger Riffhai näherte sich, was Guillaume, der irgendwann einmal den Film ‚Der Weiße Hai' gesehen hatte, in leichte Panik versetzte.

Das mitgebrachte Picknick bereicherten wir mit einem Palmherzsalat. Dazu mußte eine kleinere Palme gefällt werden. Das delikate Palmherz befindet sich im Inneren der Palme, zwischen der Wurzel und dem Ansatz der Blätter. Da die Inseln im dichten Palmengestrüpp versanken, konnten wir ohne schlechtes Gewissen gelegentlich eine davon opfern.

Der Taucher auf dem Weg ins Naß.

Den spektakulärsten Tauchgang erlebten wir an der Außenseite des die Salomon Inseln umringenden Riffs. Hier fällt der Meeresgrund steil ab. Daher tauchten wir entlang der Flanken einer fast senkrechten Wand. Trotz exzellenter Sicht verlor sich der Blick nach unten im unendlichen Blau des Wassers. Die Unterwasserwelt der tropischen Regionen bietet dem Auge eine verwirrende Vielfalt von Eindrücken. Uns umgab ein wahres Feuerwerk an Farben und Formen. Wir sahen Wasserschildkröten, Rochen, Haie, Bonitos, riesige Zackenbarsche, Korallen, Gorgonien und vieles mehr. Dazu kam das erhebende Gefühl der Schwerelosigkeit. Alles war so faszinierend, daß es uns schwer fiel, sich auf alle Sicherheitsregeln des Tauchens zu konzentrieren. Wie soll man kontinuierlich Sichtkontakt halten und ständig den Tiefenmesser beobachten, wenn die Schönheit der Natur alle Aufmerksamkeit auf sich zieht?

Ein weiterer außergewöhnlicher Tauchgang im Inneren des Atolls führte uns in einen Korallengarten. Hier tauchten wir im flachen Wasser zwischen 5 und 15 m Tiefe. Wir begaben uns in eine Traumwelt. Wie Vögel schwebten wir durch dieses dreidimensionale Meisterwerk der Natur. In all meiner Taucherfahrung im Indischen Ozean und im Chinesischen Meer hatte ich dergleichen noch nie gesehen.

Da wir miserable Angler waren, benutzten wir gelegentlich die Harpune, um uns eine Mahlzeit zu besorgen. Der Jack Fish, die Süßlippe und der Zackenbarsch waren unsere beliebtesten Fische. Am einfachsten lassen sich die Barsche jagen, denn selbst wenn man sie verfehlt, kommen sie nach kurzer Zeit zu ihrem Stammplatz zurück. An Orten wo sie oft gejagt werden, überleben am Ende nur die Schlauesten und Größten. Die Größeren rührten wir nicht an. Erstens schmecken sie nicht besonders gut, und zweitens würde ein Taucher sie kaum bändigen können. Es ist bekannt, daß harpunierte Fische im Todeskampf Haie anlocken. Als Luke und Gary für eine Beachparty Fische harpunieren wollten, wurden sie von einem Schwarm Riffhaie in Angst und Schrecken versetzt. Daher harpunierten wir immer in Nähe unseres Beibootes, auf das wir im Notfall hätten flüchten können.

„Können wir es mit unserem Gewissen vereinbaren, in so einem Unterwasserparadies mit der Harpune zu jagen?" fragte wir uns. „Ja und nein", würde die Antwort lauten, „Nein, weil jeder menschliche Eingriff das Gleichgewicht der Natur stört. Ja, weil unsere Mägen gefüllt werden wollen und weil unsere Handlung, im Vergleich zur industriellen Großfischerei auf den Weltmeeren, einem Tropfen auf den heißen Stein gleichkommt."

Yachties und Ratten

Trotz der Haie bekamen wir genügend Fische zusammen, um mit den Besatzungen der neu eingetroffen Yachten einen Grillparty am Strand zu organisieren. An jenem Morgen war eine kleine Armada von Segelyachten eingetroffen.

Mit uns ankerten nun acht Yachten in der Lagune der Salomon Inseln:

Star Gazy	Great Britain	Derek, Virginia
Rambling Rose	Great Britain	Paul, John
Manxman	Isle of Man	Gary, Corren
Nina	Australia	Andy - Mandy, mit Kindern
		Sam & Sophie

Freelance	South Africa	Roger - Jennie, mit
		Kindern Scott & Lance
Double Diamond	South Africa	Tony - Monica
Colorit	Schweden	Ben - Ruth
Morning Sun	Denmark	Connie, John, Jim

Schnell wurden wir zu einer Familie. Unterschiedliche Nationalitäten, Altersklassen und Hintergründe zählten hier nicht. Jeder beteiligte sich bei der Vorbereitung des gemeinsamen Büfetts. Wir sammelten Treibholz, und bald darauf brannte ein großes Lagerfeuer am Strand. Das Feuer und der Alkohol heizten schnell unsere Gemüter an. Es bildeten sich kleine Grüppchen, die in endlosen Gesprächen von ihren Abenteuern berichteten. Fahrtensegler sind Abenteurer, und Abenteurer haben immer etwas zu erzählen. Außerdem bieten die mit den Segelyachten verbundenen Probleme einen unerschöpflichen Gesprächsstoff.

Kaum war es dunkel, sorgten Ratten für Stimmung. Sie schlichen aus dem Unterholz und versuchten, unser Büfett zu stürmen. Nachdem wir sie mit Stöcken davongejagt hatten, bauten wir, im Glauben wir seien nun sicher, einen behelfsmäßigen Tisch für unser Büfett. Aber im nächsten Moment kamen die Kreaturen wieder hervorgekrochen. Besonders eine Ratte beeindruckte durch ihre Dreistigkeit. Sie kletterte entlang eines überhängenden Palmenblatts und ließ sich mitten auf unseren Tisch fallen. Erst als wir freiwillig etwas Nahrung ins Unterholz warfen, wurden wir für einige Zeit in Ruhe gelassen.

Die Einwohner von Chagos hatten vor vielen Jahren diese Inseln verlassen. Dabei hinterließen sie nebst den vom Dschungel überwachsenen Häusern, Ratten, Hühner und auf der benachbarten Inselgruppe Peros Banjos sogar einige Esel.

Schiffbruch

Es war der Tag, dem alle Segler, besonders diejenigen, die längere Zeit hier verbracht hatten, mit freudiger Erwartung entgegensahen. Denn die auf Diego Garcia stationierten Engländer hatten für heute ihren monatlichen Besuch angekündigt. Die Freude galt natürlich eher den Steaks, die sie mitbringen würden. Da wir zur Insel Boddam fahren wollten, wo die Grillparty stattfinden sollte, standen wir früh auf, um die Tauchausrüstung an Bord zu verstauen. Ich fuhr mit dem Schlauchboot an Tanakas Ufer und begann, die dort unter einer Palme deponierte Tauchausrüstung einzupacken. Ausgerechnet als ich mit der Harpune aus dem Schatten der Palme trat, um sie in das Beiboot zu laden, sah ich ein großes Schlauchboot neben *Ryusei* liegen.

Mich durchfuhr ein eisiger Schrecken, denn ich wußte, daß Harpunen auf Chagos strengstens verboten waren. Auf dem Absatz machte ich kehrt, lief mit der von meinem Körper verdeckten Harpune zurück und versteckte sie im Gestrüpp. Da ich nicht wußte, ob die Engländer mich mit der Harpune gesehen hatten, fuhr ich etwas beklommen zur Yacht zurück. Dort fand ich sechs in militärischer Uniform gekleidete Engländer, die gemütlich in unserem Cockpit saßen und sich mit meinen Freunden unterhielten. „Da kommt ja endlich der Kapitän!" rief der leitende Offizier und blickte sichtlich amüsiert auf meine dürftige Kleidung. „Die Herren würden gerne unsere Papiere sehen", sagte Luke. „Nichts leichter als das", antwortete ich und holte die Dokumentenmappe mit den Schiffspapieren und den Pässen. Während einer von unseren Besuchern die Papiere prüfte, unterhielten wir uns mit den anderen. Die Besucher entpuppten sich, entgegen dem ersten Eindruck, als sehr angenehm. Sie waren alle recht jung und zeigten großes Interesse am Leben an Bord einer Segelyacht.

„Einer eurer Freunde hat leider gerade Pech gehabt", berichtete der Offizier und fügte hinzu: „Heute morgen haben wir ein älteres französisches Ehepaar geborgen, die vor zwei Wochen mit ihrer Yacht, weiter südlich von hier, nachts auf ein Riff gelaufen sind. Glücklicherweise konnten sie sich auf eine kleine Insel retten. Da sie nur wenig Nahrungsmittel und nur einen 20 l Kanister Wasser an Land bringen konnten, bevor die Yacht völlig zerschellte und sank, waren sie bereits sehr geschwächt, als wir sie fanden. Die Gestrandeten befinden sich jetzt an Bord des Frachters, mit dem wir von Diego Garcia hierhergekommen sind."

Später erfuhren wir von Derek und Virginia, daß die Franzosen vor zwei Wochen abgesegelt seien. Besonders der Mann an Bord war so gebrechlich, daß er nur noch mit Mühe die Segel setzen konnte.

„Für gewisse Segler ist das Risiko des Meeres immer noch attraktiver, als zu Hause im Altersheim zu sitzen", kommentierten sie diesen Vorfall und zitierten eine andere Geschichte, die ein halbes Jahr zuvor passiert war. Eine amerikanische Fahrtenseglerin, die trotz hohem Alter allein segelte, hatte auf dem Weg von Chagos nach Mauritius einen medizinischen Notfall und mußte von der Küstenwache geborgen werden. Ihr Spitzname lautete gleich wie die Namen ihres Schiffes: ‚Crazy Lady'.

Steaks à la Fata Morgana

Obwohl unsere Besucher zunächst alle Yachten besuchten und den Anschein gaben, die traditionelle Grillparty mit Steaks würde wie üblich stattfinden, fiel sie dann überraschenderweise ins Wasser. Da sie auf einem

Frachter der US-Marine zu den Salomon Insel gekommen waren, wurden sie von 30 amerikanischen Soldaten begleitet, die mit uns ihren freien Tag auf Boddam verbrachten. Leider hatten die Briten nicht mit so vielen Gästen gerechnet, so daß der Ranghöchste beschloß, die Party eher platzen, als einen Teil der Anwesenden hungern zu lassen. Da wir dies erst im letzten Moment erfuhren, liefen wir wie ‚bestellt und nicht abgeholt‘ mit knurrenden Mägen um den Sammelplatz. In unserer Enttäuschung tranken wir auf nüchternen Magen unsere letzten Dosen Bier, die wir für diesen Anlaß reserviert hatten. Bald waren unsere Sinne so benebelt, daß wir die Steaks wie eine Fata Morgana vorbeiziehen sahen.

Die Einwohner des Salomon Atolls lebten früher auf der Insel Boddam. Dort entstand unter der mauritianischen Leitung eine kleine Siedlung. Heute sind fast alle Gebäude zerfallen und vom Dschungel überwachsen. Beeindruckend war vor allem die Kirchenruine im Zentrum der Insel. Einige Fenster besaßen noch farbige Scheiben. Uns bot sich ein denkbar romantischer Anblick. In dieser Ansammlung von Häusern stand ein kleines, völlig überwachsenes Gebäude, an dem ein altertümlicher Rettungsring mit dem Schriftzug ‚Chagos Yacht Club‘ hing. Segler aus allen Ecken und Enden der Welt haben sich hier mit kleinen Kunstwerken an den Wänden verewigt. Außerdem lag in dem verfallenen Haus ein kleines Buch, in dem wir uns eintragen konnten. Als sich unsere Zeit in Chagos dem Ende zuneigte, pilgerten wir natürlich zu diesem heiligen Ort und hinterließen auch unsere Spuren. Anschließend verbrachten wir dort noch eine Weile und versuchten uns vorzustellen, wie es hier in früheren Zeiten zugegangen war. Wie kam es, daß sich an solch einsamen Plätzen Menschen der westlichen Welt niederließen? Damals war man monatelang von der Außenwelt abgeschnitten. Heute verfügen selbst die kleinsten Segelyachten über Funkanlagen. Außerdem genießen wir den Luxus, zu jeder Zeit weiterreisen zu können.

Brot
Nach und nach gingen die frischen Vorräte aus. Zuletzt blieben uns nur noch Kartoffeln und Zwiebeln übrig. Selbst unser Lebenselixier, das Bier, war versiegt. Dann standen wir vor dem Problem, selbst Brot backen zu müssen. Die nötigen Zutaten hatten wir an Bord. Guillaume, unser französischer Kombüsenmeister, ging mit der Experimentierfreude eines Chemikers ans Werk. Der Erfolg war durchschlagend. Unser erstes Brot wurde so hart, daß wir es nur mit einer Säge zerlegen, geschweige denn beißen konnten. Enttäuscht wollten wir es bereits über Bord werfen, als Luke rief: „Stopp,

wir können das Brot noch zum Angeln verwenden." Aber selbst die Fische verschmähten unser Gebäck. Bei den Seglerfreunden, denen wir davon berichteten, ernteten wir Gelächter. Erfahrene Segler wie sie kannten natürlich alle Tücken des Brotbackens.

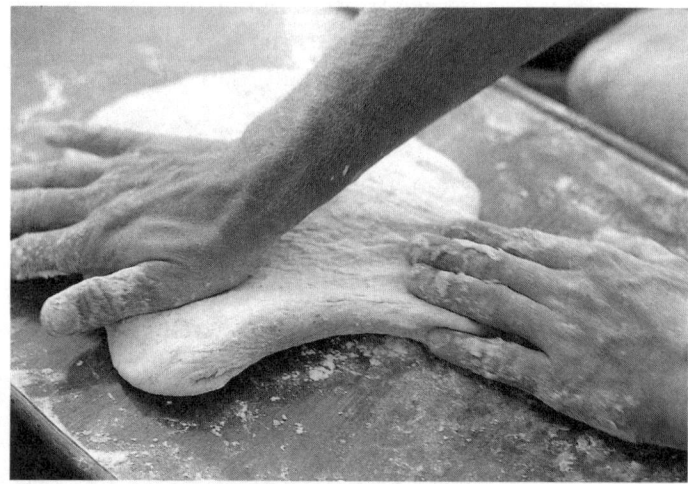

Brotbacken will
gelernt sein.

„John könnte es euch beibringen. Er ist ein ausgezeichneter Bäcker, der mit seinem schwulen Freund auf der Yacht ‚Rumbling Rose' segelt", sagte Gary, als er davon hörte. Am nächsten Tag gab uns John einen Lehrgang an Bord. Als wir schließlich den Brotteig in die Backröhre schoben, sah es aus, als hätte es geschneit. Die Plicht war mit Mehl und Milchpulver bedeckt. Da uns von nun an alle Brote gelangen, möchte ich im folgenden Johns Anweisungen beschreiben:

1 kg Mehl	4 Eßlöffel Milchpulver
1 Teelöffel Salz	10 Teelöffel Speiseöl
1 Teelöffel Hefe (instant)	2 Tassen Wasser

Alles in einer Schüssel mischen,
Teig auf ein Brett geben,
etwa 15 Minuten warten,
Teig kneten bis homogen (harte Arbeit !),
Teig an einen warmen Ort stellen und quellen lassen,
Teig in den doppelbödigen Backtopf geben und 20–30 Minuten auf die Gasflamme stellen oder in einer Backform im Herd bei voller Hitze backen.

Beachparty

Zwei Tage vor der geplanten Abreise nach Mauritius kam Freund Gary von der Yacht ‚Manxman' herübergerudert. Ihn plagte ein Problem. Er reiste bereits seit Neuseeland mit einem Dänen als Crew an Bord. Anfangs verstanden sie sich noch recht gut. Aber in der letzten Zeit hatten sie untereinander solche Probleme, daß er nun versuchte, seinen Begleiter auf einer anderen Yacht unterzubringen. Er hoffte, wir würden ihn für die Weiterreise aufnehmen können. Nach Rücksprache mit meinen Freunden lehnten wir ab. Erstens hatten wir recht wenig Platz an Bord, zweitens waren wir ein eingespieltes Team, und drittens wäre ich für den neuen Gast im nächsten Hafen verantwortlich. Das hieße, ich müßte ihm im Notfall den Heimflug bezahlen.

Hier zeigte sich, daß an Bord von Segelyachten nicht nur eitler Sonnenschein herrscht. Bei beengten Verhältnissen, kommt es gelegentlich zu erheblichen Problemen. Eine Seereise kann dann leicht zu einem Alptraum werden. Bisher blieben wir, bis auf den Konflikt wegen der Tabakknappheit, von solchen Erlebnissen verschont.

Einem Herdentrieb folgend, planten alle, bis auf die Yachten ‚Rumbling Rose' und ‚Star Gazy' für den nächsten Tag die Abreise. Die Vorbereitungen liefen auf Hochtouren. Auf Boddam gab es ein Reservoir für Regenwasser, das von einem Dach eines der alten Gebäude gesammelt wurde. So konnten wir unsere Vorräte auffüllen. Die restliche Zeit nutzten wir, um den defekten Autopilot zu reparieren und für die Abschiedsfeier Fische zu fangen. Gegen Abend versammelten sich alle Segler auf Boddams Strand. Jeder beteiligte sich mit speziellen Gerichten am Büfett und alle brachten Getränke mit. Es wurde ein denkwürdiges Fest. Im Schein eines großen Lagerfeuers saßen wir zusammen, schlemmten und tranken bis tief in die Nacht hinein. Wir waren eine Familie geworden. Trotzdem wußten wir nicht, ob wir uns nach unserer Abreise je wiedersehen würden. Dies ist das Schicksal der Reisenden. Mit der Hoffnung, daß wir in Kontakt bleiben würden, tauschten wir Reiserouten und Adressen aus. Wir schauten so tief ins Glas, daß wir nur mit Mühe nach Hause fanden. Bei der Überfahrt zur Yacht wurde meine Fotokamera Opfer des Wassers. Das letzte Foto zeigte das Gruppenbild unserer fröhlichen Familie.

Peros Banjos

Auf Chagos hätten wir gern noch mehrere Monate verbracht. Aber die Zeit drängte, denn wir wollten, vor der Saison der Wirbelstürme, die man in dieser Region Zyklone nennt, Südafrika erreichen. Während ‚Manxman' und wir Kurs auf Mauritius nahmen, wählten die anderen die Route via Madagaskar.

Bevor wir Chagos verließen, erkundeten wir noch das wesentlich größere Nachbaratoll Peros Banjos. Auf dem Weg dorthin verloren wir zwei unserer Angelleinen, was auf die Größe der Fische schließen ließ. Die Bruchlast unserer Leinen lag bei etwa 50 kg.

Am nächsten Tag besuchten wir die ehemalige Siedlung auf Ile du Coin. Auch hier waren die Ruinen von dichtem Gestrüpp überwachsen. Für die kommende Reise besorgten wir Palmherzen, Kokosnüsse und Bilimbis. Bilimbi ist eine Art Frucht, die, ausgepreßt und mit Wasser vermischt, ein schmackhaftes Getränk ergibt.

Später tauchten wir zum letzten Mal, um einen Fisch für das Abendessen zu harpunieren. Kaum waren wir im Wasser, wurden Luke und ich von Haien umringt. Möglicherweise sahen sie in uns ein Festmahl. Als Optimisten glaubten wir, sie kämen aus purer Neugier, und setzten daher den Tauchgang fort. In 15 – 20 m Tiefe sahen wir viele Barsche idealer Größe. Es war, als ob sie spürten, daß wir sie wegen der Haie nicht harpunieren können, denn sie kamen fast auf Tuchfühlung zu uns. Da wir an einer flachen Stelle geankert hatten, beschloß ich, kurz vor dem Auftauchen neben dem Boot zu jagen. Ausgerechnet jetzt verschwanden die großen Fische, so daß ich zum Spott meiner Freunde mit einem Fisch in der Größe einer Kaulquappe auftauchte.
Wir verschätzten uns in der Zeit, und so erreichten wir erst nach Einbruch der Dunkelheit mit Hilfe des Radars den Ankerplatz bei Ile Longue. Das Wetter verschlechterte sich, und *Ryusei* schaukelte heftig in den Wellen. Wir verbrachten eine unbequeme Nacht und waren glücklich, am nächsten Morgen den Anker zu lichten. Die Haie und das Wetter erleichterten uns den Abschied von diesem kleinen Paradies, auf dem wir gern noch Monate verbracht hätten.

Luke nutzte die geruhsamen Stunden auf Chagos um ein Gedicht anzufertigen, daß für Belustigung sorgte:

THREE MEN IN A BOAT

*There were three men in a boat
With all the booze, the laws of physics
claimed it shouldn't float.
There was Rum, Whisky, Tequilla galore*

But the question remains
Which of them would be sober enough to pour.

They slipped their mooring one fine day
But only made it to the next bay
Of course temptation was too great
They succumbed to their worst fate
They stopped to have one drink or three
But it became a drinking spree.
They awoke the next day with aching heads
and found it difficult to leave their beds.

They knew it had to be done,
they had to reach the port of Batam.
For there lay more poison that was delicious
to see them through to Mauritius.
But Whisky was not their only temptation
It was another one of God's creations.
Yes you've guessed, the woman it is,
one temptation they'd surely not miss.
The lot they met in Sibu
Now this one day they would rue
Despite the laughter and the fun
They knew the damage soon be done
...

On the way they stopped at Chagos
A very beautiful Archipelagos
The reason they stopped was to have some fun
and dry out – in more ways than one.
...

Chagos – St. Brandon

Ein steifer Ostwind gab uns Fahrt, und bald verloren sich die Palmen am Horizont. Die Dünung und die Weite des Indischen Ozeans hatten uns wieder. Da wir nach Süden steuerten, segelten wir auf halbem Wind, was für uns den stabilsten, schnellsten und damit auch angenehmsten Kurs darstellte. Die Routine setzte ein, wir verloren das Zeitgefühl, und die Meilen glitten unter *Ryuseis* Kiel dahin. Dies war die Freiheit der Träume. Wir könnten nun jederzeit den Kurs ändern. Ziele gäbe es genug. Madagaskar, die Komoren, die Seychellen, Mosambik oder die Malediven. Die entsprechenden Seekarten befanden sich an Bord. Es bedurfte nur einer kleinen Änderung des Kurses und der Segelstellung. Zudem genossen wir einen fast unvorstellbaren Luxus: Wir besaßen Zeit.

Etwa 1.200 Seemeilen trennten uns von Mauritius, unserem nächsten Ziel. Aber wir nahmen eine geringe Kursänderung vor, denn wir wollten das 200 Meilen nördlich von Mauritius gelegene Archipel Cargados Carajos besuchen. Sechs Tage später gingen wir im Schutze der Insel Raphael vor Anker.

In Rekordzeit hatten wir die Strecke zurückgelegt. Das beste Etmal lag bei 187 Seemeilen. Der Passat kam Anfangs mit 15–25 Knoten, und dann, während der letzten drei Tage bis zu annähernd 40 Knoten Windgeschwindigkeit. Mit gerefften Segeln glitten wir dahin, obwohl gegen Ende der Reise brechende Wellen für Schrecken sorgten. Leider versagte wieder unser wertvollstes Instrument: der Autopilot. Auf Chagos hatten wir ihn bereits notdürftig repariert. Dabei fand ich heraus, daß das Getriebe des Antriebs Zahnräder aus Plastik enthielt, die sich unter der Dauerbelastung aufgelöst hatten. Nun waren wir gezwungen, die verbleibende Strecke manuell zu steuern.

„In früheren Zeiten mußten die Seefahrer auch ohne Autopilot auskommen", stellte ich fest.

„Aber die hatten natürlich eine größere Mannschaft an Bord als wir", erwiderte Luke. Die Gemütlichkeit war vorbei. Bei zunehmendem Wind und Seegang kostete das Steuern soviel Kraft, daß wir alle zwei Stunden den Rudergänger wechseln mußten. Wir hätten nun viel für eine Windsteueranlage gegeben. Aber darauf hatte *Ryuseis* früherer Eigentümer verzichtet. Wozu auch, denn mit sechs großen Solarpanelen auf dem Bimini gab es ja genug Elektrizität für den Autopiloten. Außerdem würde eine Windsteueranlage den Anblick einer klassischen Segelyacht nicht gerade verschönern.

Mit den anderen Yachten des Chagos Teams behielten wir Funkkontakt. Zweimal täglich wurden die Positionen sowie besondere Vorkommnisse an Bord ausgetauscht. Mit Ausnahme von uns und Gary mit der Yacht ‚Manxman', nahmen alle Kurs auf Madagaskar. Da sie gemeinsam abgesegelt waren, artete ihr Törn in eine Regatta aus. Die Yacht ‚Freelance' berichtete, daß sie einen großen Marlin gefangen hatten. Nun standen sie vor dem Problem, ihn in ihrer Kühltruhe zu verstauen. Aber auch ernste Themen wurden besprochen. Der BCC hatte über einen Aufstand im Norden Madagaskars berichtet. „Können wir dort noch landen?" fragten die anderen. Wir kamen übereinstimmend zu der Meinung, daß die Presse Geschehnisse oft aufbauscht. Also behielten sie ihren Kurs bei.

Meuterei

Ein scharfer Knall riß uns eines Tages aus der Lethargie. Wiederum hatte ein Fisch angebissen und die starke Angelleine aus der Halterung gerissen. Das Boot wurde beigedreht und die Angelleine eingeholt. Ein prächtiger Thunfisch hing am Haken. Wir zerlegten den Fisch und froren einen Teil im Kühlfach ein. Zum Sundowner gab es dann rohen Thunfisch als Sashimi und anschließend zum Abendessen eine großen Portion Thunfischcurry. Besser konnte es gar nicht werden, glaubten wir.

Nach diesem Festmahl folgte eine sternklare Nacht mit perfekten Windverhältnissen. Der tropische Wind, das Rauschen des Meeres, das Rollen des Schiffes, das Gefühl von Geschwindigkeit und die unendliche Weite des Weltalls über uns ließen euphorische Gefühle aufkommen. Viel zu bald dämmerte der Morgen, und damit stellte sich auch die obligatorische Frage nach dem Frühstücksbrunch. Wir einigten uns auf einen Thunfischsalat.

„He, schaut her! Da hinten ist ein riesiger Schwarm von Möwen", rief Luke, der am Ruder stand. Tatsächlich, in der Ferne sahen wir eine Wolke von Möwen, die mit großer Hektik hin- und herflogen.

„Erstaunlich, daß es fernab vom Land so viele Möwen gibt. Die sind dort sicher auf einen Fischschwarm gestoßen."

„Bekanntlich werden die großen Fische durch Fischschwärme angelockt. Also, laßt uns den Kurs ändern und sehen, ob wir nicht einen an den Haken bekommen!" rief ich.

Das Angelfieber setzte ein. Luke ließ *Ryusei* abfallen und bald schwirrten die Möwen um uns herum. Der Fischschwarm war so groß, daß das Wasser zu kochen schien. Wie kleine Sturzbomber platschten die Möwen ins Wasser, um sogleich mit kleinen Fischen im Schnabel wieder aufzutauchen. Hier und da sahen wir größere Fische springen. Sekunden später straffte sich unsere Angelleine. Sofort drehten wir bei und holten sie ein. Da die Yacht nun im starken Seegang bei killenden Segeln hin- und hergeworfen wurde, kam es uns vor, als würden wir mit einem Seemonster kämpfen. Es war wieder ein großer Thunfisch. Trotz Keulenschlägen tobte der glitschige Fisch noch weiter und verspritze das ganze Deck mit Blut.

Als er zerlegt und verpackt war, stellte sich die Frage: „Könnt ihr euch vorstellen, was wir heute abend essen werden?"

Wiederum gab es Thunfisch. Erst als Sashimi und anschließend als gebratenen Thunfisch mit Spaghetti. Auch am nächsten und übernächsten Tag dominierte Thunfisch in allen Variationen unseren Speisezettel. Schließlich wurden die Gesichter meiner Freude immer länger, als die Frage nach dem Menü aufkam.

„Wir müssen den Thunfisch essen, bevor er schlecht wird. Das sind wir den armen Tieren schuldig", meinte ich.

„Lieber wird der Thunfisch schlecht, als daß mir schlecht wird", rief Luke aufgebracht.

„Was aus dem Meer kommt, kommt auf den Tisch, sonst wird gehungert. Dies ist ein Befehl", frotzelte ich weiter und fügte hinzu, „Ihr seid ein verwöhntes Pack."

Nun riß Guillaume der Geduldsfaden: „Drei Tage Thunfisch, morgens, mittags und abends, ist genug. Ich meutere!"

„Und ich auch!" schrie Luke. „Nochmals Thunfisch und unser Kapitän folgt dem Beispiel der ‚Bounty'. Das Beiboot haben wir sofort fertig."

Gegen diese Übermacht konnte ich mich nicht mehr behaupten. Also wurde der Thunfisch, der nicht ins Gefrierfach paßte, über Bord geworfen und von da an das Angeln eingestellt. Nach unserer abendlichen Sundowner-Runde war wieder Friede an Bord. Trotzdem träumte ich von den guten alten Zeiten, als Kielholen die Antwort auf Meuterei war.

Leck

Der Vorfall war bald vergessen, denn der Wind legte wieder zu, es fing an zu regnen und wir mußten die Segel reffen. Mit Höchstgeschwindigkeit stampfte *Ryusei* durch den heftiger werdenden Seegang. Dabei erwies sich das große Gewicht und der scharf geschnittene Rumpf vorteilhaft. Eine vergleichbare moderne Yacht würde nie so sanft durch die Wellen schneiden.

Während meiner Nachtwache bemerkte ich, daß die automatische Bilgenpumpe mehrmals ansprang. Da ich das Ruder nicht verlassen konnte, rief ich nach Luke, der in der Hauptkabine schlief. Er schaute nach und bestätigte, daß der Wasserstand in der Bilge recht hoch war. „Mir ist auch schon aufgefallen, daß wir immer öfter lenzen müssen", meinte er besorgt. „Schau bitte nochmals nach, ob die Seeventile der Toilette geschlossen sind. Bei Tageslicht müssen wir die Sache näher untersuchen", rief ich ihm zu. Ich verbrachte eine unruhige Nacht, denn ich erinnerte mich an das Urteil des Gutachters in Hongkong über die Yacht ‚La Cigale', die ich ursprünglich hatte kaufen wollen. Er hatte erklärt, daß sich wegen des morschen Kielbalkens der Rumpf im Sturm öffnen könnte. Sollten sich etwa *Ryuseis* Planken unter der großen Belastung lösen?

Am folgenden Morgen räumten wir unser Gepäck beiseite und schauten in der Bilge nach. Irrtümlich glaubten wir, die Ursache eines Lecks sei leicht zu finden. Wir mußten jedoch viel Gepäck aus dem Weg räumen, bevor wir die Bodenbretter anheben konnten. Bei annähernd 45 Grad Krängung und den schaukelnden Bewegungen eines Schiffes in Fahrt, ist jede Arbeit dieser Art äußerst beschwerlich. Nach langem Suchen entdeckten wir, daß das Wasser auf der Backbordseite, irgendwo zwischen dem Mastbereich und dem Bug eindrang. Da wir nichts weiter machen konnten, verkürzten wir die Intervalle der Bilgeninspektion und pumpten regelmäßig. Die Tatsache, daß wir zwei elektrische, eine manuelle und eine mechanische (Wasserpumpe des Schiffsdiesels) Pumpe an Bord hatten, beruhigte uns ein wenig.

Wie lautete doch der alte Spruch? „Ein Seemann in Panik mit einem Eimer in der Hand ist besser als jede Lenzvorrichtung".

Glücklicherweise war dieser Punkt noch nicht erreicht.

St. Brandon

Als wir die Gastfahne von Mauritius setzten, kamen die Umrisse der ersten Koralleninsel des Cargados Carajos Archipels in Sicht. Diese Inselgruppe, die auch den Namen St. Brandon trägt, gehört zum mauritianischen Hoheitsgebiet. Den Archipel hatte ich bereits zwei Jahre zuvor mit der Segelyacht meines Freundes Noël Maurel besucht. Zu jener Zeit erwischte mich der Virus des Fahrtensegelns, der nun auch für die Wiederkehr verantwortlich war.

Wir steuerten die Hauptinsel St. Raphael an, die eine Fischereistation beherbergte. Kaum in Sichtweite der Insel, versuchte ich, auf Kanal 16 mit der Station Kontakt aufzunehmen. Etwas unbeholfen, denn ich hatte keine Übung mit dem französischen Sprechfunk.

„Was wollen sie hier?" kam die unwirsche Antwort auf französisch.

„Dies ist eine Segelyacht auf dem Weg von Chagos nach Mauritius, und wir würden gerne im Schutze ihrer Insel ankern."

„Das geht nicht. Es sei denn, sie haben eine offizielle Genehmigung."

„Hören sie!" insistierte ich. „Wir sind seit einer Woche in schwerem Wetter unterwegs, der Autopilot ist defekt, unsere Yacht hat ein Leck und unsere Mannschaft ist erschöpft. Laut Seerecht dürfen wir ankern und ruhen. Wir wollen ja nicht ihre Insel besuchen."

„O.K., ankern sie. Aber solange wir kein grünes Licht von Mauritius haben, dürfen Sie die Yacht nicht verlassen", hörten wir zu unserer Erleichterung.

„Die glauben wohl, wir seien Piraten. Mit einer Flasche Whisky werden sie uns sicher den roten Teppich ausrollen", rief Luke, der sich, wie wir alle, auf eine Ruhepause freute.

Als wir wenig später in der geschützten Bucht ankerten, ertönte über Funk wieder die unfreundliche Stimme: „Es könnte sein, daß Fischer mit kleinen Booten vorbeikommen. Bitte geben sie ihnen keinen Alkohol. Alkohol und Frauen sind hier in St. Brandon strengstens verboten. Wir werden mit unserem Chef in Mauritius telefonieren. Er soll entscheiden, ob sie an Land kommen dürfen."

Um ihn zu beruhigen, teilte ich ihm mit, daß ich bereits vor zwei Jahren seine Insel besucht hatte und daß mein mauritianischer Stiefvater seinen Chef kennt.

„Ralph, in was für eine Welt hast du uns verschleppt! Ich bin zwar froh, endlich wieder französisch zu hören, aber Alkohol- und Frauenverbot, das geht entschieden zu weit!" klagte Guillaume, der bei dieser Nachricht wieder munter wurde.

Kaum waren wir an Deck, kam das erste Fischerboot vorbeigetuckert: „Haben sie nicht etwas Bier oder Rum für uns?" fragte uns der schwarze Fischer auf französisch zu.

„Leider nein, wir hätten gerne selbst noch etwas übrig", erwiderte Guillaume, obwohl er wußte, daß unsere Bilgen voller Whiskyflaschen waren. Daraufhin versanken wir in einen erholsamen Schlaf, bis sich unser spezieller Freund wieder meldete.

„Herzlich willkommen! Gerade erfuhren wir, daß sie uns an Land besuchen dürfen."

Im Gegensatz zur vorangegangenen Begrüßung über Funk war nun der Empfang an Land sehr herzlich. Auf der Insel leben etwa vierzig Männer. Außer der Fischerei-, gab es eine Wetterstation und eine kleine Post mit Telefon. Von hier aus kontaktierte ich meine Familie und kündigte die bevorstehende Ankunft in Mauritius an. Sie hatten bereits sorgenvoll auf Nachricht gewartet. Meine Freunde stürzten sich auf den kleinen Laden, wo sie sich endlich wieder mit Zigaretten eindecken konnten. Dann besuchten wir die Wetterstation, regelten die Einreiseformalitäten und trugen uns im alten Gästebuch der Insel ein. Der Leiter der Station kommentierte die Wettervorhersage mit den Worten: „Moderater Wind wie immer aus südöstlicher Richtung und moderater Seegang." Wie beruhigend, daß es außer den Wirbelstürmen kein anderes Wetter gab als ‚moderates'.

Schließlich saßen wir mit dem Administrator der Fischereistation zusammen. Er berichtete von seiner Arbeit: „Die Fischer sind Kreolen und kommen von der zu Mauritius gehörenden Insel Rodrigues. Alle sechs Monate tauschen wir die Mannschaft aus. Sie fahren zu zweit mit den Pirogen, einem kleinen mit Außenbordmotor betriebenen Fischerboot, zu ihren Fischgründen. Geangelt wird mit Handleinen. Insgesamt fangen unsere Pirogen bis zu fünf Tonnen Fisch täglich. Gelegentlich kommt das Versorgungsschiff aus Mauritius, um den gefrorenen Fisch abzutransportieren." Vom Lohn sprachen wir nicht. Aber wir konnten uns vorstellen, daß es sich für unsere Verhältnisse um einen Hungerlohn handeln mußte. Außerdem kamen die Entbehrungen hinzu, denn nach Meinung des Administrators würden Frauen und Alkohol nur Probleme bringen – wer hätte das gedacht!

Umbrina

„Die alte Motoryacht ‚Umbrina' ist vor einem Jahr bei Nacht mit Volldampf auf dem Riff von St. Brandon gestrandet", lautete einer der Neuigkeiten des Administrators, und schmunzelnd fügte er hinzu: „Der Kapitän war wie immer blau."

„Geschieht ihm recht", sagte ich, „dies ist der Typ der uns, als wir ihn vor zwei Jahren besuchten, so schäbig behandelt hat."

Mein Freund Noël behauptete damals, daß er mit seinen 72 Jahren noch nie so schlecht an Bord einer Yacht empfangen worden war. Es war nur schade um die klassische, in Schottland gebaute Motoryacht.

Schiffswracks üben immer eine magnetische Anziehungskraft aus. Insbesondere wenn es so eine Vorgeschichte hat. Daher segelten wir am nächsten Tag zur Südspitze des Atolls und gingen auf Beutezug. ‚Umbrina' saß hoch und trocken auf dem Riff. Natürlich waren wir nicht die Ersten. Aber wie wenig die Plünderer von dem ehemals stolzen, etwa 25 Meter langen, Schiff zurückgelassen hatten, war doch enttäuschend. Unsere magere Beute bestand in einem Stück Teakholz von der Reling, der Spitze des ehemaligen Fahnenmastes und einigen hübschen Bronzeblöcken. Somit hatte ich meine kleine Revanche und ein gutes Souvenir.

Am Abend feierten wir den erfolgreichen Beutezug, sowie die Tatsache, daß wir in der Nacht zu unserer letzten Etappe nach Mauritius aufbrechen würden. Schlaftrunken krochen wir in den frühen Morgenstunden aus der Koje. Alles war fertig. Der Motor lief, die Ankerwinde ratterte. Aber dann war plötzlich Schluß. Der Anker hielt und war trotz aller Tricks nicht loszubekommen.

„Wir müssen bei Tageslicht nach dem Anker tauchen. Alle Mann zurück in die Kojen", lautete schließlich das Kommando.

Der Morgen graute, im wahrsten Sinne des Wortes. Es war ungewöhnlich kalt und regnerisch. Außerdem graute es uns vor dem Tauchen, denn der Ort, wo wir ankerten, war auf der Seekarte mit dem Namen Sharks Point markiert.

Luke war bereit, mit mir zu tauchen. Wegen der 15 m Wassertiefe mußten wir die Tauchausrüstung anlegen. Dann standen wir vor Kälte und Furcht schnatternd an der Reling und stritten, wer zuerst springen sollte. Mit den Worten: „Spring du zuerst, du Memme", trieb ich Luke an.

„Nein, nein", antwortete er, „nur wenn wir sinken, verläßt der Kapitän als letzter das Schiff."

Nach einigem Hin und Her sprangen wir beide zugleich ins kalte, haiverseuchte Wasser. Luke blieb nahe der Oberfläche auf Ausschau. Er sollte zur Warnung mit dem Messer auf seine Tauchflaschen schlagen, falls sich ein Hai zeigen sollte. Ich folgte der Kette bis zum Meeresgrund und sah, daß sie sich um einen großen Korallenstock gewickelt hatte.

Kurze Zeit später rauschten wir unter vollen Segeln in Richtung Mauritius. Die Haie hatten sich, entgegen unserer Befürchtung, nicht gezeigt. So früh am Morgen fehlte ihnen womöglich auch der Appetit.

MAURITIUS

Erst wurde Mauritius und dann der Himmel erschaffen (Mark Twain)

Feuerwerk der Farben

Mauritius diente in früheren Zeiten als Stützpunkt für die Handelsschiffahrt. Aus strategischen Gründen wechselte die Insel häufig den Besitzer. Mit dem Bau des Suezkanals verlor sie an Bedeutung. Heute ist sie das Ziel sonnenhungriger Touristen aus aller Welt.

Für mich ist Mauritius nicht nur eine Zwischenstation, sondern gleichzeitig auch ein Heimatort, denn hier hatte sich bereits vor 17 Jahren ein Teil meiner Familie niedergelassen. So ist zu verstehen, daß ich mit großer Ungeduld der Ankunft entgegensah.

Unterwegs kreisten die Gespräche um das Thema, was wir als erstes anstellen würden. Wir phantasierten unter anderem von mauritianischen Naturschönheiten, frischem Gemüse, einem saftigen Steak und kühlem Bier. Wahrscheinlich fühlten und handelten wir bereits wie die Menschen, die ihr Berufsleben auf See verbringen. Es reduziert sich alles auf die Grundbedürfnisse wie beispielsweise Sex, Essen, Trinken und ein heißes Bad. Als wir am späten Morgen die Silhouette der nördlich von Mauritius gelegenen Inseln erblickten, schlugen unsere Herzen höher. Wenig später tauchte die markante Skyline am Horizont auf. Fischer in kleinen Pirogen winkten uns zu, als wir die imposante Felswand der Insel Coin de Mire passierten. Eine riesige Spalte mitten auf der Felswand trägt den Namen Trou Madame, was unserer Phantasie entsprach.

Im Lee von Mauritius gelangten wir in ruhiges Fahrwasser. Es schien als ob *Ryusei* fliegen würde. Die Abendsonne tauchte die Insel in prachtvolle Farben. Das satte Grün der Zuckerrohrfelder, stand im krassen Gegensatz zu der grauen zackigen Gebirgskulisse im Hintergrund. Das Panorama wurde zudem von einem glühendem Abendhimmel überspannt, der sich im Wasser reflektierte. Mauritius empfing uns mit einem Feuerwerk der Farben.

Hier und da sahen wir brennende Zuckerrohrfelder. Dunkle Rauchsäulen stiegen auf.

„Was ist den hier los?" riefen meine Freunde, als schwarze Flocken auf uns herabrieselten.

„Kein Grund zur Sorge", beruhigte ich sie: „Dies sind Rußflocken von den brennenden Zuckerrohrfeldern. Die Ernte hat begonnen. Vor dem Schneiden des Zuckerrohrs werden die Felder angesteckt, um das überflüssige Blattwerk zu verbrennen."

Mauritius

Mauritius gehört zu den Maskarenen. Die Küste ist stark zerklüftet und reich an Naturhäfen. Ein vorgelagertes Korallenriff umgibt die Insel. Die ursprünglich unbewohnte Insel Mauritius wurde als erstes von den Arabern und Portugiesen (1510) entdeckt, 1598 – 1710 durch Holländer besiedelt, die wie jede Kolonialmacht ihre Fußstapfen hinterließen. Sie benannten die Insel, rodeten Wälder, pflanzten Zuckerrohr und führten die Java-Hirschart ein. In dieser Zeit starb auch der truthahn-ähnliche Vogel Dodo aus. Nachdem die Holländer die Kolonie aufgaben, folgten die Franzosen im Jahre 1715. Nach der französischen Revolution (1810) übernahmen die Engländer. 1968 erhielt Mauritius die Unabhängigkeit, verblieb aber im British Commenwealth. Trotz britischer Besatzung blieb die französische Kultur bis heute dominant. Die 1,1 Millionen Einwohner sprechen hauptsächlich Kreolisch, eine Abwandlung der französischen Sprache. Die Inder, die ehemals als Plantagearbeiter nach Mauritius kamen, stellen heute mit etwa 70 Prozent die größte Bevölkerungsgruppe dar. Des weiteren leben hier Menschen afrikanischer Abstammung, Kreolen, Chinesen und Europäer. Entsprechend vielfältig sind die Sprachen: Kreolisch, Französisch, Englisch sowie verschiedene indische und chinesische Sprachen.

Mauritius wurde oft als „die Perle des Indischen Ozeans bezeichnet". Wer, wie ich, diese Insel über 17 Jahre in regelmäßigen Abständen besucht hat, erlebt die Veränderungen wie im Zeitraffer. Es ist ernüchternd.

Dem Boom der Zuckerindustrie, folgte in den letzten zwei Jahrzehnten ein Boom der Tourismus- und Textilindustrie. In vielerlei Hinsicht wurden dadurch große Fortschritte gemacht. Ich erlebte, wie aus kleinen Wegen Autobahnen wurden, wie pittoreske Bauwerke modernen, charakterlosen wichen und wie einsame Strände mit Hotelkomplexen bebaut, sowie die grünen Berge von wild wachsenden Siedlungen überzogen wurden.

Glücklicherweise filtert ein positiv eingestellter Sinn diese Veränderungen aus dem Bewußtsein. Wir Besucher dürfen nicht klagen, da wir durch unsere Besuche zu diesen Veränderungen beitragen. Nur eine weitsichtige Politik kann der selbstzerstörerischen Entwicklung Einhalt gebieten. Aber wo gibt es das schon? Auch in Mauritius werden die Menschen langsam aufwachen. Spätestens dann, wenn die naturliebenden Touristen einfach ausbleiben werden oder die Fischer ihre Arbeit verlieren, weil das Meer leergefischt wurde.

Nach wie vor ist dieses Land eine ‚Perle‘. Denn die Menschen unterschiedlichster Rassen leben hier friedfertig zusammen, und die Natur weiß sich trotz all der Sünden immer noch zu behaupten. Mauritius bietet von allem etwas: Gemäßigtes Klima, sensationelle Landschaften und eine einzigartige Mischung der Kulturkreise Asiens, Afrikas und Europas.

Harte Landung

Annähernd 4.000 abenteuerliche Seemeilen lagen hinter uns. Ohne besondere Vorkenntnisse hatten wir zum ersten Mal einen Ozean überquert. Ein erhebendes Gefühl!

Bei einbrechender Dunkelheit erreichten wir die Hafeneinfahrt von Port Louis. Über Funk verlangte der Hafenmeister unsere Schiffsdaten inklusive des Tiefgangs, bevor er uns die Genehmigung zum Einlaufen gab. Er dirigierte uns zu einem Liegeplatz im hinteren Teil des Hafens. Wir hatten es eilig, wie Pferde, die in den Stall zurück wollen. Daher näherten wir uns zügig unter Motor der uns angewiesenen Hafenmauer. Ein plötzlicher Ruck begleitet von rumpelnden Geräuschen bremste unseren Elan. Und zwar nicht am Pier, sondern auf dem Grund, etwa vier Meter von der Mauer entfernt.

„Wir sind auf Grund gelaufen und sitzen fest", klagte ich über Funk.

„Kein Problem", beruhigte mich der Hafenmeister, als ob dies eine alltägliche Sache sei: „Wir senden Ihnen ein Boot, das sie freischleppen wird."

Die Hochstimmung war wie weggeblasen. Die Realität hatte uns wieder eingeholt. Wir warteten und warteten. Aber keiner kam. Ich funkte nochmals und wiederum erhielten wir die freundliche Zusage ein Boot würde uns gleich freischleppen. Irgendwann verloren wir die Geduld und versuchten nochmals mit Vollgas und verschiedenen Rudereinschlägen loszukommen. Zum Glück fuhr in dem Moment ein Fischerboot durch das Hafenbecken, dessen Heckwelle uns kurz anhob und aus der mißlichen Lage befreite. Vorsichtig sondierten wir nun die Tiefe entlang des Piers, bis wir einen Platz mit ausreichender Wassertiefe längsseits einer amerikanischen Segelyacht fanden. Deren Mannschaft hieß uns sogleich mit einem kühlen Bier willkommen.

Kaum hatten wir den ersten Schluck getrunken, kam auch schon ein Uniformierter, der uns bat, unverzüglich mit den Schiffsdokumenten zu folgen. Guillaume und Luke begleiteten den Herrn zum Zollbüro, während ich nach den Dokumenten und Pässen suchte. Wenig später saß auch ich im Hafenbüro und wurde mit Fragen und Formularen bombardiert. Alles ging gut, bis die Frage kam: „Haben sie Waffen oder Harpunen an Bord?"

„Nein, nicht daß ich wüßte", antwortete ich auf französisch und schaute in die Runde. Dabei fiel mir Guillaumes betretener Blick auf.

„Sind sie sich ganz sicher?" fragte der Zöllner nochmals. Ich zögerte mit der Antwort. Der Groschen fiel, als ich nochmals den verzweifelten Gesichtsausdruck meines Freundes sah. Guillaume hatte ja zuvor mit dem Herrn gesprochen und dabei womöglich die Frage mit der Harpune bereits bejaht. „Nun, wir haben so etwas wie eine Harpune in unserem Notgepäck für das Rettungsboot. Die ist aber nur für den absoluten Notfall gedacht", antwortete ich diesmal mit einem Lächeln, obwohl mir gar nicht danach war.

„Ganz gleich zu welchem Zweck sie gebraucht werden; Waffen und Harpunen müssen sie hier abgegeben. Sie erhalten sie bei der Abreise wieder zurück", sagte der Zöllner.

Nachdem die Harpune übergeben und die Immigrationsformalitäten erledigt waren, verließen wir erleichtert das Büro.

„Da haben wir aber Glück gehabt!" rief ich. „Guillaume, wenn du mir nicht den richtigen Blick zugeworfen hättest, säßen wir jetzt in der Tinte."

„Ich wußte ja nicht, daß du die Harpune nicht deklarieren wolltest", erwiderte Guillaume.

„Vergeßt das nun alles", unterbrach uns Luke ungeduldig. „Laßt uns sofort etwas essen und trinken. Wir haben Grund zum Feiern."

Fast im Laufschritt eilten wir zu einem Restaurant im Zentrum von Port Louis. Endlich waren wir gelandet! Als Startmenü gab es ‚Poulet Curry a là Mauricienne!'

Welcome

Ein Ruf weckte uns am folgenden Morgen. Verschlafen schaute ich aus der Kabine und sah einen schmächtigen Inder am Pier stehen, der fragte: „Haben sie Kleider zum Waschen?" Wenn er geahnt hätte, wieviel wir davon hatten, wäre er wohl gleich davongelaufen. Nach der langen Reise mußte das Schiff ohnehin aufgeräumt werden. Besonders, da der Besuch meiner Familie anstand. So schmissen wir alles, was nicht niet- und nagelfest war in einen großen Segelsack. Der arme Mann wäre unter der schweren Last fast zusammengebrochen.

Nach getaner Arbeit, erklomm ich die Pier. Gedankenverloren stand ich da und wartete auf den angekündigten Familienbesuch, als eine elegant gekleidete und sorgfältig geschminkte Dame im Eilschritt an mir vorbeilief.

„Hallo Mutter. Wohin des Weges?" rief ich.

Verdutzt drehte sie sich um und realisierte, daß der bärtige Mensch am Pier ihr Sohn war. Die Begrüßung war überschwenglich. Aber kaum hatte sie sich von ihrer Freude erholt, sagte sie mit elterlicher Autorität: „Ralph, dein Bart steht dir nicht. Er muß ab!"

„Ai Ai Kapitän", erwiderte ich.

Meine Pracht, mein mit Mühe seit Singapur gezüchteter Seemannsbart mußte ab! Zugegeben, er war flaumig und sah im Vergleich zu Guillaumes Rasputin-Bart bescheiden aus.

Nun kam auch mein jüngerer Bruder. Während seiner Schulzeit in Mauritius hatte er die Liebe zum Meer gefunden. Folglich studierte er dann in Europa Meeresbiologie, um anschließend nach Mauritius zurückzukehren, wo er seither mit Frau und Kindern lebt. Auch er stachelte sofort: „Was trägst du denn da unter der Nase?"

Zur Belustigung aller erwiderte ich empört: „Begrüßt man so einen weitgereisten Seemann?"

Um abzulenken drängte ich: „Wenn wir bis zum Mittagessen in Grand Baie sein wollen, dann müssen wir uns beeilen."

Grand Baie ist eine schöne, geschützte Bucht im Nordwesten von Mauritius. Ein idealer Ort zum Ankern. Über Funk informierte mich der Hafenmeister, daß wir nur mit Genehmigung der Küstenwache nach Grand Baie segeln dürften, denn derzeit befänden sich dort die Staatsoberhäupter der frankophonen Länder auf einer Tagung. Selbst Mitterrand sei da, hieß es. Da höchste Sicherheitsstufe bestand, gab uns die Küstenwache nur zögernd grünes Licht.

In Begleitung meiner Mutter sowie meines Bruders verließen wir unter Motor den Hafen und setzten, mittlerweile routiniert, alle Segel. Wir holten die Schoten dicht und ließen bei halbem Wind das Schiff so krängen, daß uns das Wasser über das Deck rauschte. Hier im Schutze der Landmassen konnten wir zeigen, was *Ryusei* vertrug. Jeder Passagier würde unter diesen Umständen in Angst und Schrecken versetzt werden. Während meine Mutter das Abenteuer sichtlich genoß, machte mein Bruder ein eher skeptisches Gesicht. Als Meeresbiologe und Taucher hatte er nie einen Hehl daraus gemacht, daß er die Aktivitäten unter Wasser vorzog.

Ausgerechnet im flachsten Teil der Einfahrt von Grand Baie, mit weniger als einem halben Meter Wasser unter dem Kiel, bedrängte uns plötzlich ein großes Küstenwachboot. Mit drohenden Gebärden und Geschrei wurde uns die Einfahrt verwehrt.

„Wegen des frankophonen Symposiums ist diese Bucht aus Sicherheitsgründen gesperrt!" schrie der Kommandant von seiner Brücke herüber.

„Wollen die, daß wir zurücksegeln? Die Küstenwache von Port Louis hat uns doch grünes Licht gegeben!" protestierte meine Mutter. Während wir uns bemühten nicht auf Grund zu laufen, übernahm meine Mutter mit den Worten: „Laßt mich mal machen", das Kommando. Sie rannte auf das Vordeck, winkte mit energischen Gesten das Schnellboot heran und legte los. Eine Wortkanonade folgte. Nicht nur wir an Bord, sondern auch die Mannschaft der Küstenwache zogen die Köpfe ein. Sicher waren sie noch nie einer so zierlichen, doch wortgewaltigen Dame begegnet.

Das Wunder geschah. Die Küstenwache gab sich kampflos geschlagen und geleitete uns sogar zum Ankerplatz. Wir hatten die Schlacht gewonnen. Jeder andere wäre sofort hinter Gittern gelandet. Im Restaurant, wo sich weitere Familienmitglieder eingefunden hatten, berichteten wir lachend über diesen Vorfall.

Mar y Sol

Erholsame Tage verstrichen. Wir unternahmen Inselexkursionen und ließen uns im Kreise der Familie verwöhnen. Die Einladung zum Abendessen im Hause meines Stiefvaters wurde zu einem der Höhepunkte unseres Aufenthaltes. Meine Eltern wohnen auf dem Saint Felix Sugar Estate im dünn besiedelten Süden der Insel. Ihr Haus, das an einem Berghang inmitten von Zuckerrohrfeldern liegt, trägt den passenden Namen ,Mar y Sol' (Meer und Sonne). Die Schönheit der Natur und das Farbenspiel des Himmels während des Sonnenuntergangs berauschten. Wir saßen in gemütlichen Korbstühlen auf der Terrasse und genossen die Aussicht. Jenseits der gepflegten Parkanlage erstreckten sich wogende Zuckerrohrfelder bis hinunter zur Küste. Dahinter kamen die Lagune und die unendliche Weite des Ozeans. Trotz der Entfernung zur Küste, war die Luft vom Rauschen der Brandung erfüllt. Außerdem konnten wir einen Teil der Zuckerfabrik überblicken, die einen süßlichen Duft verbreitete und aus dessen Kamin dunkler Rauch quoll.

Als wir uns an der reich gedeckten Tafel zum Abendessen niederließen, erlebten wir einen Hauch aus alten Kolonialzeiten. Wir wurden von allen Seiten bedient. Außer uns, war die Familie meines Bruders zu Gast. Während das mehrgängigen Essens gab jeder seine Geschichten zum Besten.

„Von Juli bis Dezember ist hier die Ernte des Zuckerohrs. Deswegen herrscht in unserer Fabrik Hochbetrieb.", sagte mein 80jähriger Stiefvater Frederic Robert. Seine Vorfahren waren vor mehreren Generationen aus Frankreich gekommen.

„Ich habe mein ganzes Leben als Verwalter in Zuckerfabriken gearbeitet. Zunächst in der benachbarten Fabrik ,Bel Ombre' und dann in ,Saint Felix'.

Die Zuckerindustrie begann im Jahre 1750 und erlebte einen ungeheuren Boom. Um 1860 gab es auf Mauritius 280 Zuckerfabriken. Heute gibt es nur noch 17, wovon unsere, Saint Felix, die kleinste ist. Wir verarbeiten hier nur 140.000 t Zuckerrohr pro Jahr, und eine Tonne Zuckerrohr erbringt etwa 110 kg Zucker.“

Frederic schnitt auch ein weiteres Thema an.

„Wenn es die tropischen Wirbelstürme nicht gäbe, wäre Mauritius ein Paradies“, sagte er. „Wir bezeichnen sie im Indischen Ozean als Zyklon. Die größte Gefahr besteht zwischen November und April. Alle paar Jahre zieht ein solcher Sturm mit verheerender Gewalt über uns hinweg. Der schlimmste in diesem Jahrhundert war der Zyklon ,Carol‘ im Jahre 1960. Ich verbrachte den Sturm unter dem Küchentisch, nachdem das Dach des Hauses weggeflogen war. Das Haus in dem wir uns jetzt befinden, wurde danach neu gebaut. Deswegen besitzt es so dicke Wände.“

Dann erzählte er Anekdoten über berühmten Seefahrer: „Als Kapitän Slocum im Jahre 1897 mit seinem kleinen Segelschiff in Mauritius landete, veranstaltete mein Großvater ihm zu Ehren ein Diner. Slocum war nicht gerade passend für diesen Anlaß gekleidet. In einer Tischrede entschuldigte er sich für seinen Aufzug und erklärte, daß er für solche Anlässe immer einen guten Anzug an Bord hätte. Irgendwann auf seiner langen Reise hatte sich eine Kokoskrabbe an Bord verirrt, die ihn seither wie ein Haustier begleitete. Als er jetzt den Anzug auspackte, stellte er mit Schrecken fest, daß die Krabbe ihm einen Teil seines Jacketts gefressen hatte. Diese Geschichte sorgte noch lange für Gelächter auf Mauritius.“

„Auch ich habe einen sehr bekannten Segler kennengelernt“, fuhr er fort. „Es war Bernard Moitessier, der nach seinem Schiffbruch in Chagos einige Zeit auf Mauritius lebte.“

„Ja, den kannte ich auch gut“, warf Sibylle, die Schwiegermutter meines Bruders ein. „Er war mit meinem Mann befreundet, der damals das beste Restaurant von Mauritius besaß. Bernard hat uns oft besucht.“

Belustigt stellten Guillaume, Luke und ich fest, daß ein armer Fahrtensegler und Feinschmecker wie Moitessier solche Freundschaften zum Überleben brauchte.

Irgendwann kamen wir auf das Thema Schiffwracks, worüber mein Bruder begeistert referierte. Yann leitet auf Mauritius die größte Fischfarm. Doch seine Freizeit verbringt er mit Tauchen, wobei ihn insbesondere die Unterwasserarchäologie interessiert.

„Wegen der tropischen Stürme, ist die Küste dieser Insel mit Schiffwracks übersäht. Die bekanntesten sind ,La Magicienne‘ und ,Sirius‘. Die ,Sirius‘

wurde im Jahre 1810 in der Schlacht von Grand Port versenkt. Dies ist übrigens die einzige Seeschlacht, die die Franzosen gegen die Engländer gewonnen haben. Andere berühmte Wracks sind die ‚Banda‘ (1605 gesunken), ‚Speaker‘ (1702) und die ‚Saint Gerant‘ (1744/184 Opfer)."

„Wie steht es mit den Schätzen?" fragten wir.

„Ich habe fast ein Jahr lang mit Hilfe von Sponsoren auf der ‚Sirius‘ und an vielen anderen Wracks getaucht. Außer einigen Silbermünzen, Knöpfen, Porzellanscherben und ähnlichem, haben wir nichts von bedeutendem Wert gefunden. Dafür gelang es uns aber, das Wrack völlig zu vermessen und einige Gegenstände für das Museum zu bergen. Zu oft wird die Unterwasserarchäologie mit der Schatzsuche verwechselt. Heute geht es mir nur um die Archäologie." Abschließend meinte er: „Schatzsucher sind zumeist Träumer, die selten mehr als rostige Nägel finden."

Dann hörten wir die Geschichte von ‚Trevessa‘, einem Segelschiff, das zwischen Australien und Mauritius sank. Mein Stiefvater hatte im Jahre 1923 erlebt, wie das Rettungsboot von ‚Trevessa‘ nach 1600 Seemeilen und 25 Tagen die Küste von Mauritius erreichte. „Damals leitete mein Vater die benachbarte Zuckerfabrik. Er wurde zur Hilfe gerufen, als das Rettungsboot landete. Von den 24 Menschen an Bord waren 8 gestorben. Die anderen befanden sich in einem erschreckenden Zustand. Ich werde nie vergessen, wie den Männern ihre schweren Seestiefel ausgezogen wurden. Sie mußten aufgeschnitten werden. Die Haut pellte sich und bei einigen kam es mir vor, als kämen die blanken Knochen zum Vorschein. Heute erinnert ein Denkmal an dieses Ereignis."

Diese Gedenktafel erinnert nur an eine der unzähligen Tragödien.

Inselregatta

Wir befreundeten uns mit der Besatzung der amerikanischen Yacht ‚Billfish‘, die wir bereits im Hafen von Port Louis kennengelernt hatten. ‚Billfish‘ war einer der schönsten klassischen Segelschoner, den wir bis dahin gesehen hatten. Die hölzerne Yacht des französischen Designers Bombarger besaß ein Gaffrigg und nach hinten geneigte Masten. An Bord befanden sich die Texanerin Leslie und ihr südafrikanischer Freund Patrick. Sie erzählten, daß Gary, den wir auf Chagos kennengelernt hatten, ausgezeichnete Arbeit bei der Renovierung ihrer Yacht in Neuseeland geleistet hatte.

Gary Cairn war bereits einige Tage vor uns in Mauritius gelandet. Auch er hatte eine sensationell schnelle Überfahrt von Chagos hinter sich. Sein Verhältnis zu seinem dänischen Mitsegler war immer noch getrübt.

„Ab jetzt werde ich allein weitersegeln", stellte er bei unserem ersten Wiedersehen fest. Garys Beruf war Tischler und konsequenterweise besaß er eine Segelyacht aus Holz. Sie trug den Namen ‚Manxman‘, damit jeder gleich wußte woher er stammte. Denn einen Einwohner der ‚Isle of Man‘ nennt man ‚Manxman‘. Gary besaß das Temperament eines Terriers. Es war nicht leicht, mit ihm auszukommen. Da er aber keine Fete ausließ, qualifizierte er sich sofort für unseren Kreis.

Schon in Chagos hatte er uns mitgeteilt: „Damen sind für mich tabu. Ich bin mit einer hübschen Dänin verheiratet, der ich Treue geschworen habe." Sie hatten sich in Neuseeland kennengelernt, waren gemeinsam nach Europa gesegelt und hatten dann geheiratet. „Meine Frau begann eine Lehre als Krankenschwester. Daher beschloß ich nochmals um die Welt zu segeln, bevor ich mich endgültig in Dänemark niederlasse."

Auf Gary wartete also ein sicherer Heimathafen. Seine nächste und letzte Station auf dem Rückweg nach Europa würde Südafrika sein, wo er etwas Geld verdienen wollte. Dies kam mir gerade recht. Auf unserer Reise von Singapur nach Mauritius wurden gewisse Mängel an *Ryusei* immer offensichtlicher. Daher bat ich Gary, sich unsere Yacht einmal näher anzuschauen. Nach sorgfältiger Prüfung, legte er eine Liste von nötigen Reparaturen vor. Darunter fielen insbesondere das Abdichten der Decksleckagen bzw. Reparatur der von Holzfäule befallenen Stellen und das Kalfatern der Planken nahe des Kielbereiches, wo unter starker Belastung die Leckagen auftraten. Beruhigenderweise bestätigte er nochmals, daß *Ryusei* ein sehr solides Holzschiff sei und wir auch bei starkem Seegang, außer den kleinen Leckagen, nichts zu befürchten hätten.

Dieses positive Urteil führte zu einem neuen Abenteuer. Auf Drängen meines Freundes Noël, meldeten wir uns für die jährlich stattfindende Inselregatta an.

Noël Maurel, mit dem ich zwei Jahre zuvor nach St. Brandon gesegelt war, wollte auch daran teilnehmen. Wenn das Segelfieber bei ihm ausbrach, gab es trotz des hohen Alters kein Zurück. Seinen Spitznamen ‚Loup de Mer' hatte er sich redlich verdient. Noël war einer der besonderen Orginale auf Mauritius. Er hatte in Schottland Schiffsbau studiert, arbeitete sein Leben lang als Ingenieur in der Zuckerindustrie und baute in seiner Freizeit hölzerne Segelyachten. Seine letzte Yacht, mit der er heute noch segelt, ist ein 15-Meter-Schoner aus Teakholz.

Auf Noëls Drängen, erwiderte ich: „Mit einer vollgeladenen Yacht werden wir doch nie eine Chance haben."

„Mach dir darüber keine Sorgen. Du hast ein schnelles Schiff. Auch wenn dem nicht so wäre, gilt immer noch das olympische Prinzip: Dabei sein ist alles", antwortete Noël und fügte grinsend hinzu: „Außerdem wird die Insel in drei Etappen umrundet. Das heißt dann auch, daß wir drei Tage feiern werden."

Letzteres Argument überzeugte. Für uns, die wir bisher noch nie eine Regatta gesegelt hatten, bestand das Problem, eine kompetente und lustige Mannschaft zu finden. Die Wahl fiel schließlich auf Leslie und Patrick von Billfish als Taktiker, auf Michel einen mauritianischen Kreolen als Ortskenner und auf Sarah, eine junge Engländerin, die ein Praktikum an einer mauritianischen Klinik absolvierte.

Mit sieben Besatzungsmitgliedern aus sechs verschiedenen Nationen waren wir sicher nicht nur das internationalste, sondern auch das lustigste Schiff der ganzen Flotte.

Am Vortage der Regatta füllte sich der Ankerplatz vor dem ‚Grand Baie Yacht Club'. Yachten aller Größen und Typen konnten teilnehmen, da sie nach einem Handicap-Prinzip beurteilt werden sollten. Einige kamen von der benachbarten Insel Réunion. Darunter befanden sich moderne Rennyachten mit filigraner Takelage. Deren Masten erschienen überdimensional lang und dünn wie Zahnstocher.

Tag 1

Als der Startschuß fiel, ging es an der Startlinie wild zu. Es wurde gedrängelt, gestikuliert und geschrien. Für uns Neulinge eine ungewohnte, aber für alte Regattahasen sicher eine bekannte Situation. Nur Leslie kannte sich aus. Sie hatte früher ihren Lebensunterhalt als Segellehrerin verdient. Ohne sie wären wir auf verlorenem Posten gewesen, denn Regattataktik, Vorfahrtsregeln und optimaler Segeltrimm waren uns Fahrtenseglern fremd.

Bei leichtem Wind segelten uns die modernen Rennyachten davon. Es gab aber auch langsamere Yachten, so konnten wir wenigstens einige individuelle

Duelle führen. Gegen Wind und Strömung kreuzten wir um das Nordende von Mauritius. Die Einheimischen segelten dabei gefährlich nahe an das Riff, wo sie sich besseren Wind erhofften. Doch wir hielten Abstand, da wir die Zahl der Wracks an dieser Küste nicht noch erhöhen wollten.

Das Regattafieber kochte in unseren Adern. Aber dann – oh Wunder – schlief am Nachmittag der Passat ein und damit sank auch unser Fieber. Michel, der bereits viele Jahre an den Regatten teilgenommen hatte, rief aufgebracht: „Wo bleibt der Wind? So etwas habe ich noch nie erlebt!"

In Zeitlupentempo trieben wir mit den andern Yachten um die Wette. Es war ein drückend heißer Tag. Wir scherzten, winkten und prosteten den anderen Yachten zu. Selbst die Spinnaker zeigten bei dem geringen Wind kaum Wirkung. Die Zeit verfloß, ohne daß die Ziellinie näher kam. Die Tagesetappe sollte in der Bucht von Mahebourg enden, deren Einfahrt von Norden her voller Untiefen war. Da wir diese nicht bei Dunkelheit passieren wollten, holten wir schließlich die Segel ein und legten die restliche Strecke unter Motor zurück. Nur fünf der etwa 50 Segelyachten gelang es, sich an diesem Tag zu qualifizieren.

Die enttäuschenden Windverhältnisse des Tages standen im krassen Gegensatz zum wilden Abend im Domaine de Chasseur, einem idyllischen Restaurant in den Bergen. Spät kamen wir in die Kojen und träumten dem nächsten Regattatag entgegen.

Tag 2
Der Ruf: „Wacht auf, wacht auf, sonst verpaßt ihr den Start!" riß uns aus dem Tiefschlaf.

Auf den anderen Yachten herrschte rege Aktivität, und einige waren schon unterwegs. Wir schlangen unser Frühstück hinunter und besprachen die Taktik für den Regattatag.

„Heute gibt es Starkwind. Das spüre ich im Urin. Nach der Schlappe von gestern werden wir es der Konkurrenz zeigen", rief ich in der Hoffnung, die Mannschaft zu motivieren.

Wir ließen uns dann aber soviel Zeit, daß wir fast den Start verpaßten. Bei leichtem Wind setzten wir wieder alle Segel.

„Morgens ist der Wind immer schwächer. Er wird sicher gleich zulegen", meinte unser Mauritianer optimistisch.

Der erstaunlich geringe Wellengang hätte uns eines besseren belehren sollen. Der Wind ließ auf sich warten und verabschiedete sich am Nachmittag gänzlich.

Wiederum empörte sich Michel: „Mehr als zehn Jahren nehme ich an dieser Regatta teil und nie hatten wir so wenig Wind."

Auf spiegelglatter See dümpelten wir nun vor der, normalerweise von der großen Ozeandünung malträtierten, Südostküste. Das Panorama von Mauritius und die Beleuchtung war jedoch wie immer grandios. Insbesondere entlang der dünn besiedelten Südküste. Wir badeten im Meer und vergnügten uns über die Tatsache, daß auch die verbissenen Regattasegler in der Flaute lagen.

„Den sollten wir zeigen, wozu Fahrtensegler fähig sind", schlug ich vor. Wir könnten doch einfach die Deadline heute abend ignorieren und weitersegeln. Bis morgen früh erreichen wir sicher Riviere Noire, von wo die letzte Etappe abgeht." Da uns ein großes Festessen im Yachtclub erwartete, wurde ich natürlich sofort überstimmt. „Motor an und Volldampf voraus – Kurs Büfett", lautete es dann.

Keine Yacht hatte sich an diesem Tag qualifizieren können, das heißt, unter Segel die Ziellinie vor 18 Uhr passiert. In einem qualifizierten sich natürlich alle Segler. Sie erreichten rechtzeitig das Büfett. Und da die Seeluft für Appetit sorgt, machten wir damit kurzen Prozeß.

An jenem Abend lernten wir Julia, eine attraktive Deutsche kennen. Sie schwärmte uns von der benachbarten Insel Réunion vor, wo sie studierte. Damit wurde unser nächstes Reiseziel besiegelt.

3. Tag

Die Feier des Riviere Noire Yacht Clubs hätte man dem oberen Ende der Beaufort Skala zuordnen können. Entsprechend übernächtigt begann für uns die letzte Etappe am folgenden Morgen. Diesmal verwöhnte uns ein Windhauch. Immerhin erreichten dadurch ¾ der Yachten rechtzeitig vor 18.00 Uhr die Ziel in Grand Baie. Für uns wurde es am Ende ein Rennen gegen die Zeit. In letzter Minute erreichten wir das Ziel. Den Zuschauern bot sich ein sonderbares Bild:

Kurz vor Abbruch der Regatta passierte bei untergehender Sonne eine ausländische Fahrtenyacht die Ziellinie am vollbesetzten Pier des Yacht Clubs. Sie segelte scheinbar führerlos unter Spinnaker. Aus dem Außenlautsprecher der Yacht plärrte eine bekannte Melodie der Blues Brothers und die gesamte Mannschaft, inklusive der Steuermann, tanzte in Formation auf dem Deck wie eine amerikanische Cheerleader Truppe. Die Texanerin Leslie war nicht nur unser Regattataktikerin, sondern auch die Choreographin dieses spektakulären Freudentanzes.

Bei der Siegerehrung fanden wir folglich weniger Anerkennung für unsere Segel- als für unsere Tanzleistungen.

Malheur der Schmuggler

Die Abschlußfeier der großen Inselregatta wurde von einer ernüchternden Nachricht überschattet.

Da Guillaume seinen Rückflug nach Frankreich vorbereiten wollte, war er bereits in Riviere Noire von Bord gegangen, um zu unserem Strandhaus in Baie du Tombeau zurückzukehren. Als er an diesem Morgen aufwachte, stellte er fest, daß sein ganzes Bargeld und seine Kameraausrüstung fehlten. Seine Jeans mit dem leeren Portemonnaie lagen unter dem vergitterten Fenster des Schlafzimmers auf dem Boden, obwohl er sie vor dem Schlafengehen auf der anderen Seite des Raums über den Stuhl gelegt hatte. Unser Nachbar meinte, der Dieb hätte die Gegenstände mit einer Angel durch das vergitterte Fenster herausgeholt. Dies sei ein alter Trick in diesem Land. Nachts sollten wir immer alle Fenster schließen.

Dies berichtete uns Guillaume, als er sich am Abend der Preisverleihungen im Yacht Club einfand. Es bedurfte einiger Anstrengung, ihn wieder aufzumuntern.

„Morgen werden wir die Sache genau untersuchen und den Diebstahl der Polizei melden. Think Positive – Vielleicht erwischen wir sogar den Übeltäter. Laß uns heute feiern. Wir haben fast ohne Wind die Insel umsegelt und das, ohne Schiffbruch zu erleiden", sagte ich.

Wie vorherzusehen war, wurde zünftig gefeiert. Wir lagen jedoch früh in den Kojen, da nach drei Regattatagen unsere Kondition langsam nachließ. Guillaume kehrte, begleitet von guten Ratschlägen zum Strandhaus zurück: „Verschließe alle Türen und Fenster und vergiß nicht, die Bettdecke über die Ohren zu ziehen." Ich fügte hinzu: „Morgen ziehe auch ich an Land, während Luke wie zuvor an Bord bleibt."

Als wir am folgenden Morgen bei unserem Strandhaus anlangten, kam uns Guillaume völlig aufgelöst entgegen: „Der Einbrecher war schon wieder da. Nachdem ich das Haus verschlossen hatte, bin ich gestern gegen Mitternacht todmüde ins Bett gefallen. Heute Morgen fehlte dann die gesamte Musikanlage und die meisten CDs. Wie der Mann ins Haus kam, ist mir ein Rätsel. Es gibt keine Spuren vom Einbruch. Ob noch etwas anderes fehlt, habe ich noch nicht feststellen können."

Luke und ich sahen uns an. Wir hatten nur einen Gedanken, rannten in die Küche und rissen die Schranktür unter der Spüle auf. Gähnende Leere bestätigten unsere Befürchtung.

„Verdammt! Der Gauner hat auch den geschmuggelten Whisky geklaut!" fluchte ich.

Bereits von Anbeginn der Segelreise plante ich, meiner notleidenden Familie in Mauritius zu helfen. Gewohnheitsgemäß trinken die Mauritianer bei Sonnenuntergang oder vor größeren Mahlzeiten Whisky. Darin bildete meine Familie keine Ausnahme. Das Problem daran ist nur, daß die hohen Importsteuern den Whisky fast unerschwinglich machten. Daher hatten wir auf den zollfreien Inseln Langkawi und Batam etwa 100 Flaschen Whisky gekauft, den wir nach Mauritius schmuggeln wollten. Dieser wurde in den am schwersten zugänglichen Bereichen der Yacht verstaut. Vor der Abreise aus Singapur diskutierte ich per Telefon mit meinem Bruder, wie wir diese Ladung unbemerkt an Land schmuggeln könnten.

„Das Risiko, erwischt zu werden ist groß", meinte er.

„Wie wäre es, wenn ich die Ladung vor der Küste an einem klar definier-baren Ort im Meer versenke? Wir könnten dann anschließend, quasi nichts-ahnend, bei einer Tauchexpedition den Schatz heben", erwiderte ich.

„Laßt besser die Finger davon und wenn, dann laßt euch wenigstens nicht erwischen", lautete der gute Rat meines Stiefvaters, der sich am meisten über den Whisky-Segen gefreut hätte. In einem verschwörerischen Briefwechsel mit meinem Bruder einigten wir uns über den geeigneten Ort zum Versen-ken der Flaschen. Vor dem Einklarieren sollte die Ladung unbemerkt über die Seite gehen. Den genauen Ort planten wir per Peilung mit markanten Punkten am Lande und mit Hilfe des GPS zu definieren. So würden wir unsere Schmuggelware wiederfinden.

Die Rechnung ging nicht ganz auf. Denn als wir kurz vor unserer Ankunft Inventur machten, stellten wir einen ungeheuren Schwund unseres Whisky-vorrates fest. In den versteckten Winkeln der Bilgen fanden sich leider nur noch 40 Flaschen wieder. Eine heiße Diskussion entbrannte.

„Haben wir denn soviel gesoffen, Kapitän?" fragte Luke.

Wir rechneten und rechneten, konnten aber den Grund des Schwundes nicht ganz erklären. Außerdem ging es darum, zu entscheiden, wieviel Fla-schen wir zum Eigenbedarf an Bord lassen wollten. Luke, der mit mir bis Südafrika weitersegeln wollte, insistierte, daß ein anständiger Vorrat lebens-notwendig für uns sei. Schließlich einigten wir uns, 20 Flaschen an Land zu schmuggeln.

„Für so wenige Flaschen brauchen wir aber nicht die Schatzsuchaktion zu veranstalten", fand ich. So wurden zunächst erst einmal 10 Flaschen an Land geschmuggelt und im Strandhaus unter der Spüle in der Küche zwischenge-lagert. Obwohl Guillaume im Haus schlief, hatte der Dieb eine recht beacht-liche Beute ergattert: Ungefähr 400 Dollar Bargeld, eine Spiegelreflexkamera, CDs, die gesamte Musikanlage und 10 Flaschen geschmuggelten Whisky.

Uns war das Lachen vergangen. Zum Glück hatten wir nicht alle Flaschen an Land geschmuggelt!

   „Laßt uns sofort bei der Polizei Anzeige erstatten", bestimmte ich nichts-ahnend.

Die Hauptwache
der Insel.

Der Schnappschuß

Die Erlebnisse mit der mauritianischen Polizei hätten in eine Komödie gepaßt. Leider kosteten sie uns viel Zeit. Sicher wäre die Affäre schnell in Vergessenheit geraten, wenn der Einbrecher nicht noch einen weiteren Versuch unternommen hätte. Guy, der seit dem Einbruch unruhig schlief, merkte drei Nächte später, daß jemand um das Haus schlich. Er weckte mich und bedeutete mir, ihm leise zu folgen. Unter dem Fenstersims seines Schlafzimmers legten wir uns mit einen Kamera auf Lauer. Plötzlich näherte sich ein dunkler Schatten. Als er versuchte das Fenster zu öffnen, hinter dem wir lagen, drückte ich ab. Ein greller Blitz blendete uns, und dann, nach eine Schrecksekunde, hörten wir den Mann davonpoltern.

   „Wir haben ihn", jubelten wir. Doch die Polizei ernüchterte uns. „Ein Foto ist kein Beweis", hieß es. Sie müssen zu Protokoll geben, daß sie den Mann erkannt haben."

   „Wie sollen wir einen schwarzen Mann in der der Dunkelheit erkennen können?" fragten wir. „Das ist doch eindeutig zuviel für den Augennerv."

Aber die Polizei wollte von all dem nichts wissen. Also taten wir wie uns befohlen wurde.

Nun kam die Kriminalpolizei zum Einsatz. Während der Ortsbesichtigung baten sie um eine Probe vom Whisky, der uns gestohlen worden war. Mit den zwei Flaschen, die wir kurz zuvor an Land geschmuggelt hatten, machte die Polizei kurzen Prozeß. Dann torkelten die Uniformierten zu ihrem Wagen und fuhren davon.

„Schmuggeln lohnt sich nicht", stellten wir fest, „schon gar nicht in Mauritius. Der Schwund ist zu groß."

Eine Woche später wurde der Täter gefaßt. Zuvor hatten wir ihn in der Verbrecherkartei identifiziert. Natürlich erst, nachdem wir uns die Physiognomie auf dem Foto eingeprägt hatten. Zum Glück besaß er eine markante Narbe.

„Der Mann ist sehr geschickt", klagte die Polizei. „Normalerweise hätten wir die Wahrheit aus ihm herausgeprügelt. Aber dieses Mal hat er sich zum Schutz einen Anwalt genommen. Sein Beruf muß sehr einträglich sein, denn der Anwalt kostet ihn so viel, wie das durchschnittliche Jahresgehalt eines Mauritianers."

„Um ihn zu verurteilen, benötigen wir sie als Zeuge bei der Eröffnungsverhandlung."

„Wann soll diese denn stattfinden?" fragte ich den verantwortlichen Offizier.

„In etwa vier Wochen."

„Nein, das geht nicht." sagte ich bestimmt: „Spätestens in zwei Wochen, müssen wir Richtung Südafrika absegeln. Wie Sie wissen, hat die Saison der tropischen Stürme bereits begonnen und jeder Tag erhöht unser Risiko, einen Zyklon zu erwischen. Sie müssen sich da etwas einfallen lassen."

Einige Tage später erhielt ich die Nachricht, daß die Verhandlung am 11. November um 10 Uhr morgens im Bezirksgericht von Pamplemouse stattfinden sollte.

In diese Zeit fiel Guillaumes Abreise. In Frankreich wartete Arbeit auf ihn. Der Abschied fiel schwer, denn die abenteuerliche Seereise hatte unsere alte Freundschaft sehr vertieft. Für Guillaume sprang Sarah ein. Sie hatte während der Regatta Geschmack am Segeln gefunden. Luke und ich waren darüber erfreut, denn die pummlige Studentin besaß den nötigen frechen Humor, um mit uns ,Wilden' auszukommen.

Am Vorabend der Verhandlung feierten wir in der Bounty Bar von Grand Baie unseren Abschied. Es wurde eine sehr wilde Nacht. Luke wäre fast auf der Strecke geblieben. Übermütig tanzte er auf der Bartheke, verlor das Gleichgewicht und vollführte einen spektakulären Sturz. Hier zeigte sich wieder, daß Südafrikaner hart im Nehmen sind.

„Brrrr, Brrrrr, Brrrrr ...", unerbittlich riß der Wecker mich aus dem Schlaf. Es war sechs Uhr morgens. Wir lagen vor Anker in Grand Baie. Die Abschiedsfeier steckte uns noch in den Knochen.

„Luke, Sarah – Wacht auf! Wir müssen vor neun Uhr in Port Louis sein. Sonst verpasse ich die Verhandlung", rief ich. Aber niemand rührte sich. Da ich keine Zeit zu verlieren hatte, holte ich selber den Anker ein und verließ unter Motor die Bucht. Gegen neun Uhr liefen wir in Port Louis ein. Endlich krochen meine Freunde unter Stöhnen aus den Kojen.

„Wer soviel trinkt, muß auch leiden können", spottete ich.

Kaum hatten wir angelegt, sprang ich von Bord, rannte zur Hauptstraße, schnappte ein Taxi und schaffte es gerade noch rechtzeitig zur Polizeistation im Ort Abercombie.

Es gab eine herzliche Begrüßung. Zwischen mir und der Kriminalpolizei hatte sich nach all den Ereignissen ein freundschaftliches Verhältnis entwickelt. An jenem Tag waren sie zudem gut gelaunt, da dieser Fall einem erfolgreichen Ende entgegenzusehen schien.

„Den Täter haben unsere Kollegen bereits zum Gericht nach Pamplemouse gefahren", sagte der verantwortliche Offizier. „Zwei Kollegen werden uns zur Verhandlung begleiten."

Bei der Aufforderung den vor der Station geparkten Wagen zu besteigen, entfuhr mir die ironische Bemerkung: „Glauben sie wirklich, wir schaffen es mit diesem Wagen bis zum Gericht?"

Der zivile Polizeiwagen, ein alter Peugeot Caravan, befand sich in einem jämmerlichen Zustand. Die Beifahrerseite war total zertrümmert und man konnte ihn nur von der Fahrerseite besteigen.

„Wir hatten leider einen kleinen Unfall. Aber keine Sorge, der Wagen fährt noch einwandfrei", hieß es. Klappernd und quietschend setzte sich die Karosse in Bewegung. „Womöglich haben die wieder einmal Whisky getestet. Hier in Mauritius darf man es nicht zu genau nehmen", sagte ich mir und nahm mir vor, die Geschehnisse mit Humor zu tragen. Besonders an jenem Morgen mit dem Datum 11.11.

Eine heitere Menschenmenge umringte das Gerichtsgebäude. Es war brütend heiß und die meisten Leute suchten den Schatten der umliegenden Bäume. Das kleine Gebäude war aus dunklem Vulkangestein erbaut und besaß eine imposante Treppe. Das Alter und der Stil zeigten, daß dieses Bauwerk unter den Engländern entstanden sein mußte.

„Wann geht denn die Verhandlung los?" fragte ich ungeduldig.

„Sobald der Richter eintrifft", erhielt ich zur Antwort: „Außerdem wissen wir noch nicht, ob wir als erste drankommen, denn am heutigen Morgen werden mehrere Fälle behandelt."

Ich betrat den offenen Gerichtssaal. Zusammen mit anderen Delinquenten saß unser Mann in Handschellen und unter Bewachung auf einem der Bänke.

Irgendwann ließ ich mich im Schatten eines Baumes auf einer Bank nieder. Mein Kopf brummte von den Exzessen der letzten Nacht und die schwüle Hitze tat ihr übriges. Zwei meiner begleitenden Polizisten setzten sich rechts und links von mir. So saß ich eingerahmt von zwei übergewichtigen, dunkelhäutigen Indern in strahlender Uniform, die anstatt mir Ruhe zu geben, mit freundlicher Neugier Details über unsere Reise wissen wollten.

„Sie sind die ganze Strecke von Singapur bis hierher gesegelt?" fragte der eine.

„Ja", antwortete ich.

„Haben sie den gar keine Angst?" fragte der andere.

„Nein", antwortete ich.

„Haben sie schon einmal große Stürme erlebt?" fragte wiederum der andere mit schläfriger Stimme.

„Nein"

„Wie lange haben sie dazu gebraucht?"

„Etwa zwei Monate."

„Wann reisen sie ab?"

„Nach der Verhandlung"

„Was ist ihr Endziel?"

„Europa"

„Was werden ihre nächsten Stationen sein?"

„Réunion und Südafrika."

„Wer wird mitsegeln?"

„Meine Freunde Luke und Sarah."

Jetzt wurden meine Begleiter plötzlich ganz munter. „Was – eine Frau wird mitsegeln? Eine Frau und zwei Männer?" fragte der eine mit sichtlichem Interesse.

„Ja", antwortete ich trocken.

„Bei wem wird die denn schlafen?" fragte der eine wieder.

„Bei keinem, denn wir schlafen getrennt", antwortete ich grinsend und erntete einen ungläubigen Blick.

„Auf so einer langen Reise kommt man doch sicher in Versuchung. Was dann?" kam nun die bohrende Frage.

Zögernd antwortete ich: „Tja, also wenn sie es genau wissen wollen, im Zweifelsfall hätte der Kapitän das Vorrecht. Das hieße ich."

Schallendes Gelächter folgte.

„Wann kommt denn endlich der Richter?" fragte ich langsam ungeduldig. Ächzend erhob sich einer der beiden Polizisten und schlenderte davon. Obwohl wir bereits eine Stunde in der brütenden Hitze saßen, warteten die Menschen geduldig. Hier war keiner in Eile. Nur ich, denn ich fühlte, es war Zeit weiterzureisen.

„Wir haben immer noch keine Ahnung, warum der Richter heute nicht erscheint", sagte der Polizist als er zurückkam. Mehr Zeit verstrich. Schließlich erhielten wir die Nachricht, daß der Richter krank sei und der heutige Gerichtstag ausfällt.

Nun war es an mir eine Frage zu stellen: „Was machen wir nun? Ich kann meine Abreise nicht weiter aufschieben."

Zunächst herrschte Ratlosigkeit. Dann hellte sich das Gesicht des verantwortlichen Offiziers auf: „Wir könnten versuchen, in Port Louis das Verfahren zu eröffnen."

Wir ernteten erstaunte Blicke als der Wagen vor dem Gerichtsgebäude der Hauptstadt anhielt: Ein heruntergekommenes, halbwegs demoliertes Zivilfahrzeug dem mehrere beleibte Polizisten entstiegen mit einem Kreolen in Handschellen und einem etwas deplaziert erscheinenden Ausländer. Da unser Fall mit Priorität behandelt wurde, gelang es, einen Termin zwischen den anstehenden Verhandlungen zu erhalten. Zunächst hieß es erst einmal warten. In der Zwischenzeit studierte ich die Fälle, die in unserem Gerichtssaal behandelt werden sollten. Es waren alles schwere Drogendelikte. Endlich kamen auch wir dran. Der Gerichtssaal war voll belegt. Wegen der Platznot mußte ich mit dem Einbrecher eine kleine Sitzbank teilen. Haßerfüllt starrte er mich an. Ich spürte, wie die Spannung stieg. Wenn er nicht die Handschellen und seinen Bewacher gehabt hätte, wäre er mir sicher an den Hals gesprungen. Die Verhandlung wurde von einer Richterin geführt. Sie studierte kurz die Akten und rief uns dann auf. Nach Abklärung der Personalien, las sie das Sündenregister unseres Mannes vor. Es war beachtlich. Bereits fünfmal war er wegen Diebstahls hinter Gittern. Darunter gab es auch Raub mit Körperverletzung. Dann wurde die Anklage verlesen. In Anbetracht der Vorstrafenliste und des Sachverhaltes, gab die Richterin der Anklage statt und eröffnete somit den Weg zu einer Hauptverhandlung.

Diese würde dann, zu einem späteren Zeitpunkt, ohne mich stattfinden. Gott sei Dank!

Der Hafenfriseur

Erschöpft kehrte ich zur Segelyacht zurück. Sarah und Luke hatten bereits die Einkäufe für die Überfahrt nach Réunion erledigt. Das Ausklarieren erforderte viel Zeit. Im internationalen Vergleich nimmt die mauritianische Administration eine Spitzenstellung ein. Britisches Know-how gepaart mit indischer Detailsucht treiben hier Blüten.

In Port Louis lagen wir am Pier des Fischereihafens, in dem eine taiwanesische Fangflotte lag. Zufällig passierte ich in diesem Hafenbereich einen Barbershop. Nur ein kleines Schild verriet, welches Metier hier ausgeübt wurde. Ein sonderbarer Herr mit einem, bis zum Gürtel reichenden Bart, stand in der Tür. Seiner schlafanzugähnlichen Kleidung nach zu urteilen, war er ein Muslim. Als er mich sah, winkte er einladend.

„Wollen sie einen Haarschnitt?" rief er.

„Nein, nein", antwortete ich erschreckt. Obwohl mir bewußt war, daß meine langen Haare irgendwann geopfert werden müßten: „Ich bin nur erstaunt, hier im Hafen einen Friseursalon zu sehen."

„Ich arbeite bereits seit mehr als 30 Jahren hier. Seeleute aus aller Welt sind meine Kunden. Wenn sie wollen kann ich sie sofort drannehmen."

„Nein danke, ich habe heute noch viel zu tun. Vielleicht später", antwortete ich.

Als wir alle Formalitäten erledigt hatten, wandte ich mich an Luke: „Kannst du mir einen großen Gefallen tun?"

„Was gibt es denn jetzt schon wieder?" stöhnte er.

„Ich brauche deine Hilfe als Leibwächter beim Hafenfriseur. Er sieht so aus als würde er Klienten den Hals durchschneiden."

„Das ist endlich einmal wieder eine interessante Aufgabe", rief Luke amüsiert, wobei ich über seine wahre Freude im Unklaren blieb.

Die verstaubte Frisierstube im Keller einer Lagerhalle ließ nichts Gutes erahnen. Auf dem Frisierstuhl saß ein chinesischer Kapitän, dessen Haare soeben auf wenige Millimeter Länge gestutzt worden waren. Bevor er gehen durfte, erhielt er noch eine Nacken-Hals-Massage. Am liebsten hätte ich den Laden sofort wieder verlassen. Aber diese Blöße konnte ich mir vor Luke nicht geben.

„Wie hätten sie es denn gerne?" fragte der bärtige Friseur, als ich mich setzte.

„Bitte etwas länger als beim Vorgänger", antwortete ich. Und schon fiel er mit klappernder Schere über mich her. Im nächsten Moment, war ich fast kahlköpfig. Dann staubte er mich mit irgendeinem Frisierpuder ein, zückte das Rasiermesser, schärfte es an einem Lederband und setzte mir die lange Klinge an den Nacken. Ich war starr vor Schreck. Aber dann realisierte ich, wie routiniert dieser alte Herr sein Metier ausübte. Kein Wunder, daß die Kunden zum Abschluß einer solchen Behandlung eine entspannende Massage benötigen.

Schließlich kamen wir mit dem Meister ins Gespräch. Er war gläubiger Muslim und hatte zwei Pilgerreisen nach Mekka hinter sich.

„Ich bin verheiratet, habe 7 Kinder und 19 Enkelkinder. Mein ältester Sohn arbeitet auch als Friseur und wird bald meine Arbeit übernehmen", sagte er stolz.

Hier wurde uns nochmals bewußt, welch unterschiedliche Religionsgruppen auf Mauritius existierten. Muslime, Hindus, Buddhisten und Christen leben hier friedfertig miteinander. Zumeist lebt jede Volksgruppe für sich. Aber in einigen Fällen haben sie auch untereinander geheiratet. Daher weisen die Einwohner dieses Inselstaates alle Farbschattierungen auf. „Woran liegt die Friedfertigkeit?" fragten wir uns. In anderen Erdteilen bedarf es noch nicht einmal unterschiedlicher Religionen oder Rassen, um sich gegenseitig zu bekriegen. Womöglich lag es daran, daß die Menschen auf einer Insel lebten.

Ähnlich wie auf einem Schiff, müssen hier alle an einem Strang ziehen. Auch kann es daran liegen, daß alle Volksgruppen ein Mitspracherecht in der Regierung haben, die von den zahlenmäßig überlegenen Indern dominiert wird. Sicher spielt auch die Vollbeschäftigung eine Rolle, die der Touristenboom, die Textilindustrie und die traditionelle Zuckerindustrie besorgten.

Trotz unserer schlechten Erfahrungen mit der Kriminalität und der Ineffizienz der Behörden, blieben uns doch die vielen liebenswerten und freundlichen Menschen in Erinnerung, die wir in diesem Land kennenlernten. Die Insel mit ihrer Geschichte, ihrer Bevölkerung und der einzigartigen, obwohl hart geschundenen Natur verdient das Urteil „einzigartig". Mit schwerem Herzen setzten wir die Segel.

RÉUNION – AFRIKA

Like all the Oceans, the Indian Ocean seems never to end, and ships that sails on it are small and slow. They have no speed, nor any sense of urgency; they do not cross water, they live on it until the land comes home. (Beryl Markham)

Réunion

Langsam versank die Skyline von Mauritius hinter dem Horizont. Der Abschied schmerzte. Ich konnte nur die Augen verschließen und weitersegeln, denn die Strecke bis Europa war noch weit.

Luke und Sarah waren verständlicherweise bestens gelaunt. Für Luke begann nun die letzte Etappe nach Südafrika und für Sarah war dies ein Abenteuer nach ihrem Geschmack. Dank des SO-Passates legten wir die kurze Distanz nach Réunion schnell zurück. Bereits auf 50 Meilen Entfernung sahen wir die ersten Lichter und im Morgengrauen überragten uns die wolkenverhangenen Berge von Réunion. Sie sind vulkanischen Ursprungs und reichen bis über dreitausend Meter in die Höhe. Mit einer Fläche von 2500 km^2 ist Réunion größer als Mauritius. Doch leben hier nur etwa ein halb so viele Menschen wie auf der Nachbarinsel. Beide Inseln wurden am Anfang des 16. Jahrhunderts durch den Portugiesen Pedro da Mascarenas erstmalig betreten. Ab 1642 von Franzosen besiedelt, diente sie ursprünglich als Strafkolonie für Meuterer. Heute besitzt die Insel den Status eines französischen Übersee-Départements.

Hier gelangten wir in eine andere Welt. Zum ersten Mal seit Singapur konnten wir in einen für Segler bestimmten Yachthafen einlaufen. Der Hafenmeister von Le Port winkte lässig ab, als wir fragten, welche Formalitäten zum Einklarieren nötig seien. „Füllen sie dieses Blatt aus. Eigentlich müßten sie wegen ihres Südafrikaners an Bord die Immigrationsbehörde am Flughafen aufsuchen. Aber auch das ist nicht so wichtig, wenn sie hier nur ein paar Tage verbringen." Nach dem mauritianischen Behördenrummel war dies eine echte Erholung. Trotz der Nähe zu Mauritius war hier alles anders. Mauritius ist Asien, aber Réunion ist Europa mit etwas afrikanischem Einschlag.

Julia und ihr Freund warteten bereits mit einem Wagen auf uns. Wir hatten die beiden während der Regatta in Mauritius kennengelernt. Sie freuten sich darauf, uns die Insel zu zeigen. Im Supermarkt besorgten wir das Nötigste für ein Picknick. Uns gingen die Augen auf, als wir das reichhaltige Sortiment sahen. Hier herrschten europäische Verhältnisse. Wir ignorierten jedoch die verlockenden Delikatessen und beschränkten uns auf das Wesentliche: Käse, Wein und Baguette.

Die Fahrt in die Berge war atemberaubend. Über steile Serpentinen erreichten wir den Ort Cilaos. Réunions Zentralmassiv besteht aus drei gewaltigen, verwitterten Vulkankratern, Les Trois Cirques, deren Flanken dicht bewaldet sind. Cilaos, liegt in einem der Krater. Mit zunehmender Höhe kühlte es ab und änderte sich die Natur um uns herum. Zunächst fuhren wir durch einen dampfenden Tropenwald und schließlich befanden wir uns im Hochgebirge mit Nadelbäumen. In Cilaos parkten wir den Wagen und begaben uns auf eine kleine Wanderung. Schroffe Berge und Täler umgaben uns. Schließlich gelangten wir auf ein kleines Plateau mit einem sagenhaften Ausblick. Hier ließen wir uns auf einer Wiese nieder und packten das Picknick aus. Die Luft war trocken und der Duft der Nadelbäume betörte. Wir lagen in der Sonne, genossen unser Essen und erzählten Geschichten.

Piton de la Fournaise

Am nächsten Tag rüsteten wir für eine andere Exkursion. Zum einzigen aktiven Vulkan der Insel, dem 2600 Meter hohen Piton de la Fournaise. Dieser sorgte noch bis vor kurzem für Schrecken. Beim letzten Ausbruch wurde ein ganzes Dorf von Lava verschüttet. Uns beeindruckte vor allem die Dorfkirche, die wie ein untergehendes Schiff im Lavastrom eingeschlossen war.

Die Fahrt zum Kraterand führt durch eine mondähnliche Landschaft. Schwarzbrauner Schotter bedeckte die Flanken des Vulkans. Jeglicher Pflanzenbewuchs fehlte. Aus dem Zentrum des Hauptkraters wuchs ein weiterer Vulkankegel empor, der nun den Gipfel bildete. Um dorthin zu gelangen, mußte man zuerst den Hauptkrater hinabsteigen, eine weite Ebene durchwandern und den zentralen Vulkankegel besteigen. Julia, ihr Freund und auch Sarah streikten.

„Lauft ihr mal los. Wir schauen euch von hier aus zu und besteigen den Vulkan im Geiste", meinten sie spöttisch.

Nach dem beeindruckenden Erlebnis mit dem Vulkan Krakatau in Indonesien, waren Luke und ich nicht mehr zu bremsen. Der Weg zum Gipfel führte durch eine spektakuläre Steinwüste. Um uns herum waren erstarrte Lavaflüsse, die gelegentlich zu grotesken Skulpturen entarteten. Die Form und rotbraune Färbung des Lavagesteins ähnelten einem überdimensionalen

„La Cigale", unser Traumschiff in Hongkong, fiel der Holzfäule zum Opfer.

Ryusei, der Name der in Japan gebauten
Yacht bedeutet übersetzt „Drachenstern".

Das Team der ersten
Stunde: Lisa und Ralph

Von Thailand nach Singapur
bestimmt der erfahrene
Seglerfreund Graeme den Kurs.

Ryuseis gemütliches Innenleben.

links: *Ryusei* auf
Trainingstörn vor der
Küste Singapurs.

Ein Blick von oben zeigt unter
anderem die Solarpanele. Im
Schlepp das Beiboot und Lukes
ölgetränkte Wanderschuhe.

oben: Singapur ist eine
Stadt voller Kontraste.

unten: In Singapur hat Tradition
bestand. Die bösen Geister werden
mit infernalischen Paukenschlägen
vertrieben.

rechts: Ein Stahlwerker
beim gefährlichen
„Spiel" mit dem Feuer.

oben: Das harte Leben einer
Ozeanüberquerung: Der
Autopilot hält den Kurs, die
Mannschaft musiziert und liest.

unten: Die einsamen Ankerplätze
des Chagos Archipels inmitten des
Indischen Ozeans erfüllen fast alle
Träume.

rechts: Die Tauchgründe von
Chagos sind von atemberaubender Schönheit, bergen
aber auch Gefahren.

Gegenseitige Besuche sind unter
Fahrtenseglern ein Ritual.

Aus der Höhe lassen sich die
Untiefen besser erkennen.

rechts: Da diese Palme Wasser spen-
den kann, trägt sie den Beinamen:
„Baum der Reisenden".

links: Überreste einer
verlassenen Siedlung
auf Chagos.

Mauritius besitzt ein markantes Gebirgsprofil.

rechts:
Das Feuerwerk der Farben
bei untergehender Sonne.

Das Segelboot der mauritianischen Fischer heißt „Piroge".

Ryusei auf dem Slipwagen vor den Hochhäusern der südafrikanischen Hafenstadt Durban.
Ein Eisverkäufer unterbricht gerade die Renovierungsarbeiten.

Das Arbeitsteam genießt den Ausblick über das hektische Treiben im Hafen von Durban.

Der zweifache Weltumsegler Gary verdient sich sein Reisegeld. Hier bei der Arbeit an *Ryuseis* undichtem Deck.

Ryusei während einer Regatta vor dem Tafelberg.

Segelparade in Kapstadts Hafen. Im Vordergrund „Seraffyn" mit den bekannten Seglern Lyn und Larry Pardey.

Die Wüste Namib ist ein Eldorado für Diamantensucher.

Guy präsentiert unser
afrikanisches Abschiedsdinner.

Das „Three Men on a Boat"-Team
Greg, Guy, Ralph (v.l.n.r.)

Französisch Guayana: Nur wenige Häftlinge verließen die Teufelsinsel lebend.

Den 100jährigen Gaffelkutter „Cooee" steuert die
Australierin Jill Knight allein über die Weltmeere.

Greg und Jill hinter den Gittern,
denen der ehemalige Häftling
Papillon zu „Weltruhm" verhalf.

Kinder genießen das wilde Treiben eines Dorffests auf der karibischen Insel Tobago.

Mit ihren kräftigen Armen ziehen Tobagos Fischer die vollen Netze an Land.

Tobago: Verführerische Kontraste zieren den Bug.

Mousse aux Chocolat. Je mehr wir uns dem Gipfel mit den zischenden Schloten näherten, je farbenreicher wurde das Gestein. Es gab die Farben rotbraun, schwarz, grell rote und gelb. Einige Lavabrocken waren porös und so leicht, daß sie sogar im Wasser schwimmen würden. Vom Gipfel bot sich ein phantastischer Ausblick auf die Küste und das Meer. Hier verweilten wir ein wenig neben einem der zischenden und stinkenden Schlote. Es ist schwer sich vorzustellen, daß tief unterhalb der Meere und der Erdkruste so gewaltige Energien stecken. Diese Energien, ähnlich derjenigen des Wetters und der Meere, beweisen uns, wie klein und unbedeutend wir Menschen dagegen sind. Gelegentlich werden wir in unsere Schranken verwiesen, wenn nämlich Stürme und Erdbeben große Verwüstungen verursachen. Obwohl wesentlich größer, war dieser Vulkan ungefährlicher als der Krakatau, der mit seinem explosiven Charakter gelegentlich Felsen spuckte.

Erschöpft kehrten wir zu unseren Freunden zurück. Nach der Seereise war unsere Kondition nicht mehr die beste. Immerhin besaß mein 16 Jahre jüngerer Freund noch weniger Kondition als ich, was sicher vom Rauchen herrührte.

Die Schöne und der Gendarm

Im kleinen Yachthafen tummelte sich eine Reihe von Fahrtenseglern aus allen Himmelsrichtungen. Darunter befanden sich auch einige Originale, wie z. B. Chuck und seine Frau, die auf der amerikanischen Yacht ‚Spellbinder‘ um die Welt segelten. Wir hatten sie bereits in Mauritius kennengelernt.

Ein anderes Team nannten wir ‚Die Schöne und der Gendarm‘. Die Schöne war Anne, eine junge Werbespezialisten aus Paris. Der Gendarm war ihr Vater. Er arbeitete bis zu seiner Pensionierung als Gendarm auf Réunion. Anne war gekommen, um, wie sie sagte, etwas Ordnung in das Leben ihres Vater zu bringen. Außerdem wollte sie beim Renovieren seiner Segelyacht (‚Askel Gwenn‘) helfen und plante, für einige Zeit mit ihm zu segeln. Die makellose Schönheit neben dem verwitterten, kettenrauchenden Vater beeindruckte uns. Im kleinen Bistro des Hafens saßen wir öfters zusammen und tauschten Geschichten aus. Ich hätte Anne am liebsten gleich angeheuert. „Diese Schönheit und die Stürme Afrikas wären unser Untergang", meinte Luke jedoch süffisant.

Die Vorbereitungen zur Abreise lenkten uns dann ab. Wir ergänzten unsere Vorräte, gaben dem Schiffsdiesel eine Inspektion und erledigten Arbeiten, die wir bisher erfolgreich vor uns her geschoben hatten. Das Seegebiet südlich von Madagaskar und der Küste Südafrikas gilt als sehr gefährlich.

Daher wollten wir, durch gute Vorbereitung das Risiko so weit wie möglich minimieren.

Chucks Geburtstag

Die Seereise nach Südafrika war lang, aber alles andere als monoton. Während der 13 Tage erlebten wir Flaute, Sturm, wechselnde Winde, schweren Seegang und vieles mehr.

Sarah bewährte sich ausgezeichnet, obwohl sie nur wenige Segelkenntnisse mitbrachte. Sie war seefest, lernte schnell, kochte hervorragend und war immer bester Laune. Sie paßte in unser Team. Dies lag nicht allein daran, daß wir zwei die vordere Kabine miteinander teilten.

Am 3. Tag auf See sahen wir ein Segel am Horizont. Über Funk erfuhr ich, daß es die amerikanische Segelyacht ‚Spellbinder' war. Chuck und seine Frau hatten wir bereits in Mauritius kennegelernt. Chuck war bestens aufgelegt, denn er feierte an jenem Tag seinen Geburtstag. Sarah, Luke und ich beschlossen, ihm einen kleine Überraschung zu bereiten. Wir starteten den Motor, da wir bei dem leichten Wind keine Chance hatten, unsere Freunde einzuholen. Sie mußten einen Überfall befürchtet haben, als wir plötzlich hinter ihrem Heck auftauchten. Aber anstatt eines Enterhakens, sahen sie unseren Bootshaken, an dem ein Korb befestigt war. Er enthielt einige kulinarische Leckerbissen und eine Flasche Wein.

„Chuck, hier kommt ein kleines Geschenk für dich", riefen wir hinüber und sangen ein ‚Happy Birthday'-Lied. Der Seegang machte die Übergabe etwas riskant, aber es gelang, ohne ‚Spellbinder' zu rammen. Dann segelte jeder für sich weiter und bald verloren wir uns aus der Sicht. Gegen Abend erklang Chucks Stimme über Funk.

„Vielen Dank Freunde. Euer Geschenk hat das Geburtstagsmenü sehr bereichert und wir sind nun völlig benebelt vom guten Wein", und mit den Worten: „Fair Winds und bis bald in Südafrika", verabschiedeten sie sich.

Orgiastisches Chaos

Gegen Abend des 5. Tages endete das gemütliche Leben. Mit aufgefierten Schoten segelten wir auf Vorwindkurs. Da bei diesem Kurs der relative Wind geringer als der wahre Wind ist, bemerkten wir zunächst nicht, daß es Zeit wurde, die Segel zu streichen. Schwerer Seegang und Sturmwind ließen das Reffen zur Schwerstarbeit werden. Wir setzten schließlich die Fahrt unter voll gerefftem Großsegel und der kleinen Fock Nr. 4 fort. Im Laufe der Nacht brachten kurze, steile Wellen von achtern die Yacht immer wieder vom Kurs ab.

Hier zeigte sich *Ryuseis* Schwäche. Um die benetzte Wasserfläche zugunsten der Geschwindigkeit zu verringern, hatte der Designer den Langkiel vorne und hinten verkürzt. Dadurch erhöhte sich aber auch die Drehfreudigkeit der Yacht, da nun das am Kiel befestigte Ruder näher am Drehpunkt des Schiffes lag. Hoch am Wind lief sie hervorragend, aber auf Vorwindkurs, insbesondere bei schwerem Wetter, ließ sich die Yacht kaum auf Kurs halten. Unter solchen Bedingungen versagte der Autopilot und wir mußten manuell steuern.

24 Stunden später holten wir das Großsegel ein, da die Yacht immer stärker gierte und der Windmesser bereits 35 Knoten anzeigte. Der Vergleich des Logs mit der real über Grund zurückgelegten Geschwindigkeit bewies, daß wir gegen die Meeresströmung segelten. Dies erklärte auch den ungewöhnlich starken Seegang.

Die körperlichen Anstrengungen am Ruder regten unseren Appetit an. An Bord wurde wie immer abwechselnd gekocht. Obwohl Sarah und Luke wesentlich besser die Kombüse beherrschten als ich, hieß es: „Bei dem Sauwetter muß der Kapitän das Abendessen kochen."

„Gut, aber dann wähle ich das Menü", antwortete ich. Es gab mein Spezialgericht, Pfannkuchen. Während Luke am Ruder stand, verfolgte Sarah meine Arbeit aus der Plicht. Die Wellen machten das Schiff zu einem Spielball. Der Teig schwappte, die Pfanne rutsche und der Koch konnte sich nur mit Mühe am Herd halten. Beim freifliegenden Wenden der Pfannkuchen landete auch mal einer auf dem Boden.

„Dieser Pfannkuchen wird flambiert, das desinfiziert", entschied ich und zog eine Flasche Rum hervor. Eine Welle sorgte für überreichliche Dosierung, mit dem Erfolg, daß ich fast die Kombüse in die Luft jagte. Nachdem der erste Schrecken überwunden war und das Resultat Anklang fand, veranstaltete ich ein wahres Feuerwerk beim Flambieren aller weiteren Pfannkuchen.

„Unser Kapitän spielt mit dem Feuer", rief Luke belustigt. „Mir scheint, dein ehemaliger Beruf als Hütteningenieur schlägt heute wieder durch!"

Während des Essens hatten wir kurzfristig den Autopilot wieder eingeschaltet. Alles ging gut, bis plötzlich eine besonders große Welle *Ryusei* querschlug. Dabei halste die ausgebaumte Fock und zerriß mit lautem Knall. Sekunden später hingen nur noch Segelfetzen am Vorstag. Die Gewalt des Windes war schockierend. Mühsam holten wir die Überreste des Segels ein und setzten die Fahrt unter dem winzigen Sturmfock fort. Ein Test zeigte, daß der Autopilot wieder defekt war, obwohl wir ihn gerade in Mauritius repariert hatten. Also mußten wir wieder ans Ruder.

Am folgenden Tag setzten wir zusätzlich zum Sturmfock erstmalig das Trysegel. Ein südafrikanischer Amateurfunker mit dem wir im täglichen Funkkontakt standen, warnte, daß sich das Wetter eher noch verschlechtern würde. Auch ‚Spellbinder' hatte in diesem Sturm ein Fock eingebüßt, wie sie über Funk mitteilten. Es tröstete uns, sie in unserer Nähe zu wissen. Wie angekündigt, erhöhte sich die Windgeschwindigkeit bis auf 40 Knoten. Das Meer tobte entsprechend.

Als Luke mich in der Nacht am Ruder ablösen wollte, schauten wir uns in die Augen und trafen ohne große Worte eine Entscheidung. „*Let's hove to and wait till the shit weather passes!*", brüllte ich in den Wind. Luke nickte und half mir die Yacht beizudrehen. Dies ist ein Zustand, bei dem man das Trysegel dichtholt, die Sturmfock back setzt, das Ruder arretiert und die Yacht langsam nach Lee abtreiben läßt. Dann verschwanden wir unter Deck, machten die Luken dicht und verschwanden in die Kojen.

Es gibt nichts Schöneres, als durchfroren in eine aufgewärmte Koje zu kriechen. Sarah brachte meine Lebensgeister zurück, und bald vergaßen wir das orgiastische Chaos um uns herum.

Nur einmal schreckten wir auf: Als nämlich die Schiffsglocke durch die Wucht einer besonders brutale Welle aus der Halterung flog und scheppernd zu Boden krachte.

Rotlicht in Südafrika

Dem Sturm folgte eine erholsame Flaute. Zum ersten Mal sichteten wir einen Wal. Er war riesig. Wenn er beim Atemholen eine Wasserfontäne in den Himmel blies, konnten wir den massigen Körper in der Sonne glitzern sehen. Der Anblick dieses größten Säugetieres der Welt erfüllte uns mit Ehrfurcht. Wir wären gern näher herangesegelt. Aber zu frisch war die Erinnerung an die Geschichte eines Fahrtenseglers, den wir in Mauritius kennengelernt hatten. Kevin, ein Amerikaner, war am hellichten Tag mehrere hundert Meilen vor Mauritius von einem Wal gerammt worden. Dabei wurde die Ruderanlage beschädigt. Mit viel Glück gelang es dem Einhandsegler, mit Hilfe eines Notruders Mauritius anzulaufen.

Als der Wind wieder erwachte, kam er nicht wie gewohnt aus östlicher, sondern aus südlicher Richtung. Da die Südspitze Madagaskars hinter uns lag, konnten wir nun direkten Kurs auf Durban nehmen. Auf den Ruf, „*Let's pop the Dragon*", setzten wir den Fahrtenspinnaker. Der darauf abgebildete rote Drache kam uns vor wie ein Zugpferd, das dem Schiff Flügel verlieh. Trotz Lukes berechtigtem Protest ließ ich den Spinnaker über Nacht gesetzt.

„Ralph, ich kenne das Seegebiet vor Südafrika besser als du. Hier kommt es zu raschen Wetterumschwüngen. Gnade uns Gott, wenn uns heute Nacht eine Sturmböe erwischt."

„Die Regattasegler behaupteten der Spinnaker hielte bis 25 Knoten Wind aus", insistierte ich. „Da wir zudem Vollmond haben, läßt sich das Segel auch in der Nacht schnell einholen."

Luke hatte recht und wir Glück, obwohl der Wetterumschwung erst in der folgenden Nacht kam. Der Wind drehte wieder und in kürzester Zeit kam er mit 30 Knoten aus Nordost. Beim Einholen zeigte uns der Drache, welche Kraft er besaß. Einziger Zwischenfall in der Nacht war ein Thunfisch, der unverhofft den Köder unserer Angelleine schluckte, die wir vergessen hatten am Abend einzuholen.

Die Nacht vor der Landung in Südafrika wird für mich unvergeßlich bleiben. Unter gerefften Segeln und Vollmond flogen wir unserem Ziel entgegen. Erstmalig bereitete das Steuern Spaß. Das Meer war aufgewühlt und da wir nahe der Rumpfgeschwindigkeit segelten, kam es mir vor als ritte ich ein wildes Pferd. Dies sowie die Reflexionen des Mondlichts auf der Wasseroberfläche und das Bewußtsein, in wenigen Stunden das afrikanische Festland zu erreichen, versetzten mich in Hochstimmung. Um fünf Uhr morgens legte sich unverhofft der Wind. Im nächsten Moment strich ein heißer, trockener Windhauch über mein Gesicht. Mir war, als flimmerte es vor den Augen. Eine unbeschreibliche Luft; sie war geladen mit den farbigen Düften der afrikanischen Steppe. Nur wer Afrika kennt, kann diesen Empfindungen nachfühlen.

An Bord erschallte, entgegen der üblichen Sitte, der Ruf: „Hurra, Land in Nase!"

Es war ein diesiger Morgen. Daher vergingen noch einige Stunden bis wir die Küste und schließlich Durbans Hafendamm sichteten. Luke war außer sich. Er phantasierte von Steaks und bestand darauf, unsere Ankunft über Funk beim Hafenmeister anzukündigen. Dieser brachte ihn jedoch wieder auf den Boden zurück, als er antwortete: *Ryusei, Ryusei*, hier Durban Hafen. Sie können derzeit nicht einlaufen, da ein Frachter den Hafen verläßt. Bleiben sie bitte auf See, bis die Lichtanlage auf dem Hafendamm von rot auf grün schaltet."

Die Zivilisation hatte uns wieder. Hier gab es sogar Ampelanlagen an der Hafeneinfahrt. Und mit einem Rotlicht wurde uns das Einlaufen nach Südafrika verwehrt. Und dies ungeachtet der Tatsache, daß wir gerade unsere erste erfolgreiche Ozeanüberquerung hinter uns gebracht hatten.

SÜDAFRIKA / DURBAN

Containerkräne

Sonst besaßen wir alle Zeit der Welt. Nur heute, mit dem Ziel vor Augen, nicht. Daher sahen wir fast rot, als endlich die Ampel der Hafeneinfahrt umschaltete.

In langsamer Fahrt liefen wir ein, um die ersten Eindrücke der Landung auf uns wirken zu lassen. Durbans Hafen liegt in einer riesigen, natürlichen Lagune. Obwohl wir wußten, wo sich der Yachthafen befand, unternahmen wir zunächst eine kleine Rundfahrt. Ich wollte die Containerkräne sehen, an deren Konstruktion ich 16 Jahre zuvor beteiligt war. Wie riesige Giraffen standen diese monströsen Bauwerke an der Hafenmole. Als wir darunter hindurchfuhren, kamen wir uns vor wie Zwerge.

Stolz berichtete ich meinen Freunden: „Bei der Montage des dritten Krans von rechts habe ich mitgearbeitet. Da oben, in fünfzig Meter Höhe, half ich das Motorenhaus zu montieren. Der Wind pfiff uns um die Ohren und der ganze Kran schwankte. Teilweise arbeiteten wir sogar ohne Sicherheitsleinen. Ich habe mir vor Angst fast in die Hosen gemacht. Außerdem arbeitete ich für ein Jahr in den Werkstätten, wo die Bauteile der Kräne geschweißt, montiert und ausgerichtet wurden. Die Fabrik lag bei Johannesburg. Seite an Seite schuftete ich mit Buren, Engländern, Schwarzen und portugiesischen Flüchtlingen aus Mosambik und Angola. Wir arbeiteten zusammen und schissen getrennt. Im Werk gab es Toiletten für Schwarze, Weiße und Farbige. Ich widersetzte mich den Bestimmungen und wählte die Toilette für Farbige, denn sie waren die saubersten. Es war eine harte Zeit. Aber mir gefiel das besser, als mich den Befehlen der Bundeswehr zu unterwerfen. Ähnlich wie du Luke, hatte ich mich damals aus dem Staube gemacht."

Schon immer besaß ich einen starken Hang zur Freiheit. Nach meiner Tätigkeit in Südafrika bereiste ich weite Teile Afrikas, bevor ich nach Deutschland zurückkehrte.

Es war eine abenteuerliche Zeit. Präsident Vorster regierte das Land und die Apartheid war bittere Realität. Nelson Mandela schmachtete im Gefängnis. Der Mord an dem Freiheitskämpfer Biko, und die Unruhen in der Schwarzensiedlung Soweto beunruhigten damals die Gemüter. Südafrika wurde boykottiert und der Treibstoff war rationiert. Zukunftsängste machten sich breit. Ich war damals noch zu blauäugig und konfliktscheu, um eine

Position zu beziehen. Heute bin ich gespannt wie es, kurz vor der Machtübernahme durch die schwarze Bevölkerung, hier aussieht.

Ich freute mich über meine gut erhaltenen, alten Containerkräne in Durbans Hafen, bemerkte aber, wie wenige davon genutzt wurden. Auf 10 Kräne kam ein Schiff, das zum Be- und Entladen am Pier lag. In Singapur hätte die Rechnung anders ausgesehen. Auf 10 Kräne lägen 10 Schiffe am Pier, sowie weitere 10 Schiffe auf Reede. Die ehemals boomende Wirtschaft Südafrikas steckte scheinbar in einer tiefen Krise.

Südafrika ist ein Land voller Kontraste. Das gilt für die Bevölkerung, für die Tier- und Pflanzenwelt, für die Landschaften sowie für das Klima. Es gibt hier Wüsten, Steppen, Wälder, Berge und eine lange Küste.

Verschiedene Bevölkerungsgruppen teilen sich das Land, welches seit Anbeginn der Kolonialisierung von den Weißen dominiert wurde. Die Buschmänner sind die Ureinwohner diese Landes. Heute sind sie, ähnlich wie die Aborigines in Australien und die Indianer in den Vereinigten Staaten, zu Randgruppen abgedrängt worden. Südafrika ist ungeheuer reich an Bodenschätzen, was nicht zuletzt das internationale Interesse an diesem Land erklärt.

Mit den bevorstehenden Wahlen, im April 1994, soll die Epoche der rassischen Diskriminierung beendet werden.

Luke lotste uns durch den Hafen, den größten des Kontinents, zum Pier des Point Yacht Clubs. Viele Hände halfen beim Festmachen. Um uns herum lagen Yachten aus aller Herren Länder, deren Besatzungen winkten und grüßten. Am Pier standen auch Lukes Vater und unser Freund Gary, die uns ein „*Welcome to Africa*" zuriefen. Beamte der Zoll- und Einwanderungsbehörde kamen an Bord und hielten uns noch eine Weile mit dem lästigen Papierkrieg auf, bevor wir den ersten Fuß an Land setzten konnten. Luke war außer sich vor Freude, nach so langer Zeit wieder heimischen Boden zu betreten.

Im Zolldokument sorgte einer der vielen Paragraphen für Heiterkeit:
The importation of books and films showing nude men and/or women or acts of sexual perversion is strictly prohibited. If such goods are in possession of crew members or officers then they should be declared as ordinary sealable goods <u>and they must be produced so that they can be placed under seal</u>.

Der Yachthafen lag, umgeben von Palmen, am Rande des von Hochhäusern gesäumten Stadtzentrums. Die Gastfreundschaft des Point Yacht Clubs war so ausgeprägt, daß sich dort in den folgenden Wochen unser Leben abspielte. Luke war Mitglied des Klubs und somit zu Hause. Als erstes führte er uns zu den Duschen wo wir eine endlose Zeit verbrachten. Anschließend feierten wir in der Bar des Yachtklubs unsere Ankunft. Wir hätten hier den ganzen Tag verbracht, wenn Luke nicht ungeduldig gebohrt hätte: „Laßt uns zu meinem Steakhaus gehen. Seit mehr als einem Jahr träume ich von den ‚Big Boys‘, wie die berühmten Steaks bei RJ's heißen." Da uns die Mägen in den Kniekehlen hingen, kippten wir das restliche Bier und stürmten davon. Im Steakhaus benahmen wir uns wie ein Wirbelsturm.
Südafrika hatte uns wieder!

In den Morgenstunden des folgenden Tages hörten wir ein Donnern, das den ganzen Bezirk erschütterte. Danach heulten Sirenen und wir sahen erregte Menschen auf der Straße nahe des Klubs. „Das war ein wenig stark für ein Feuerwerkskörper", scherzte Luke, der mit mir gerade das Schiff aufräumte. Es war ein Bombenanschlag, wie wir später erfuhren. Die Bombe explodierte in einem Stadtbus. Glücklicherweise saßen nur wenige Leute im Bus. Der Mann, der sie bei sich trug, ein Schwarzer, war mit in die Luft geflogen. „Womöglich hat der Mann aus Versehen den Zünder betätigt", hieß es. Aber in unserem Galgenhumor vermuteten wir eher, daß der Zeitzünder lief, während der Bus zu lange an der roten Ampel stand.

Einige Tage später trennten wir uns. Luke wollte bis Neujahr bei seiner Familie in Johannesburg bleiben und Sarah kehrte mit dem Flugzeug nach England zurück, um ihr Medizinstudium fortzusetzen. Nach den gemeinsamen Abenteuern war es verständlich, daß uns der Abschied schwerfiel.

Schattenseiten
Viele, die von einer Seereise träumen, glauben, das Fahrtensegeln bestünde nur aus Urlaub. Aber es gibt auch Schattenseiten. Seereisen sind mit erheblichen Strapazen verbunden. Außerdem kostet es viel Einsatz, eine Fahrtenyacht in Stand zu halten, oder gar zu renovieren. Wer zudem ein altes Holzschiff besitzt, der leidet nie an Unterbeschäftigung. Trotzdem war ich mit *Ryusei* glücklich, denn erstens bot die Holzyacht eine unvergleichbare, geborgene Atmosphäre und zweitens glaubte ich, genügend Zeit zum Renovieren zu haben.

Durban besitzt eine ausgezeichnete Infrastruktur für Schiffsreparaturen. Daher wollte ich dort alle notwendigen Arbeiten erledigen. Glücklicherweise stand mir Gary, den ich auf Chagos kennengelernt hatte, zur Seite. Er war ein hervorragender Handwerker und auf Holzschiffe spezialisiert. Trotzdem kam die große Ernüchterung, als wir uns an die Arbeit machten. Wir hatten den Arbeitsumfang völlig unterschätzt. Kaum attackierten wir einen Problembereich, entdeckten wir viele andere, die behoben werden mußten. Ähnliches erlebt, wer ein altes Haus renovieren will.

Die Liste der notwendigen Arbeiten an *Ryusei* war ellenlang und ein tiefer Griff in das Portefeuille wurde notwendig. In meinem vorhergehenden Berufsleben hatte ich kaum Zeit zum Geldausgeben gefunden. Nun gehörte ich zu den Glücklichen, die dies hemmungslos nachholen konnten!

Festtage

Eigentlich wollte ich Weihnachten und Neujahr bei meiner Familie auf Mauritius verbringen. Aber angesichts der Arbeiten und der kurzen Segelsaison in der Kapregion, sagte ich die Reise ab. *Ryusei* verwandelte sich in eine Baustelle. Nie habe ich in der Weihnachtszeit so hart arbeiten müssen. Aber auch das ist Freiheit.

Den Weihnachtstag verbrachte ich zusammen mit anderen Seglern auf Garys Yacht ‚Manxman'. Wir dekorierten das Schiff und verbrachten viel Zeit in der Kombüse. Das Menü, eine ausgewachsene Pute mit köstlichen Beilagen, konnte sich sehen lassen. Es wurde ein unvergeßlicher Tag.

Neujahr kündigte sich mit Aktivität im Yachthafen an: In Durban ist es Tradition, die Neujahrsnacht auf den Yachten, inmitten der Hafenlagune zu verbringen. Ich gewann sogar den Eindruck, daß viele Schiffe, ihren Eigner nur in der Neujahrsnacht zu sehen bekamen. Unsere Freunde Leslie und Patrik von ‚Billfish' luden mich auf ihr Schiff ein. Auch sie hatten eine rauhe Überfahrt von Mauritius nach Südafrika erlebt. Patriks beleibter Bruder, der diesen Abschnitt mitsegelte, litt während der 2 ½ Wochen unter schwerster Seekrankheit. Dabei hatte er angeblich 15 kg seines Körpergewichts verloren. Eine effiziente, aber unangenehme Art von Abmagerungskur, wie ich fand.

Mich freute es, an Bord des schönsten Schiffes im Hafen sowie im Kreise von besonders netten Menschen, das neue Jahr einzuleiten.

Um Mitternacht erklangen die Schiffshörner und überall stiegen Feuerwerks- oder Seenotsraketen in den Himmel. Es wurde getanzt, gejubelt, gesungen, geküßt und gesoffen. Hier zeigte sich, daß die Südafrikaner meisterhaft feiern konnten. Selbst Stunden nach Mitternacht grölten die Menschen auf den Yachten mit der Musik um die Wette. Wie all die Schiffe, trotz der betrunkenen Mannschaften in der selben Nacht und ohne Karambolagen in den Yachthafen zurückkamen, ist mir bis heute ein Rätsel.

Der letzte des alten, sowie auch der erste Tag des neuen Jahres war von prächtigem Sonnenschein überstrahlt. Trotzdem überkam mich leichte Melancholie wenn ich daran dachte, daß mit dem Erreichen des afrikanischen Festlandes das Kapitel Fernost sein unwiederbringliches Ende fand. Arbeit ist ein wirksames Heilmittel, so verbrachte ich den Neujahrstag zusammen mit William, einem Schwarzen, an der *Ryusei* arbeitend.

‚Idle Queen‘ & ‚Figaro V‘

Am Gästepier des Yachtclubs lag die amerikanische Segelyacht ‚Idle Queen‘. Sie war eine solide doppelender Ketch. Aber nicht nur die Segelyacht, sondern auch der Kapitän war etwas besonderes. ‚Old Harry‘, wie wir ihn nannten, war ein kleiner drahtiger Herr, der im Alter von über 80 allein um die Welt segelte. Wie ich später erfuhr, bekam er für diese Leistung einen Eintrag in das Guinness Buch der Rekorde.

„Warum segelst du allein?“ fragte ich ihn, als wir im Yachtklub beisammen saßen.

„Das ist Schicksal“, antwortete er, „vor vielen Jahren segelte ich mit meiner Frau von Amerika ab. Auf dem Weg zu den Bermudas wurde sie krank. Wir mußten schließlich in die USA zurückkehren, wo dann eine unheilbare Krankheit diagnostiziert wurde. Also segelten wir gemeinsam weiter bis sie eines Tages starb. Seither bin ich allein unterwegs.“

Dann wollte er meine Geschichte hören. Als ich sie beendet hatte und darüber klagte, wie schwer es sei, eine geeignete Segelpartnerin zu finden, antwortete der alte Seebär: „Das sollte dir doch kein Problem bereiten. In meinem hohen Alter ist das viel schwieriger. Besonders, da ich eine reiche Frau suche, die noch kräftig genug ist, im Sturm die Segel zu reffen.“

Ich fand zwar keine Segelpartnerin, aber dafür eine Freundin mit einem eigenen Schiff. Ich hatte sie beim wöchentlichen Barbecue der Fahrtensegler kennengelernt. Ihr Name war Melanie Jones. Melanie, eine Amerikanerin aus Kalifornien, hatte es, nach mehreren Segeljahren mit ihrem Freund, nach Südafrika verschlagen. Unglücklicherweise trennten sie sich und er behielt das Haus, das sie gemeinsam bezahlt hatten. Darüber gab es nun einen langen juristischen Streit. Sie hoffte, den Prozeß zu gewinnen, das Segelschiff, auf dem sie lebte, zu verkaufen und nach Amerika zurückzukehren. Ihre klassische Segelyacht, die ‚Figaro-V‘ , war eine ehemalige Rennyacht, die sie für wenig Geld gekauft hatte, um sie in Eigenregie zu renovieren. Ein Jahr harter Arbeit lagen hinter ihr. Nun sehnte sie sich nach Abwechslung. Aber segeln wollte sie nicht mehr.

„Es ist komisch", sagte sie, „je älter ich werde, desto mehr leide ich unter Seekrankheit. Hier im Hafen ist das kein Problem, aber draußen auf hoher See sieht das anders aus."

Während der Renovierung glich *Ryusei* einer großen Baustelle. So nahm ich oft mein Beiboot und besuchte Melanie auf ihrer Yacht im nahegelegen Bluff Harbour, am anderen Ende der Lagune.

Melanie besaß eine Katze, die sie regelmäßig an Land auslaufen ließ. Wir saßen gerade gemütlich an Deck, als wir das Miauen der Katze am nahen Schilfufer hörten. Melanie holte ihr geliebtes Haustier mit dem Ruderboot. Üblicherweise sprang die Katze von allein vom Beiboot auf das Deck der Segelyacht zurück. Aber diese Mal rutschte sie auf der Reling aus, fiel ins dreckige Hafenwasser und schwamm panikartig zum Ufer zurück. Melanie holte sie ein weiteres Mal zurück.

„Die arme Katze. Wir müssen sie jetzt leider waschen", sagte Melanie und tauchte die Katze in einen mit Wasser gefüllten Eimer. Plötzlich verzog sie das Gesicht und rief: „Verdammt ich vergaß, daß dieses Wasser mit Bleichmittel verdünnt war!"

Die Katze stank nun erbärmlich nach Hafenwasser und dem Bleichmittel. Melanie reinigte sie nun gründlich in frischem Wasser und neutralisierte den Bleichegeruch mit etwas Kölnisch Wasser.

Seither weiß ich, warum Katzen das Wasser scheuen, wie der Teufel das Weihwasser.

Durch Melanie lernte ich auch den Abenteurer Anthony Stuart kennen. Er hatte eine Weltumsegelung auf einer offenen Jolle hinter sich. Obwohl er dabei knapp mit dem Leben davongekommen war, plante er bereits das nächste Abenteuer: mit einer winzigen Segelyacht nonstop in Westrichtung, gegen die vorherrschenden Winde, die Welt zu umsegeln. Sponsoren unterstützten das Projekt und die Reisevorbereitungen liefen auf Höchsttouren. Anthony war mir eine große Hilfe, denn er besaß im Yachthafen einen Container, in dem ich für die Zeit der Renovierung, einen Teil meiner Schiffsausrüstungen lagern durfte. Anthony lebte mit dem Überschwang eines Menschen, dessen Tage gezählt sein könnten.

Ein Mann ohne Scheu

Nach meiner Ankunft in Südafrika verkündete ich im Scherze, daß die Epoche der Männertouren endgültig vorüber sei: „Ab jetzt segle ich nur noch mit Frauen."

Meine Freunde lachten und erwiderten: „Du bist unverbesserlich. Aber keine Sorge, hier gibt es genügend Schönheiten."

Daher studierten wir regelmäßig das Informationsbrett des Yachtklubs. Einmal stand ich mit Gary und Luke davor.

„He, Ralph. Das hier wäre doch eine hübsche Flamme für dich", rief Gary und deutete auf ein handgeschriebenes Blatt mit der Aufschrift: „Französin sucht Crewplatz nach Madagaskar".

„Die möchte in die falsche Richtung", stellte ich enttäuscht fest.

Dann meldete sich Luke: „Schaut euch mal diesen Aufschneider an. Hier will einer zur Karibik segeln und bewirbt sich, als suchte er eine Managementposition."

Ich studierte den professionell geschriebenen Aushang mit Foto und winkte ab: „Falsches Geschlecht!"

Am nächsten Tag stand ich zufällig am Pier. Dort befand sich eine Segelyacht der ‚Ocean Sailing Academy', die kurz zuvor von einem Törn aus Mosambik zurückgekommen war. Unter den Segelschülern befand sich eine hübsche Studentin, mit der ich ins Gespräch kam.

„Wir waren zwar zwei Wochen unterwegs, aber für den Hochseesegelschein benötigen wir leider noch mehr Seemeilen", sagte sie.

Hoffnungsvoll antwortete ich: „Nichts leichter als das. In einigen Wochen segeln wir Richtung Kapstadt und Karibik. Du bist herzlich eingeladen."

Sie lehnte ab, da ihr Studium in den nächsten Tagen wieder beginnen würde.

„Allerdings kenne ich einen Jungen, der gerne mitkäme. Ich werde ihm davon erzählen."

Tags darauf unterbrach uns ein junger Mann bei der Arbeit. Er stellte sich vor und sagte: „Ich habe gestern von einer Freundin gehört, daß ihr in Richtung Karibik segeln wollt. Ich würde gern mitkommen."

„Wir sind im Moment sehr beschäftigt. Laß uns doch nachher in der Bar vom Yachtklub treffen", antwortete ich in der Überzeugung, ihn abwimmeln zu können.

Ich irrte. Guy Hammond war derjenige, über dessen professionellen Aushang wir gelästert hatten. Entgegen aller Erwartung erfüllte er die wesentlichen Voraussetzungen für unser Team. Er besaß Humor und war weder bier- noch arbeitsscheu. Nach einer streßerfüllten Karriere wollte auch Guy ein Urlaubsjahr einlegen.

Greg küßt meine grünen Augen

Das Schicksal kommt in leisen Schritten. Dessen wurde ich mir erst viel später bewußt.

Vom Balkon des Yachtklubs konnten wir Durbans große Hafenlagune überblicken. Weit hinten im kommerziellen Bereich des Hafens erkannte ich die Masten einer größeren Segelyacht. Wenig später auf der Suche nach einem Ort zum Slippen meiner Yacht, näherte ich mich mit dem Beiboot dieser mysteriösen Segelyacht. Ich staunte nicht schlecht. Es war die ‚Dwyn Wen‘, ein im Jahre 1908 gebauter Schoner aus Teakholz mit annähernd 35 Meter Länge. Dessen Besitzer hatte ich Jahre zuvor bei der Hochzeit meines Bruders auf Mauritius kennengelernt. Also kam ich längsseits. Momente später blickte ein Schwarzer über die hohe Reling.

„Sind John und seine Familie an Bord?" fragte ich.

„Er wird gleich zurück sein. Aber seine Frau und Kinder sind schon vor einigen Tagen über die Weihnachtszeit nach Europa gereist", antwortete er.

An Deck von ‚Dwyn Wen‘ traf ich drei Besatzungsmitgliedern aus Mosambik und ein Mädchen. Sie hieß Michelle und besaß betörende, grüne Augen. Ich wollte bereits mit ihr flirten. Aber dann kam ein langhaariger junger Mann am Pier entlang geschlendert, schwang sich elegant an Bord und gab meinen ‚grünen Augen‘ einen Kuß. Sein Name war Greg Friedrichs. In Johns Abwesenheit war er für das Schiff verantwortlich und Michelle war zufällig seine Freundin. Dann traf John ein. Er war in großer Eile, da er am gleichen Nachmittag nach Europa abfliegen wollte. Nach einer abschließenden Unterredung mit seiner Besatzung aus Mosambik, besprach er mit Greg das Arbeitsprogramm für die Zeit seiner Abwesenheit.

Normalerweise leben John, seine Frau Nanou und ihre drei Kinder an Bord. Neben Charter verbringen sie ihre Zeit mit einer abenteuerlichen Aktivität: der Unterwasserarchäologie und der Schatzsuche. Diese Tätigkeit hatte sie mit meinem Bruder zusammengebracht, während sie mit ihrem Schiff in Mauritius verweilten.

Nach Johns Abreise lernte ich Greg besser kennen. Er hatte in den Vereinigten Staaten Bootsbau gelernt hatte und kannte sich mit Holzarbeiten aller Art aus. Ich erzählte ihm von der bevorstehenden Renovierung meiner Yacht und der Sorge mit den undichten Stellen im Rumpf. Dazu bemerkte er: „Das ist genau mein Spezialgebiet. Ich könnte dir dabei helfen, denn im Moment gibt es keine besonderen Arbeiten auf ‚Dwyn Wen‘."

Work Hard, Play Hard

Für die Arbeiten am Rumpf mußte *Ryusei* geslippt werden. Der Segelklub besaß einen Schiffsanhänger, der gerade groß genug für meine Yacht war. Wegen unseres großen Tiefgangs, ließ sich das Ausslippen nur während den hohen Flutkoeffizienten bewerkstelligen. Als an einem sonnigen Nachmittag das Boot langsam an Land gezogen wurde, bildete sich eine Traube von neugierigen Menschen am Pier. Ein Traktor zog schließlich den Anhänger mitsamt dem Schiff auf den Parkplatz des Yachtklubs.

Vor uns lag ein Berg von Aufgaben und die Zeit drängte. Als wir im neuen Jahr die Arbeit wieder aufnahmen, war die Mannschaft komplett.

Gary verdiente sich sein Geld redlich. Er verlor keine Minute. Innerhalb kürzester Zeit hatte er die verfaulten und undichten Stellen im Deck ausgemacht. Die kritischsten Bereiche lagen am Bug und Heck. Es waren Arbeiten, die man bei der Renovierung in Thailand übersehen hatte. Fast bei allen Reparaturen wurde dort nur halbe Sache gemacht. Deswegen mußte ich, bereits ein halbes Jahr später das Schiff frisch lackieren und den Unterwasseranstrich erneuern lassen.

Für diesen Job engagierte ich die attraktive Gaynor. Zusammen mit ihrem Team schwarzer Arbeiter baute sie ein Gerüst und begann mit dem Schleifen. Ich hatte sie nicht wegen ihrer Schönheit engagiert, wie Gary spöttisch meinte, sondern weil sie in Durban die beste Spezialistin für Lackierarbeiten war.

„Wenn Frauen in einem Beruf gut sind, dann sind sie zumeist unschlagbar."

Gaynor war auch in einer anderen Disziplin unschlagbar: sie betrieb Kampfsport und war bekannt unter dem Titel: ‚The South African Kickboxing Queen'. Keiner wagte es, sich mit ihr anzulegen. Daher wurde sie auch als Frau von ihren schwarzen Arbeitern widerspruchslos respektiert.

Selbst unser Segelfreund ‚Old Harry' schaute ganz hingerissen, als er Gaynor bei der Arbeit sah.

„Donnerwetter!" entfuhr es ihm: „Von dieser Dame ließe ich mir auch gern einmal den ‚Rumpf' polieren!"

Luke und ich demontierten alle Deckbeschläge, um sie mit Sikoflex neu abzudichten. Außerdem installierten wir einen neuen Autopilot. Das alte Gerät ließ ich reparieren und behielt es als Ersatz. Eine weitere, überfällige Aufgabe war das Austauschen der Wanten. Wie bereits zuvor in Singapur, bereitete die ungewöhnliche Befestigungsart der Wanten Probleme. Wir konnten sie nicht vom Mast demontieren. Auch der hinzugezogene Spezialist war ratlos. Daher beschlossen wir, nur die Stags auszutauschen. Den Rest wollten wir auf Kapstadt vertagen.

Guy beschäftigte sich mit dem Schleifen und Lackieren der Holzteile, eine mühsame und eine langwierige Arbeit. Dazu standen ihm Wilson, William und Robert zur Seite, drei Schwarze, die ich angestellt hatte.

Greg machte sich am Unterwasserschiff zu schaffen. Wie ein Spürhund suchte er nach dem Leck, von dem wir berichtet hatten. Deshalb schaute er zusätzlich auch im Schiff unter den Bodenbrettern nach. Wir hörten ihn mal hier und mal dort rumoren. Irgendwann rief er mich. Mit Schrecken sah ich, daß Greg unsere Toilette demontiert hatte, um sich den Rumpf darunter anzuschauen. Triumphierend deutete er auf eine Stelle.

„Ich habe das Leck hier unter der Toilette gefunden. Diese Fuge zwischen den zwei Planken muß sich unter der Belastung geweitet haben."

Auf mein verdutztes Gesicht hin, fügte er lachend hinzu: „Ihr Angsthasen habt wohl im letzten Sturm zuviel geschissen."

Da sich aber auch eine ähnliche Stelle auf der Steuerbordseite fand, konnten wir diese These widerlegen. In den nächsten Tagen schnitt Greg die entsprechenden Fugen auf, spleiste Holzleisten ein, fräste neue Fugen und kalfaterte sie. Als gelernter Schiffsbauschreiner war diese Arbeit ganz nach seinem Geschmack.

Nach einigen Tagen gab es Probleme mit unseren schwarzen Mitarbeitern. William war bereits am frühen Morgen angetrunken und weigerte sich zu arbeiten.

„Gaynor will heute den Schiffsrumpf mit der Sprühpistole lackieren", sagte er störrisch.

„Die werden doch erst heute abend lackieren", antwortete ich in der Annahme, daß er wohl bereits einmal mit weißer Farbe besprüht worden war. Als er sich dennoch weigerte zu arbeiten, gab ich ihm den Laufpaß. Anschließend kam Robert. Auch er stank nach Alkohol. Außerdem hatte er eine dicke Lippe und ein blaues Auge. Ich erfuhr, daß er nach einem Saufgelage in eine Prügelei verwickelt worden war, wobei man ihm das am Vortage ausbezahlte Gehalt gestohlen hatte. Entgegen dem Rat meiner Freunde, gab ich ihm noch eine Chance. Nur Wilson bestätigte sich als zuverlässiger Mitarbeiter. Da er effizient arbeitete, zahlte ich auch mehr Lohn, behielt ihn als einzigen Schwarzen in unserem Arbeitsteam und gab ihm nach Abschluß der Renovierung ein Empfehlungsschreiben. Sein voller Name war ‚Wilson Nkosinathi Ishentula'. Er war Zulu.

Die Zeit verstrich, und unser Werk machte Fortschritte. Einen typischen Arbeitstag möchte ich dennoch beschreiben: Aufstehen kurz nach 7 Uhr morgens. Dann Duschen, Frühstücken und zur Arbeit. Zum Mittagessen wanderten wir alle in den Point Yacht Club. Unser Standardgericht war der ‚Point pie‘, ein delikater Fleischkuchen mit Beilagen, den wir mit viel Bier hinunterspülten. Anschließend setzten wir die Arbeit bis zur Abenddämmerung fort. Bis dahin waren wir alle müde und verdreckt. Aber die Dusche und das erste Bier wirkten Wunder. Unsere Lebensgeister kamen zurück, und nicht selten endete der Tag mit einem Gelage, denn wir folgten der Devise: W*ork hard, play hard.*

Gefahren

Während der Renovierungsarbeiten stand *Ryusei* für zwei Wochen auf dem Slipwagen an Land. Dieser war direkt neben dem Point Yacht Club geparkt und wurde nachts aus Sicherheitsgründen von einem großen Halogenscheinwerfer beleuchtet. Da mein Schiff auch innen einer großen Baustelle glich, mußte ich jeden Abend mühsam mein Bett in der vorderen Kabine frei räumen. Ich schlief allein an Bord. Das Gelände, auf dem die Segelschiffe geparkt waren, lag frei zugänglich. Eines Nachts gab es neben meiner Yacht eine heftige Prügelei zwischen Schwarzen. Daher holte ich meine Signalpistole, wandelte sie mit Hilfe eines Adapters zur Schrotpistole um und versteckte sie unter meinem Kopfkissen. So konnte ich wenigstens weiter schlafen; nicht ruhig, aber immerhin.

In der folgenden Nacht weckte mich ein leises Geräusch. Als ich meine Augen öffnete, erblickte ich im Lichtschein der Außenbeleuchtung einen dunklen Schatten am Fuße des Niedergangs. Etwas schlaftrunken glaubte ich erst, es sei ein Traum. Aber dann sah ich eine Bewegung. Plötzlich hellwach, griff ich unters Kissen und rief: „He, wer ist da?“ Sofort sprang der Schatten auf und raste den Aufgang hoch. Augenblicklich war ich auf den Beinen und stolperte, da die Bodenbretter fehlten, hinter dem Eindringling her. Als ich die Plicht erreichte, war er bereits vier Meter tiefer am Fuße der Leiter. Da es sich nur um einen Dieb handeln konnte, schoß ich in die Luft und brüllte: „The next time I am going to kill you!“

Der Mann schlug Hacken wie ein Hase und verschwand zwischen den Booten. Er war nicht allein, denn auch andere Gestalten suchten das Weite. Ich wagte nicht die Verfolgung aufzunehmen. Mit klopfendem Herzen stieg ich ins Schiff zurück, verschloß, trotz der schwülen Hitze, alle Luken und legte mich wieder hin. Später fand ich heraus, daß der Dieb einiges hatte mitgehen lassen. Es fehlte mein Wäschesack, die Kameraausrüstung und meine Bootsschuhe. Außerdem verschwanden drei Flaschen Whisky. Damit wurde, nach dem Verlust in Mauritius, mein verbleibendes Schmuggelgut wiederum dezimiert. „Schmuggeln ist nicht meine Stärke", stellte ich frustriert fest. Mit dem Wäschesack verschwanden auch ein Großteil meiner Kleider. Darin befand sich auch unsere Hongkong-Flagge, was mich besonders ärgerte.

Den Schuß und mein nächtliches Gebrüll hatten einige der Fahrtensegler am Gästepier gehört, daher war der Vorfall bald in aller Munde. Einer der immer wiederkehrenden Kommentare lautete: „Du Idiot! Warum hast du den Kerl nicht gleich erschossen?".

Ich war den Umgang mit Jagdwaffen gewöhnt. Daher steckte mir die Grundregel, nie mit einer Waffe auf einen Menschen zu zielen, im Blut. Hier hätte ich ohne weiteres das Gesetz in die Hand nehmen und den Mann erschießen können. Was hätte mir das eingebracht? Kurze Befriedigung aber lange Gewissensqualen. Mit einem Schuß hätte ich eventuell eine ohnehin notleidende Familie ins Verderben gestürzt.

Dazu entgegneten mir die weißen Südafrikaner: „In Anbetracht der unsicheren Zukunft Südafrikas unter einer schwarzen Regierung, nimmt nicht nur die Arbeitslosigkeit, sondern auch die Kriminalität in erschreckendem Maße zu. Die Polizei wagt aus Angst vor künftigen Repressalien, kaum noch einzugreifen. Wenn aber Kriminalität ungestraft bleibt, gerät das Land an den Abgrund."

Die brenzlige Lage Südafrikas, wurde mir in einer der folgenden Nächte wieder bewußt: Von Durbans Stadtkern her, erklang Maschinengewehrfeuer. Wie im Sturm schloß ich alle Luken und zog die Bettdecke über die Ohren. Mit dem optimistischen Gedanken, daß morgen die Sonne wieder scheinen würde, schlief ich weiter. In der Nacht, so hörte ich dann, hatte eine Gruppe schwarzer Terroristen eine Polizeistation überfallen. Es gab mehrere Tote.

Nach den Vorfällen in Mauritius und Südafrika erkannte ich nun, daß für uns Seefahrer die Gefahren weniger auf hoher See, als an Land lauern.

In der Bar vom Yachtklub kam ich mit einem sympathischen älteren Herrn ins Gespräch. Zufällig war er verantwortlich für die Klubzeitung. Außer den Details zum Einbruch wollte er auch wissen, wohin die Reise ginge. Ich zog ihn zum Fenster deutete auf meine Yacht, die noch an Land stand und fragte: „Kennen sie die Fahne unterhalb der südafrikanischen Fahne?"

„Das ist die Signalfahne für den Buchstaben M", antwortete er.

„Ja, das stimmt. Aber es hat auch noch eine zweite Bedeutung. Es ist das ‚St. Andrews Cross', die Fahne Schottlands. Dorthin segeln wir nämlich."

Dann erklärte ich ihm meinen Bezug zu der Insel Arran, auf der ich eine Flasche Whisky vergraben hatte, die nun das Ziel dieser Reise sei.

In der nächsten Ausgabe der Klubzeitung erschien eine Nachricht unter den Titeln: „THIEVES IN THE INDUSTRIAL AREA / A LONG WAY FOR A WHISKY!"

‚Aisa'

Neben uns lag die amerikanische Yacht ‚Aisa' am Pier. Auch dort wurde intensiv gearbeitet. Nur mit dem Unterschied, daß sich die Besatzung unter Aufsicht des Kapitäns ruhig und verbissen auf die Arbeit konzentrierte, während wir dabei lärmten und lachten. ‚Aisa' wäre uns nicht allzusehr aufgefallen, wenn da nicht das junge blonde Mädchen gewesen wäre. „Schaut mal da oben", rief Gary. Luke, Guy und ich verdrehten die Köpfe und sahen wie die Nachbarin unter der Mastspitze hing und lackierte. Wir unterbrachen die Arbeit und liefen hinüber.

„Wenn du da oben fertig bist, kannst du jederzeit bei uns anfangen. Für mutige und fleißige Mädchen haben wir immer Platz", rief Luke.

„Haltet meinen Leute nicht von der Arbeit ab", unterbrach ihn der Kapitän und stellte sich und seine Mannschaft vor.

„Dann kommt wenigstens nach der Arbeit auf ein Bier zu uns herüber", erwiderte ich.

So lernten wir Anne, Peter und den legendären Kapitän Mike Johnson kennen. Er hatte bereits zweimal das Kap Horn umsegelt, davon einmal ohne Motor, was ihm die Mitgliedschaft bei der renommierten Kap Horn Gesellschaft einbrachte. Außerdem war er Ehrenmitglied des ältesten Yacht-klubs der Welt: Dem irischen ‚Royal Cork Yacht Club'. Wie wir später erfuhren, war er auch Mitglied des mysteriösen ‚Imperial Poona Yacht Club'. Wenn Mike abends im Lampenschein von seinen Reisen erzählte, wurden die Nächte kurz und die Rumflaschen leer. Er hatte bei der Marine gelernt, war Psychologe und leitete seine 40 Fuß Yacht wie ein Segelschulschiff. Das heißt, mit Disziplin und Ordnung.

„Wie hältst du das nur aus?" fragten wir einmal Anne.

„Für mich war die Seereise etwas Neues. Mike ist mein Cousin. Peter und ich begleiten ihn von Kenia nach Kapstadt, wo die Reise für mich glückli-cherweise enden wird. Ich leide an Seekrankheit und habe genug von dem anstrengenden Leben an Bord."

Mike finanzierte sich den Unterhalt des Schiffes, in dem er seine Mann-schaft arbeiten und für die Trainingsreise zahlen lies. Ich tröstete sie mit der Behauptung, daß auf meinem Sklavenschiff die Freunde wenigstens kosten-los litten.

Dr. Thomas

Im Januar traf mein Freund Thomas Lingenfelser aus Deutschland ein.
Wegen der Renovierung hatte ich versucht, seine Anreise um zwei Wochen
zu verschieben.

„Als Mediziner kann ich mir leider meine Urlaubszeit nicht wählen. Aber
keine Angst. Wenn ich komme, wird das Arbeitstempo verdoppelt und so
werden wir schnell nach Kapstadt absegeln", verkündete er optimistisch am
Telefon.

Dr. Thomas, wie wir ihn dann alle nannten, kam, sah und wurde krank.
Ich vermute, daß der intensive Arbeitsstreß um seine Habilitierung verbunden mit den Strapazen der Reise, selbst einen hartgesottenen Mediziner
erschöpft hatten.

So verbrachte er die ersten zwei Tage im Bett und kaum war er auf den
Beinen, stürzte er sich mit bewundernswerter Energie auf die Arbeit. Doch
leider nicht mit dem gewünschten Erfolg, da gewisse Dinge sich nicht beschleunigen ließen. Beispielsweise ließen sich, wegen der Trocknungszeiten,
die Mal- und Lackierarbeiten nicht verkürzen. Manchmal unterbrachen auch
heftige Regenfälle unsere Arbeit.

Das Schiff erstrahlte im neuen Glanz, als es schließlich zu Wasser gelassen
wurde. Gaynor hatte eine meisterhafte Arbeit geleistet. Aber wir waren noch
lange nicht fertig. Die Holzteile benötigten bis zu sieben Schichten Klarlack.
Eine langwierige Arbeit, da zwischen jeder Lage die Oberfläche wieder
angeschliffen werden mußte. Zusätzlich benötigten wir viel Zeit, alle
Deckbeschläge sowie den Bug- und Heckkorb zu installieren. Erst am 18.
Januar hatten wir die Yacht soweit fertig, daß wir eine Art Richtfest veranstalten konnten. Zu den letzten Handgriffen gesellte sich auch noch Guys
Vater, der uns auch zuvor regelmäßig besucht hatte und, falls nötig, mit Rat
und Tat zur Seite stand. Ich hatte das Gefühl, er würde uns am liebsten auf
der Seereise begleiten. Fröhlich ließen wir uns in der warmen Abendsonne
auf dem Steg nieder und feierten mit einem Barbecue den Abschluß der
Arbeiten.

Wild Coast

Die Küste Südafrikas gilt als eines der berüchtigtsten Seegebiete der Welt.
Der Kontrast zwischen dem kontinentalen und dem maritimen Klima sorgt
für wechselhaftes Wetter. Ausläufer von nach Westen ziehenden Tiefdruck-
gebieten suchen regelmäßig die Küste zwischen dem Kap der Guten Hoffnung und Mosambik heim. Dies allein wäre keine ungewöhnliche Situation,
wenn da nicht die starke Aghulas-Meeresströmung wäre, die entlang der

Küste in Richtung Kap verläuft. Beim Eintreffen eines Tiefausläufers kommt es zu Sturmwinden aus südwestlicher Richtung. Dann weht der Wind entgegen der Meeresströmung, was insbesondere am Rande des Festlandsockels, wo die Strömung bis zu vier Knoten erreicht, für riesige Wellen sorgt. Durch Überlagerung von mehreren Wellen können sie bis zu 25 Meter hoch und selbst größten Schiffen zum Verhängnis werden.

Wer auf der Strecke nach Kapstadt von einem Tiefausläufer überrascht wird, kann sich retten, indem er sein Schiff in küstennahes, seichteres Wasser bringt. Dort sind die Wellen kleiner, weil die Strömung geringer ist, bzw. sogar in umgekehrter Richtung läuft. Wenn der Festlandsockel breit genug ist, gib es keine Probleme. Aber auf der Höhe der Transkei ist dies nicht der Fall, deshalb ist dieser Küstenstrich sehr gefährlich und trägt zu Recht den Namen ‚Wild Coast‘.

Segler, die nach Kapstadt wollen, sollten abreisen, nachdem ein Tiefdruckgebiet durchgezogen ist, der Südwestwind abklingt und auf Nordwest schwenkt. Selbst dann ist es wichtig, die Wetterlage sorgfältig zu beobachten, da der nächste Hafen südlich von Durban, in über 200 Seemeilen Entfernung liegt.

Unter Hochdruck bereiteten wir unsere Abreise vor, denn ein geeignetes Wetterfenster schien sich aufzutun. Wir kauften ein und beluden das Schiff. Leider rechneten wir nicht mit den unvorhersehbaren Hürden. Der Elektriker hatte Probleme, den neuen Autopiloten in Betrieb zu nehmen und das Ausklarieren wurde zu einem schikanösen Spießrutenlauf. Wir mußten dazu kreuz und quer durch die Stadt gehen, um alles zu erledigen. Als erstes besuchten wir den Hafenmeister zum Ausfüllen des Reiseplans. Dann das Steueramt für die Hafengebühren. Im nächsten Amt, das für Immigration, kamen wir leider an einen ganz unangenehmen Beamten. Dorthin mußte ich sogar zweimal, weil ausnahmsweise die Anwesenheit der gesamten Mannschaft gefordert wurde. Dies alles kostete Zeit. Schließlich wurde das Zollbüro vor unserer Nase geschlossen, so daß wir die Abreise auf den nächsten Tag verschieben mußten. Zuletzt durften wir wieder beim Hafenmeister antreten, um den Nachweis zu erbringen, daß alle Punkte erfüllt worden waren.

Kurz vor dem Ablegen überprüften wir nochmals die Wettersituation. Ein kleines Tief kündigte sich an. Aber keiner konnte sagen, ob es für eine scharfe Wetteränderung sorgen würde. Gary, der die Küste gut kannte, riet mir: „Das Wetter ist unberechenbar. Es wäre besser, ihr würdet die Abreise verschieben. Vergeßt nicht, wie weit es bis zum nächsten Hafen ist! Außerdem haben wir heute Freitag. Am Freitag abzureisen, bringt Unglück! Das weiß doch jeder."

Unwirsch antwortete ich: „Ach was, das mit dem Freitag ist doch purer Aberglaube. Das Wetter wird schon nicht so schlimm werden. Zudem habe ich keine Lust, die Prozedur des Ausklarierens zu wiederholen. Mein Freund Thomas ist nach Südafrika gekommen, um mit uns nach Kapstadt zu segeln. Wenn wir jetzt nicht aufbrechen, wird er den Hafen nie verlassen. Wir müssen es halt versuchen."

Die Strömung und der achterliche Wind sorgten für schnelle Fahrt. Ich war glücklich, endlich wieder auf See zu sein. Guy und Thomas waren es weniger, da sie an Seekrankheit litten. „Keine Sorge; das läßt nach, sobald ihr euch an die Schaukelei gewöhnt habt", beruhigte ich sie. In der Nacht legte sich der Wind, so daß wir den Motor einsetzen mußten.

Kurz vor der Morgendämmerung weckte mich Guy. Zum Himmel deutend sagte er: „Das dunkle Wolkenband da vorn ist eine Wetterfront. Sobald die über uns hinweggezogen ist, wird der Wind auf Südwest drehen und hier die Hölle los sein."

„Sei nicht so ein Pessimist! Das angekündigte Tief soll ganz klein sein. Laß uns erst einmal abwarten", antwortete ich und blieb mit Guy an Deck.

Das Wolkenband, das kurz zuvor am Horizont sichtbar gewesen war, schob sich vor den Mond und stand wenig später über unseren Köpfen. Wir hatten gerade noch Zeit die Segel zu reffen, bevor der Wind von Nordost auf Südwest drehte. Sofort nahmen wir Kurs auf die Küste, um, wie uns empfohlen worden war, das seichtere Wasser des Festlandsockels zu erreichen. In kürzester Zeit legte der Wind zu und verwandelte die ruhige See in einen Hexenkessel. Bald brachen hohe, steile Wellen um uns herum. Wir holten das Großsegel ein und kreuzten unter gerefftem Vorsegel nahe der Küste. Obwohl dort die Wellen kleiner waren, wurde *Ryusei* wie ein Spielball herumgeworfen.

Guy und vor allem Thomas waren nun ernsthaft seekrank. Da keine Tablette in ihren Mägen blieb, mußte ein anderes Mittel her. Glücklicherweise war unser Mediziner bestens ausgerüstet. Wir saßen angegurtet in der Plicht, als unser Bordarzt Guy ein Zäpfchen überreichte. Dieser starrte mit schreckgeweiteten Augen auf die große Pille zwischen seinen Fingern, weil er glaubte, es sei ein Medikament zum Schlucken. Mit unmißverständlicher Gestik demonstrierte dann Thomas, wie es zu verwenden war. Wir bogen uns vor Lachen und vergaßen einen Moment den Ernst der Lage.

Unermüdlich kreuzten wir gegen den Wind, in der Hoffnung, daß sich das Wetter schnell wieder zu unseren Gunsten ändern würde. Die grüne, unbesiedelte Küstenlandschaft zeigte uns, daß wir die Transkei erreicht hatten.

Jedes Mal, wenn wir uns dem tieferen Wasser näherten, wurden die Wellen steiler und brachen. Die Gischt stob über das Deck und durchnäßte uns. Über Funk sprach ich mit Alister, der täglich von seiner bei Durban gelegenen Farm aus mit den Fahrtenseglern kommunizierte. Auf unsere Frage nach der Wetterprognose, krächzte seine Stimme aus dem Lautsprecher: „Ich weiß leider nicht, wie lange der Sturm anhält. Ihr habt es sicher nicht gemütlich da draußen. Hauptsache, ihr bleibt nahe der Küste. Mast- und Schotbruch!"

Mit der Zeit verloren wir unsere Nerven und erwogen umzukehren. Die Natur beantwortete unser Zögern. Plötzlich kreischte der Wind eine Note höher durch die Takelage. Der Windmesser zeigte über 45 Knoten. Wir mußten abfallen und versuchen, das Vorsegel mit Hilfe der Rollreffanlage weiter zu verkleinern. Die See tobte so sehr, daß jedes Manöver äußerste Anstrengung erforderte. Guy und Thomas waren zudem durch die Wirkung der Medikamente beeinträchtigt. Einen Vorteil besaßen die Mittel: sie beruhigten. Sonst wäre zumindest Thomas, der zum ersten Mal segelte, in Panik geraten.

Trotz aller Anstrengung, gelang es uns nicht, das Vorsegel, eine Genua, weiter einzurollen. „Irgend etwas stimmt da nicht. Das Rollreff klemmt!" rief ich.

Guy übernahm das Ruder, während ich mich zum Vordeck hangelte. Was ich sah, versetzte mir einen Schrecken. Das neue Vorstag hatte sich teilweise gelöst und schlenkerte mitsamt dem halb aufgerollten Segel hin und her. Irgendwie war das Stag aus dem unteren, als unfehlbar geltenden Norseman Terminal gerutscht. Jetzt wurde der Mast nach vorn nur noch durch wenige Einzeldrähte und dem dünnen inneren Vorstag gehalten. Ich eilte zur Plicht und schrie: „Guy, gehe auf Vorwindkurs, schnell, sonst verlieren wir den Mast! Das Vorsegel läßt sich nicht mehr weiter reffen. Wir müssen es einholen. Thomas, hilf mir, die Schoten zu bedienen."

Bei all der Hektik verklemmte sich die Genuaschot in der Winde, als ich sie ausrauschen lassen wollte. Dann verheddderte sich auch noch das Segel. Es bildete einen riesigen Ballon, der nun bei jeder Wellenbewegung von rechts nach links geschleudert wurde und das Rig mitsamt dem Schiff erzittern ließ. In der Not riß ich das große Messer am Niedergang aus der Halterung, hangelte mich nach vorne und zerschnitt beide Genuaschoten. Das befreite Segel killte mit ohrenbetäubendem Lärm vor dem Wind. Trotz des Risikos den Mast zu verlieren, brachten wir mit Motorkraft die Yacht in den Wind. Bei dem Versuch mir auf dem schlingernden Vorschiff zu Hilfe zu eilen, schlug sich Thomas den Kopf an und sank betäubt in die Plicht zurück. Dank dem Wasserschwall einer über das Deck brechenden Welle

166

berappelte er sich schnell. Doch selbst zu zweit konnten wir das riesige Vorsegel nicht bändigen. Daher schaltete Guy den Autopilot ein, um uns helfen zu können. Ich stand am Bugkorb und zog mit aller Kraft das flatternde Segel herunter. Thomas und Guy lagen auf dem Deck und hielten es fest. Alle paar Sekunden überspülten brechende Wellen das Vordeck. Mal hing ich frei in der Luft, während der Bug unter mir absackte und ich das Segel herunterzog, mal stand ich bis zum Bauch im Wasser. Guy und Thomas tauchten dabei völlig unter. Glücklicherweise waren die Wassertemperaturen erträglich. Irgendwie schafften wir es. Vor Aufregung und Anstrengung zitternd, verstauten wir die Genua unter Deck, sicherten mit dem Spinnakerfall den Mast und setzten die Sturmfock am inneren Vorstag. Für Angst blieb bei all dem keine Zeit, denn wir waren zu beschäftigt.

Früh morgens, zwei Tage nach unserer Abreise, legten wir wieder am Dock des Yachthafens von Durban an. Erschöpft fielen wir in die Kojen und schliefen, bis jemand klopfte und rief: „Willkommen zurück!"

Die Rückkehr wurde gefeiert. Greg, Luke, Mike, Anne, Melanie, sowie die Mannschaft einer anderen Yacht, die der Sturm auch zur Rückkehr gezwungen hatte, gesellten sich zu uns. Als wir von unseren Erfahrungen an der 'Wild Coast' berichteten, sagte Gary: „Du hättest auf mich hören sollen. Kein normaler Seemann legt seine Abreise auf einen Freitag und schon gar nicht, wenn die Wetterlage nicht klar ist."

Er hatte recht. Die Schuld lag bei mir. Unter Zeitdruck hatte ich den Hafen verlassen und dadurch unser Leben auf Spiel gesetzt.

Jenes unscheinbare Tief hatte sich unerwartet zum stärksten Sturm des Sommers entpuppt. Es tröstete uns zu hören, daß wir nicht die ersten waren: Eine amerikanische Yacht mußte wegen des Wetters, sogar zweimal nach Durban zurückkehren. Beim zweiten Mal liefen sie allerdings ohne Mast ein.

Wir ignorierten alle selbstverschuldeten Fehler und schoben unser Malheur auf den Abreisetag. Ich schwor mir, nie wieder an einem Freitag den Hafen zu verlassen.

Unzertrennliches Paar

Eines war klar: Wetter und Schiff müssen stimmen, bevor es weiter geht.
Der Spezialist Steve Maddins, der uns die neuen Stags geliefert hatte, begutachtete den Schaden. Wir konnten uns nicht erklären, daß ein Norseman Terminal versagt hatte. Die Antwort fand sich schließlich in einer Randnotiz der technischen Dokumentation der ‚Furlex' Rollreffanlage. Bei unserem System rotierte das Vorstag beim Reffen. Dagegen haben die neueren

Reffanlagen ein fixiertes Vorstag, und ein Rohr, an dem das Segel befestigt ist, stellt den rotierenden Teil dar. Der springende Punkt war, daß das ‚Furlex' System ein im Uhrzeigersinn gewundenes Drahtseil benötigte. Ohne zu ahnen hatten wir das einzig Verfügbare, ein im Gegenuhrzeigersinn gewundenes Drahtseil, eingebaut. Beim Versuch das Segel unter Last einzurollen, wurde das aus vielen Einzeldrähten bestehende Seil, aufgedreht und rutschte teilweise aus dem Terminal. Daß wir den Mast nicht verloren hatten, grenzte an ein Wunder.

Gary, der schon zum zweiten Mal um die Welt segelte, klagte: „Ich habe dir schon mehrmals gesagt, daß du nur noch eine modernere Rollreffanlage, wie beispielsweise ein Profurl, installieren mußt, um ein perfekt ausgerüstetes Fahrtenschiff zu haben. Spare außerdem nicht bei den Wanten, wenn diese alt und brüchig sind. Ein Mastbruch kann dich sehr teuer zu stehen kommen."

Nach dem Erlebnis brauchte ich keine weitere Aufforderung mehr. Obwohl Steve der beste Takler vor Ort war, kannte er weder mein veraltetes Rollreff noch die Befestigungsart meiner Wanten am Mast. Die Wanten waren innerhalb des schweren Aluminiummasts verankert. In Durbans Hafen gab es rund fünfhundert Segelyachten. Nirgendwo sahen wir einen Mast mit unserer Befestigungsart. Beim Versuch die Wanten vom Mast zu lösen war ich genauso erfolglos, wie zuvor in Singapur.

Erst viel später erfuhr ich, daß es sich um ein altes englisches Befestigungssystem handelte, das sich einfach lösen ließ. Vorausgesetzt, es ist nicht verrostet, was jedoch bei uns der Fall war.

„Der Mast muß raus!" stellte Steve in einer Krisensitzung fest und fügte zuversichtlich hinzu: „Keine Angst. Ich habe schon mehr als 300 Masten gelegt. Mit eurem werde ich auch noch fertig. Morgen lasse ich den Autokran kommen."

Am nächsten Tag brachten wir *Ryusei* zu dem Pier, wo der Autokran auf uns wartete. Alle elektrischen sowie Antennenkabel waren bereits vom Mast getrennt. Steve erklomm den Mast und befestigte ein schweres Seil, das mit dem Haken des Kranes verbunden wurde. Dann lösten wir die Wanten und gaben dem Kranfahrer das Zeichen zum Anheben. Gary, Greg, Guy, Steve und ich standen an Deck und beobachteten das Geschehen. Der Kran zog leicht an, aber nichts geschah. Steve gab nochmals ein Zeichen, der Kran zog ein wenig mehr an. Der Mast rührte sich immer noch nicht. Aber wir bemerkten entsetzt, daß die Yacht teilweise aus dem Wasser gehoben wurde. „Stop!" schrie Steve und ließ das Schiff wieder absinken. Wir kletterten unter Deck und betrachteten den Mastfuß, der auf einem großen Kielbalken stand. Steve erklärte: „Der Mastfuß hat einen Zapfen, der in den Kielbalken eingelassen ist. Der besteht wie der Mast aus Aluminium. Die Feuchtigkeit hatte das Holz quellen lassen und womöglich ist der Mastfuß angerostet. Manchmal läßt sich der Mast befreien, wenn man daran rüttelt. Klappt es dann immer noch nicht, so werden wir Keile zwischen den Mastfuß und den Balken einschlagen."

Wir machten uns an die Arbeit. Es wurde gerüttelt und gehämmert, aber der Mast rührte sich nicht. Schließlich ließen wir den Kran nochmals etwas anziehen. Wieder hob sich das Schiff teilweise aus dem Wasser. Der Balken unter dem Mast gab ächzende Laute von sich. Mir wurde fast übel, da ich mit dem Boot fühlte. Auch Steve litt. Ganz entnervt bat er uns, Abstand vom Mast zu halten.

„Warum denn?" fragte ich ihn.

„Ich bin deswegen einmal schlimm verletzt worden", sagte Steve und fuhr fort: „Wenn der Mast sich unter dem Zug des Krans plötzlich löst, kann er wie eine Rakete hochschnellen. Ich stand einmal zu nah am Mast, als dies passierte. Dabei verlor ich einen meiner Hoden."

Auf unseren schockierten Blick hin, ergänzte er mit verschmitztem Lächeln: „Es geht aber trotzdem noch, da meine Frau zum dritten Mal schwanger ist. Also nehmt euch bitte sehr in acht."

Verständlicherweise setzten wir die Arbeit mit verhaltenem Enthusiasmus fort. Als alle Bemühungen immer noch keine Wirkung zeigten, ließen wir den Kran noch mehr anziehen. Wieder ächzte das Gebälk des Schiffes. Es klang wie Schmerzensschreie. Für mich wurde es zuviel. „Genug, genug", rief ich, „der Mast bleibt drin!"

Die anderen waren gleicher Meinung. „Die Yacht und der Mast sind ein unzertrennliches Paar. Wenn es anders wäre, hätten wir den Mast schon längst an der ‚Wild Coast' verloren", lautete schließlich unser Argument.

Dies alles geschah wieder an einem Freitag, kein Wunder, daß wir langsam abergläubisch wurden.

Die Puffotter

Nach einer weiteren Krisensitzung beschlossen wir, das Befestigungssystem der Wanten am Mast zu ändern. Wir wollten nun Stahlseile mit Hakenterminals verwenden. Dazu mußten Löcher für das Installieren der Befestigungsplatten gebohrt werden. Guy und ich besorgten alte Holzbretter und zimmerten eine Arbeitsplattform, die wir dann mit Hilfe der Fallen bis zur Saling hochzogen. Nach unten wurde diese wacklige Bühne mit Tauen abgesichert. Dann stiegen wir zu zweit auf die Plattform und begannen mit dem Bohren und Aufschleifen der Löcher. Tagelang beschäftigte uns diese Arbeit. Die pralle Sonne setzte uns zu. An einem Samstagnachmittag, als die meisten Menschen ihre verdiente Siesta hielten, sank unsere Motivation auf den Nullpunkt ab. Plötzlich hielt Guy inne und sagte: „Wie wäre es, wenn wir einen Ausflug in die Berge unternähmen?"

„Was meinst du damit?" fragte ich zurück. Guys Vorschlag war: Werkzeuge fallenlassen, Kühlbox packen, Steaks und Holzkohle besorgen und das Wochenende in der Berghütte einer Verwandten zu verbringen. Gesagt, getan: Eine Stunde später befanden sich Gary, den wir aus seinem Mittagsschlaf gerissen hatten, Guy und ich auf dem Weg in die Berge.

Ziel unserer Reise waren die Karkloof Mountains bei Pietermaritzburg. Nach einer abenteuerlichen Fahrt durch die Berge und über holprige Feldwege, gelangten wir bei Einbruch der Dunkelheit zu einer strohbedeckten Hütte. Der Ort war phänomenal. In der Luft lag der Geruch von Nadelbäumen und Wiesen. Im Gegensatz zur subtropischen Witterung Durbans war die Luft trocken und kühl. Vom Haus aus genossen wir eine grandiose Aussicht. In der abendlichen Sonne entfaltete sich die prachtvolle Natur Afrikas. Wir blickten auf Berge, Täler und eine weite Tiefebene. Ein Grillfeuer war schnell entfacht und bald duftete es nach gebratenen Steaks und Maiskolben.

Am folgenden Morgen wanderten wir über ein hügeliges Hochplateau. In einigen Senken lagen idyllische Seen mit kristallklarem Wasser. An diesem schönen Ort hätte unsere Reise enden dürfen.

Beinahe hätte sie das auch. Beim Durchwandern eines Waldstücks, wurden wir von einem Schwarm aggressiver Bremsen verfolgt. Da wir Shorts trugen, konnten wir sie uns nur im Laufschritt vom Hals halten. Guy lief voraus. Plötzlich schrie er und machte einen Satz. Gary blieb auf dem Absatz stehen und ich, der letzte, rannte in ihn. Mitten auf dem Pfad sonnte sich eine der giftigsten Schlangen Afrikas, eine Puffotter. In der Eile hatte Guy die Schlange übersehen. Der Sprung rettete ihn. Gary hätte ich fast auf sie drauf geschubst. Die schlafende Schlange ging blitzschnell in Angriffsstellung. Wir zogen uns vorsichtig zurück und jagten das Reptil mit gezielten Stockwürfen vom Pfad. Dann nahmen Gary und ich Anlauf und passierten die Stelle im olympischen Dreisprung.

Zwei Nächte verbrachten wir an diesem paradiesischen Ort namens ‚Mbona'. Als Andenken pflückte ich einige Hortensien, die seither unsere Kajüte verzierten.

Aufbruch

Guy und ich arbeiteten tagelang in schwindelerregender Höhe, um das Befestigungssystem der Wanten zu ändern. Die Geschichte von dem widerspenstigen Mast und den tollkühnen Leuten auf der wackligen Arbeitsplattform wurde zum Gesprächsstoff im Yachtklub.

Dr. Thomas hatte kurz nach unserer mißlungenen Segeltour die Heimreise angetreten. Seine Vorstellung, daß Fahrtensegler immer im Urlaub seien, war enttäuscht worden. Doch trotz der erlebten Strapazen, wäre er gerne an Bord geblieben, wenn sein Beruf es erlaubt hätte.

Für die Reise nach Kapstadt wollte nun Greg einspringen. „Seit sechs Monaten liegt unser Schoner ‚Dwyn Wen‘ im Hafen. Ich möchte endlich wieder einmal segeln“, sagte er. Mit Greg gewann ich nicht nur einen ausgezeichneten Segler, sondern auch jemand, der die Strecke nach Kapstadt bestens kannte.

Kurz vor der Abreise stellte mir Greg eine junge Dänin vor, die er auf einer Party kennengelernt hatte. Vibeke war eine abenteuerlustige Architekturstudentin. Nach einem Praktikum in Südafrika wollte sie nun gern eine Seereise unternehmen. Also interviewte ich sie. Anschließend berichtete Gary im Freundeskreis, was sich dabei abspielte: „Erst fragte Ralph, ob sie segeln könne. Sie verneinte. Dann fragte er, ob sie schon einmal auf einem Boot gewesen war. ‚Ja, einmal‘, lautete ihre Antwort. Darauf fragte Ralph, ob sie seekrank werde. ‚Nicht das ich wüßte‘, sagte sie. Dann hat er das arme Mädchen nochmals von unten bis oben gemustert und wohl realisiert, daß jemand mit einem so athletischen Körperbau, die Schoten dichtholen kann.“ Mein abschließendes Verdikt hätte gelautet: „Bei uns braucht man keine Segelkenntnisse. Wichtig ist der Sinn für Humor und die Neigung zum Abenteuer.“

Für Turbulenzen sorgte auch Guys Schwester, Paula. Sie besuchte uns zum Mittagessen im Yachtklub. Paula war eine Schönheit. In ihrer Freizeit arbeitete sie als Fotomodell. Uns Seeleuten fielen fast die Augen aus dem Kopf. Kaum war sie gegangen, hänselten wir: „Guy, wie kann so ein häßlicher Typ wie du, eine so hübsche Schwester haben?“

Ich ergänzte: „Warum bleibst du nicht zu Hause und läßt deine Schwester mitsegeln?“

Lachend antwortete Guy: „Macht euch keine Hoffnungen, Jungens. Paula ist in festen Händen. Gegen ‚Mr. Beachcomber‘ von Durban werdet selbst ihr keine Chance haben.“

Damit war das Thema noch lange nicht erledigt. Sobald Guy in den folgenden Monaten einen Fehltritt tat, kam der Spruch: „Hätten wir doch besser deine Schwester Paula mitgenommen!“

Ein Wetterfenster gab das Zeichen zum Aufbruch. Die Chance wollten wir dieses Mal nicht verpassen, da die meisten Fahrtenyachten bereits unterwegs nach Kapstadt waren. Unsere Yacht war startklar, die Mannschaft komplett, und das Wetter stimmte. Aber es war Freitag. Also konnten wir erst nach Mitternacht absegeln. Trotz der späten Stunde kamen unsere Freunde und Guys Familie zum Abschied. Gary und die Mannschaft von ‚Aisa' versprachen, so bald wie möglich zu folgen. Unter den Klängen unserer Schiffs-Kuhglocke verließen wir den Hafen.

Traurig stimmte mich der Abschied von Melanie, mit der ich mich angefreundet hatte. „Die Seefahrt hat uns zusammengebracht. Jetzt trennt sie uns wieder", klagte ich. „Aber die Welt ist rund, so werden wir uns sicher wiedersehen", meinten wir optimistisch.

Wir hielten brieflichen Kontakt bis Melanie im November 1994 mit einer 57' Swan von Borneo absegelte. Die vierköpfige Mannschaft und die Yacht namens ‚Aphandra' ist seither unter mysteriösen Umständen spurlos verschwunden.

KAP DER STÜRME

Be like me and drink to the sea, but don't untie your boat!
(Lin & Larry Pardey)

Bartholomeus Diaz

Als wir an der Wild Coast entlang segelten, gab es, wie zum Gruß 30–35 Knoten Wind, der dann auf den letzten Meilen nach East London einschlief. Der Wetterbericht kündigte wieder ein kleines Tief mit Winden aus südwestlicher Richtung an. Aber der Kapitän eines südafrikanischen Fahrtenkatamarans, der uns in der Hafeneinfahrt von East London entgegenkam, versicherte uns über Funk, daß es noch möglich sei, die 170 Meilen bis nach Port Elizabeth weiterzusegeln. Selten hat uns ein Hafen so kurz gesehen wie East London. Wir legten an, duschten, verschlangen eine deftiges Mahl, und zwei Stunden später segelten wir weiter.

Mein neues Team Greg, Guy und Vibeke bewährte sich. Guy war bereits sturmerprobt, Greg routiniert und Vibeke, nach anfänglicher Seekrankheit, die wir mit dem Wundermittel von Dr. Thomas behandelten, sehr engagiert. Der neue Autopilot kam gar nicht zum Zug, denn jeder wollte das Schiff steuern. Vibeke lernte schnell und drängte, so oft es ging, ans Ruder. Außerdem bewies sie großes Geschick in der Kombüse. Sie verwöhnte uns mit dänischen Delikatessen. Auch Greg konnte gut kochen. Allerdings verschätzte er sich zunächst in der Menge. Sein erstes Reisegericht reichte für zwei Tage. „Auf dem Schoner ‚Dwyn Wen' mußten wir immer für mindestens zehn Leute kochen", entschuldigte er sich.

Wie befürchtet bestrafte uns das Wetter, bevor wir Port Elizabeth erreichten. Um sechs Uhr morgens kamen starker Gegenwind mit Regen und Nebel auf. Es herrschte Weltuntergangsstimmung. Wegen der schlechten Sicht mußten wir das Radar zur Hilfe nehmen. Um dem berüchtigten Seegang zu entgehen, kreuzten wir wieder nahe der Küste. Laut Seekarte lagen noch etwa fünfzig Meilen vor uns.

„Ich Idiot mache den gleichen Fehler zweimal", klagte ich bei einer Lagebesprechung mit meinen Freunden. Doch Greg munterte mich auf: „Kein Grund zur Sorge. Wenn der Wind nicht stärker wird, erreichen wir bald die schützende Algoa Bay, an dessen Südende Port Elizabeth liegt."

173

Plötzlich teilte sich der graue Nebelvorhang und gab den Blick auf die Küste frei. Soweit das Auge reichte, sahen wir Dünen und Strände. Ein Felshügel am Strand dominierte die Landschaft. Irgendwie kam mir der Ort bekannt vor. Dann erinnerte ich mich plötzlich und rief: „Welch ein Zufall! Freunde, schaut euch diesen Hügel an. Dies ist der Ort, an dem der portugiesische Entdecker Bartholomeus Diaz, nach Umrundung des Kaps, im Jahre 1488 den Wendepunkt seiner Seereise mit einem Kreuz markiert hat." Mit dem Fernglas konnten wir das Kreuz auf dem Gipfel erkennen.

„Woher weißt du das?" fragten meine Freunde verwundert, worauf ich eine Geschichte aus meiner Vergangenheit erzählte: „Vor vielen Jahren hatte ich dort einmal am Fuße des Hügels kampiert, um meinen 20. Geburtstag zu feiern. Eigentlich suchte ich an diesem einsamen Strand meine Ruhe. Aber daraus wurde dann eine Beachparty, denn als ich zum Bartholomeus Diaz Kreuz hinaufstieg, traf ich auf eine Gruppe Südafrikaner. Sie erfuhren von meiner Absicht und gesellten sich dann abends mit einer Kiste Wein zu mir."

Den ganzen Tag kreuzten wir hoch am Wind und waren froh, vor Einbruch der Dunkelheit in Port Elizabeth einzulaufen. Wiederum konnten wir die südafrikanische Gastfreundschaft genießen. Wir durften kostenfrei die Räumlichkeiten des Klubs nutzen und wurden zudem auf einen Begrüßungstrunk in die Bar eingeladen. Im Gegenzug mußten wir Anekdoten über unser Segelabenteuer erzählen. Dies ist eine Pflicht, der Segler gern nachkommen.

Knysna

„Wer lügen will, braucht nur vom Wetter zu sprechen", heißt es.

Obwohl schlechtes Wetter angekündigt war, konnten wir bereits am folgenden Abend die Segel setzen. Als wir die Algoa Bucht in der Dämmerung verließen, tauchte neben uns ein Buckelwal auf. Während er zischend den Atem ausblies, stieg eine Wasserfontäne in die Luft. Die niedrigeren Temperaturen wiesen darauf hin, daß wir langsam die gemäßigteren Zonen verließen. Besonders nachts merkten wir den Unterschied: T-Shirt und Shorts genügten nicht mehr. Außerdem war das kühlere Wasser reich an phosphorisierendem Plankton, das in der Dunkelheit das Meer aufleuchten ließ.

Strömung und Wind trieben uns schnell zum nächsten Ziel. Bald erblickten wir eine mächtige Felsküste. Sie ähnelte der bretonischen Küste in Frankreich. Einziger Unterschied bildeten die hohen Berge, die im Hintergrund emporragten.

„Irgendwo muß doch die Öffnung zur Knysna Lagune sein", rief ich, nachdem wir nochmals unsere Position auf der Seekarte bestimmt hatten. Erst aus nächster Nähe und mit dem Fernglas erspähten wir die schmale Lücke in der Felswand, die in die Lagune führen sollte. Ohne unser Satelliten-Navigationsgerät, hätten wir diesen Ort verpaßt. Glücklicherweise kamen wir zur richtigen Zeit an, denn bei einsetzender Tidenströmung wird die enge Einfahrt unpassierbar. Dann würden, so stand es im Seehandbuch, die Wellen über der Barre brechen.

Wir kontaktierten die lokale Funkstation in Knysna und baten um Assistenz. Die Antwort lautete: „Bleibt wo ihr seid. In zehn Minuten werde ich auf den Klippen stehen und euch über Funk lotsen." Etwas später meldete sich der hilfreiche Mann wieder, bestätigte, daß er uns sieht. Dann erteilte er Instruktionen: „Nachdem ihr die Segel eingeholt habt, nähert ihr euch unter Motor der Einfahrt. Bleibt so nah wie möglich auf der Seite der hohen Felswand. Laßt euch nicht von der anderen Seite der Passage, die harmloser aussieht, täuschen. Sie ist voller Untiefen. Habt keine Angst vor den brechenden Wellen. Trotzdem verschließt ihr besser den Niedergang und bleibt zur Sicherheit in der Plicht."

Die letzten Worte und die zerschmetterten Überreste einer Segelyacht auf den Felsen beunruhigten uns.

Während ich steuerte, blieb Greg mit unserem Lotsen in Kontakt. Mir wurde ganz anders, als wir das Nadelöhr zwischen den etwa 200 Meter hohen Felswänden passierten. Das Getöse der Brandung hallte von den Klippen wider. Es gab kein Zurück. Die Wellen schüttelten uns durch. Aber im nächsten Moment trieben wir bereits in ruhigem Gewässer.

Eine neue Welt umgab uns. Wer hätte je gedacht, daß sich hinter der Felsküste so ein verträumter Ort verbirgt? Die Lagune war riesig, und sie wurde von bewaldeten Bergen umgeben. Als wir vor dem Yachtklub ankerten, hatten wir bereits entschieden, länger hier zu bleiben.

‚Lily Maid'

Am Ankerplatz lag die Segelyacht ‚Lily Maid', dessen Mannschaft wir bereits in Durban kennengelernt hatten. Die Yacht war eine alte Holzslup, auf der Mike Jerret, ein irischer Bootsbauer, mit seiner Familie lebte. Der Jerret-Clan war in keinem Hafen zu übersehen. Das rotgesichtige Familienoberhaupt besaß ebenso viel Charakter wie sein Schiff. An Bord lebten Mike und seine Frau mit drei Kindern, wobei die Jüngste nur zwei Jahre alt war. Außerdem befanden sich da noch Mikes Sohn aus erster Ehe mit seiner Freundin und ein kläffendes Hündchen namens ‚Poppey' an Bord.

Inmitten einer lieblichen Landschaft stand der Yachtklub von Knysna auf Pfählen über dem Wasser. Er wurde zu unserem Wohnzimmer, das wir mit Mikes wilder Familie teilten. Mit Mike erlebten wir unterhaltsame Stunden. Seine Geschichten waren abenteuerlich. Er erzählte von den Schiffen, die er gebaut oder renoviert hatte und von seinen Seereisen im Indischen Ozean. Besonders Madagaskar hatte es ihm angetan.

„Wenn ich genügend Schiffsbauprojekte hätte, würde ich mich dort niederlassen", sagte er, wobei er uns mit einem Augenzwinkern wissen ließ, daß die eingeborenen Frauen nicht zu verachten seien.

„Als mein Sohn dort seinen 15. Geburtstag feierte, habe ich ihm eine Landesschöne besorgt. Sie nahm sich seiner an. Danach benötigte er keine Aufklärung mehr", schloß Mike und schlug sich lachend auf die Schenkel.

Dann berichtete er vom Schmuggeln.

„Jedesmal, wenn wir von Südafrika nach Madagaskar segelten, hatten wir das Schiff randvoll mit Ware, die man in Madagaskar nicht oder nur sündhaft teuer bekam. Eigentlich war es nicht immer Schmuggel, denn oft schmierten wir den Zoll. So konnte ich die Ware offiziell einführen. Eines Tages hatten wir eine Schiffsladung Champagner an Bord. Mitten im Kanal von Mosambik erwischte uns ein Sturm, der uns fürchterlich zusetzte. Das 80jährige Schiff hielt glücklicherweise stand. Nur tat die Hitze und das Schaukeln meiner Ladung nicht gut. Plötzlich flogen uns die Korken um die Ohren. Da wir den Champagner nicht verschwenden wollten, verbrachten wir den Rest der Reise im Rausch."

In Durban hatten wir diese Geschichte schon einmal von ihm gehört. Jetzt wurde uns klar, daß je nach Laune, die Anzahl der Champagnerflaschen, die er zusammen mit seiner Familie hatte notschlachten müßen, variierte.

Mike, der wegen seines Temperaments den Beinamen ‚Short Fuse' trug, war ein Seemann von altem Schrot und Korn. Seine Erlebnisse hätten Bände gefüllt. – Ich belasse es bei diesen Kurzgeschichten. – Er befand sich wie wir auf dem Weg in die Karibik. In Venezuela wartete auf ihn der Auftrag, die im Jahre 1905 gebaute Segelyacht ‚Iolaire' seines Freundes zu renovieren. Sein Freund, erzählte er, sei Donald Street, der durch die Veröffentlichung von Seehandbüchern und Seekarten der Karibik bekannt wurde.

Erholung
Knysna ist einer der hübschesten Orte Südafrikas. Hier verbrachten wir einen erholsamen Urlaub. Wir lasen viel, wanderten durch die schöne Land-

schaft und amüsierten uns, wie und wo es nur ging. Durch Guy bekamen wir auch lokalen Anschluß. Sein Bruder Peter lebte hier mit seiner Familie. In dem Restaurant, das seine Frau besaß, wurden wir hungrigen Seelen öfters verwöhnt. Peter verdiente sich seinen Unterhalt als Zimmermann. In Anbetracht der Wälder um Knysna hatte er den richtigen Beruf gewählt.

Außer vom Tourismus und der Holzwirtschaft lebt dieser Ort von der Austernzucht. Nahe unseres Ankerplatzes gab es eine solche. Dort konnten wir degustieren. Ich war nie ein großer Freund von Austern. Aber mit viel Wein und Zitrone kamen wir schließlich doch noch auf den Geschmack.

Ein Ausflug führte uns zum Jubilee Valley, einem ehemaligen Zentrum des Goldbergbaus. Obwohl hier seit Jahrzehnten kein Gold mehr geschürft wurde, waren die Spuren noch erkennbar. In den Flanken des Berges öffneten sich in den Fels gehauene Stolleneingänge. Neugierig krabbelten wir in eines dieser Löcher. Wir kamen jedoch nicht sehr weit, da wir nur ein Feuerzeug als Beleuchtung dabei hatten. Hier im dunklen, feuchtkalten Stollen spürten wir, welche Strapazen die Menschen bei der Suche nach dem Reichtum erdulden mußten. Südafrika besitzt weltweit die größten Goldreserven. Allerdings suchen die modernen Goldsucher bis in 4.000 Meter Tiefe, um an das edle Metall zu kommen.

Als wir nachmittags in den Yachtklub zurückkehrten, gab es Grund zur Freude. Unser Manxman, den wir schon für verloren geglaubt hatten, war eingetroffen. Sofort statteten wir ihm ein Besuch ab. Auf unser Klopfen hörten wir ein Stöhnen. Dann streckte Gary seinen Kopf aus der Luke, gähnte und deckte uns sogleich mit Flüchen ein. Wir lachten, denn daran waren wir mittlerweile gewöhnt.

„Gary, wir dachten du wolltest uns einholen, und jetzt warten wir seit vier Tagen auf dich", provozierten wir ihn.

„Ihr könnt euch gar nicht vorstellen, wie das Wetter da draußen ist. Ich hatte zwei Tage dichten Nebel und fürchtete, von einem anderen Schiff gerammt zu werden. Zuletzt mußte ich viele Stunden vor der Einfahrt der Lagune kreuzen, bis die Gezeit richtig war. Ich bin noch völlig erschöpft", sagte er und gähnte abermals.

Ja, das konnten wir uns vorstellen. Im Gegensatz zu Gary, segelten wir zu viert. Aus eigenem Wunsch wollte er allein sein, da er nicht bereit war, sich mit irgendeinem ‚Idioten' herumzuärgern. Einhandsegler sind komische Vögel. Sie wollen in ihren Entscheidungen frei sein. Daher segeln sie lieber allein, obwohl sie dabei Kopf und Kragen riskieren. Gary erklärte mir einmal, daß ihm dies trotz der Strapazen am besten gefällt. Ich gab zu bedenken: „Was machst du, wenn zufällig der Kurs eines Frachters mitten durch deine Segelyacht führt?"

Doch Gary winkte ab. „Ralph, Einhandsegeln kann man nicht mit Worten vermitteln. Du mußt es einmal selbst erleben."

Der ‚Manxman'

Seit unserer Ankunft in Knysna sahen und hörten wir jeden Tag einen altertümlichen Eisenbahnzug mit einer Dampflokomotive. Am Morgen nach unserer Wiedersehensfeier, wollten wir mit diesem Zug von Knysna nach George fahren. Nur kamen wir nicht an Land, da Gary in der Nacht mit unserem Beiboot nach Hause gefahren war. Nun lag dieses vertäut hinter seiner Yacht, die ein paar hundert Meter von uns vor Anker lag. Gary konnten wir weder über Funk, noch durch Rufe wachkriegen.

„Laß uns doch einfach hinüberschwimmen und das Beiboot holen", schlug Vibeke vor.

„Bist du wahnsinnig?" erwiderte ich. „Das Wasser ist doch viel zu kalt und außerdem müßten wir gegen den Ebbstrom schwimmen."

Vibeke ließ sich jedoch nicht von ihrem Vorhaben abbringen. „Mit Schwimmflossen ist das kein Problem", sagte sie zuversichtlich.

Da ich mich nicht blamieren wollte, zog ich ebenfalls meine Flossen an und sprang hinter Vibeke ins Wasser. Während sie locker über Bord gesprungen war, entfuhr mir beim Eintauchen in das eiskalte Wasser ein Schrei. Aber dann schwamm mir Vibeke mit kräftigen Zügen davon. „Wie kommt es nur, daß dieses Mädchen so schnell schwimmen kann?" dachte ich frustriert. Ich hatte mich immer für einen guten Schwimmer gehalten.

Nach etwa dreihundert Meter bekam ich Atemnot. Vibeke sah dies, kehrte sofort um und schlug vor, ich sollte besser wieder zurückschwimmen. Diese Blöße wollte ich mir dann doch nicht geben. Gary spottete zu Recht, als ich mit letzter Kraft die Bordleiter erklomm.

„Sag einmal Vibeke; wo hast du Schwimmen gelernt?" fragte ich außer Atem. Die Antwort überraschte uns: „Ich gehörte jahrelang zum dänischen Nationalteam der Schwimmerinnen." Von jenem Tag an trug sie den Spitznamen: Vibeke the Wiking.

Fast wäre der Zug ohne uns abgefahren. Zischend setzte sich die alte Dampflok in Bewegung. Überall rappelte und quietschte es. Die Fenster standen offen, und Rauchschwaden zogen durch die Waggons. Erst als der Zug beschleunigte, konnten wir die ungetrübte Morgenluft einatmen. Die Fahrt über die Berge, durch Täler und entlang der Küste war ein sensationelles Erlebnis. Wann immer der Lokführer Kohle nachschaufelte, quoll eine schwarze Rauchwolke aus dem Schlot. In solchen Momenten schlossen wir die Augen und zogen unsere Köpfe ein. Auf der kleinen Endstation in George schlugen wir uns in der Bahnhofsgaststätte die Mägen voll. Die Rückfahrt war nicht weniger faszinierend. Nur nickten wir jetzt gelegentlich ein, denn die lange Nacht und die frische Luft hatten uns zugesetzt.

Am Vorabend unserer Abreise wurden wir von Peters Familie zum Barbecue eingeladen. Es gab Lamm am Spieß mit delikaten Beilagen. So gestärkt, segelten wir zusammen mit ‚Manxman' am nächsten Tag ab. Leider verspäteten wir uns ein wenig bei der Abreise. Wie wir die gefährliche Einfahrt erreichten, hatte der Ebbstrom bereits eingesetzt, und die Wellen brachen über der Barre. Die Strömung war zu stark, um umzukehren. Also gab ich Vollgas. „Haltet euch fest!" schrie ich als sich vor uns ein steiler Wellenberg aufbaute. *Ryuseis* Bug bäumte sich auf und durchbrach im letzten Moment den brechenden Kamm. Dann schwebten wir für den Bruchteil einer Sekunde in der Luft und sausten in das folgende Wellental hinab. Meine Finger verkrallten sich in das Ruder, und mein Blick war auf den Echolot geheftet. Eine Sekunde zuvor stand er auf zehn, dann auf zwei Meter Wassertiefe unter dem Kiel. Der Schrecken saß uns in den Knochen. ‚Manxman' erging es nicht besser. Als auch er die offene See erreicht hatte, erklang seine belegte Stimme über Funk: „Das war aber knapp! Ich glaubte, mein letztes Stündlein habe geschlagen. So etwas habe ich noch nie erlebt. Es war sogar schlimmer als das berüchtigte ‚Hole in the Wall' in Australien."

Vibeke, unsere Wikingerin, beschrieb ihre Erfahrungen des ersten Reiseabschnitts mit folgenden Worten:

Once upon a Time,
In the big blue Yonder of South Africa
we find Ryusei, *the Japanese `Dragon Star`*
Cruising down the dangerous coast
guided by a crew so brave
Oh Look, The waves are like a rave.

On the first day at midnight,
Ryusei *leaves the Harbour of Durban*
to battle and roll in the awful sea
-Vibeke on her first cruise down the Wild Coast
Seasick - it doesn't look too nice,
she is tasting the wine and the braii twice !

On the second day
Vibeke is laying half dead on the deck
without a chance of keeping food nor water
and the Captain of Ryusei *gives an order:*
„Look she is not having a thrill
up her ass, she must take the pill!!"

On the third day
A quick shower and lunch on land, East London
the wind is perfect - quickly and restless they continue the voyage
The sailing with the beautiful wooden yacht
gently guided by Dolphins gracefully playing in the bay
brings us to Port Elizabeth on the fourth day.

On the fifth day
Vibike the Viking steers the boat past a blowing whale.
In the night, the sea intrigues her with phosphorous
as silver in the sea, sparkling, like her blue eyes.
Fascinated thinking while „Madame Butterfly"
Accompanies Ryusei *with spread wings - it is no lie!*

On the sixth day
The narrow, dangerous opening of Knysna conquered:
close scary rocks, through hideous breakwater
Oh: Look! - The Lagoon - A Paradise!
They all need to rest, and stay,
before the last bit to Cape Town, just for a couple of days.

After seven days in Knysna
Days of swimming in the Lagoon and cold Buffolo Bay,
Hiking in an ancient forest
and sailing Laser: Vibeke doing not so good - capsizing!
One night all of them naked, jump into the lagoon
Oh - What a luck, it's dark, not yet full moon!
...

Die Kaps

Das günstige Segelwetter ließ uns schnell den Schock vergessen. Ein neues Abenteuer lag vor uns. Auf dem Weg nach Kapstadt würden wir die Südspitze Afrikas umrunden.

Bartholomeus Diaz gab diesem Kap fünfhundert Jahre zuvor den Namen: ‚Kap der Stürme'. Wenn die damaligen Machthaber den Namen nicht auf ‚Kap der Guten Hoffnung', geändert hätten, wäre wohl kein Seemann mehr freiwillig um dieses Kap gesegelt und die Handelsschiffahrt nach Fernost zum Erliegen gekommen.

So segelten wir guter Hoffnung weiter und erreichten das Cape Agulhas (34° 53' S / 20° 00' E). Wenige wissen, daß dieses eher unscheinbare Kap am südlichsten Punkt Afrikas liegt. Der eigentliche Höhepunkt kam 70 Meilen weiter, als wir um drei Uhr Morgens bei Mondschein das Kap der Guten Hoffnung passierten. Das Meer war aufgewühlt, es war kalt und der Wind steigerte sich bis auf 35 Knoten. Aus den Lautsprechern unserer Musikanlage dröhnte Richard Wagners Oper ‚Der fliegende Holländer'. Trotz des Protests meiner Freunde, fand ich die Musik passend.

Einer alten Sage folgend, hatte sich ein frevelhafter Kapitän angemaßt, bei widrigen Winden ein sturmreiches Kap zu umfahren. Zur Strafe wurde er verdammt, in alle Ewigkeit gegen die Winde zu kreuzen. Das schnell dahinsegelnde Geisterschiff des fliegenden Holländers zu erblicken, soll Unglück verheißen. Nur die Treue einer Frau, soll den Kapitän noch retten können. – Das ‚Schiff' meines Lebens war in Asien in einen Sturm geraten. Nun befanden ich mich auf einer Reise mit ungewissem Ausgang. Würde ich je wieder Boden unter den Füßen finden? – Wir hatten zwar starken Wind und Seegang. Aber unser Segeln konnte glücklicherweise nicht als frevelhafte Tat bezeichnet werden. Schnell umrundeten wir das Kap, ohne das gefürchtete Geisterschiff zu sehen.

Das Kap der Guten Hoffnung war uns gut gesonnen. Kaum lag es hinter uns, flaute der Wind ab. Der Sonnenaufgang hinter den Bergen des Kaps wurde zu einem unvergesslichen Erlebnis. Ein Nebelschleier lag über der

See. Die veränderte Färbung des Meeres sowie die niedrigere Wassertemperatur von 10 °C bewiesen, daß wir den Atlantik erreicht hatten. Wenig später kam der grandiose Tafelberg in Sicht.

Kapstadt

Wer die geschützte Bucht von Kapstadt mit der Kulisse des Tafelbergs sieht, kann sich vorstellen, warum dieser Ort an der Nahtstelle zweier Ozeane strategische Bedeutung erlangte. Kapstadt ist ohne Zweifel die schönste Stadt im südlichen Afrika. Hier spürten wir ein internationales Flair, das nicht zuletzt von der vielschichtigen Bevölkerung herrührt.

Wie kommt das, fragten wir uns und studierten dazu den Reiseführer. Die Holländer gründeten hier im Jahre 1652 eine Versorgungsstation, um endlich die Ernährung der Seefahrer zu verbessern. Womöglich starben damals auf den Schiffen mehr Menschen an schlechter Ernährung als durch Stürme oder kriegerische Handlungen. Dann folgten Deutsche und Hugenotten. Letztere begründeten die Weinindustrie. 1806 besetzten die Engländer das Kap und bedrängten die niedergelassenen Siedler. Als sie im Jahre 1833 die Sklaverei abschafften, kam es mit den Buren, wie die holländischen Siedler genannt wurden, zum Konflikt. In großen Trecks verließen sie die Kapprovinz und besiedelten andere Regionen des südlichen Afrikas. Die Engländer ließen nicht locker. Sie wollten das ganze Land beherrschen und führten einen grausamen Krieg gegen die zahlenmäßig unterlegenen Buren. Nebenbei bekriegten sich beide Parteien mit den einheimischen schwarzen Stämmen, deren Land sie besetzten. Macht- und Rassenkonflikte bestimmen also bis zur Gegenwart das Leben in Südafrika. In diesem Vielvölkerstaat gibt es die weiße Oberschicht verschiedener Nationalitäten, schwarze Stämme, Asiaten und natürlich auch Mischlinge. Bisher wurde das Land von einer weißen Diktatur regiert. Dies sollte sich nun ändern.

Wir wurden Zeugen eines historischen Moments in der Geschichte Südafrikas. Der Staatpräsident De Klerk hatte die Gleichberechtigung aller Rassen eingeführt und Neuwahlen ausgeschrieben. Die schwarze Mehrheit würde zweifellos die Wahlen gewinnen und die Regierung bilden. Trotz der Ungerechtigkeiten ging es in diesem Land der Bevölkerung besser, als in den meisten Ländern Schwarzafrikas.

Außenstehende können leicht urteilen. Wer behauptet, die Weißen hätten heute in Südafrika nichts mehr zu suchen, wird der Situation nicht gerecht. In diesem Fall hätten die Europäer weder in Amerika noch in Australien und vielen anderen Ländern etwas verloren. Südafrikaner, ganz gleich welcher Hautfarbe, sind erdverbunden und bereit für ihr Land zu kämpfen.

Jedem war klar, daß es einer sehr resoluten, von allen Seiten respektierten Persönlichkeit bedurfte, um diesem Land eine sichere Zukunft zu geben. Auf Nelson Mandela, dem möglichen Präsidenten, würde eine enorme Verantwortung lasten.

3 Stunden reichen!

In Kapstadt tickte das Leben anders, wie wir bei unserer Ankunft erfuhren. Wie selbstverständlich hatten Segelyachten freie Fahrt. Im Gegensatz zu Durban blockierten uns weder Rotlichter noch Beamte. Der sympathische Zöllner Fritz war eines von vielen guten Beispielen der lokalen Behörden. Er erledigte die Formalitäten in der Bar des Yachtklubs.

Insbesondere die exzellenten Duschen, verliehen dem Royal Cape Yacht Club das Prädikat ‚Royal‘. Im Kreis unserer Freunde von ‚Aisa‘, ‚Lily Maid‘ und ‚Manxman‘ lebten wir uns schnell ein. Traurig stimmte nur der Abschied von Greg und Vibeke, die nach Durban zurückkehren mußten.

Guy und ich standen nun vor der Frage, wen wir für die Atlantiküberquerung anheuern könnten. Die Antwort kam unverhofft. Greg hatte sich womöglich mit seinen zwei Freundinnen, nämlich mit Vibike und Michelle, übernommen. Sein Fax aus Durban lautete: „ ... *It felt good to be back for about 3 hours! I don't think I can stay. The past month on Ryusei has been great and if it is possible, I would like to carry on and sail with you across the Atlantic ....* “

Ich sandte ihm postwendend eine Antwort: „ *Dear Greg ... Ryusei wouldn't mind, Guy wouldn't mind, I wouldn't mind but maybe all the virgins on the other side of the Atlantic would mind if you sailed with us .... Jump on the next steam train to Cape Town and let us know when you arrive.* “

Nach den gemeinsamen Erlebnissen waren wir ein bewährtes Team und wieder einmal: „Three Men on a Boat.“

Die Weintour

In Kapstadt trafen wir auch Guys Vater. Als Präsidiumsmitglied der südafrikanischen Seenotrettungsgesellschaft nahm er an einer Sitzung teil. „Mit solchen Kontakten kann uns gar nichts mehr passieren“, stellte ich lachend fest, als ich davon hörte. Es war auch Guys Vater, der uns die Tips für die besten Weingüter gab. Ich wollte nämlich unsere mittlerweilen leeren Bilgen mit Weinflaschen auffüllen. „Damit meine südafrikanischen Seeleute eine vernünftige Ernährung erhalten", fand ich.

Mit Minibus und einem ortskundigen Fahrer machten wir uns an einem sonnigen Morgen auf den Weg. Als erstes besuchten wir die renommierten Weingüter von ‚Klein Constantia' und ‚Buitenverwachting'. Da bekanntlich nach mehreren Gläsern Wein der kritische Geschmack verloren geht, zögerte ich nicht lange und kaufte sofort den gesamten Vorrat für unsere Reise. Leicht angeheitert ließen wir uns zur Weinmetropole Stellenbosch fahren. Unsere Mägen knurrten. Deswegen faßten wir einmütig den Entschluß, dort erst einmal etwas Nahrung zu besorgen. Guy, Kevin und ich kauften das Nötigste im Supermarkt.

„Wo stecken denn die anderen?" fragten wir den Fahrer, als wir zurückkamen.

„Die wollten irgendwo ein Bier trinken", antwortete er.

Wir suchten und fanden sie in einem Biergarten. Sie waren nicht beim ersten Bier, und Mike, Guys bester Freund, flirtete bereits mit der Kellnerin.

„Habt ihr vergessen, daß dies eine Weintour ist?" beschwerten wir uns.

„Wer trinkt denn schon Wein. Ein echter Manxman trinkt nur Bier!" grölte Gary zurück. Die Fahrt wurde singend fortgesetzt. Unterwegs gaben Käse, Wurst und Brot die nötige Grundlage für das nächste und übernächste Weingut. Wie viele Weingüter wir schließlich besuchten, habe ich vergessen zu zählen. Die Schatten wurden länger, als wir auf Heimatkurs gingen. Irgendwann schlug einer vor: „Gibt es nicht einen Ort, von wo aus wir einen schönen Sonnenuntergang sehen können?"

„Natürlich", antwortete der Fahrer, sichtlich erfreut, endlich einmal lustige Touristen herumfahren zu dürfen. Er fuhr uns nach Bloubergstrand. Von hier aus hatten wir einen phantastischen Ausblick auf den Tafelberg und die untergehende Sonne.

„Jugend ist Trunkenheit ohne Alkohol", heißt es. Für uns versagte diese Weisheit. Einige Biere später war die Sonne hinter dem Horizont verschwunden. Endlich konnten wir nach Hause. Der Fahrer setzte uns mitsamt den Weinkisten vor dem Yachtklub ab. Als wir an der Klubbar vorbeistolperten, sahen wir Greg und Guys Vater an der Theke. Aus Sorge über unsere späte Rückkehr hatten sie sich mehrere Gläser Whisky genehmigt. Sie insistierten, daß wir gemeinsam noch eines auf den Abschied nehmen.

„Ich kann nicht mehr!" rief ich, aber der Wille war zu schwach.

Sun City

Während eines Besuches bei alten Freunden in Johannesburg, kam zufällig Sun City zur Sprache. „Das mußt du gesehen haben", versicherten sie mir.

Gesagt, getan. Ich mietete einen Wagen und machte mich auf den Weg. Zunächst aber fuhr ich durch die Innenstadt von Johannesburg. Was ich sah, ernüchterte mich. Die einstige Downtown war völlig verkommen. Besonders die Stadtteile Berea und Hillborough, wo ich gewohnt hatte und wo früher das Leben pulsierte, sahen aus wie Slums. Die Gitter vor den Fenstern und Ladenfronten der Gebäude deuteten auf die Kriminalität hin. Selbst bei Tageslicht wagte ich nicht, durch dieses Quartier zu spazieren. Schnell verließ ich diesen deprimierenden Ort. Mir schien, als hätte sich das Leben der weißen Bevölkerung zu den nördlich gelegenen Vorstädten hin verlagert. Dort gab es gepflegte Bürogebäude und Einkaufszentren. Ganze Straßenzüge waren in Sicherheitszonen verwandelt worden und Alarmsysteme schützten die Häuser der wohlhabenderen Menschen.

Die Vertreter des ANC hatten den Schwarzen den Reichtum der Weißen versprochen, falls sie gewählt würden. Daher und auch wegen der steigenden Kriminalität, war fast jeder weiße Südafrikaner bewaffnet. Beispielsweise erlebte ich bei einer Cocktailparty, wie einem der Gäste die geladene Pistole aus der Tasche fiel, als er sich hinsetzte. „Auf dem Weg vom geparkten Auto zur Haustür wird man oft überfallen", lautete seine Entschuldigung.

Kaum lag Johannesburgs Stadtgrenze hinter mir, vergaß ich die Sorgen. Vor meinen Augen entfaltete sich die Steppe. Ähnlich wie auf hoher See konnte man hier befreit atmen. Die Luft flimmerte vor Hitze, und der charakteristische Landgeruch hing in der Luft. Irgendwann passierte ich die Grenze nach Bophuthatswana. Dieses ‚Land' innerhalb des südafrikanischen Territoriums war für die schwarze Bevölkerung kreiert worden. Ich folgte der Beschilderung in Richtung ‚Sun City' und gelangte in eine öde erscheinende Hügellandschaft. Plötzlich tat sich vor mir ein begrüntes Tal mit Hotelkomplexen auf. Eine Oase in der Wüste. Mir kam es wie eine Mischung aus Las Vegas und Disneyland vor. Die südafrikanische Regierung hatte das gotteslästerliche Glücksspiel verboten. Diese Gelegenheit machte sich Bophuthatswana zunutze, um die Staatskasse zu füllen. ‚Sun City' war ein Paradies für Luxus, Sport und Spiel aller Art. Hier mangelte es an nichts. Ein Golfplatz mit Krokodilen, künstliche Felsen und Ruinen, Wasserfälle, ein riesiges Wellenbad mit Strand und die abenteuerlichsten Wasserrutschbahnen befanden sich an diesem Ort. Dazu kamen das ‚Palace Hotel', zweifellos eines der luxuriösesten Hotels der Welt, und die glitzernden Spielkasinos. Dies war eine künstlich geschaffene Welt, die im krassen Gegensatz zur umliegenden Natur und dem sozialen Umfeld stand. Doch der Besuch hatte sich gelohnt.

Tags darauf schlug ich während des Rückflugs nach Kapstadt die Zeitung auf. „Rebellion in Bophuthaswana", lauteten die Schlagzeilen. Das vermeintlich unabhängige Land, auf das die künftigen schwarzen Machthaber Südafrikas Anspruch erhoben, hatte aufgehört zu existieren.

Nebelregatta

Auch der Royal Cape Yacht Club organisierte jeden Mittwoch Abend eine Regatta. Der Regatta folgte üblicherweise eine Feier, und dies motivierte uns zur Teilnahme. Das Engagement der Kapstädter Yachtsegler übertraf sogar dasjenige in Durban. Nie sah ich so viele Yachten in so kurzer Zeit den Hafen verlassen. Es ging zu wie zur Hauptverkehrszeit in einer Großstadt. Kaum hatten wir die Startlinie erreicht, donnerte schon der Schuß. Die Sonne stand tief und tauchte den Tafelberg in rötliches Licht. Ein warmer Wind gab der Segelflotte Fahrt. Wir hatten etwa ¾ des Parcours zurückgelegt, als eine Nebelwand über uns hinwegrollte. In einem Moment segelten wir bei klarer Sicht, im nächsten konnten wir gerade noch die Umrisse der Sonne und einer nahen Segelyacht erkennen. Kühle, feuchte Luft fuhr uns wie ein nasser Lappen ins Gesicht. Über Funk erfuhren wir, daß die Regatta abgebrochen worden sei und wir schnellstens zum Hafen zurückkehren sollten. Ohne Radar hätten wir nicht zurückgefunden. Viele Yachten verloren im Nebel die Orientierung und mußten in der Bucht außerhalb des Hafens ankern, während wir im Yachtklub feierten.

Am gleichen Abend wurde auf der größten Segelyacht im Hafen eine Cocktailparty mit Büfett veranstaltet. Der Besitzer war leichtsinnig genug, uns einzuladen. „ ...und bringe alle deine Freunde mit", sagte er zuletzt. Er konnte ja nicht ahnen, in welcher Begleitung ich mich befand. Wie Piraten enterten wir zusammen mit der siebenköpfigen Rasselbande von ‚Lily Maid' die luxuriöse Yacht. Die elegant gekleideten Gäste betrachteten uns wie ein Kuriosum. Wir waren hungrige und durstige Fahrtensegler ohne Skrupel. Rasant schlugen wir eine Schneise über das Büfett und vertilgten Unmengen von Champagner. Ich glaube, unsere Gastgeber bereuten schnell, uns eingeladen zu haben.

Classic Boat Show

„Wenn ihr daran teilnehmt, dürft ihr gratis im Yachtklub liegen", erfuhren wir bei unserer Ankunft in Kapstadt. ‚Gratis' war das Zauberwort. So schrieben wir uns für die Teilnahme an der Schau für klassische Yachten ein. Diese wurde an zwei Wochenenden abgehalten.

Der erste Teil der Veranstaltung fand glücklicherweise ohne mich statt. Guy, Greg und Dave von ‚Lily Maid‘ bestritten die erste Regatta für klassische Segelyachten. Alles ging gut, bis daß sie den ihnen zugewiesenen Liegeplatz nahe einer kleinen Insel anliefen. Sie blieben mit *Ryusei* auf dem sandigen Grund stecken und kamen erst bei steigender Flut wieder los. In der Zwischenzeit hatten die Besatzungen der anderen Yachten mit dem am Land organisierten Barbecue kurzen Prozeß gemacht, und meine Freunde schauten in die Röhre.

Das zweite Wochenende wurde zum Höhepunkt der Veranstaltung. Alle klassischen Yachten erhielten einen Liegeplatz an der Waterfront im Herzen von Kapstadts Touristenviertel. Bars, Restaurants und Läden umsäumten das Hafenbecken. Wir lagen mittendrin und neben uns ‚Lily Maid‘.

Eine amerikanische Segelyacht erregte unsere Aufmerksamkeit. Es war die ‚Seraffyn‘ mit dem Ehepaar Lin und Larry Pardey. Als sie einliefen, stand Larry am Heck und wriggte seine Yacht mit einem Ruder. Auf unsere neugierige Frage, warum sie nicht den Motor nutzten, antwortete Lin: „Wir haben keinen. Ein Motor würde zuviel Platz wegnehmen." Dann erfuhren wir, daß sie ihre stilvolle Segelyacht selbst gebaut hatten und seit Jahren die Weltmeere besegelten. Sie genossen internationalen Ruf, da sie über ihre Reisen Bücher veröffentlicht hatten. Wir erinnerten uns an ihre Eintragung im Gästebuch des Yachtklubs von Knysna. Die gefährliche Einfahrt zur Lagune hatten sie unter Segeln gewagt; eine Leistung, die uns Respekt einflößte.

Der Zeitpunkt für die Abreise kam. Unser Ruf erlaubte uns kaum, länger zu bleiben. Schon in Durban hatte unsere Gruppe sich so aufgeführt, daß wir an einigen Orten Lokalverbot erhielten. Überall bereiteten Yachten ihre Abreise für die Atlantiküberquerung vor. Es waren wesentlich mehr als sonst. Der Grund, so sagte man uns, läge in der unsicheren Zukunft des Landes. Viele Südafrikaner, die ihr Leben lang von der großen Seereise träumten, ergriffen nun die Gelegenheit zur Abreise. Meine Freunde bezeichneten diese Armada von Segelyachten: ‚Mandela Regatta‘. „Mandela haben wir fast 30 Jahre hinter Gitter gesteckt. Was geschieht mit diesem Land, wenn er nun an die Macht kommt?" lautete die Frage, die wir immer wieder hörten. Auch die Jugendlichen wählten den Weg ins Ausland. Sie gingen, wie man hier sagte, auf einen LSD Trip, das bedeutete: „Look, see and decide".

Hoch am Wind während
der Regatta in Kapstadt.

Hongkong

„Sie haben eine Nachricht erhalten.", hieß es an der Rezeption des Yachtklubs. Es war ein Telefax von meinem Freund David aus Hongkong. Ich
machte einen Luftsprung, als ich die Nachricht las: *„Congratulations. RYUSEI
is legally registered in Hong Kong after waiting so long at anchor here in Hebe Haven ... "*

Sofort trommelte ich meine Freunde zusammen, packte die für besonderen Momente reservierten Kristallgläser aus und ließ den Korken einer Flasche Champagner knallen. Dann erklärte ich den Grund für den feierlichen
Moment: „In Hongkong entdeckte ich eine alte Holzyacht, die mein Herz
gewann. Wenn die Holzfäule nicht wäre, würden wir heute auf ‚La Cigale‘
anstatt *Ryusei* segeln. Nach dieser Enttäuschung hatte ich damals geschworen, die Segelyacht mit der ich Asien verlassen würde, in Hongkong zu
registrieren. Seit zehn Monaten sind wir nun unter der Flagge und Hafenbe-
zeichnung Hongkongs unterwegs, zeigten aber beim Klarieren die abgelau-
fene Registrierung des Vorbesitzers aus Guam/USA. Außerdem hat keiner
bemerkt, daß *Ryusei* sich nicht in Hongkong befand, was zur Registrierung
unerläßlich ist. Die dortigen Behörden hatten sich nicht die Mühe gemacht,

in der abgelegenen Bucht nach dem Verbleib von *Ryusei* zu schauen. Der Trick meines Freundes David hat wunderbar funktioniert."

Zuletzt erhob ich mein Glas und rief: „Laßt uns darauf anstoßen, daß *Ryusei* nun offiziell in Hongkong gemeldet ist!"

Die Rote Flut

Während der letzten Regatta hatte wir eine rötliche Färbung des Meerwassers bemerkt. Da in der Bucht vor Kapstadt viel Abfall schwamm, glaubte ich, die Färbung sei auf Umweltverschmutzung zurückzuführen. Am nächsten Tag sahen wir die Schlagzeilen in der lokalen Zeitung. Unter der Überschrift ‚The red tide', wurde berichtet, daß eine warme Meeresströmung das kalte, planktonreiche Küstengewässer der westlichen Kapprovinz durchdrungen hatte. Durch die Temperaturerhöhung von wenigen Graden stirbt das Plankton und das Meer verfärbt sich. Gleichzeitig sinkt der Sauerstoffgehalt des Wassers; mit dem dramatischen Resultat, daß alle Meerestiere verenden. Dieses Phänomen ist normalerweise auf kleine Bereiche beschränkt und wiederholt sich alle paar Jahre.

Dieses Mal war der Küstenstrich von Kapstadt bis nach Namibia betroffen. Da diese Region außerordentlich fischreich ist, folgte eine Naturkatastrophe ungeahnten Ausmaßes: Millionen von toten Fischen und Krustentiere wurden ans Ufer geschwemmt. Die Fischer der gesamten Region wurden mit einem Schlag arbeitslos. Für meine südafrikanischen Freunde war dies die schlimmste ‚Rote Flut', die sie je erlebt hatten.

Liebe auf den letzten Blick

Zufällig wurde unser Schiff immer an einem Freitag seeklar. Wir stritten für eine Weile, ob der Aberglaube mit dem Freitag nicht Unsinn sei. Die Antwort ergab sich von selbst. Wir wurden an diesem Abend von Guys Freunden zu einer Party eingeladen. So beschlossen wir, nach der Feier in See zu stechen.

Punkt Mitternacht lösten sich die Leinen. Außer Greg und Guy hatten wir noch zwei Gäste an Bord. Guys beste Freunde, Lauren und Mike, wollten uns noch zum Abschied bis zum nächsten Hafen begleiten. Dieser lag sechzig Meilen nördlich von Kapstadt in der Saldana Bucht. Die Fahrt wurde alles andere als angenehm. Wir fuhren unter Motor, da der Wind ausblieb. Außerdem lag, wegen der roten Flut ein entsetzlicher Gestank von faulendem Fisch in der Luft.

Die letzte Nacht verbrachten wir in einer, im mediterranen Stil gebauten Feriensiedlung mit Yachthafen. Der Abschied bedrückte uns.

Greg verließ sein Heimatland, ohne zu wissen, wann er je wieder zurückkehren würde. Für mich war es anders. Erst in Südafrika hatte ich den nötigen Abstand von meiner asiatischen Episode gefunden, um wieder völlig frei atmen zu können. Hier verbrachte ich einen der glücklichsten Momente meines Lebens. Guys Abschied wurde dramatisch. Er hatte sich in den Wochen vor der Abreise in Lauren verliebt. Sie kannten sich seit langem, aber erst kurz vor der Abreise entflammten ihre Herzen. Es war eher die Liebe auf den letzten Blick. Tränen flossen, und uns schien, als hätten sie sich ewige Treue geschworen, gleichgültig wie lang die Reise dauern würde.

NAMIBIA

Delphine & Diamanten

Die rote Flut hatte zugeschlagen. Der Geruch von toten Fisch begleitete uns ein Großteil der 400 Seemeilen bis nach Lüderitz. Das Meer war spiegelglatt, da der Wind fehlte. Hin und wieder sahen wir Seehunde, die sich an der Wasseroberfläche treiben ließen und sonnten.

In der Nacht faszinierte uns der klare Sternenhimmel und die Fluoreszenz des Wassers. Überall funkelte es. Im Kielwasser zogen wir eine lange Leuchtspur hinterher. Gelegentlich gab es im Wasser fächerförmige Lichtexplosionen. Es waren Fischschwärme, die panikartig vor *Ryuseis* Rumpf auseinanderstoben. Einmal kamen wir bei Tage an einer Stelle vorbei, an der das Wasser zu kochen schien. Guy warf einen Blick durchs Fernglas und rief: „Delphine!" Sofort änderten wir den Kurs, und Momente später sahen wir mehr Delphine als je zuvor. Immer wieder durchbrachen sie die Wasseroberfläche und schwebten für Sekundenbruchteile in der Luft. Einige veranstalteten rekordverdächtige Luftsprünge oder Saltos. Wir stoppten die Maschine und sprangen mit der Tauchausrüstung über Bord. Zu Dutzenden schossen die Delphine in erschreckender Geschwindigkeit auf uns zu. Erst im letzten Moment drehten sie ab, um im Blau des Meeres wieder zu verschwinden. Hier wurde einem bewußt, daß wir nur Besucher in einer fremden Welt waren. Einer Welt, die uns nur einen winzigen Einblick erlaubte.

Vor der Flußmündung des ‚Oranje' an der Grenze zwischen Südafrika und Namibia sahen wir Schiffe mit gewaltigen Decksaufbauten. Sie erinnerten uns an die versteckten Reichtümer dieser Region. Es handelte sich um Diamantenschürfschiffe der De Beers Mining Companie. Sowohl Südafrika als auch Namibia besitzen die größten Diamantenvorkommen der Welt. Eine dieser schwimmenden Fabriken passierten wir in nächster Nähe. Dröhnende Geräusche der Förderanlagen erfüllten die Luft. An der Reling sammelten sich einige Arbeiter und winkten uns zu. Sicher wären sie gern umgestiegen.

Lüderitz

Namibia ist, mit 1,5 Millionen Einwohnern auf einer Fläche, die anderthalbmal der Größe Frankreichs entspricht, eines der am dünnsten besiedelten

Länder in Afrika. Die ehemalige Kolonie Deutsch Südwestafrika wurde bis zur Unabhängigkeit, im Jahre 1990, von Südafrika kontrolliert. Heute teilen sich schwarzafrikanische Volkstämme mit den Weißen und Mischlingen das Land. Ein Großteil Namibias besteht aus Wüste, Steppe und Buschland. Nur etwa 1% des Landes ist landwirtschaftlich nutzbar.

Für uns war Namibia kein unbeschriebenes Blatt. Meine Freunde hatten hier einen Teil ihres Militärdienstes verbracht; Greg in der von Südafrika kontrollierten Hafenstadt Walvis Bay und Guy am äußersten Ende des Caprivi-Zipfels im Nordosten des Landes. Auch ich hatte das Land einmal zuvor bereist.

Endlich konnten wir dann doch die Segel entfalten und in Ruhe, das heißt ohne Motorengeräusche, segeln. Soweit das Auge reichte, erstreckten sich Sanddünen entlang der Küste. Dies war die Namib, eine Fels- und Sandwüste, die sich von Südafrika bis nach Angola erstreckt.

In dieser Einöde tauchten plötzlich Häuser auf. Sie verrieten, daß wir uns Lüderitz näherten. Die kleine Hafenstadt liegt an einer geschützten Bucht. Einst gaben Diamanten diesem Ort das Leben. Heute ist es die Fischerei. Wir kreuzten in die Bucht, ankerten und saßen wenig später an der Theke des Yachtklubs, wo uns Einheimische willkommen hießen. In Lüderitz, wie wir dann bei einem Rundgang feststellten, schien die Zeit stehengeblieben zu sein. Die deutsche Vergangenheit war allgegenwärtig. Ich staunte als ich die ersten Laden- und Straßenschilder mit deutscher Beschriftung sah. Wir betraten ein Geschäft mit der Aufschrift Bäckerei. Eine schwarzer Herr grüßte höflich und sprach uns auf Deutsch an: „Womit kann ich ihnen dienen?" Ich erklärte, daß wir für unsere Seereise Brot bestellen wollten. Bei diesen Worten kam eine ältere Dame an die Ladentheke, erkundigte sich neugierig über unsere Herkunft und erzählte ein wenig von ihrem Leben. „In den letzten Jahren ist es hier sehr ruhig geworden. Ich bin bereits in der dritten Generation hier." Dann klagte sie: „Die jungen Leute wandern leider aus. Daher müssen wir zwei den Laden allein weiterführen, obwohl wir doch längst pensioniert sein sollten." Wir erfuhren außerdem, daß hier die meisten Menschen deutsch sprechen. Selbst in der Felsenkirche, oben auf dem Berg, wird auf deutsch gepredigt.

Bei unseren Streifzügen durch die staubigen Straßen kamen wir an einem Gebäude mit der Aufschrift ‚Männer-Turnverein' vorbei. Es trug das geschichtsträchtige Symbol des Turnvater Jahn: ‚Frisch, Fromm, Fröhlich, Frei'. Meine Freunde lachten und meinten, daß nicht alle F's für uns zuträfen. Dann betraten wir ein Geschäft, das sich auf das Räuchern von Fleisch und Fisch spezialisiert hatte. Auch hier wurden wir in ein Gespräch verwikkelt. Der deutschstämmige Besitzer berichtete: „Alle glaubten mit der Unabhängigkeit und der Gleichberechtigung würde dieses Land untergehen. Weit gefehlt. Wir leben in Frieden und die Wirtschaft läuft, nach anfänglichen Problemen, gut. Wir haben investiert, als viele Weiße die Koffer packten. Heute geht es besser als je zuvor."

Am Ufer fanden wir eine verlassene Schiffswerft. Die Slipanlage und eine altertümliche Werfthalle waren noch intakt. Hier wurden einmal traditionelle Fischerboote hergestellt. Greg, unser Bootsbauer, hielt sofort einen Vortrag über den Bootsbau. Dabei strahlte er solch eine Begeisterung aus, daß wir ihm vorschlugen, gleich hier zu bleiben. „Du baust die Schiffe, und Guy und ich betreiben eine Brauerei", schlug ich vor. Doch Greg meinte: „Wie ich uns kenne, würden wir gleichzeitig unsere besten Kunden werden. Das wäre der Untergang!"

Im Fischereihafen trafen wir den Hafenmeister. Da gerade ein am Pier liegender spanischer Frachter mit gefrorenem Fisch beladen wurde, fragten wir ihn, wie es um die Fischereiindustrie bestellt sei. Er antwortete: „Diese Küste gehört zu den fischreichsten Regionen der Welt. Ein Großteil der Fänge wird nach Spanien exportiert. Leider steht die Fischerei vor dem Ende, da zu viel gefischt wird. Dies haben wir beispielsweise bei den Langusten erlebt. Innerhalb eines Jahres reduzierte sich das Fangergebnis von 15.000 auf 500 Tonnen."

Sand, Sonne, Stille

Voll getankt und aufprovisioniert verließen wir Lüderitz im Morgengrauen. Fünfzig Meilen weiter ankerten wir in der weitläufigen Bucht namens ‚Hottentot Bay'. Hier wollten wir in Abgeschiedenheit den letzten Tag auf dem afrikanischen Kontinent verbringen.

Eine desolate Landschaft aus Fels, Kies und Sanddünen umgab uns. Mit dem Dinghy landeten wir am Strand. Dies war verboten, denn der südliche Teil der Namib, inklusive der Hottentot Bucht, gehört zum Diamantensperrgebiet. Es kursierte das Gerücht, daß hier die Diamanten am Strand lägen. In guter Hoffnung packten wir eine Probe des grobkörnigen Quarzsandes ein. Ruinen und ein zerfallener Steg, auf dem Kormorane nisteten, deuteten darauf hin, daß hier früher geschürft wurde. Nahe des Strandes stand eine verwitterte Wellblechhütte mit der Aufschrift ‚Pinguin Mining Company'. Womöglich war dies der klägliche Überrest eines Projektes, mit dem gutgläubige Investoren ein Vermögen verloren hatten.

Panik brach aus, als wir auf dem Rückweg unser Schlauchboot davontreiben sahen. Eine größere Welle mußte es vom Strand gespült haben. Wie kopflos rannte ich die Düne hinunter, riß mir im Laufen die Kleider vom Leibe, sprang in das eisige Wasser und kraulte dem Boot hinterher. Als ich es erreichte, hatte die Kälte mich so geschwächt, daß ich kaum noch einsteigen konnte.

Erst später realisierten wir unser Glück. Da eine detaillierte Seekarte fehlte, hatten wir *Ryusei* weit vom Ufer geankert. Bei 12 °C Wassertemperatur hätte keiner von uns schwimmend die Yacht erreicht, geschweige denn, ohne Bordleiter entern können. Weit und breit gab es kein Stück Holz zum Bauen eines Floßes. Den Fußweg bis nach Lüderitz hätten wir ohne Trinkwasser sicher nicht überlebt. Das Glück war auf unserer Seite.

In Lüderitz erfuhren wir, daß hier der Meeresgrund voller Langusten sei. Ich war etwas skeptisch, denn ähnliches hörte ich einmal über die Chagos Inseln. Angeblich sollten einem dort die Langusten von allein an Bord springen. Obwohl wir jeden Tag tauchten, sahen wir dann in zwei Wochen nur eine Languste.

Mit dem Beiboot suchten wir einen vielversprechenden Platz nahe eines felsigen Ufers und ließen uns mit der Schnorchelausrüstung ins Wasser gleiten. Der Kälteschock war unbeschreiblich. Unsere Kleidung nutzte fast gar nicht. Bei der niedrigen Temperatur mußte alles sehr schnell gehen. Ich überwand meine Angst und tauchte. Das Wasser war klar, aber die Sicht wurde zunächst von dichtem Seetang genommen. Als ich dann die Felsen auf dem Grund sah, glaubte ich zunächst an Halluzination. Sie waren überkrustet mit kleinen Langusten. Nach nur fünf Minuten hatten wir etwa zwanzig Langusten im Schlauchboot. Keine Sekunde länger hätten wir im Wasser bleiben können. Vor Kälte schlotternd kehrten wir zum Schiff zurück.

Die magische Atmosphäre des Abends taute uns wieder auf. Die See war ruhig, der Himmel wolkenlos und die untergehende Sonne erzeugte Schattenspiele mit der Dünenlandschaft. Gleichzeitig stieg der Vollmond über der Namibwüste empor. Hummer und Weißwein der Kapprovinz rundeten die Stunden ab. Es gab keinen gebührenderen Abschied von Afrika. Den letzten Eindruck, den dieses Land auf uns machte, ließe sich mit drei Worten definieren: Sand, Sonne, Stille.

Wasserwüste
Eine steife Brise aus Südwest, Delphine und Albatrosse begleiteten uns auf die offene See. Die Sandwüste versank am Horizont und uns umgab einen neue, viel größere Wüste: der Atlantische Ozean.

Schon am ersten Tag erlebten wir eine unmerkliche aber doch bedeutende Änderung. Die Wassertemperatur, die in Küstennähe 12°C betrug, stieg innerhalb weniger Stunden auf 20°C. Wir gelangten wieder in die Region der Fahrtenwinde und den Breitengraden, die als die ‚Barfußbreiten‘ bezeichnen werden. Die höheren Temperaturen erlaubten es, barfüßig in T-Shirts und Shorts zu segeln. Schnell setzte die Routine ein. Wachen, Essen, Schlafen und Lesen bildeten unsere Hauptaktivitäten. Die Segel brauchten nur selten getrimmt zu werden. Den Rest übernahm der Autopilot. „Langweilt euch das nicht?“ war eines der Fragen die ich öfters hörte. Keineswegs, würde ich heute darauf antworten. Abgesehen von den wiederkehrenden Sonnen- und Monddämmerungen gab es genügend kleinere und größere Vorfälle, die unsere Routine unterbrachen. Ich möchte nur einige herauspicken:

Eine Schwalbe lies sich an Bord nieder, ruhte sich kurz aus und zog weiter. – Während der neuntägigen Seereise wehte der Wind mit 15 bis 25 Knoten. Zunächst aus Südwest und dann aus Südost. Einmal, während meiner Frühwache, wollte ich mir in der Kombüse eine Tasse Tee einschenken, als uns unverhofft eine Windböe traf. Wir segelten auf Raumwindkurs mit gerefftem Groß und dem alten Fahrtenspinnaker. Die Böe ließ das Schiff so stark krängen, daß der Spinnaker die Wasseroberfläche berührte. Sekunden später hingen nur noch Fetzen am Mast. Die Morgenruhe war dahin, der Tee verschüttet und meine Freunde hellwach.

„Das ist doch gar nichts“, meinte Greg beim Frühstück und erzählte von seinem schlimmsten Erlebnis auf See. „Wir segelten einmal mit dem Schoner ‚Dwyn Wen‘ im Kanal von Mosambik, als uns ein Sturm überraschte. Trotz sechs Mann Besatzung konnten wir die riesigen Gaffelsegel nicht bergen, geschweige denn reffen. So surften wir mit dem 35 Meter langen Schoner auf Vorwindkurs die Wellen hinunter. Das Ruder konnten wir nur noch zu zweit bedienen. Immer wieder berührte der weit ausladende Baum des Großsegels die Wasseroberfläche. Wir befürchteten schon die Takelage zu verlieren. Als ich die drei Seeleute aus Mozambik zur Hilfe holte, fand ich sie unter Deck beim Beten. Sie glaubten schon ich würde kommen, um ihnen mitzuteilen, daß das Schiff sinkt. Damals sind wir gerade noch einmal mit einem blauen Auge davongekommen.“

Irgendwann überquerten wir den 0. Längengrad von Greenwich. Zu diesem Anlaß gab es mauritianischen Rum, frisch gepreßten Orangensaft und einem Apfelstrudel. Die Äpfel kamen von Guys Freundin. Sie hatte uns zwei große Kisten zum Abschied geschenkt. Diese ‚Äpfel der Verführung‘ wie wir sie nannten, standen auf unserem täglichen Speiseplan. – Dann folgte der Ostersonntag, mit einem weiteren Festmahl, zu dem ein paar Delphine mit Luftakrobatik für Unterhaltung sorgten. – Die Nachrichten auf

BBC brachten uns gelegentlich die Realität zurück. Wir hörten mit Sorge über Unruhen in Südafrika.

Anstelle der Langeweile überkam uns eher Sehnsucht. Die Sehnsucht nach dem neuen Land oder nach der Geliebten, mit der sich diese Abenteuer teilen ließen. Wir hatten viel Gelegenheit, über die Vergangenheit, Gegenwart und Zukunft nachzudenken. Das Zeitgefühl verlor sich, und so überraschte es, als plötzlich Land in Sicht kam: Eines Nachts sahen wir einen schwachen Lichtschein am Horizont. Es waren die Lichter der Insel St. Helena, die ähnlich abgelegen in der Wasserwüste lag, wie Lüderitz in der Sandwüste.

SANKT HELENA

Flucht aus Sankt Helena

Ohne genaue Navigation wäre die Insel St. Helena so schwer zu finden, wie eine Nadel im Heuhaufen. Und doch haben bereits 1502 die Portugiesen diese Insel entdeckt. Seit 1659 ist sie unter britischer Hoheit. Wie die Inseln Réunion und Mauritius ist St. Helena vulkanischen Ursprungs.

Die steile Felsküste erschien uns bedrohlich im diffusen Licht der Morgendämmerung. Wir umrundeten die Nordspitze der Insel und ankerten vor der Hauptstadt Jamestown. Dieser Ort liegt relativ unscheinbar in einem Tal, umgeben von kargen Berghängen. Das Erreichen unseres Ziels erfüllte uns mit einer tiefen Befriedigung. So saßen wir bei aufgehender Sonne an Deck und ließen die ersten Eindrücke auf uns wirken. Außer uns lagen etwa noch zehn weitere Segelyachten am Ankerplatz. Eine hektische Aktivität am Ufer störte die morgendliche Ruhe. „Was wollen die vielen Menschen so früh am Morgen. Ist das etwa unser Empfangskommando?" fragte Greg, dem dies als erster auffiel.

Mit dem Fernglas konnten wir sehen, wie uniformierte Männer die Küste absuchten. Eine andere Gruppe war gerade dabei, das Seenotrettungsschiff zu Wasser zu lassen. Wenig später raste das vollbesetzte Boot in westliche Richtung davon. „Wie eigentümlich, die sind sogar bewaffnet", stellte Guy fest, der gerade das Fernglas hielt.

Als der Zollbeamte an Bord kam, erfuhren wir den Grund der Aufruhr. „Ein Häftling ist entlaufen", erklärte uns der Zöllner. „Doch nicht etwa Napoleon?" scherzten wir.

Aber dem Beamten war es nicht zum Lachen. Die Formalitäten wurden erledigt, und wir mußten unsere Atemgeräte der Tauchausrüstung abgeben. „Vor der Küste St. Helenas liegen viele Wracks", sagte der Zollbeamte. „Wir wollen nur verhindern, das unsere Besucher auf Schatzsuche gehen." Bevor uns der Mann verließ, bat er darum unser Schiff zu verschließen, falls wir an Land gingen. „Der Flüchtige ist möglicherweise noch auf der Insel."

Wir taten, wie uns befohlen und ließen uns gegen eine kleine Gebühr vom Fährservice an Land bringen. Eine schläfrige Atmosphäre lag über Jamestown. Es war ein hübscher Ort im alten, britschen Kolonialstil. Wir schlenderten die Hauptstraße entlang. So passierten wir die Gouverneursfestung, den Botanischen Garten, den Hauptplatz mit der Kirche und die

Markthalle. Die Menschen erschienen ausgelassen und ließen sich nicht von uns Fremden stören. Besondere Aufmerksamkeit schenkten wir dem Gefängnis. Es war ein kleines Häuschen neben der Kirche. Nur das Schild ‚Prison‘ über der Eingangstür zeigte uns, daß es sich nicht um die Sakristei handelte.

Gegen Abend ließen wir uns in einer Gartenwirtschaft am Rande des Botanischen Gartens nieder. Dieser Ort war der Treffpunkt der Seefahrer. Alte Schiffsfahnen dekorierten das Lokal. Hier konnten wir gemütlich essen, trinken und plaudern. Gästebücher gaben Aufschluß, wie viele Segelyachten in den letzten Jahrzehnten hier vorbeikamen. Die Besitzerin Anne trug den Beinamen ‚Mutter der Segler‘. Sie sorgte für uns und kümmerte sich auch um die Wäsche. Da auch Beamte der Administration bei Anne einkehrten, erfuhren wir alle Neuigkeiten, die sich auf der Insel abspielten. Als wir sie nach dem entlaufenen Häftling fragten, erzählte sie uns die Geschichte: „Deswegen steht hier heute die ganze Insel Kopf. Ein Südafrikaner, der mit einer kleinen gelben Segelyacht nach St. Helena kam, hatte versucht, eine siebzig Fuß Segelyacht zu stehlen, die hier vor Anker lag. Dies brachte ihn für drei Monate hinter Gitter. Nach Ablauf der Strafe ist er letzte Nacht abgesegelt. Gleichzeitig verschwand der einzige andere Häftling, der bei uns im Gefängnis saß. Heute morgen bemerkte man sein Verschwinden. Alles deutet darauf hin, daß der Südafrikaner den Häftling auf seiner Segelyacht herausgeschmuggelt hat. Mit dem Seenotrettungsboot wurde dann die Verfolgung aufgenommen. Als sie die Segelyacht erreichten, war sie bereits außerhalb des Hoheitsgebietes. Trotz Androhung von Gewalt, schlugen alle Versuche fehl, sie anzuhalten. Der Südafrikaner behauptete niemand mit an Bord zu haben und setzte seine Fahrt unter Motor und Segel fort. Der Mann ist so groß und stark, daß es keiner mit ihm aufnehmen wollte. Er soll einmal einer südafrikanischen Elitetruppe angehört haben, die auf Terroristenbekämpfung spezialisiert war. Der Entflohene ist ein Holländer der wegen Drogenschmuggels noch sechs Jahre absitzen sollte. Er war der Kapitän des verrosteten Fischerbootes, das da draußen vor Anker liegt.“ Empört fügte Anne hinzu: „Eigentlich genießen Gefangene bei uns ein gutes Leben. Sie dürfen jeden Tag spazierengehen und die Bibliothek besuchen. Sie haben wirklich keinen Grund zum Fliehen.“

Die Flucht wurde zu einem Jahrhundertereignis, denn nie zuvor war es einem Häftling gelungen von dieser Insel zu fliehen; nicht einmal Napoleon.

Joshua Slocum, dessen Gedenktafel nahe Annes Wirtschaft stand, hatte 1898 in seinem Reisebericht geschrieben: „Während ich auf St. Helena war, schenkten die Gerichtsbeamten Gouverneur Sterndale ein Paar weiße Handschuhe, weil im ganzen letzten Jahr kein Kriminalfall zur Verhandlung gekommen war."

Nach diesen Ereignissen gehörten die ‚weißen Handschuhe' wohl der Vergangenheit an.

Spät abends gelangten wir zur Yacht zurück, nachdem wir den angetrunkenen Fährmann im ‚White Horse Pub' ausfindig gemacht hatten.

Inseltour

Gemeinsam mit anderen Seglern unternahmen wir eine Inselrundfahrt in einem antiken, offenen Bus. Die Straße führte von Jamestown aus in die Berge. Nur mit Mühe nahm der Bus die Steigung. Dabei schwankte er wie ein Schiff auf hoher See. Ich bekam eine Gänsehaut als der Fahrer haarscharf am Abgrund vorbeifuhr. Wissend, daß wir uns alle fürchteten, blickte der Fahrer lachend über die Schulter und rief: „Keine Angst; schon mein Vater und Großvater sind diesen Bus gefahren. Er stammt aus dem Jahre 1929 und kennt den Weg auswendig." Die Aussicht war grandios. Als wir nach gewagten Serpentinen den Bergrücken erreichten, umgab uns eine völlig andere Natur. Im Gegensatz zur trockenen, wetterabgewandten Seite, wo sich Jamestown befand, bedeckten grüne Wälder und Büsche das Land. Außerdem war die Luft kühler und frischer.

An einem der schönsten Orte lag Longwood. Napoleon verbrachte hier seine letzten Jahre im Exil (1815–21). Wir besuchten sein als Museum erhaltenes Haus. Die Größe der Badewanne und des Betts zeigten, wie klein dieser bedeutende Mann gewesen sein muß. Ein hübscher Garten umgab das Haus. Einstimmig fanden wir, daß er glücklich gewesen sein muß, hier, anstatt auf dem Schafott, sein Leben zu beenden. Angeblich starb er im Alter von 52 Jahren an Magenkrebs. Andere behaupteten, er sei vergiftet worden. Wir besuchten auch sein ehemaliges Grab, das an einem schönen Aussichtspunkt lag.

Als wir hier standen, machte ich mir meine eigenen Gedanken über Menschen wie Napoleon. Er gehört zu den Staatsmännern, die in ihrer unbändigen Machtsucht ganz Europa ins Verderben gestürzt hatten. Heute werden seine Taten glorifiziert. Sein Leichnam wurde von St. Helena nach Paris gebracht, wo er in einem Marmorsarg unter einer großen Goldkuppel ruht. Für St. Helena ist dies sicher kein Verlust, denn die Insel war viel zu gut für seine schwarze Seele.

Die Gedanken an den, der St. Helena hatte berühmt werden lassen, waren bald vergessen, als wir unsere Fahrt fortsetzten. Abgelegene Farmen erinnerten daran, daß diese Insel mit 5000 Einwohnern spärlich besiedelt ist. Die Bevölkerung, bestehend aus Schwarzen, Weißen und Asiaten haben sich hier, im Gegensatz zu Südafrika, völlig vermischt. Sie verdienen ihren Lebensunterhalt vom Fischen und der Landwirtschaft. Ursprünglich wurde auch Flachs für die Herstellung von Säcken und Seilen angebaut, bis sich billigere Substitute für dieses Material fanden. Die Abgeschiedenheit und das Fehlen eines Flugplatzes haben diese Insel vor einem Touristenboom mit all den damit verbundenen Nachteilen verschont. So konnten wir eine weitgehend unberührte Landschaft genießen, die alle Variationen der Natur bot: zum einen karge, schroffe Berge und zum anderen fruchtbares Hochland.

*Die Inselrundfahrt
per Oldtimer.*

Schatzsuche

Kristallklares Wasser umgab St. Helena. Daher unternahmen wir einmal mit Einheimischen des lokalen Tauchklubs eine Exkursion. Wir wurden nicht enttäuscht. Im Meer wimmelte es von tropischen Fischen. Mit einem Speer, der sogenannten Hawaian Sling jagten die Einheimischen Fische, wovon sie uns einige abgaben.

Am gleichen Abend machten wir ein Barbecue auf dem steinigen Strand neben der Anlegestelle. Mit den großen rundgeschliffenen Steinen bauten wir eine Feuerstelle und sammelten Treibholz. Als wir gemütlich am Feuer saßen und den Fisch auf dem Rost drehten, erschreckte uns ein scharfer Knall.

„Was war das?" rief ich erschrocken. Bevor wir die Antwort fanden, knallte es noch mehrere Male und Felssplitter flogen uns um die Ohren. Erst dann realisierten wir, daß die Steine nahe des Feuers wie Granaten zerplatzten. Möglicherweise enthielten sie wassergefüllte Hohlräume, die durch Hitze die Steine sprengten. Uns verging jedenfalls der Appetit.

Unter den Seglern sprach sich herum, daß nahe des Ankerplatzes ein Wrack lag. Sofort legten wir die Schnorchelausrüstung an und gingen auf Schatzsuche. Es wurde etwas beschwerlich, denn wir durften keine Tauchausrüstung verwenden. Greg hatte den längsten Atem. In zehn Meter Tiefe fand er eine Flasche Rum und korallenüberkrustetes Geschirr. Triumphierend verkündeten wir von unserem Fund und luden einige Nachbarn zum Umtrunk ein. Erwartungsvoll zogen wir den leicht angefaulten Korken aus der Flasche mit der Aufschrift ‚Gaelic Old Smuggler'. Ein wenig des Inhalts gossen wir in ein Glas. „Auf dein Wohl", sagten wir, als Greg am Glas nippte. „Pfui Teufel, das ist kein Rum, das ist Salzwasser!" rief er. Also mußten wir wieder einmal unter den Bodenbrettern *Ryuseis* auf Schatzsuche gehen. Diese war erfolgreicher.

‚Mango'

Eines der ungewöhnlichsten Schiffe auf St. Helena war die Segelyacht ‚Mango'. Eigentlich handelte es sich nicht um eine reine Segelyacht, sondern um ein umgebautes Fischerboot aus Stahl. Auf diesem schwerfälligen Kahn, der mit modernster Navigationstechnik bestückt war, residierte ein humorvolles Ehepaar: Ed, ein Engländer, und Roswita, eine Spanierin, hatten wie viele Südafrika verlassen, und befanden sich nun auf dem Weg nach Spanien. Sie reisten mit Bequemlichkeit und Stil, fanden wir. Im ehemaligen Gefrierraum hatte Ed, ein begeisterter Pianist, sein Klavier installiert. Das Steuerhaus war zu einem Mehrzweckzimmer umgebaut. Außer der Steuereinrichtung mit Navigationselektronik befand sich hier die Küche, die Bar und – das beste von allem – ein großes Doppelbett umgeben von Fenstern. Ed versicherte uns, daß sie ihr Schiff zumeist aus dem Bett heraus steuern würden.

Das Liegen schien seine Lieblingsbeschäftigung zu sein. Obwohl die Dünung die vor Anker liegenden Schiffe rollen lies, spannte er seine Hängematte auf und legte sich hinein. Die Gemütlichkeit währte nicht lange, denn durch das Rollen des Schiffes kam die Hängematte so sehr ins Schaukeln, daß er abstürzte und sich an einem Bootsbeschlag seinen Hintern lädierte. Amüsiert erzählte uns Roswita, wie sie ihren Mann verarzten mußte.

Einen Abend verbrachten die beiden bei uns an Bord. Als ich nach dem Abendessen zu Ehren unserer Gäste spanische Musik auflegte, sprangen sie auf und tanzten einen Flamenco. In den beengten Verhältnissen flogen sogleich die Teller, Gläser und Flaschen. Endlich war wieder etwas los. Olé!

Feuer

Eines Morgens segelte eine winzige Yacht mit blauen Segeln in den Ankerplatz. Wir erkannten, daß es sich um das Schiff unseres Freundes Anthony Stuart aus Durban handelte. Anthony hatte unter großem Medienspektakel Südafrika verlassen. Sein Ziel war es, die Welt nonstop in Westrichtung mit dem kleinsten Boot zu umrunden. „Irgend etwas stimmt da nicht", bemerkten wir. Es sah so aus, als hätte Anthony Feuer an Bord gehabt.

Später trafen wir ihn bei Anne. Sofort wußten wir, daß unsere Vermutung stimmte, denn Anthony war von Brandwunden gezeichnet. Er hatte sich bereits im Krankenhaus behandeln und die angebrannten Haare abschneiden lassen. Selten habe ich einen so niedergeschlagenen Menschen erlebt. Alle Versuche ihn aufzumuntern schlugen fehl. Selbst Anne unsere Wirtin, die ihn bereits von seiner ersten Weltumseglung mit einem offenen Boot her kannte, versagte.

Schließlich berichtete Anthony von seinem Malheur: „Von Afrika aus kommend, wollte ich direkt in Richtung Brasilien segeln. Etwa 500 Meilen südlich von St. Helena geschah der Unfall. Da der Himmel tagelang bedeckt war, haben die Solarzellen nicht genügend Ladung gegeben, um meinen täglichen Funkspruch abzusetzen. Daher lies ich den mit Benzin betriebenen Generator laufen. Leider vergaß ich, rechtzeitig Treibstoff nachzufüllen. So blieb der Generator stehen. Wegen des Seegangs habe ich beim Betanken einige Tropfen Benzin verschüttet. Dann machte ich den Fehler, den noch heißen Generator wieder anzulassen. Es gab eine Stichflamme. Bevor ich das Feuer löschen konnte, war die gesamte Elektronik des Schiffes abgebrannt. Ich hatte Glück, daß nicht mehr passierte. Leider ist nun meine Rekordreise geplatzt."

„Aber das Leben geht weiter. Das ist doch auch etwas, oder?" konterten wir.

Einer seiner vielen Sponsoren war eine Versicherungsgesellschaft. Diese durfte nun ihren Service demonstrieren. Zuletzt hörten wir, daß sie den Rücktransport der Segelyacht auf einem Frachter finanzieren würde.

In St. Helena ist normalerweise der Hund begraben. Das ändert sich am Wochenende. Wir stürzten uns mit den Einheimischen ins Nachtleben.

Tanzen und Flirten stand auf dem Programm. Eine Aktivität, in der wir geübt waren. Das Resultat war, daß für mich die Seereise hier hätte enden können. Und zwar nicht, wie bei Anthony, durch Feuer an Bord, sondern durch das Feuer im Herzen. Ich lernte die zweite Lisa meines Lebens kennen. Durch sie wurden endlich alte Wunden der ersten Lisa, meiner großen Liebe aus Singapur, geheilt. Beide besaßen die ästhetische Figur eines Mannequins, und beide hatten schwarze Haare. Doch waren die Haare meiner asiatischen Lisa kurz und glatt, so besaß Lisa auf St. Helena ein europäisches Aussehen und langes gelocktes Haar, daß ihrem hübschen Gesicht für mich etwas engelartiges gab. Wir mochten uns, und so fanden die Nächte kein Ende. Sie vermittelte mir eine sehr viel intimere Perspektive dieser Insel. Ihre Eltern besaßen ein kleines Hotel an einem Ort namens Little Scotland. Es lag im Hochland inmitten einer romantischen Landschaft. Am liebsten wäre ich hier geblieben.

Schottland war mein Ziel. „Warum überhaupt weitersegeln?" fragte ich mich damals. Was trieb mich? Der Drang zur Freiheit, das Abenteuer oder die vergrabene Flasche Whisky am Ende meiner Reise?

Die Milch Route

Wegen des beständigen Passats wird die Route von Südafrika nach Lateinamerika als der ‚Milk Run' bezeichnet. Es hieß, wir brauchten nur die Segel zu setzen, den Autopilot einzustellen und uns zum Ziel treiben zu lassen.

Wir wurden sofort eines Besseren belehrt. Drei Tage dümpelten wir bei so schwachem Wind, daß die Segel immer wieder einfielen. Unerbittlich brannte die Sonne auf uns nieder. Zum Schutz spannten wir Bettlaken über der Plicht auf. In der brütenden Hitze litt auch unsere Laune. Kleinigkeiten reichten aus, um Spannungen zu erzeugen. In dieser Zeit suchte jeder seine Privatsphäre. Nur an unserer geselligen Sundowner-Runde hielten wir fest. Bei untergehender Sonne saßen wir mit einem Glas Whisky oder Wein in der Hand beisammen. Die Gespräche handelten unter anderem von unserer Reise, der Natur und den Problemen des Lebens. Nebenbei hörten wir Musik und tauschten Erfahrungen über unseren täglichen Lesestoff aus. Spätestens danach war die Harmonie wieder hergestellt.

Am dritten Tag, einem Freitag, bemerkten wir unnatürlich viel Wasser in der Bilge. Bevor wir es auspumpten, probierte ich davon. Meine böse Ahnung bestätigte sich. Wegen eines defekten Ventils hatte sich der gesamte Inhalt unseres Hauptwassertanks in die Bilge entleert. Glücklicherweise gab es einen zweiten Tank, der noch etwa 150 l Wasser enthielt. Außerdem hatten wir weitere 40 l Wasser in zwei separaten Kanistern. Aber auch ohne

Wasser hätten wir die Reise überlebt, denn die Stauräume unter den Bodenbrettern enthielten genügend Weinflaschen.

Schließlich setzte der Passat wieder ein und verwöhnte uns für den Rest der Reise mit 10–20 Knoten Wind aus südöstlicher Richtung. Wir hatten Zeit in Hülle und Fülle. Während *Ryusei* dahinglitt, hörten wir kontinuierlich Musik. Das Repertoire an Bord war groß: Pop, Klassik, Jazz und Volksmusik aller Art standen uns zur Verfügung. Da wir in Richtung Südamerika und der Karibik segelten, dominierte die lateinamerikanische Musik und Reggae. Entsprechend wählten wir auch unseren Lesestoff. Wir besaßen die ideale Lektüre für lange Seereisen. Keines von James Micheners Büchern hatte weniger als 1000 Seiten. Dieser Schriftsteller vermochte es, Geschichte und Länderbeschreibungen in leicht lesbarer Form zu präsentieren. Außerdem waren sie mit etwas gewürzt auf das kein Seefahrer verzichten möchte: mit romantischen Geschichten. So lasen wir seine Bücher über Südafrika, die Karibik, Mexiko und die Hippie-Zeit. Letzteres trug im Englischen, den für uns äußerst treffenden Titel ‚The Drifters' (dt. Die Treibenden). Einer der Kernsätze lautete: „Jeder Mensch muß einmal seinen Traum verwirklichen." Ob unsere Seereise das erfüllen wird, was ich mir vorher erträumt hatte, steht noch in den Sternen. Eines der Bücher hatte mir mein Vater mitgegeben: Die Odyssee von Homer. Odysseus, der Held des Buches, brauchte zehn Jahre für seine Heimreise. Überall stellten sich ihm unvorhersehbare Hürden und Verlockungen entgegen. Dabei segelte er ja nur im Mittelmeer und nicht wie wir auf den Weltmeeren. „Warum sollte meine Heimreise von Asien nach Europa nur ein Jahr dauern, wenn Odysseus so lange brauchte?" fragte ich mich damals.

Ursprünglich beabsichtigte ich, zu Verwandten nach Argentinien zu segeln. Aus Zeitgründen hatte ich diesen Umweg annulliert. Jedoch grübelte ich über einer alternativen Route nach Europa. Ich studierte die Seekarten und Reiseführer Südamerikas und heckte einen ganz abenteuerlichen Plan aus. Er führte mich durch den Panamakanal in den Pazifik. Dann über die Galapagos Inseln nach Patagonien in Chile und schließlich um das Kap Horn nach Argentinien. Von dort aus hätte ich dann mit einem Jahr Verspätung in Europa eintreffen können. Ich berechnete sogar alle Entfernungen und segelte im Geiste die Route ab. Aber als ich realisierte, wie lang sich unsere relativ kurze Reise nach Brasilien hinzog, verging mir der Mut.

Interessantes las ich auch über den Atlantischen Ozean. Er bedeckt mit seinen Randmeeren mehr als 20% der Erde. Seine Länge beträgt 21.300 km und seine durchschnittliche Breite 5.500 km. Nur der Pazifik ist größer als der Atlantik. Ein weiterer Grund, den Pazifik auf spätere Abenteuer zu verschieben.

Guy studierte die Seehandbücher der Karibik. Wahrscheinlich las er zuviel davon, denn eines morgens klagte er über Alpträume. Er hatte geträumt, wir seien auf einem der vielen Korallenriffe, von denen er gelesen hatte, gestrandet. Seit unserer Abreise schrieb Guy endlose Briefe an seine Freundin. Deswegen zogen wir ihn gelegentlich auf. Wenn Greg und ich von dem Leben in Brasilien schwärmten, pflegten wir zu sagen: „Guy, dies ist nichts für deine Ohren, denn du bist auf Eis gelegt, bis du deine Freundin wiedersiehst." Dann erzählte ich von meinen ehemaligen Kollegen, die beruflich in den Stahlwerken Lateinamerikas zu tun hatten. Sobald das Thema Brasilien aufkam, verklärte sich ihr Blick, und die Augen wurden glasig. Wenn ich dann weiterbohrte, erfuhr ich wie sagenhaft die Brasilianerinnen seien. „Die Mädchen sind hübsch, natürlich und abenteuerlustig. Sie können tanzen wie Göttinnen. Dagegen sind die Frauen unserer Breiten alle verklemmt", schwärmten sie. Greg und ich ließen die Phantasie spielen. Dieses verbunden mit den sensationellen Sonnenuntergängen versetzte uns in einen rauschartigen Zustand. Guy unterbrach unsere Träumereien: „Ihr werdet euer blaues Wunder erleben, wenn ihr mit den Mädchen portugiesisch sprechen müßt." – „Wer redet denn vom Sprechen?" gaben wir frech zurück.

Das Radio war unser einziger Kontakt zur Außenwelt. Die BBC berichtete über das Wahlergebnis Südafrikas. Wie zu erwarten, wurde Mandela Präsident. Die Vergangenheit holte uns auch ein, als wir zufällig über Funk mit Alistair in Durban sprechen konnten.

Der weitere Verlauf der Reise verlief ohne spektakuläre Ereignisse. Trotzdem gab es immer Möglichkeiten, sich die Zeit zu vertreiben. Einmal wurde ich Opfer eines Komplotts. Wie immer versuchten wir unterwegs Fische zu fangen. Guy und Greg schworen auf den einen und ich auf den anderen Köder. So schleppten wir zwei Angelleinen hinter uns her. Leider blieben alle Bemühungen erfolglos. Mal verhedderten sich die beiden Leinen, mal verloren wir die Köder. Dann wurde ich während der Siesta-Zeit vom Geschrei meiner Freunde geweckt: „Ralph, Ralph, komm schnell. Ein Fisch hängt an deiner Leine!"

Sofort war ich wach, rannte an Deck und ergriff die Angelleine. „Er zappelt nicht mehr. Aber das muß ein großer Fisch sein", rief ich erregt, als ich den Zug an der Leine verspürte.

Greg und Guy feuerten mich an: „Du Schwächling, du mußt fester ziehen."

„Idioten; holt besser den Fischhaken hervor", fauchte ich zurück. Wenn mich das Jagdfieber gepackt hat, verstehe ich keinen Spaß. „Aber was ist denn das?" rief ich empört, als ich unter dem Gelächter meiner Freunde den Fang an Bord zog. Der vermeintliche Fisch war ein großer, alter Socken, den sie zuvor angehängt hatten. Der Spaß war gelungen.

Das Schiff gab die Revanche. Der Autopilot versagte. Wir sahen uns schon den Rest der Reise per Hand steuern. Glücklicherweise hatten sich nur ein Paar Schrauben am Ruderschaft gelöst. So ließ sich die Panne schnell beheben.

Gefährlich wurde es, als ich wieder einmal das Abendessen vorbereiten mußte. Es gab meine berüchtigten Pfannkuchen. Während des Kochens mußten die Feuerlöscher bereitgestellt werden. Ich flambierte mit soviel Alkohol, daß mein Gericht von nun an, als ‚Ralphs flammende Pfannkuchen‘ bezeichnet wurden.

Zur weiteren Sensation der Kombüse wurde unser selbstgebackenes Brot. Dazu verwendeten wir unsere Vorräte, die zufällig aus verschiedenen Herkunftsländern kamen. Das Mehl stammte aus Australien, Milchpulver aus Südafrika, Trockenhefe aus der Türkei, Honig aus St. Helena, Salz aus Singapur und Öl aus Mauritius. Wir bezeichneten das Resultat als ‚Internationales Brot‘.

Sowohl auf dem ersten, wie auch dem zweiten Abschnitt unserer Atlantiküberquerung sahen wir keine Schiffe auf hoher See. Trotzdem hielten wir uns an das flexibles Wachsystem, das sich bereits im Indischen Ozean bewährt hatte. Dies hieß, drei Stunden Wache und sechs Stunden Pause. Jeden Tag verschoben wir die Wache um drei Stunden, so daß jeder in den Genuß der angenehmen und unangenehmen Wachzeiten kam.

Eine Nacht lang wurden wir von zwei Seevögeln unterhalten. Wir tauften sie Kamikaze 1 und Kamikaze 2. Sie versuchten immer wieder, auf unseren Solarzellen zu landeten. Dort blieben sie, bis sie vom Schwung einer Welle wieder in die Luft befördertе wurden. Die Schau wiederholte sich unendliche Male und kulminierte schließlich in einen lärmenden Streit, als K2 bei einer Bruchlandung K1 mit über Bord riß.

Die verbleibenden Meilen schrumpften und unsere Ungeduld wurde immer größer. Für die bevorstehende Ankunft trimmten wir schon einmal unsere Bärte. Am 25. April glaubten wir ein Segel am Horizont zu sehen. Doch das vermeintliche Segel, entpuppte sich als die Spitze eines Berges auf der brasilianischen Insel Fernando de Noronha.

BRASILIEN

Fernando de Noronha

Fernando de Noronha ist ein kleines Archipel vor Brasiliens nordöstlicher Küste. Die Insel ist eine beliebte Zwischenstation für Segler auf dem Weg in die Karibik. Daher lagen eine Menge Segelyachten am geschützten Ankerplatz. Fast alle stammten aus Südafrika und gehörten zur ‚Mandela Regatta'.

Leider wurden wir enttäuscht. Die Bestimmungen hatten sich geändert. Keiner durfte hier landen, der nicht vorher auf dem Festland einklariert hat. Ich lies nicht locker, verhandelte mit einem Polizisten und erhielt die Erlaubnis, wichtige Lebensmittel zu besorgen. Abgesehen von etwas frischem Gemüse bestand das Lebenswichtige aus einer großen Kiste Bier der Marke ‚Antarktika'. Dies hatten wir bitter nötig, denn es war unglaublich schwül und warm. Selbst im Wasser konnten wir uns nicht mehr erfrischen. Die Temperatur betrug fast 30°C.

Glücklicherweise erhielten wir auch eine Sondergenehmigung, am Strand ein Barbecue zu veranstalten. Die Besatzungen der südafrikanischen Yachten ‚Ghostdancer', ‚Domani', ‚Caitlin' und der schwedischen Yacht ‚Kulla' sammelten sich gegen Abend um ein Lagerfeuer, auf dem wir frischen Fisch und Kartoffeln rösteten.

Am Ufer stand einen altes, hölzernes Segelschiff im ‚Collen Archer'-Design, daß vor Jahren Schiffbruch erlitten haben muß. Während die anderen das Feuer hüteten, kletterten Greg und ich auf das Wrack. Das Schiff war völlig ausgeschlachtet. Nur der Rumpf machte noch einen sanierungsfähigen Eindruck. Wenn die Yacht nicht an so einem abgelegenen Platz gelegen hätte, wäre es sicher Gregs erstes Renovierungsprojekt geworden.

Über die Ereignisse des folgenden Morgens schrieb Guy an seine Freundin:

„ *... Greg and Ralph went ashore to get water and saw a maiden. Ralph said to me: ‚You should have seen this. There was this young beautiful maiden waiting when we got to the shore and she smiled at us. I nearly melted down.' Gregs description was not much less complimentary. So with two horny chaps and Hammond in the cold storage, as they say, we headed for Natal ...* "

Polizeistreik

Die 220 Meilen von Fernando de Noronha nach Natal vergingen nicht ohne Überraschung. Das Wetter hatte sich geändert. Gewaltige Kumuluswolken verzierten den Himmel, die sich gelegentlich auf uns entluden. Wir genossen es zur Abwechslung im Platzregen zu duschen. Leider begleiteten Sturmböen die Regenfälle. So waren wir gezwungen, ständig die Segel zu trimmen.

Natal ist die östlichste Hafenstadt Brasiliens. Sie liegt an der Mündung des Flusses Rio Potengi. Als wir die flache Barre der Flußmündung querten, wurde es kritisch, da wir keine detaillierte Seekarte besaßen. Mit dem Blick auf dem Echolot fuhren wir vorsichtig den Fluß hinauf, bis wir Natals Yachtklub erreichten.

Kaum hielt der Anker, begrüßte uns ein junger Mann in einem Schlauchboot. Sein Name war Henry. Er stammte aus Südafrika, wie wir sofort am Akzent erkannten. Auch er war mit einer Segelyacht hier, kannte sich aus und gab uns nützliche Direktiven. „Hütet euch, zuviel Geld auf einmal zu wechseln. Die Inflation frißt euch sonst alles weg." Zum Schluß fügte er noch hinzu.: „Ach, fast hätte ich es vergessen. Die Polizei und die Zollbehörden sind derzeit auf Streik."

Da Brasiliens Kriminalität berüchtigt ist, verschlossen wir sorgfältig alle Luken bevor wir an Land gingen und spannten einen elektrisch leitenden Draht vor die Luke zum Niedergang. Durch diesen werden Hochspannungsstöße geleitet, die ein Gerät erzeugt, daß normalerweise für Viehweiden verwendet wird. Die Berührung ist abschreckend schmerzhaft.

Guy und ich machten uns auf die Suche nach der Polizeistation, die für die Immigration zuständig ist. Greg blieb mit Henry im Yachtklub zurück. Er besaß kein Visum für Brasilien, denn er hatte sich ja erst im letzten Moment zur Mitreise entschlossen. „Sei unbesorgt. Wenn es Probleme gibt, verstekken wir dich an Bord", sagten wir ihm.

Auf dem Weg zur Polizeistation kamen wir durch die Altstadt. Abwässer liefen durch die Straßen und vielerorts stapelten sich die Abfälle. All dies übersahen wir, als wir am Markt vorbeikamen. Hier pulsierte das Leben. Ein Gewirr von Menschen strömte durch die bunten Auslagen. Früchte, Gemüse und Meeresgetier aller Art wurden unter viel Geschrei zum Verkauf angeboten. Es bestätigte sich wieder, daß auf Neuankömmlinge die ersten Eindrücke eines Landes am intensivsten wirken.

Unsere Suche endete vor einem Gebäude mit der Aufschrift: Policia Federal. Grimmig dreinblickende Polizisten, viele davon Zivil, versperrten den Weg. Ich ging zu den Streikposten, hielt die Pässe hoch und versuchte, unser Anliegen zu erklären. All meine Sprachkünste versagten.

Schließlich versuchte ich es mit Pantomime. Durch Körperbewegungen ahmte ich unsere Schiffsreise, das Abstempeln der Pässe und das Abfliegen mit dem Flugzeug nach. Spätestens als ich mit ausgebreiteten Armen das Flugzeug nachahmte, mußten die streikenden Polizisten geglaubt haben, ich wäre ein Wahnsinniger. Unter allgemeinem Gelächter ließen sie uns passieren. In der Station fanden wir eine Sekretärin, die den Notdienst versah. Sie verstand sofort und machte sich auf die Suche nach dem Stempel. Die Suche schien nie enden zu wollen. Fast alle Schubladen der Polizeistation wurden geöffnet, bis der richtige Stempel auftauchte. Dann suchte sie nach der Gebrauchsanleitung für das Stempeln von Pässen. Geduld ist oberstes Gesetz im Umgang mit Behörden. Besonders dann, wenn sie streiken! Doch uns konnte nichts besseres passieren. Sonst hätten wir mit Gregs fehlendem Visum Probleme bekommen.

Später feierten wir mit Henry im Yachtklub unsere Ankunft. Der immer wiederkehrende Trinkspruch lautete: „Ein Hoch auf den Polizeistreik!"

Henry
Auch Henry hatte Grund, sich über den Streik zu freuen. Für ihn war er ein Geschenk Gottes, wie wir noch im Verlaufe des Abends erfuhren. Unter dem Einfluß einiger Caiperinias, einem Cocktail aus Zuckerrohrschnaps, löste sich seine Zunge. Auf die Frage, wie er von Südafrika nach Brasilien gekommen sei, antwortete er: „Ich bin wie ihr auf einem Segelboot von Kapstadt über St. Helena hierher gesegelt. Habt ihr nicht meine kleine, gelbe 26 Fuß Segelyacht gesehen?"

Henry besaß die Figur von Arnold Schwarzenegger. Daher starrten wir ihn erstaunt an und entgegneten: „Du bist doch nicht etwa in dieser Nußschale über den Atlantik gesegelt?"

„Ich muß zugeben, daß es nicht gemütlich war. Aber mein Aufenthalt in St. Helena war noch weniger gemütlich", sagte er.

Entrüstet entgegnete ich: „Wieso? Uns hat es dort bestens gefallen."

Darauf antwortet er: „Wenn man dich dort ungerechterweise ins Gefängnis sperren würde, fändest du sicher auch keinen Gefallen."

Langsam dämmerte es uns. Zufällig waren wir hier, in einem der unzähligen Häfen Lateinamerikas, mit dem Mann zusammengetroffen, der St. Helena in Aufruhr gebracht hatte.

Henry erzählte dann, er sei für vier Jahre Mitglied einer südafrikanischen Spezialeinheit gewesen. Er stammte aus einer wohlhabenden Familie, hatte sich aber mit seinem Vater überworfen. Sowohl dieses als auch seine militärische Vergangenheit und der bevorstehende Machtwechsel Südafrikas bewogen ihn, das Land zu verlassen. Nachdem ihm ein Freund einmal gezeigt hatte, wie der Sextant funktioniert, stach er in See. Nur mit Hilfe der Übersichtskarte des Atlantiks hatte er sich zurechtgefunden. „Die große Segelyacht in St. Helena wollte ich nicht stehlen. Ich hatte von einem Freund den Auftrag, sie zu überführen", behauptete er. Zu dem Thema, ob er dem holländischen Drogenschmuggler zur Flucht verholfen hatte, wollte Henry sich nicht äußern.

Trotz der niederschmetternden Wirkung der Caiperinias und starker Gezeitenströmung gelangten wir mit dem Beiboot zur Yacht zurück. Nichtsahnend ergriff ich die hölzerne Fußreling. Ich erhielt einen elektrischen Schlag und schrie auf vor Schreck. Fast wäre ich, unter dem Gelächter meiner Freunde, ins Wasser gefallen. Wir stellten fest, daß sich in der nächtlichen Kühle Kondenswasser gebildet hatte, wodurch die Spannungsstöße auf das ganze Schiff übertragen wurden. Die Abschreckung gegen Einbrecher schreckte nun auch uns ab.

Doch später erfuhren wir, daß, wie vermutet, Henry den holländischen Kapitän des Drogenschiffs außer Landes geschmuggelt hatte. Dafür sollte er 5.000,-- Dollar Belohnung erhalten. Vor der Landung in Natal sprang sein Gast nahe der Küste über Bord und schwamm unentdeckt an Land. Jetzt versuchte der Holländer, über seine Botschaft an einen neuen Paß und an sein Geld zu kommen. Auf meine Frage, wie Henry sicherstellte, daß er seine Belohnung erhalten würde, antwortete Guy: „Henry muß irgendein Druckmittel gegen ihn haben. Aber selbst wenn dem nicht so wäre, wird er sein Geld bekommen. Wir kennen die Elitetruppe, zu der er gehörte. Die Leute wurden zur Terroristenbekämpfung unter extremsten Bedingungen ausgebildet. Töten gehört zu ihrem Geschäft. Deswegen muß sich jeder dieser Truppe am Ende der Dienstzeit einer psychologischen Behandlung unterziehen."

„Solange wir Henry als Freund und nicht als Feind haben, soll mir alles recht sein", meinte ich. Lachend antwortete Guy: „Freund ja; aber bitte mit Grenzen, denn unser Tarzan ist zudem noch stockschwul."

Postillion d'Amour

Meine Freunde waren begeistert von ihren Erlebnissen in Natal. Besonders Greg hatte sich intensiv mit dem Nachtleben beschäftigt. Und wie ich erfuhr, wurde er, ganz im Gegensatz zu Guy, nicht nur von einer Grippe flachgelegt.

„Guy blieb seiner Freundin standhaft treu, und das, obwohl ich ihm die hübschesten Mädchen vorstellte", klagte Greg.

„Ihr hattet jetzt Zeit genug, euch einzuleben. Hoffentlich darf auch ich einmal das Nachtleben kennenlernen?" meuterte ich.

Am gleichen Abend noch saßen wir in Begleitung des Schweden Niels von der Yacht ‚Vision' und seiner brasilianischen Freundin in einem Tanzlokal. Das Lokal, das sich teilweise unter freiem Himmel befand, war zum Bersten voll. Dafür gab es einen besonderen Grund: Einmal im Jahr wurde hier ein ‚Postillion d'Amour'-Abend veranstaltet. Auf den Tischen lag Notizpapier, auf welchem Amor, der Liebesengel mit Pfeil und Bogen, abgebildet war. Damit konnten Nachrichten an die anderen Gäste des Lokals verschickt werden. Die beschriebenen Papiere wurden von den Kellnern überbracht.

Vier ausländische Männer bleiben nicht unbemerkt. Kaum saßen wir auf unseren Plätzen, flatterten uns von allen Seiten Nachrichten mit dem Liebesengel zu. Die Verwirrung war groß. Weder konnten wir die Texte lesen, noch wußten wir, von welcher der vielen Schönheiten sie kamen. Glücklicherweise konnte Niels Freundin übersetzen. Bei einigen Nachrichten errötete sie und meinte, dies könne sie nicht lesen. Greg mit den roten, langen Haaren, fand den größten Anklang. Die Live-Musik setzte ein, und damit kam Bewegung in die Menge. Ermuntert durch die vielen Liebesbriefe fingen auch wir an, Nachrichten zu versenden. Etwas abseits, neben einigen Palmsträuchern, sah ich ein bezauberndes Mädchen. Niels Freundin übersetzte meinen kleinen Text ins Portugiesische. Dann winkte ich einen Kellner heran und versuchte ihm zu erklären, für wen der Brief bestimmt war. Da meine Flamme am anderen Ende des Lokals saß, fand meine Nachricht die falsche Adresse. Zufällig landete sie bei einer der häßlichsten Damen. Beglückt suchte sie mit den Augen nach dem Absender. Zur Freude aller, verkroch ich mich fast unter dem Tisch. Die Sache wurde grotesk, als auch mein nächstes Schreiben das Ziel verfehlte.

„Wenn das so weitergeht, überbringe ich das Papier selber", rief ich aufgebracht. Aber dann klappte es.

Eine Live-Band heizte langsam die Atmosphäre an. Schließlich nahm ich meinen Mut zusammen und bat die Adressatin meines Schreibens zum Tanz. Lateinamerikanische Musik geht unter die Haut. Was auch immer der Grund sein mag, aber mir kam es vor, als sähe ich Sternchen. Der Tanz schien nicht mehr enden zu wollen. Meine Freunde machten sich bereits ernsthafte Sorgen. „Werden wir überhaupt noch weitersegeln?" mußten sie sich bei meinen Ambitionen gefragt haben.

Wir verabredeten uns zum Mittagessen im Yachtklub. Karen Christina Pinherio dos Santos, so hieß meine neue Freundin, war Lehrerin. Sie sprach natürlich nur Portugiesisch, so wurde Guys spöttische Warnung Realität.

Trotzdem gelang uns die Verständigung mit Hilfe von Pantomime und Zeichnungen. Die Freundschaft vertiefte sich. Ein einziger Kuß drohte meine Reise zu beenden. Gewissensbisse nagten. Wie weit darf man gehen, wenn die Abreise bevorsteht?

Als ich wieder klar denken konnte, rief ich: „Freunde, laßt uns die Segel setzen, aber schnell, bevor ich es mir anders überlege."

Guys Beschreibung dieser Episode:

„.... Our captain hit hunting mode, sat his sights on a little girl and shot off like a horse out of the starting gates ... We thought we were doomed to stay in Natal, but then, thanks god, we are now leaving on schedule ... On the way to Trinidad we hope to re-provision in Cayenne (French Guyana), then stop off Devils Island and from there we can guess, as Ralph's plans change like the wind."

Ein brasilianisches Fischerboot verläßt den Hafen.

Rekordfahrt

Als wir ausklarieren wollten, wurde uns der Einlaß zum Hafenamt verwehrt. Der Wachmann deutete auf unsere Beine und gab zu verstehen, daß etwas nicht stimmte. Glücklicherweise kamen in dem Moment Niels und seine Freundin dazu. Durch sie erfuhren wir, daß Männer in kurzen Hosen öffentliche Gebäude nicht betreten dürfen. Da Niels Freundin, im Gegensatz zu uns Männern elegant gekleidet war, nahm sie alle Schiffsdokumente an sich und erledigte die Formalitäten. Wir verließen Natal zur gleichen Zeit. Niels Schiff ‚Vision' war eine ehemalige Rennyacht, die ein völlig überdimensioniertes Rigg besaß. Da er bisher allein segelte, setzte er nie mehr als die Genua und in Ausnahmefällen das doppelt gereffte Großsegel. Er hatte Zeit und wollte kein unnötiges Risiko eingehen. Bald verloren wir ‚Vision' und die Hafenstadt Natal aus den Augen.

Heute denke ich gern an unseren Besuch zurück und verstehe, warum viele beim Gedanken an Brasilien einen verklärten Blick bekommen.

Sobald wir den Festlandsockel verlassen hatten, wurden wir von einer starken Meeresströmung erfaßt, die unsere Fahrt beschleunigte. In den ersten Tagen hatten wir den Wind von hinten. Gleichzeitig wurden wir jeden Nachmittag von heftigen Regenfällen heimgesucht, die gelegentlich von Windböen begleitet wurden. Daher mußten wir oft in aller Eile die Segel reffen.

Eines Nachts erwischte uns ein solcher Starkwind, bevor wir die Segel reffen konnten. Das Großsegel und die Genua standen auf Butterfly. Wir mußten manuell steuern, da der Autopilot das Schiff nicht mehr auf Kurs halten konnte. Mehrmals wurden wir so zur Seite gedrückt, daß das Ende des Großbaums die Wasseroberfläche streifte. Eine Welle warf uns herum und verursachte eine unfreiwillige Halse. Fast hätten wir dabei den Mast verloren. So plötzlich wie die Sturmböen kamen, verschwanden sie wieder. Die gewohnte Nachtruhe kehrte erst zurück, als es uns gelang, die Segel zu reffen.

Ich hatte gehört, daß bei einer Atlantiküberquerung das Schiff und die Mannschaft bis zu einer halben Million Mal hin- und hergeschaukelt werden. Dieses Schaukeln und die schwüle Hitze machten uns zu schaffen. Zudem litt Greg an den Folgen seines exzessiven Lebens in Natal und Guy sowohl an Liebeskummer als auch an Seekrankheit. Die Stimmung war gedämpft.

Guy plante Mitte Juli nach Europa zu fliegen, um seine Freundin dort wiederzusehen. Voller Liebeskummer zählte er bereits die Tage, Stunden und Minuten. Greg und ich zogen ihn deswegen auf.

„Uns langt es jetzt bald, immer deine traurige Miene zu sehen", meinte Greg und ich fügte hinzu: „Sobald wir die Karibik erreichen, werden wir deine Freundin einfliegen und euch verheiraten. Als Kapitän gebe ich euch den Segen und Greg wird Zeuge. Anschließend setzen wir euch auf einer romantischen Insel aus, wo ihr für den Rest des Lebens flittern könnt. Mit etwas Glück wird es dir dann besser gehen."

Auf die Frage ob das Schiff nicht eine bestimmte Mindestlänge haben muß, bevor der Kapitän Ehen schließen dürfe antwortete ich: „Das Schiff muß mindestens die Länge ein Ehebetts haben. Das heißt sieben Fuß."

Während der Frühwache am 18. Mai überquerten wir den Äquator unter den Klängen von Pavarotti. Ein mit brasilianischem Zuckerrohrschnaps gewürzter Fruchtsalat würdigte den Anlaß. Für meine Freunde war es die erste Äquatorüberquerung mit einem Schiff. Der Wettergott sorgte für eine zünftige Äquatortaufe. Im Laufe des Tages zogen dunkle Wolken auf, die sich sintflutartig über uns entluden.

Das viele Wasser ließ uns bewußt werden, daß wir uns vor der Flußmündung des Amazonas befanden; dem größten Stromgebiet der Welt. Auf den 6500 km Länge, von den Anden bis zum Atlantik, nimmt der Amazonas etwa zweihundert Nebenflüsse auf, wovon allein hundert schiffbar sind. Die feuchte Seeluft, die von den östlichen Winden in Richtung der Anden getrieben wird, entlädt sich in Form von schweren Regenfällen. So führt der Amazonas das ganze Jahr genügend Wasser, um bis nach Peru schiffbar zu sein. Das dicht bewaldete Amazonasbecken nimmt etwa ein Drittel der Landesfläche ein. Die Flußmündung ist riesig. In ihr liegt beispielsweise eine Insel, die so groß ist wie die gesamte Schweiz.

All dies und vieles mehr erfuhren wir aus unseren Reiseführern, die wir unterwegs studierten. Warum sollten wir nicht die sehenswerten Häfen, wie São Luis, Belem und Manaus besuchen oder einen Teil des riesigen Flußgebietes erforschen? Ich sah uns schon im Geiste mit einem Kanu abgelegene Flußläufe im Dschungel befahren: Der Dschungel, die Waldwüste könnte uns für Jahre verschlingen, ohne daß wir dem Ziel Europa näher kämen.

Die Kumuluswolken bescherten uns nicht nur Regenfälle, sondern auch einen der schönsten Sonnenaufgänge, die ich je gesehen habe. Die Metamorphose von Nacht zu Tag begann mit einem unscheinbaren Lichtschimmer am östlichen Horizont, das dunkle Grau des Himmels verfärbte sich, dann fielen die ersten Sonnenstrahlen auf die Wolkenberge und gaben ihnen einen feurigen Kranz. Wie als letzter Tusch eines Konzertes spannte sich dann noch ein Regenbogen, der in allen Farben schillerte. Zusätzliche Dynamik erhielt dieses Schauspiel durch die Bewegungen des segelnden Schiffes, die Geräusche und den Wind.

Es lag womöglich am nahrungsreichen Wasser im Mündungsgebiet des Amazonas, daß wir keine Ruhe mehr fanden. Ein bekannter Knall riß uns aus den Träumen. Das konnte nur heißen: Ein Fisch war uns an die Schleppleine gegangen, und was für einer. Das als Dämpfer in die Angelleine installierte Gummiband dehnte sich um ein vielfaches. Plötzlich stieg ein gewaltiger Fisch mit seiner gesamten Länge aus dem Wasser und vollführte eine Pirouette. Die Angelleine war am Gerüst unseres Biminis befestigt. Ich befürchtete schon, den Aufbau zu verlieren, als es nochmals knallte und die

Angelleine wie ein Gummiband zurückschoß. Der Fisch, ein Marlin, hatte glücklicherweise wieder seine Freiheit. Er war ohnehin zu groß für unseren Speisezettel. Angeregt von diesem Erlebnis hängten wir eine zweite Angelleine aus. Wie immer ging es darum, wer den besten Köder wählte. Scheinbar waren beide gleich gut, denn sie wurden zeitgleich von einem Doraden-Paar angegangen. Nach einem kurzen, aber wilden Kampf mit spektakulären Sprüngen rissen sie sich mitsamt unseren Ködern los. Wir reparierten die eine Leine. Es dauerte nicht lange, bis die nächste Dorade dran hing. Obwohl wir die Fahrt des Schiffes verlangsamten, hatten wir einen höllischen Kampf, sie heranzuholen. Als Greg sich über Bord lehnte, um sie mit dem Gaff zu haken, tauchte plötzlich eine zweite Dorade auf. In diesem Moment riß sich unsere Dorade mit einem letzten Kraftakt los und verschwand in der Tiefe. Mit ihr verschwand auch unser Gaff, den sie Greg aus der Hand gerissen hatte. „Hoffentlich wird der Fisch überleben", meinte Greg. „Doraden leben paarweise. Wird die eine gefangen, bleibt die andere bei ihr, bis diese aus dem Wasser gezogen wird. Dies ist der Grund, warum die zweite Dorade plötzlich neben der Bordwand auftauchte und damit ihren gefangenen Partner zum letzten Kraftakt ermunterte."

Als ob dies noch nicht gereicht hätte, riß kurz darauf unser Spinnakerfall. Im hohen Bogen flog das Segel mit dem darauf abgebildeten Drachen ins Wasser. Nur durch schnelles Beidrehen konnten wir es retten. Nachdem wir es getrocknet hatten, verstaute Greg das Segel in seiner Kabine. Er teilte sein Quartier mit einem Drachen, wie wir belustigt feststellten. Unserem Freund war aber in diesem Moment das Lachen vergangen. Er hatte beim Wegpacken des Segels einen Finger in den Ventilator über seiner Koje bekommen. Nun litt er nicht nur an der Verletzung, sondern mußte auch den Ventilator reparieren, der bei der tropischen Witterung lebensnotwendig war.

Für den nächsten Fisch, der uns an den Haken gehen sollte, bereiteten wir uns bestens vor. Die Signalpistole wurde mit Schrot geladen und die Harpune bereitgelegt. Etwas skeptisch fragte Guy: „Wie sieht denn euer Schlachtplan aus?"

„Du ziehst den Fisch heran, und sobald er in Reichweite ist, ballern Greg und ich auf ihn. Dann holen wir ihn an Bord", antwortete ich.

„Mit eurem Geschick werden wir uns gegenseitig umlegen, während der Fisch das Weite sucht", spottete Guy.

Glücklicherweise blieben wir davon verschont, denn der nächste Fisch, ein Bonito, lies sich fast kampflos an Bord ziehen.

Meine Ambitionen als Amateurfunker kamen schnell zum Erliegen. Erstens koordinierten die neuen Gesprächspartner in der Karibik das Netz mit religiösem Eifer. Zweitens fand meine künstlich geschaffene Lizenznummer keine Akzeptanz mehr. Die Gesprächspartner wollten oder mußten sich an die Regeln halten. Das hieß, daß mit sogenannten Funkpiraten wie mir, die mit einer ungültigen Lizenznummer aus Panama operierten, nicht mehr gesprochen wurde. Dafür hielten wir täglichen Funkkontakt mit all den südafrikanischen Yachten, die wir in Fernado de Noronha getroffen hatten. Unter dem Rufzeichen ‚False Bay‘, ihrem Heimathafen bei Kapstadt, bildeten sie ein eigenes Piratennetz, über das sie alle möglichen Erfahrungen austauschten. Unter Piraten fühlte ich mich eher zu Hause. Am Tage unserer Äquatorfeier meldete sich während der täglichen Konferenz ein Schiff namens ‚Cooee‘, deren Kapitän Jill Knight hieß. Sie gab durch, daß sie mit ihrer Yacht auf dem Weg von São Luis nach Devils Island sei.

Welch ein Zufall! Dieser Name erinnerte mich hier am Äquator an die vergangenen Zeiten mit meinem Freund Graeme, der mir in Singapur Starthilfe für meine Segelreise gegeben hatte. Jill und Graeme kannten sich gut. Er hatte damals von ihr erzählt, da auch sie mit einer Holzyacht um die Welt segelte. Wie wir aus den Eintragungen in den Gästebüchern der Yachtklubs entnahmen, war uns ‚Cooee‘ bisher immer um eine Etappe voraus. Über Funk gab ich Graemes Rufzeichen durch und fragte Jill, ob dieses ihr etwas sage.

„Ja natürlich. Das ist das Rufzeichen meines Freundes Graeme Irleand. Wo ist er?“ erwiderte sie prompt. So kam es, daß wir uns verabredeten. Anstatt Cayenne, nahmen wir Kurs auf Devils Island.

Auf der gesamten Strecke nach Französisch-Guayana erlebten wir mit 15 bis 25 Knoten ideale Windverhältnisse. Zunächst kam er achterlich aus südöstlicher Richtung, dann drehte er, je weiter wir nach Norden kamen, und schließlich segelten wir mit halben Wind aus ENE. Gleichzeitig beschleunigte uns eine starke Meeresströmung mit 2 bis 3 Knoten. So war es nicht verwunderlich, daß wir alle Streckenrekorde brachen. Unser bestes Etmal lag bei 216 Seemeilen über dem Grund.

Die letzten Meilen wurden zu einer Regatta gegen die Dunkelheit. Mit dem letzten Licht erreichten wir den Ankerplatz im Schutz der Insel Isle Royal.

FRANZÖSICH-GUAYANA

‚Cooee'

Die Segelyacht ‚Cooee' lief noch am gleichen Abend ein. Jill gesellte sich zu uns. Es wurde ein unvergeßlicher Abend. In entspannter Atmosphäre tauschten wir unsere Erlebnisse aus. Nach der nervenaufreibenden Schaukelei der vergangenen Tage, herrschte nun endlich Ruhe.

Jill Knight, eine Australierin, Psychologin von Beruf, ist eine besondere Persönlichkeit im Kreise der Fahrtensegler. Als Mutter von mehreren Kindern war sie es eines Tages leid, das Heim zu hüten. Zusammen mit einem Freund renovierte sie die gaffgetackelte 47-Fuß-Segelyacht ‚Cooee'. Dann segelten sie davon und, was leider so oft passiert, trennten sich nach einiger Zeit. Seither segelte Jill allein mit ihrer Katze. Am Kap der Guten Hoffnung wurde ihr Schiff in einem Sturm beschädigt. Jill kam mit einem blauen Auge davon. In Kapstadt reparierte sie dann ihr Schiff. Dort kam ein neuer Freund ins Spiel. Doch weder er noch sie wollten ihre Freiheit aufgeben. So segelten die beiden auf getrennten Yachten. Im nachhinein verstand ich, warum Graeme so begeistert von Jill erzählt hatte. Sie war nicht nur eine Persönlichkeit, sondern auch eine attraktive und sportliche Frau.

Als wir am nächsten Morgen auf dem Weg zum Pier bei ihr vorbeischauten, war sie gerade dabei, den Außenbordmotor ihres Beiboots zu zerlegen. Das ist eine Arbeit, die selbst uns Männern Kopfschmerzen bereitet hätte.

Mit Recht konnte Jill stolz auf ihr antikes Schiff sein. ‚Cooee' ist die älteste Segelyacht, die ich je gesehen habe. Sie wurde im Jahre 1893 in Neuseeland von Charles Bailey & Sons aus dem Holz ‚Kauri Fichte' gebaut. Jill hatte die Yacht mit eigenen Händen wiederbelebt. Die Inneneinrichtung spiegelte ihren Sinn für Ästhetik wider. ‚Cooee' besaß einen weiblichen Touch, der verständlicherweise auf unserem Schiff fehlte.

Inseln des Heils

„Sowohl der Architekt wie der Funktionär, die daran zusammen gearbeitet
haben, sind einer wie der andere widerwärtige Ungeheuer, verbrecherische
Psychologen, voll von sadistischem Haß gegen die Verurteilten. "
(Henry Charriere)

Die Inselgruppe hieß Iles du Salut und umfaßte die Ile du Diable, Ile Royale
und Ile Saint Joseph. Sie liegen etwa 15 Meilen vor der Küste Französisch-
Guayanas. Der Ankerplatz befand sich im Lee der Insel Ile Royal. In der
Nacht ging ein Tropenregen auf uns nieder, der ohne Unterbruch bis zum
späten Morgen währte. Als er endlich aufhörte, waren 3/4 unseres
Schlauchbootes mit Wasser gefüllt. Die Regensaison, die von November bis
Juli dauert, hatte ausgerechnet in jenem Monat ihren Höhepunkt.

Auf Ile Royale begegneten wir einem französischen Gendarm, der auf
dem Pier saß und angelte. Er war für die Klarierungsformalitäten zuständig.
Die südafrikanischen Pässe mochte er gar nicht. Doch er sah darüber hinweg, als er merkte, daß der mit deutschem Akzent sprechende Kapitän Franzose war. Angeln, Tauchen und Wein interessierten ihn ohnehin mehr, als
die Bürokratie.

Zusammen mit Jill erkundeten wir die Inseln. Was wir sahen, waren die
Reste einer traurigen Vergangenheit. Da die Franzosen in Französisch-
Guayana außer unwegsamem Dschungel nichts vorfanden, nutzten sie diese
Kolonie, um sich unliebsamer Menschen zu entledigen. Von 1795 bis 1953
wurden Kriminelle und politisch Andersdenkende hierher verbannt. Auf den
Heilsinseln befand sich die berüchtigste Haftanstalt. Die Ile Royale beherbergte die Gefängnisverwaltung und die zu harter Arbeit verurteilten Gefangenen, die Ile St. Joseph die Gefangenen in Einzelhaft, und auf der Ile du
Diable wurden die politischen Gefangenen inhaftiert. Diesem traurigen Ort
hat einer der Häftlinge zu Weltruhm verholfen. Es war Henry Charriere mit
seinem Buch ,Papillon'.

Stumm schritten wir durch die Ruinen, wo früher die Todeszellen lagen
und die Menschen mit der Guillotine hingerichtet worden waren. Dann
setzten wir zur Teufelsinsel über. Eine kleine Seilbahn von der Hauptinsel
Ile Royale versorgte sie mit Lebensmitteln. Nur der Mensch vermag einer so
schönen Insel, den Namen ,Teufelsinsel' zu geben. Womöglich wollten sie
nur an ihre teuflischen Taten erinnern. Am beeindruckendsten waren jedoch
die Zellenblocks für Einzelhäftlinge auf Ile St. Joseph. Da, wo früher die
Häftlinge schmachteten, dominierte die Natur. Die Wurzeln der Bäume

hatten selbst den stärksten Beton gesprengt. Von den Dächern waren nur noch Stahlgerippe vorhanden. Da wir zuvor das Buch ‚Papillon' gelesen hatten, konnten wir uns eine gute Vorstellung von der Realität machen. Harte Arbeit, schlechte Ernährung und das mörderische Tropenklima ließ die Häftlinge wie Fliegen sterben. Die Toten wurden dann den Haien zum Fraß vorgeworfen. Wege aus massigen, behauenen Steinquadern durchzogen die Insel. Der farbliche Kontrast zwischen dem schwarzen Gestein und dem satten Grün der Palmen gab dem Ort einen freundlichen Charakter. Nahe eines schönen Strandes gelangten wir auf einen Friedhof. Es handelte sich um den Friedhof für das Gefängnispersonal. Die Inschriften der verwitterten Grabsteine zeigten uns, wie erschreckend jung die Menschen hier gestorben waren.

Um sicherzustellen, daß möglichst keiner in die Heimat zurückkehrte, mußten die Gefangenen nach ihrer Entlassung die entsprechende Zeitdauer ihrer Haft in Guayana bleiben. Die Zahlen belegen das Leid der Menschen: Von den 70.000 Häftlingen haben nur 7.000 ihre Verbannung überlebt.

Zum Teufel mit den Steuern

Auf dem Gipfel von Ile Royale stand das ehemalige Wohnhaus der Gefängniswärter, das nun als Hotel und Restaurant genutzt wurde. Hier erhielt ich, nach einem Telefonat mit meiner Familie, Kopien wichtiger Schriftstücke per Fax. Ein Schreiben kam von Singapurs Steuerbehörden, die eine ausstehende Steuerzahlung des vergangenen Jahres ultimativ und unter Strafandrohung einforderten. Das andere Schreiben kam von meiner Bank in Singapur. Sie teilte mir mit, daß die Steuerbehörden kurzerhand mein verbleibendes Geld gepfändet hatten und nun das leere Konto annulliert worden sei.

Schockiert ließ ich mich mit dem Schreiben auf der Terrasse nieder. Ausgerechnet hier, an einem der verlassensten Orte der Welt, holte mich wieder einmal die Vergangenheit ein. Meine Seereise hatte ich indirekt den niedrigen Steuersätzen zu verdanken. Da ich immer im Ausland arbeitete, lagen meine Steuer- und Sozialabgaben auf einem akzeptablen Niveau von nicht mehr als 25% meines Einkommens. Hätte ich als Unverheirateter in einem meiner Heimatländer Deutschland oder Frankreich gearbeitet, hätten meine Abgaben bei etwa 50% gelegen und ich hätte etwa doppelt so lange arbeiten müssen, um das nötige Geld für dieses Abenteuer zu sparen. Singapurs Steuerrechnung betraf einen Zeitraum, den ich teilweise auf See verbracht hatte. Die Behörden hätten nicht mehr als die Hälfte der verlangten Summe einfordern dürfen. Glücklicherweise besaß ich nur noch wenig Geld auf meinem Konto in Singapur. Ich verfaßte je ein Antwortschreiben an die Bank und an die Steuerbehörde, in denen ich den Sachverhalt klärte. Diese trugen den abschreckenden Absender:

Yacht *Ryusei* / Devils Island / French Guayana.

„Was ist dir den über die Leber gelaufen?" fragten meine Freunde, als sie sich zu mir gesellten.

„Es gibt zwei Dinge im Leben, denen man nicht entgeht: Den Steuern und dem Tod. Eines hat mich soeben erwischt", antwortete ich. Von unserem Terrassenplatz genossen wir einen wunderbaren Blick auf die Teufelsinsel. Ich bestellte eine Runde Bier, stieß mit meinen Freunden an und rief: „Zum Teufel mit den Steuern."

Ein Aushang der Küstenwache am Eingang des Hotels ließ mein Problem verblassen: *„IDLE QUEEN, an American sailing yacht is overdue. She left South Africa bound for the Caribbean. The single sailor on board is handicapped in one arm. Anybody who hears any news about this yacht is asked to inform the coast guard."*

Der Kapitän von ‚Idle Queen' war Harry, mit dem wir viele lustige Stunden in Durban verbracht hatten. Einen Freund oder auch nur einen Bekannten auf See zu vermissen, ist bitter. Lange spekulierten wir über die Ursachen seines Verschwindens. Unsere einzige Hoffnung war, daß ‚Old Harry' wieder einmal aus Sicherheitsgründen nur das Vorsegel gesetzt hatte und sich dadurch seine Reise verlängert haben mußte.

Kourou

Nach einem herzlichen Abschied von Jill setzten wir am frühen Nachmittag die Segel, um rechtzeitig bei steigender Flut die Flußmündung von Kourou zu erreichen. Wir wollten eigentlich mit dem Motor den Ankerplatz verlassen: das schlechte Wetter und der elektrisch betriebene Kühlschrank wurden uns jedoch fast zum Verhängnis. Die Bewölkung reduzierte den Ladestrom unserer Solarzellen. Da wir versäumt hatten, den Kühlschrank rechtzeitig auszuschalten, konnten wir wegen der entladenen Batterien den Motor nicht starten. „Für ein Segelboot ist das kein Problem", meinten wir, rechneten aber nicht mit den tückischen Wind- und Strömungsverhältnissen in der Bucht. Die felsige Küste kam gefährlich nahe. Erst im letzten Moment gab uns ein kleiner Windstoß den nötigen Antrieb, um die offene See zu erreichen.

Drei Stunden später lagen wir im Fluß Kourou nahe der gleichnamigen Stadt vor Anker. Überall dominierte der Urwald. Nur die wenigen Häuser am Ufer deuteten darauf hin, daß sich hier eine der größten Siedlungen Französisch-Guayanas befand.

Die drei benachbarten Länder Guayanas, Guyana (ehemals Britisch Guyana), Surinam (ehemals Holländisch Guiana) und Französisch-Guayana bilden eine Ausnahme gegenüber dem restlichen Kontinent. Dieser Küstenstrich, den Columbus bereits im Jahre 1498 gesichtet hatte, war für die Spanier und Portugiesen wegen des unwegsamen Dschungels und des Fehlens von Bodenschätzen uninteressant. Sie suchten nach dem Eldorado. Ich fand, sie waren ihm, ohne es zu wissen, sehr nahe gekommen. Hier waren sie zum ersten Mal auf Hängematten gestoßen. Leider erkannten sie damals nicht den Wert des von uns Seglern so geschätzten Kulturgutes.

Aus strategischen Überlegungen behielt nur Frankreich seine Kolonie. Im Jahre 1946 erhielt Französisch-Guayana den Status eines Übersee-Départements. 150.000 Einwohner leben heute in dem kleinen Land, das sich 320 Kilometer entlang der Küste hinzieht.

Wir waren nach Kourou gesegelt, um unsere Vorräte zu ergänzen und das europäische Weltraumzentrum zu besichtigen.

Der flußnahe Bereich des Ortes machte einen desolaten Eindruck auf uns. Als wir in der Abenddämmerung die staubige Hauptstraße entlang spazierten, kam ein Lieferwagen vorbei, der uns mit Insektenbekämpfungsmittel besprühte. Hustend rannten wir davon. Später kehrten wir in einer obskuren Nachtbar ein. Kaum hatten wir uns einen Drink bestellt, als der Rausschmeißer des Lokals, ein ehemaliger Fremdenlegionär, eine brutale Schlägerei mit einem der Gäste provozierte. Er schlug den Gast ohnmächtig und warf ihn, wie in einem billigen Western, auf die Straße. So schnell wir konnten, kippten wir unsere Drinks, beglichen die Rechnung und flüchteten nach Hause.

Das Flußabenteuer

In der Nacht kam es uns vor, als hätten wir in einem Gebirgsbach geankert. Der Regen prasselte auf das Deck und starke Gezeitenströmung rauschte mit bis zu drei Knoten am Schiffsrumpf entlang. Am frühen Morgen bestiegen wir unser Beiboot und fuhren mit steigender Flut den Flußlauf hinauf. Nur wenige Minuten später waren wir von Mangroven und Dschungel umgeben. Wie im Flug glitten wir über das Wasser und bemerkten kaum die zurückgelegten Kilometer. Am Stand der Sonne realisierten wir, daß sich der Fluß in Schlangenlinien durch den Urwald zog.

Immer wieder passierten wir Verzweigungen. Aus Neugier bogen wir in einen engen Flußarm ein. Sofort umschloß uns dichtes Gestrüpp. Wir fuhren wie in einem Tunnel, der dann schließlich so eng wurde, daß wir kehrtmachen mußten. Bevor wir dies taten, stellten wir den Außenbordmotor ab, um die Eindrücke auf uns wirken zu lassen. Eine gespenstige Welt umgab uns. Die Stille wurde vom Geschrei der Vögel gebrochen. Aber dann fiel eine Armee von Insekten über uns her.

„Wenn der Motor nicht mehr anspringt, werden wir bei lebendigem Leibe aufgefressen. Dann erleben wir, warum der Dschungel oft als ‚die grüne Hölle' bezeichnet wird", meinte Greg.

Schnell ließen wir den düsteren Ort und die Moskitos hinter uns. Ein Stück weiter nahmen wir eine weitere Abzweigung. Dieser Flußarm wirkte abenteuerlicher als der breitere Hauptfluß. Aufgeschreckt wechselten farbenprächtige Eisvögel, Kraniche und andere Vögel von Ufer zu Ufer. Aus dem Wasser ragende Baumstümpfe, zwangen uns zu schnellen Ausweichmanövern. Ein Schild am Ufer überraschte uns. Es trug die Aufschrift: ‚Militärische Zone – Eintritt verboten'. „Die meinen sicher nur das Ufer und nicht den Flußlauf", glaubten wir und gaben Gas. Irgendwann legten wir dann doch am Ufer an. Etwa dreißig Kilometer lagen hinter uns, und wir spürten, daß der Wasserpegel sich wieder senkte, also die Ebbströmung eingesetzt hatte. Dies war das Zeichen zur Umkehr. Wir wollten gerade vom Ufer abstoßen, als lautes Geknatter die Ruhe durchbrach. Es waren unverkennbar die Salven von Maschinengewehren. Entweder hier war ein Schießstand in der Nähe oder es wurde ein Manöver abgehalten. Uns kam es vor, als seien wir mitten drin. „Nichts wie weg!" rief ich. Als wenn uns der Teufel im Nacken säße, rasten wir den Fluß hinunter. Dabei hielten wir uns geduckt im Boot. Glücklicherweise kannten wir nun alle Hürden, wie herunterhängende Äste, halb versunkene Bäume und die scharfen Kurven des abgelegenen Flußlaufes. Erst als das Warnschild weit hinter uns lag, verlangsamten wir die Fahrt, bis wir wohlbehalten unser Refugium erreichten.

Ariane

Frankreichs Weltraumzentrum besichtigten wir im Rahmen einer organisierten Tour. Für uns war es schwer vorstellbar, daß von diesem entlegenen Flecken der Welt mit Hilfe modernster Technologie, Satelliten ins All geschossen werden. Es handelte sich in erster Linie um Satelliten für die Telekommunikation, eine Technik, die unser Leben so tiefgreifend verändert hat. Die Welt, früher fast unendlich groß, wurde durch die moderne Telekommunikation mit ihren Satelliten auf die Größe einer Wählscheibe reduziert.

Wir besichtigten ein Museum, dann die Montagehalle, die Startrampe für die Trägerraketen und schließlich den großen Teststand. In weniger als dreißig Minuten nach dem Start erreichen die Raketen die Umlaufbahn. Dafür wird ein kaum vorstellbarer Aufwand betrieben.

Die Führung fand zum Verdruß meiner Freunde in französischer Sprache statt. Daß unsere Führerin eine junge hübsche Dame war, tröstete sie ein wenig.

Einen Ingenieur mit dem wir ins Gespräch kamen, fragten wir, wie es sich hier lebt. „Langsam, denn hier laufen die Uhren nach der europäischen Zeit, GMT", sagte er. „Allerdings übersetzen wir GMT spöttisch mit ‚Guayana Maybe Time' anstelle von ‚Greenwich Mean Time'. Derzeit arbeiten wir unter Höchstdruck, denn die letzte Rakete, deren Start Präsident Mitterrand beiwohnte, mußte wegen eines Defekts im Flug gesprengt werden. Dadurch wird nun das ehrgeizige Programm, der Einführung der neusten ‚Ariane', verschoben. In wenigen Tagen soll wieder eine Rakete gestartet werden. Hoffentlich wird es dieses Mal besser klappen."

In Anbetracht der Tatsache, daß ein Teil dieses kostspieligen Feuerwerks auf Kosten der Steuerzahler geht, hofften wir das auch. Während des Startes sollte, wegen der möglichen Pannen, der Seeraum nördlich von Kourou für Schiffe gesperrt werden. Wir wollten uns nicht aufhalten lassen und stachen noch am gleichen Tag in See.

Ein gutes Omen

Bei Flut verließen wir Kourou. Wir waren glücklich, das schlammige Fluß-wasser, die Moskitos und den Regen hinter uns zu lassen und zu sehen, wie das Wasser blauer und blauer wurde. In der Nacht setzte der Passat aus nordöstlicher Richtung ein. Drei Tage flogen wir auf halbwind Kurs bei 15 bis 20 Knoten Wind auf Trinidad zu. Nirgendwo in der Welt erlebten wir schöneres Langstreckensegeln, als auf dieser letzten Etappe zur Karibik. Einen Tag vor unserer geplanten Ankunft in Trinidad sprach ich über Funk mit der Segelyacht ‚Caitlin', die wir von Fernado de Noronha her kannten. Sie hatten kurz zuvor den Hafen Scarborough auf Tobago erreicht.

„Dies ist endlich einmal ein Hafen nach unserem Geschmack. Warum kommt ihr nicht auch hierher? Ihr werdet es nicht bereuen", tönte es aus dem Radiompfänger.

Kurzerhand nahmen wir Kurs auf Tobago. Bisher hatten uns Sonne und Wind verwöhnt, aber am Vorabend unserer Landung türmten sich riesige Cumuluswolken auf. Der Wind nahm zu und wurde böig. Wir refften die Segel, da wir erst im Morgengrauen Tobago erreichen wollten. Aber um so mehr wir die Segel reduzierten, um so mehr legte der Wind zu. Nach Mitternacht, während Guys Wache, brach die Hölle los. Ein brutales Gewitter tobte sich über uns aus. Es blitzte und krachte. Wie ein Wasserfall stürzte der Regen herab. Die Sicht war gleich Null. Kreuzseen und Windböen bis zu vierzig Knoten machten das Schiff fast unkontrollierbar. Das Vorsegel hatten wir bis zu einem winzigen Dreieck aufgerollt. Trotzdem segelten wir noch viel zu schnell. Greg und ich standen für Notfälle am Niedergang bereit, während Guy, mit dem Ruder kämpfte. Als eine Freak-Welle über das Deck krachte, hörten wir ihn fluchen. Schadenfroh riefen wir: „Guy immer wenn du auf Wache gehst, fängt das Wetter an zu toben. Wie machst du das nur?" Die Antwort ging im Donnergetöse unter. Das Gewitter endete so schnell, wie es über uns hergefallen war. Nur der Wind blies noch stark, und das Meer war nach wie vor aufgewühlt. Als sich der Regen legte, sahen wir die Lichter Tobagos vor uns. Der Sturm hatte uns viel zu schnell zum Ziel gebracht. Guy verzog sich erschöpft in seine Koje. Als Greg und ich an Deck kamen, bemerkten wir: „Siehst du, Guy; sobald wir kommen beruhigt sich das Wetter." Aber er war zu erschöpft, um sich zu verteidigen. Zu allem Überfluß war ihm kurz zuvor ein fliegender Fisch ins Gesicht geprallt.

Unsere Gehässigkeit rächte sich. Um vier Uhr morgens kreuzten wir bereits vor der Hafeneinfahrt von Scarborough. Greg und ich standen vor dem Problem, zu entscheiden, ob wir im Dunkeln den Hafen anlaufen sollten. Auf der Seekarte waren Peillichter markiert, mit deren Hilfe die Einfahrt zwischen den Korallenriffen hätte zu finden sein sollen.

„Wenn wir diese Lichter sehen, dürfte es kein Problem sein", meinte ich. Greg stimmte zu, obwohl auch er ein ungutes Gefühl hatte. Scarborough war hell erleuchtet und in diesem Gewirr von Lichtpunkten mußten wir das Leitfeuer ausmachen.

„Verdammt, da sind zu viele Lichter an Land. Ich sehe auch Rotlichter. Aber dies könnte auch Tobagos Rotlichtviertel sein", rief Greg erregt, als er durchs Fernglas schaute.

Schließlich glaubten wir die richtigen Markierungen zu sehen und nahmen Kurs auf Land. Zur Sicherheit startete ich den Motor, denn die Strömung war recht stark. Nervös schaute Greg auf den Echolot, während ich steuerte. Plötzlich schrie er: „Wende, wende, so schnell du kannst!" Ich riß das Ruder herum, gab Vollgas und ging auf entgegengesetzten Kurs. Das Vorsegel killte im Wind. Wir ignorierten es, denn tieferes Wasser war alles, was nun zählte.

Der Echolot war plötzlich von vierzig auf vier Meter Wassertiefe gesprungen. Um ein Haar wären wir auf das vorgelagerte Korallenriff gelaufen.

„Das reicht. Nie wieder werden wir einen unbekannten Hafen bei Nacht anlaufen", beschlossen wir und segelten in Richtung der offenen See. Dort kreuzten wir, bis die Positionsleuchten eines Motorschiffs in Sicht kamen. Auf Kanal 16 verlangte der Kapitän dieses Schiffes, wie wir zuvor, erfolglos nach Scarboroughs Hafenmeister. Schließlich nahm ich das Radio und meldete mich: „Motorschiff ‚Futura' – Dies ist die Segelyacht *Ryusei* auf ihrer Steuerbordseite. Auch wir bekommen keine Antwort vom Hafenmeister." „Der schläft vielleicht. Wir können auch ohne seine Genehmigung einlaufen", antwortete der Kapitän. Dann erklärte ich ihm, daß wir die Hafeneinfahrt nicht finden könnten.

„Kein Problem.", erwiderte er: „Wir sind ein Versorgungsschiff, und ich kenne mich hier gut aus. Fahren Sie einfach hinter uns her."

So lotste uns ein Schiff namens ‚Futura' in den ersten Hafen der Karibik. Wir fanden, daß dies, nach den Schrecken dieser Nacht, ein gutes Omen sei.

TOBAGO & GRENADINEN

Das Land des Calypso

Wie Perlen an einer Kette reihen sich im Osten der Karibik zahlreiche Inseln. Die Lage zwischen dem 10. und 20. Breitengrad garantiert tropische Temperaturen und beständige Winde. Daher gehört diese Region zu den beliebtesten Destinationen für Segler.

In der Karibik ist der Einfluß Europas allgegenwärtig. Seit Kolumbus hier Land erblickt hatte, ist diese Region dem Wechselspiel der Mächte unterworfen. Nicht nur die Spanier und Portugiesen, sondern auch die Engländer, Holländer, Franzosen und Dänen tummelten sich hier. Zucker hieß das Gold der Karibik, daß seit 1640 mit dem Schweiß der Sklaven aus Afrika angebaut wurde. Nach Abschaffung der Sklaverei um das Jahr 1850 wurden billige Arbeitskräfte aus Indien herbeigeschafft. So ist es verständlich, warum Afrikaner und Inder das Leben in Trinidad und Tobago bestimmten.

Tobago hat häufiger den Besitzer gewechselt als jede andere Insel der Karibik. Die genaue Zahl ist nicht bekannt. Bittere Schlachten wurden ausgetragen. Daran erinnern Namen wie Man of War Bay und Bloody Bay. In Bloody Bay kämpften die Engländer gegen die gemeinsame Flotte der Holländer und Franzosen. Es gab so viele Tote, daß sich angeblich das Wasser rot färbte. In einer anderen Schlacht zwischen den Franzosen und den Holländern gingen 1700 Menschenleben verloren. Solche Grausamkeiten konnten wir uns beim Anblick der friedlichen Orte kaum vorstellen. Um 1800 besetzten die Engländer sowohl die Insel Trinidad als auch das benachbarte Tobago und behielten diese bis zur deren Unabhängigkeit im Jahre 1962. Der englische Verwaltungsapparat, die Sprache und die Kultur sind teilweise erhalten geblieben.

Nach all dem Elend, dem Krieg und der Sklaverei, kam es uns vor, als hätte Tobago ein Happy-End gefunden. Wir trafen fröhliche Menschen, die das Feiern und Musizieren lieben. Überall hörten wir Steeldrums, Calypso-Musik und Reggae. Beim Einklarieren erhielten wir unsere erste Lektion in Landeskunde.

„Das sieht zwar so aus, ist aber nicht wie in Schwarzafrika", stellten meine Freunde nüchtern fest. Bis auf wenige Ausnahmen ist die Bevölkerung Tobagos schwarzer Hautfarbe. Da Englisch gesprochen wird, konnten wir uns bestens verständigen. Thema des Tages war der Karneval.

„Ist der nicht schon gewesen?" fragte ich, als mir der Zollbeamte davon erzählte.

„Ja, das stimmt," antwortete er. „Aber der Karneval war dieses Jahr so schön, daß wir auf Tobago beschlossen haben, ihn ein zweites Mal zu feiern. Bei uns werden die Prioritäten richtig gesetzt!"

Im Hafen von Scarborough lagen wir neben den südafrikanischen Yachten ‚Caitlin' und ‚Ghostdancer', die wir bereits in Brasilien getroffen hatten. Eines Abends saßen wir beieinander und tauschten Erlebnisse aus. Dabei kam das Gespräch auf die vielen anderen Segelyachten, die zur gleichen Zeit Afrika verlassen hatten. Die meisten begaben sich zum ersten Mal auf große Fahrt. Freunde, Eheleute und Familien hatten sich in ein unbekanntes Abenteuer gestürzt. Für viele wurde nichts aus dem großen Traum. Langjährige Partnerschaften, ja sogar Familien zerbrachen oder drohten zu zerbrechen. Es stellte sich heraus, daß in einigen Fällen der Traum des einen zum Alptraum des anderen wurde. Da brauchte nur einer an Seekrankheit oder Angstgefühlen zu leiden. Dies sind die Schattenseiten des Fahrtensegelns, von denen wenig erzählt wird. Wir auf *Ryusei* gehörten zu den Glücklichen.

Gäste

„Es wird sowieso sehr eng werden. Auf einen mehr oder weniger kommt es dann nicht mehr an. Bring sie halt mit. Du wirst dann schnell erfahren, ob ihr zusammen paßt", waren die Worte, die ich in Französisch-Guayana in den Hörer schrie. Am anderen Ende der Leitung war mein Studienfreund Karl-Heinz, genannt Kalle. Mit ihm hatte ich den Segelschein für das Yachtsegeln absolviert, als wir zusammen an der Universität studierten. Geplant war, daß uns Kalle mit seinem fünfjährigen Sohn Charles, den er allein großzog, für vier Wochen begleiten würde. Er hatte mich soeben gefragt, ob er seine neue Freundin mitbringen dürfe.

„Ein wirklich liebes Mädchen. Sie ist eine hübsche Dänin mit blondem Haar und blauen Augen", schwärmte er. Bei der Beschreibung bedurfte es keiner große Überzeugungskraft.

Für uns waren die Tage vor dem Eintreffen meiner Freunde wie ein Urlaub. Wir hatten unser Ziel, die Karibik, erreicht. Neue Pläne mußten geschmiedet werden. Aber erst wollten wir uns von der langen Seereise erholen. Die Hängematten kamen zum Einsatz. Einzig der Sport brachte uns noch auf die Beine. In Scarborough sollte das schottische Erstliga-Fußballteam gegen Tobago für ein Freundschaftsspiel antreten. Da ich ein Fan Schottlands bin, animierte ich meine Freunde, das Spiel mit anzusehen. Wir pilgerten zum Spielfeld und gaben unser Bestes als Schlachtenbummler. Dundee United gewann 4 : 2 gegen Tobago.

Als Kalle & Cie., wie wir sie nannten, bei uns einzogen, wurde es eng an Bord. Die ohnehin geringe Privatsphäre schwand dahin, insbesondere, da unsere Gäste ungewöhnlich viel Gepäck für eine Seereise in die Tropen mitbrachten. Für Greg, Guy und mich war dies ein Vorgeschmack wie es sein würde, mit Yachtcharter sein Geld zu verdienen. Zusammen mit guten Freunden geht es ja noch, aber ansonsten: Nein, danke!

Black and White

Am 7. Juni begann unser gemeinsames Segelexperiment. Laut Logbuch segelten wir 15 Meilen bei Sonnenschein und 15 bis 20 Knoten Windgeschwindigkeit. Abfahrt 13.00 Uhr -- Ankunft 16.00 Uhr in Sandy Bay im Südwesten Tobagos. Nach den vorangegangenen Langstrecken war dies eine erholsame Distanz. Für die anderen war das auch genug, da sich bei ihnen die Seekrankheit bemerkbar machte. Abends hörten wir zum ersten Mal eine Steeldrum Gruppe. Den Tobagern steckt der Rhythmus im Blut. Wenn es um Musik geht, sind sie erfindungsreich. Die Instrumente entstanden aus Abfallprodukten der Ölindustrie Trinidads, nämlich aus alten Ölfässern.

Am nächsten Tag legten wir zehn Meilen, mit einer Unterbrechung am Buccoo Riff, zurück. Trotz der kurzen Entfernung wurde dieser Tag ereignisreich. Als wir abends in der Bucht vor Plymouth vor Anker gingen, waren wir nicht mehr sechs, sondern sieben Personen an Bord.

Unser neuer Gast, eine junge Dame, hieß Jacky. Nahe des Buccoo Riffs gab es einen der idyllischsten Strände Tobagos. Wir ankerten und setzten mit dem Beiboot zum Strand über, wo wir schwammen, uns sonnten und picknickten. Die Einsamkeit wurde von einem Touristenboot gestört, das eine lärmende Gruppe lokaler Touristen absetzte. Kalle und ich, die jahrelang an einer Technischen Universität mit extremem Frauenmangel studiert hatten, setzten unsere Augen auf eine junge schwarze Dame, die im Kreis der Touristen durch ihre Schönheit auffiel. So ist es nicht verwunderlich, daß wir mit ihr ins Gespräch kamen. Der Nachmittag zog sich dahin. Jackys ausgelassene Persönlichkeit fügte sich problemlos in unsere Gruppe ein. Sie gehörte einem Basketballteam an. Entsprechend war ihre Größe.

Als wir zum Schiff zurückkehren wollten, fragte mich Kalle mit schelmischen Blick: „Sollten wir die hübsche Dame nicht einfach einladen? Sie versteht sich prima mit allen, und dich könnte sie auch noch aufheitern."

Ich zögerte zunächst, aber Kalle kannte meine Schwäche. Jacky war sofort Feuer und Flamme, nahm ihre kleine Strandtasche und verabschiedete sich von ihren verdutzten Begleitern. Auch Greg und Guy staunten nicht schlecht.

„Jetzt ist die Apartheid endgültig abgeschafft", stellten sie fest.

Jacky brachte uns ihr Land näher. In Plymouth half sie, Fisch für unseren abendlichen Barbecue am Strand zu organisieren. Es gab Barrakuda und Gemüse. Der Mond schien, und wenn nicht die Einsiedlerkrebse gewesen wären, hätte sich sogar unser Jüngster amüsiert. Unwissend spielte Charles mit einer kleinen Muschel in der ein Einsiedlerkrebs lebte. Dieser fühlte sich wohl in seiner Privatsphäre gestört und kniff einmal kurz, aber mit Erfolg zu.

Seefahrer haben für Natur und Schönheiten einen Blick. In Tobago wurden wir in dieser Beziehung sehr verwöhnt. Als wir dann Henriette und Jacky, während des Segelns am Bugkorb stehen sahen, verschlug es uns endgültig den Atem. Ich brachte es auf den Nenner: „Black and White is beautiful!"

Ein kurzer Segeltörn brachte uns zu einer sensationellen Bucht. Weißer Sandstrand, eingerahmt von Palmen, Felsen und Bergen, gaben diesem Ort eine Bilderbuchatmosphäre. Es wird behauptet, daß eine Beschreibung Tobagos den Schriftsteller Daniel Defoe dazu inspirierte, das Buch ,Robinson Crusoe' zu schreiben. Wer die wunderbaren Buchten Tobagos sieht, verliert jeden Zweifel darüber.

Hier erlebten wir, wie die Einheimischen Fische fangen. Ein Späher hatte wohl einen Schwarm in der Bucht entdeckt. Plötzlich erschien eine Gruppe großer, kräftiger Schwarzer. Sie stiegen in kleine Holzboote und legten ein Netz kreisförmig vor die Öffnung der Bucht. Dann stellten sie sich an den Strand und holten das Netz an beiden Enden ein. An jedem Ende zogen fünf Fischer in rhythmischer Bewegung. Es war Schwerstarbeit. Schweißperlen glitzerten auf ihren fast nackten Körpern. Seevögel flatterten über dem Netz, um etwas von der Beute abzubekommen. Eine Masse silbrig glänzender Fische befand sich im Netz. Die Fischer sortierten alle nicht eßbaren Fische heraus und warfen sie ins Meer zurück. Da sie nicht alles auf einmal verwerten konnten, gaben sie den größte Teil des Fangs in einen mit Netzen abgegrenzten Bereich der Bucht.

Dieses Erlebnis verdankten wir wieder dem Segeln. *Ryusei* erlaubte uns, abgelegene Orte zu besuchen. Mit dem Schiff waren wir unabhängig und frei, konnten bleiben, so lange wir wollten, oder auf der Suche nach Neuem weitersegeln.

Meeres-Kakerlaken

Selten haben wir uns so amüsiert, wie beim Lesen der lokalen Zeitung von Tobago. Ein Artikel des ‚Sunday Guardian' sorgte für Furore, während wir im Englishman Bay ankerten. Unter der harmlosen Überschrift `Pacro Tee wird rar` verbarg sich eine Abhandlung über ein Aphrodisiakum, das aus Pacro gewonnen wird. Pacro ist eine Art Schnecke, mit einem flexiblen Rückenpanzer. Sie fressen die Algen auf den Felsen und gehören zur Klasse der Amphineura. Wegen ihrer ovalen Form bezeichnen die Einheimischen sie auch als Meeres-Kakerlake. Bei Ebbe werden sie mit einem Messer von den Felsen am Ufer gekratzt. In dem Artikel wurde ein alter Pacro- Experte zitiert:

„.... *Ich liebe Pacro Tee. Es hält mich sexuell fit und stärkt meine Nerven.*" Der Experte, Clement James, muß es wissen, denn er ist 85 und hat 18 Kinder. Eine ausführliche Anleitung über die Zubereitung folgte. Wegen der großen Nachfrage, wäre der Tee schwer erhältlich und deshalb sehr teuer.

Mr. James beschrieb in dem Artikel auch andere bekannte Aphrodisiaka: „*Chip Chip Wasser hat ähnliche Wirkung wie der Pacro-Tee. Aber wenn beides nicht den gewünschten Erfolg bringt, sollte man es mit ‚Susumber' oder ‚Bois Bande' versuchen. ‚Susumber' ist eine wild wachsende Pflanze, deren Früchte in spezieller Weise gekocht werden. ‚Bois Bande' ist gefährlich. Wenn die Rinde mit weißem Rum gemischt und in größeren Dosen eingenommen wird, kann es zur schlagartigen Erektion des Penis kommen. Die Erektion kann bis zu sieben Tage andauern. Wer zuviel ‚Bois Bande' getrunken hat, muß in den meisten Fällen Schmerzmittel nehmen oder in ein Krankenhaus. Glücklicherweise wurde bisher noch kein Todesfall gemeldet.*"

Jacky war sofort bei der Sache. Mit schelmischem Blick auf uns Männer sagte sie: „Ich kenne mich mit Pakro-Tee aus. Gebt mir ein Messer und einen Eimer. Vielleicht finde ich welche am Ufer."

Gesagt, getan. Jacky suchte das Ufer ab und kehrte mit fetter Beute zurück. Uns wurde schon beim Anblick dieser Tiere übel. Aber Jacky ließ nicht locker. Ein Topf mußte her, und schon stiegen exotische Düfte aus der Kombüse. Keiner, mit Ausnahme des kleinen Charles, durfte sich der Probe entziehen.

Die Nacht folgte, und wer wüßte nicht gern, was die Planken unserer *Ryusei* zu erzählen hätten?

Charlotteville

Das Schleifen von Messern war eine von Guys Lieblingsbeschäftigungen. „Das beruhigt meine Nerven", behauptete er. Für mich war dies ein klares Zeichen, daß ihm die Enge an Bord zugesetzt hatte. Wie vorgesehen, beabsichtigten wir, für eine Woche unsere Quartiere aufzuteilen. Der hübsche Ort Charlotteville war ideal gewählt. Er liegt an der spektakulären Bucht ‚Man of War Bay' am Nordende Tobagos. Die Bucht ist umgeben von bewaldeten Bergen mit vielen kleinen Tälern und Sandstränden. Hier ankerten wir und mieteten eine Wohnung. Unsere Gäste zogen um. Von nun an lebten wir zumeist an Land. Mit dem Beiboot unternahmen wir Exkursionen zu entlegenen Stränden. Außerdem luden die Berge zu kleinen Wanderungen ein. Tobagos exotische Vogelwelt war ähnlich spektakulär wie die Unterwasserwelt.

Die lokale Tauchstation ‚Man Friday' wurde von einem sehr netten Dänen betrieben. Er half, die Atemgeräte unserer Tauchausrüstung zu warten, und zeigte uns sensationelle Tauchplätze. Sie hießen London Bridge und Rocky Mountains. Finn hatte Familie und Karriere hinter sich gelassen und hier ein neues Leben gegründet. Die Tauchstation und das hübsche Haus am Berghang waren sein Werk.

Ich war schockiert, als ich wenig später erfuhr, daß diesem ruhigen, erfahrenen Taucher kein langes Leben bestimmt gewesen war. Wenige Wochen nach unserem Abschied verschwand er, zusammen mit einem Tauchgast, während eines Tieftauchgangs.

Dies erinnerte mich an den Kommentar eines Tauchers: „Unfälle passieren meist den Erfahrenen, da sie sich bis an die Gefahrengrenzen heranwagen."

Wiederum half Jacky, uns in das lokale Leben zu integrieren. Wir besuchten gemeinsam ein Erntedankfest im Ort Roxborough. Jedes Haus bereitete Spezialitäten vor. Gäste wurden freizügig bewirtet, und natürlich wurde überall musiziert. Das wenige, was die Menschen besaßen, teilten sie sogar mit Fremden wie uns. In unserer Neugier probierten wir sogar von einer Iguana-Suppe. Iguanas sind eidechsenartige Tiere.

In Tobago tickt das Leben anders als in unserer sogenannten zivilisierten Welt. Dies war wohl auch der Grund, warum sich viele hier niederließen. Auch viele europäische Frauen fanden hier ein neues Zuhause. Nicht selten sahen wir westliche Frauen, die mit Schwarzen liiert waren. Deren Kinder waren schokoladebraun und sprachen, wie in einem Fall, fließend Deutsch, denn die zwei Kinder gingen in Deutschland zur Schule. So fand Charles endlich Spielfreunde. Zuvor hatte er einmal Pech gehabt, er hatte einen kleinen Rastajungen kennengelernt, der ihm sofort zeigte, wer der Stärkere war.

Als Rasta trägt man zumeist eine lange, verfilzte Haarpracht. Rastas gehören einer Art Glaubensgemeinschaft an, die ihren Ursprung in Jamaika hat. Sie predigen das Erstarken der schwarzen Bevölkerung und die Dominanz Afrikas über die weißen Nationen. Unter Bezugnahme auf entsprechende Bibelzitate wird Haile Selassie I., der Kaiser von Äthiopien, als Leitfigur und Messias angesehen. Der berühmteste aller Rastas war der Musiker Bob Marley. Das biblische Zitat ‚Seid fruchtbar und mehret euch' nehmen sie sehr wörtlich. Daher die große Schar unehelicher Kinder.

Auch wir lernten einen Rasta kennen. Er verkaufte am Strand geschnitzte Kalabash-Schalen. Wir nannten ihn den ‚Kalabash Man'. Eines Abends lud er uns zu sich nach Hause ein. Das Haus lag am Berghang oberhalb von Charlotteville. Unser Gastgeber konnte mit einem Bongo hypnotisierende Klänge erzeugen. Dazu ließ er eine Zigarette kursieren, die etwas Berauschendes enthielt. – Selbst der Präsident der Vereinigten Staaten gab einmal zu, er hätte auch schon einmal einen Joint geraucht, aber den Rauch nicht eingeatmet. – Wie dem auch sei; es wurde ein unvergeßlicher und berauschender Abend.

Das Schlimmste am Fahrtensegeln ist, daß wir immer dann weitersegeln müssen, wenn es uns am besten gefällt. Wir sind wissensdurstige Reisende, und wenn wir uns nicht weitertreiben lassen, bleiben unsere Ziele außer Reichweite. Jacky wäre gern mitgekommen. Sie konnte jedoch nicht schwimmen und außerdem mußte sie sich um ihre Tochter kümmern, die sie für einige Tage bei ihren Eltern gelassen hatte.

Bequia

Zu den Grenadinen gehören 32 teilweise unbewohnte Inseln. Der Reiseführer enthielt verlockende Stichworte: tropisches Paradies mit klarem, türkisfarbenem Wasser, schneeweiße Strände, Palmen und azurblauem Himmel.

Die Karibik-Inseln sind so gelegen, daß Distanzen in kurzer Zeit zurückgelegt werden können. Von Tobago aus kommend, wollten wir eigentlich die Insel Mustique anlaufen. Der Wind und die Meeresströmungen gaben uns aber soviel Fahrt, daß wir die Insel bereits in der Nacht erreichten. Nach unserer letzten Erfahrung in Tobago, kam ein nächtliches Landemanöver nicht in Frage. Also nahmen wir Kurs auf die weiter entfernt liegende Insel Bequia. Etwas Unsicherheit kam auf, weil ein Leuchtfeuer defekt war. Die

Navigationshilfen in diesem Teil der Welt sind alles andere als zuverlässig. Riffe und Inseln sind hier so dicht gestreut, daß ich keine ruhige Minute während der Überfahrt hatte. Unsere Gäste litten mehr oder weniger an Seekrankheit. Diese hätte bei meinem Freund Kalle und seinem Sohn eher den Namen Schlafkrankheit verdient. Sobald wir absegelten, fielen die beiden in einen Tiefschlaf. Und zwar um so tiefer, je mehr das Schiff schaukelte.

Nach 125 Meilen mit frischem, nordöstlichem Wind segelten wir beim ersten Morgenlicht um die westliche Spitze Bequias. Greg und ich standen an Deck und suchten mit unseren Augen die Küste ab. Ich schaute durch das Fernglas und sah etwas, das einem Wald ähnelte.

„Was ist denn das da am Fuße der Berge?" fragte ich und übergab Greg das Glas.

Er schaute kurz hindurch und sagte: „Wenn mich nicht alles täuscht, sind dies die Masten von Segelyachten."

In der Admirality Bucht lagen so viele Segelyachten, daß wir nur mit Mühe einen Ankerplatz fanden. Bequia war vollkommen für See- und Landtouristen erschlossen. Kleine Boote pendelten von Yacht zu Yacht und boten alle möglichen Waren oder Dienstleistungen an. Am Ufer befand sich eine Promenade mit zahlreichen Bars und Restaurants.

Es hieß, Bequia sei eine Insel der Seefahrer und Schiffe, da die einzige Verbindung, zur Außenwelt die Seefahrt ist. Vom traditionellen Schiffsbau, der teilweise im Schatten der Palmen ausgeführt wurde, schien nicht mehr viel übriggeblieben zu sein. Doch das Ergebnis der Handwerker konnte sich sehen lassen. Der Strand war gesäumt von hübsch bemalten Fischerbooten, und in der Bucht lag der Schoner ‚Friendship Rose', der hier gebaut worden war. Greg und ich besaßen nur ein Auge für die klassischen Holzyachten im Hafen. Außer der ‚Friendship Rose' sahen wir noch zwei weitere außergewöhnliche Holzyachten: Eine Collen Archer, deren Besitzer mit einem Transparent in der Takelage für Dienstleistungen an Yachten warb und die italienische Yacht namens ‚Aviazola'.

Neugierig umfuhren wir mit dem Beiboot die Segelyacht, in deren Nachbarschaft wir geankert hatten und rätselten über Design und Alter. Hier zeigte sich Gregs fachmännisches Wissen im Bootsbau. Er konnte über jedes Detail der Segelyacht referieren. Ein Herr an Bord winkte uns zu, wir kamen näher, stellten uns vor und schon war der Kontakt geschlossen.

„Dies ist eine 70 Fuß Yacht des Designers Claude Worth", hörten wir von Kiko, dem Besitzer. Nichtsahnend, wie viele wir waren, lud er uns zum Sundowner ein. Entsprechend erstaunt war er, als wir, mit südafrikanischem Wein beladen, sein Schiff enterten.

Kiko ist Italiener. Seine Frau Nicole stammte aus Guadeloupe. Wir verstanden uns auf Anhieb. Die Yacht ‚Aviazola‘ befand sich seit Jahrzehnten im Besitz von Kikos Vater, bevor er sie übernahm. Sie war außen, wie innen wunderbar gepflegt. Wir konnten aber auch abschätzen, wieviel Arbeit die beiden für die Wartung und Instandhaltung des Schiffes aufbringen mußten.

Im Gespräch erwähnte Kiko: „Wer Italiens Steuergesetze kennt, weiß, daß ein halbwegs Vermögender Geld spart, wenn er segelt. Allerdings verlangt dieses Schiff sehr viel Pflege. Über Arbeitslosigkeit können wir nicht klagen.“ Angesprochen auf die große Anzahl von Segelyachten in dieser Bucht, gaben beide einen für mich ernüchternden Kommentar: „Dies ist gar nichts im Vergleich zu dem, was euch weiter nördlich erwartet. Dort liegt das Zentrum des amerikanischen Segeltourismus und der Yachtcharter-Gesellschaften. Dementsprechend hoch sind auch die Preise. Wenn ihr unter euch sein wollt, dann bleibt nur noch die Küste Venezuelas und der westliche Bereich der Karibik. Wir sind jetzt auf dem Weg nach Venezuela, wo wir ‚Avialzola‘ renovieren werden.“

Traditioneller
Schiffsbau auf
Bequia.

Ein Urlaubsjahr hat 24 Monate (Juni 1994)
30 Meilen südlich von Bequia liegt die kleine Insel Mayreau. Unser Seehandbuch beschrieb eine hübsche Bucht, die Ankerplatz für etwa zehn Segelboote bieten sollte. Als wir Salt Whistle Bay erreichten, lagen dort

bereits annähernd zwanzig Yachten vor Anker. Ich wollte schon weitersegeln, aber der Manager der Feriensiedlung auf der Insel versicherte uns, daß wir auch am Eingang der Bucht sicher ankern könnten.

An diesem Ort nahm meine Reise von Asien nach Europa eine unvorhergesehene Wendung. An der gemütlichen Strandbar lernte ich ein englisches Ehepaar kennen. Christopher und Molly erzählten von ihren Tauchabenteuern und der angenehmen Zeit, die sie in den Grenadinen verbrachten. Dann fragten sie, wie ich hierher gekommen sei. Ich deutete auf unsere Segelyacht, und erzählte meine Geschichte. Sie schloß mit den Worten: „ ...und jetzt müssen wir wegen der Hurrikan-Saison nach Europa absegeln.“

„Das ist kein weiser Entschluß“, meinte Christopher. „Wenn es jemandem gelingt, eine solche Reise zu unternehmen, dann darf er sich nicht wegen einiger Monate unter Zeitdruck setzen lassen. In Europa kommst du in den Herbst und Winter. Nach all den Jahren in den Tropen wirst du sicher vor Ende des Winters so frustriert sein, daß du wieder die Koffer packst und das Weite suchst. An deiner Stelle würde ich einfach den Winter in der Südkaribik, außerhalb der Reichweite der Tropenstürme, verbringen.“

Dann erzählte er, wie schwer es ihm und seiner Frau gefallen war, sich von seinem Berufsleben zu befreien, um endlich ein wenig das Leben zu genießen. „Ich beneide dich für dieses Abenteuer. Aber wenn ich dir einen Rat geben darf, dann bleibe länger in der Karibik, anstatt in Europa zu frieren.“ Seine Frau und meine Freunde unterstützten seine Meinung.

Zugegeben, der Plan, meine Seereise zu verlängern, spukte schon länger in meinem Kopf. Ein Jahr zuvor hatte ich in Singapur meine Stellung aufgegeben, danach monatelang mit Wartungs- und Renovierungsarbeiten am Schiff verbracht und 13.000 Seemeilen zurückgelegt. Länder, Häfen und Ankerplätze wechselten einander ab. Eigentlich war ich immer auf Achse. Wo blieb das Leben in der Hängematte, von dem die Fahrtensegler immer schwärmen?

Nach jenem Abend verbrachte ich eine schlaflose Nacht. Im ersten Morgengrauen schwamm ich an Land und erklomm den höchsten Hügel der Insel. Dort ließ ich mich nieder. Das farbenprächtige Naturspektakel des Sonnenaufgangs gab den letzten Anstoß.

Meine Freunde schauten etwas erstaunt, als ich sie zusammen mit Christopher und Molly zu einem Frühstück an Land einlud. Im Ferienresort trieb ich in den frühen Morgenstunden eine Flasche Champagner auf, deren Korken wir knallen ließen.

„Über Nacht habe ich einen Entschluß getroffen", verkündete ich, als der Champagner in den Gläsern perlte. „Den kommenden europäischen Winter werden wir in der Karibik verbringen. Laßt uns darauf anstoßen, daß das Urlaubsjahr zur See 24 Monate hat!"

Alle jubelten und im weiteren Verlauf der Frühstücksfeier fiel der Kommentar: „Endlich kommt der Kerl zu Sinnen."

Neufundland / Juli 1995

Im Cramalott Inn kehrte langsam Ruhe ein. Nicht nur der Alkohol, sondern auch meine endlose Erzählung hatte schließlich den letzten Zuhörer seiner Sinne beraubt. Alle schliefen. Einer saß in der Ecke mit dem Kopf auf der Brust, der nächste lag dösend auf der Bank und dem letzten Zuhörer waren soeben die Augen zugefallen. Alle anderen hatten sich bereits zur Nachtruhe begeben, denn in Neufundland endeten die Abende relativ früh. Außerdem waren die meisten noch von den Hochzeitsfeierlichkeiten der Vortage erschöpft. Auch Malley und Elisabeth hatten sich schon frühzeitig verabschiedet und schlummerten in ihren Kojen. Wie im Film spulte sich im Geiste meine Reise ab. Ich hätte noch stundenlang weitererzählen können, aber meine Stimme versagte.

Jetzt wurde mir bewußt, daß meine Geschichte die Zuhörer sowie den Erzähler überforderte. Wollte ich meine Erlebnisse an Freunde und Familie vermitteln, müßte ich alles niederschreiben. So könnten sie in homöopathischen Dosen meine Reise nachvollziehen.

Also leerte ich den Rest des bereits schal gewordenen Biers und wankte den steilen Weg zum Pier hinunter. In meinen Ohren rauschte es. Was war das? Ach ja, nun fiel es mir wieder ein: Wir befanden uns in dem winzigen Ort Grand Bruit, was übersetzt ,großer Lärm' heißt. Das Rauschen stammte von dem Wasserfall, der in unsere kleine Bucht stürzte.

Grand Bruit - Neufundland:
Im Cramalott Inn, dem Treffpunkt der
Fischer, spinnt der Autor seinen Garn.

Teil II

Grand Bruit – Neufundland

Das Rauschen des Wasserfalls war es auch, das mir morgens den Eindruck vermittelte, wir lägen neben einem Gebirgsbach. Auf dem Herd dampfte bereits ein Topf Kaffee. Meine Begleiterinnen Malley und Elizabeth waren schon auf den Beinen. Ich krabbelte etwas benommen aus der Koje und schaute durch die Kajütenfenster nach draußen. Wie seit Wochen, lag an jenem Morgen ein dichter Nebel über der Bucht und dem Ort von Grand Bruit. Nur die schemenhaften Umrisse der Holzhütten auf dem Pier konnte ich erkennen. Erst das Frühstück gab uns die Motivation für eine kleine Wanderung. Gelegentlich riß der Nebel auf und gewährte uns einen Blick auf die Bucht, den Wasserfall und das Dorf. Die Landschaft war hügelig und mit Gras bewachsen. Mancherorts ragten schroffe Felsen aus dem Boden. Wir mußten acht geben, daß wir uns nicht verliefen. Dann gelangten wir an die Küste. Die Dünung des Ozean rollte heran, baute sich auf und brach mit Getöse am felsigen Ufer. Während meine Freunde weiter wanderten, ließ ich mich an einem hübschen Platz nieder.

So konnte ich ungestört in meiner Gedankenwelt versinken. „Wie waren wir hierher gekommen?" Diese Frage hatte man mir am Vorabend im Cramalott Inn gestellt, und nun segelte ich im Geiste retrospektiv weiter. Das neblige Grau wich der Farbe. Die feuchte, kalte Brise verwandelte sich plötzlich in warmen Tropenwind und im nächsten Augenblick war es mir, als sei ich dort, wo ich in der Nacht zuvor aufgehört hatte.

239

GRENADA

Fluch des Paradieses ?

Die angepriesene Sensation der Karibik enttäuschte uns. In den Tobago Keys fanden wir einen milchigen, anstatt azurblauen Himmel, trübes, anstatt glasklares Wasser und dichtes Gedränge, anstatt einsame Natur. Als wir morgens kamen, lagen nur fünf Segelyachten am Ankerplatz. Wenig später waren es etwa fünfzig. Darunter große Katamarane, die Dutzende lärmender Touristen an Bord hatten. Abends wollten wir Fisch über einem Holzfeuer am Strand grillen. Obwohl es genügend Bäume und Büsche auf der Insel gab, fanden wir kein Stück Brennholz. Alles Brennbare war von Vorgängern aufgebraucht worden. In der Dämmerung unternahm ich mit Kalle eine halsbrecherische Tour über die Riffe zu einer anderen, weniger populären Insel. Dort fanden wir das nötige Treibholz für den Barbecue.

„Nichts wie weg!" beschlossen wir, bevor am nächsten Morgen die tägliche Invasion von Touristen und Charterbooten begann.

Der Mensch träumt vom Paradies, dem Eldorado der Natur. Sobald uns ein Ort besonders gefällt, sei es wegen der unberührten Natur, oder wegen der Einsamkeit, bezeichnen wir es oft als das ‚letzte Paradies'. Dies wird gedruckt und vervielfältigt. Farbige Prospekte werben an Orten, wo das schlechte Wetter den Menschen aufs Gemüt schlägt. Wie Goldgräber setzen sich dann die Touristenmassen in Bewegung und bald ist es um den paradiesisch anmutenden Ort geschehen. Die Tobago Keys standen kurz vor diesem Schicksal.

Carriacou

Es wird behauptet, daß die zu Grenada gehörende Insel Carriacou hundert Rumläden, aber nur eine Tankstelle besäße. Angeblich verdienten sich die Inselbewohner den Lebensunterhalt mit dem Schmuggeln von zollfreien Zigaretten und Alkohol. Eine Tätigkeit, die weit mehr einbringt, als das Fischen. Diese Tatsache hatte sich in der Karibik herumgesprochen und lockte auch uns. Der Anker hatte kaum den Grund von Tyrrel Bay berührt, als auch schon ein kleines Boot längsseits kam, um Wein zu verkaufen. Wir griffen zu, da sich unsere Vorräte zu Ende neigten.

Beim Einklarieren erlebten wir eine weitere Art der Einkommenssicherung. Wissend, daß nach den offiziellen Bürostunden höhere Klarierungsgebühren abverlangt werden, beeilten wir uns. Wir kamen eine halbe Stunde vor Geschäftsschluß zum Hafenamt. Der Hafenmeister fertigte uns sofort ab. Doch seine Kollegen von der Immigration und dem Zoll legten unsere Papiere zur Seite. Der Trick war einfach. Tatenlos ließen sie uns warten, bis die offizielle Geschäftszeit vorüber war. Dann erledigten sie die Formalitäten und verlangten kaltblütig die Zusatzgebühren. Protest war sinnlos, da Beamte am längeren Hebel sitzen.

In Tyrrel Bay gab es eine kleine Werft, die sich mit dem Bau und Renovieren von traditionellen Holzschiffen beschäftigte. Hier wurden wir Zeuge eines Vorfalls. Der Hund des Werftbesitzers, ein brav dreinschauender Labrador, soll sechs Schafe eines lokalen Bauern gerissen haben. Die Angelegenheit wurde vom Polizeichef der Insel behandelt. Das Streitgespräch hätte geradewegs aus einer Bauernkomödie stammen können. Der oberste Polizist war mit zwei Assistenten und dem klagenden Bauern gekommen. Eine heftige Diskussion entbrannte. Nur der Polizeichef mit seiner prächtigen Uniform behielt die Ruhe. Wie ein stolzer Gockel stand er zwischen den streitenden Parteien. Seinen Ausführungen gab er Nachdruck, indem er sich mit seiner Reitpeitsche auf seine kniehohen, polierten Stiefel schlug. All dies, konnte den verantwortlichen Übeltäter nicht stören. Er schlief im Schatten eines Baumes.

Am gleichen Tag lief ‚Aviazola' ein. Kiko und Nicolle gesellten sich am Abend für eine Weinprobe zu uns. Die erste Flasche des neu erstandenen Weins ließ sich nicht mit dem Korkenzieher öffnen. Schließlich verlor ich die Geduld und öffnete sie mit dem Bohrer. Der Wein war so miserabel, daß wir sie dem Meer opferten. Die verbleibenden Flaschen reservierten wir für Notfälle, wie beispielsweise hartnäckige Gäste, die nicht nach Hause gehen wollen. Sodann gruben wir tief in unserer Bilge und fanden eine Flasche des besten südafrikanischen Weines, die wir mit unseren Freunden teilten.

Das Abendessen an Land bekam nicht allen. Kalle, Charles und Greg holten sich einen Durchfall. Im Medizinkasten des Schiffes fanden sich geeignete Medikamente. Das Problem war nur, daß ich für Verdauungsprobleme etwa zehn verschiedene Produkte besaß. Also hatten wir neben der Qual auch die Wahl. Kiko, ein Kenner der lokalen Gesundheitsprobleme, meinte scherzend, wir sollten doch besser einen Rohrschlosser zur Hilfe holen.

Grenada

Grenada ist stark bewaldet und gebirgig. Wie die meisten Inseln der Antillen war sie ursprünglich von einheimischen Stämmen der Arawaken und Kariben besiedelt. Heute stammen die meisten Einwohner von den Afrikanern ab, die für die ehemaligen britischen und französischen Kolonialherrschern als Sklaven in den Zuckerrohrplantagen arbeiteten. Der Export von Muskatnuß, Kakaobohnen und Bananen dominiert die Wirtschaft dieses Inselstaates.

Allerdings zeigte sich Grenada nicht von der besten Seite, als wir in der Halifax Bucht ankerten. Der Ort war wunderschön. Aber Tausende von Fliegen fielen über uns her, und übelriechender Rauch zog durch die Bucht. Hinter dem idyllischen Strand verbarg sich die lokale Müllkippe. Fluchtartig verließen wir den Ort und ankerten in der ebenso schönen Bucht Dragon Bay.

Mit der Ankunft in St. George's, der Hauptstadt Grenadas, näherte sich für unsere Gäste das Ende der Reise. St. George's ist sicher einer der hübschesten Häfen in der Karibik. Als wir in die geschützte Lagune einlaufen wollten, winkten uns vom Pier aus einige Menschen zu. „Die sind aber freundlich", bemerkten wir und realisierten fast zu spät, daß sie uns Zeichen gaben, den Kurs zu ändern. Wir hatten die Markierungsboyen der Hafeneinfahrt mißdeutet und hielten direkt auf eine Sandbank zu. In letzter Sekunde konnte ich durch ,Vollgas zurück' die Grundberührung verhindern. Dem Schrecken folgte eine große Überraschung. Die Segelyacht ,Lily Maid' lag im Hafen. Im Yachtclub gab es ein freudiges Wiedersehen mit Mikes Clan.

„Wir haben euch kommen sehen und bereits gewettet, daß ihr auf Grund lauft", rief Mike. „Jedesmal wenn ein fremdes Segelschiff einläuft, genießen wir das Spektakel. Ihr hattet Glück. Aber leider habe ich eine Runde verloren."

Mike wollte gerade St. George's verlassen. Unsere Ankunft brachte seine Pläne durcheinander. „Donald Street und seine ,Iolaire' müssen in Venezuela halt noch einige Tage auf mich warten", meinte er.

Es gab keinen geringeren Grund, um auf die Pauke zu hauen, hatten wir doch den Atlantik und Brasilien mit all den Versuchungen überstanden. Zusätzlich hielt die Fußballweltmeisterschaft die Segler in Bann. Wir saßen, alle Nationen vereint, vor dem Fernseher des Yachtklubs. Je nachdem wer spielte, teilten sich die Gemüter. Endlich dominierten sportliche Leistungen und nicht, wie üblich, die menschlichen Fehlleistungen die Nachrichten.

Entlang Grenadas Südküste verbrachten wir mit unseren Gästen die letzten Tage. Henriette und Kalle zogen in ein Hotel, während Charles bei uns blieb. Er hatte sich eingelebt und genoß es sichtlich, *Ryuseis* Mannschaft auf Trab zu halten. Mit dem Jungen hatten wir alle Hände voll zu tun. „Die Erziehung von Kindern ist kein Job für Einzelgänger", war unsere Erkenntnis und wir bewunderten meinen alleinerziehenden Freund Kalle um so mehr.

Zwischenmenschliche Beziehungen werden auf den beengten Verhältnissen an Bord eines Schiffes schnell auf die Probe gestellt. Besonders in den letzten Tagen, merkten wir, daß die Frequenzen zwischen Henriette und Kalle nicht stimmten. Wie vermutet, trennten sich dann nach dem Urlaub ihre Wege.

Mr. Green, der Weltreisende

Was wäre eine Seereise ohne die außergewöhnlichen Begegnungen? Einer der faszinierendsten Persönlichkeiten, die wir kennenlernten, war Mr. Green in Grenada. Greg fand heraus, daß es in St. George einen Schmied gab, der noch die alte Kunst beherrschte, Spezialwerkzeuge für den Schiffsbau herzustellen. Seine Spur führte zu Mr. Green. Dieser freute sich über den Kunden, der etwas besonderes wollte: ein Kalfatereisen. Mit diesem Werkzeug wird das Dichtmaterial zwischen die Planken eines Holzschiffes geschlagen. Greg besaß mehrere davon in seiner Werkzeugkiste, die er an Bord mit sich führte. Aber eine bestimmte Größe fehlte ihm noch.

Als ich in Mr. Greens Schmiede trat, bot sich mir ein ungewöhnliches Bild. Das Innere der baufälligen Holzhütte, war rußgeschwärzt. An den Wänden hingen die verschiedenartigsten Werkzeuge. In den Ecken stapelten sich Metallteile, auf denen Hühner herumsprangen. Sonnenstrahlen fielen durch Löcher im Dach und verfingen sich in der rauchgeschwängerten Luft. Greg stand am Feuer und bediente den Blasebalg. Guy hatte soeben das rotglühende Stück Eisen auf den Amboß gelegt. Im Zentrum des Spektakels stand ein schwarzer Mann. Er griff das Werkstück mit der Zange und hob den Hammer mit zittriger Hand. Erst glaubte ich, der Hammer würde ihm aus der Hand fallen, aber dann sauste er herab und traf zielgenau auf das Werkstück. Dies wiederholte sich mehrere Male. Dann wurde das Werkstück wieder erhitzt und weiter bearbeitet. Mit der Zeit und nach vielen kleinen Pausen nahm das Kalfatereisen Form an.

Was ist daran so sonderbar, einen Schmied bei der Arbeit zu sehen? Ganz einfach, Mr. Green war 92 Jahre alt und übte seinen Beruf bereits länger aus, als die meisten Menschen lebten. Er war sehr religiös. Als die Arbeit beendet war, gab es ein kleines Dankgebet und einen Segen für unsere sichere Weiterreise.

Bevor wir Grenada verließen, trafen wir Mr. Green ein weiteres Mal und luden ihn auf einen Kaffee ein. Hierbei kam das Gespräch auf unsere Herkunft. Wir sprachen über Länder in Afrika, Europa und Asien. Zu unserer Überraschung kannte sich Mr. Green bestens aus. Es gab kein Land, von dem er nicht etwas zu berichten wußte. Er erzählte so plastisch von den dortigen Verhältnissen, daß wir glaubten, er hätte all diese Länder selbst besucht. Auf die Frage, wann er dort gewesen sei, gab er eine überraschende Antwort: „Grenada habe ich in meinem Leben noch nie verlassen. Ich lese sehr viel und reise ausschließlich im Geiste."

VENEZUELA

Tod in Cabo San Francisco

Hart am Wind und bei starkem Seegang segelten wir über Nacht von Grenada nach Venezuela. Die Distanz war kurz, aber der Kontrast drastisch. Venezuelas Küste wird von den tropischen Wirbelstürmen verschont. Trotzdem standen alle Zeichen auf Sturm. Das an Bodenschätzen reichste Land Lateinamerikas, stand wegen eines Bankencrashs kurz vor dem Bürgerkrieg. Wie in solchen Fällen üblich, hatten sich die Verantwortlichen ins Ausland abgesetzt. In der Folge verlor die lokale Währung, der Bolivar, erheblich an Wert. Verständlicherweise protestierten nun die geprellten Opfer. Die internationale Presse berichtete ausführlich darüber. Wir fragten uns schon, wo nun die größere Gefahr läge, in Venezuela oder nördlich von hier, im Bereich der Wirbelstürme. Daher rief ich, vor der Abreise aus Grenada meine Verwandten in Caracas an. Sie beruhigten mich: „Dies ist kein Grund zur Panik. Venezuela hat schon viele solcher Krisen überstanden."

Also setzten wir dann doch die Segel.

In den frühen Morgenstunden ankerten wir in einer Bucht namens Cabo San Francisco am östlichen Ende Venezuelas. Uns bot sich eine unbeschreibliche Kulisse. Himmelhohe vom Dschungel bedeckte Berge umgaben uns. Wolken verfingen sich an dessen Flanken. An einigen Stellen schimmerten die Farben tropischer Blüten durch das dichte Unterholz. Bäche mit kristallklarem Wasser rieselten über den Strand ins Meer. Eine amerikanische Yacht lag in der Bucht. Sie trug, den für Fahrtensegler passenden Namen: ‚Little Haste'. Der Tradition folgend verbrachten wir mit den Eignern, einem älteren Ehepaar, die Abendstunden. Marty und Beth waren pensioniert und segelten ohne Hast durch die Karibik. Auch sie hatten noch nie eine solch dramatische Gebirgskulisse am Ankerplatz erlebt.

Am folgenden Morgen unternahmen wir einen ausgedehnten Tauchgang. Unsere Beute, ein Sack großer Miesmuscheln, verwandelten wir in ein delikates Mittagessen. (Moule à la Mariniere / Moule, Zwiebel & Karotte in Topf mit trockenem Weißwein. Anschließend mit geschlossenen Deckel dämpfen bis die Muscheln sich öffnen, zum Schluß mit Sahne und Petersilie verfeinern.)

Dann setzten wir zum Ufer über und drangen in den Dschungel ein. Dämmerlicht umgab uns. Ein Biologe hätte hier sein Eldorado gefunden. Die Variationen der Natur erschien unendlich.

„Habt ihr nicht Lust auf eine Expedition?" fragte ich.

„Gern, aber was ist mit den Giftschlangen. Es gibt hier doch sicher welche?" antworte Guy besorgt.

„Es kann ja nicht schlimmer sein, als in Südafrika. Wenn wir genügend Lärm machen, dann werden die Tiere schon aus dem Weg gehen."

Die Tour wurde sehr beschwerlich. Wir mußten nicht nur bergauf kraxeln, sondern auch jeden Schritt durch das dichte Gestrüpp erkämpfen. Beinahe verirrten wir uns. Glücklicherweise stießen wir dann auf einen Bach, der uns den Weg zurück zum Ufer zeigte.

Die Einheimischen, denen wir später in Carúpano davon erzählten, waren sichtlich schockiert. Bei Cabo San Francisco gebe es eine Art von Giftschlangen, die aggressiv sein soll und alles angreift was in ihre Nähe kommt. Einige Wochen zuvor wurde dort eine französische Seglerin von solch einer Schlange gebissen. Notrufe über Funk an die venezolanische Küstenwache blieben unbeantwortet. Verzweifelt suchte dann ihr Mann Hilfe in einer nahe gelegenen Fischersiedlung. Deren Medizinmann konnte auch nicht helfen. Die siebzig Meilen bis zum nächsten Krankenhaus in Carúpano wurden einen Rennen gegen die Zeit. Leider kam jede Hilfe zu spät.

Der tödliche Unfall zeigte, daß in den abgelegenen Regionen Fahrtensegler ohne Sicherheitsnetz leben. Wir stellten uns die Frage, ob sich dieses Unglück durch richtiges Handeln hätte verhindern lassen. In Diskussionen wurden die verschiedensten Meinungen zum Behandeln von Schlangenbissen vertreten. Einem Survival Handbook entnahmen wir folgende Instruktionen:

Die Bißwunde darf weder aufgeschnitten noch sollte versucht werden, das Gift herauszusaugen – Opfer hinlegen und beruhigen – Verletzter Bereich tiefer als das Herz positionieren und wenn möglich mit kaltem Wasser oder Eis kühlen – Wunde mit Wasser und Seife auswaschen – Um das Ausbreiten des Giftes zu verhindern, sollte ein enger Verband (nicht abbinden!) überhalb und auf der Bißwunde anbracht werden. Wenn beispielsweise jemand in den Knöchel gebissen wurde, dann soll die Bandage vom Knie an beginnen. – Die Behandlung auf Schock und künstliche Beatmung kann notwendig werden.

Plagen

Entlang der monumentalen Küstenkordilliere segelten wir weiter nach Westen und ankerten vor der Dämmerung in ‚Ensa Mejillones'. Ich machte gerade eine Eintragung ins Logbuch, als mich Greg bei meinem Spitznamen rief: „Ralphman!"

„Was ist?"

„Komm schnell an Deck. Da sind Feinde im Anflug! Sie wollen sicher zu dir."

Ein Blick genügte. Ich verzog mich sofort wieder unter Deck und rief lachend: „Das ist eure Sache. Der Kapitän ist nicht zu sprechen."

Die Besucher waren zwei fette Frauen, die in einem kleinen Boot von den Fischerhütten am Ufer herübergerudert kamen. Ihre Angebote waren unzweideutig. Meine Freunde hatten alle Mühe sie wieder abzuwimmeln.

„Du Feigling!" riefen sie, als ich grinsend den Kopf aus der Luke steckte und fragte: „Ist die Luft rein?"

Das war sie. Aber nur vorübergehend. Die Sonne versank hinter dem Horizont. Die Dunkelheit setzte schnell ein. Wir zündeten Kerzen an und ließen uns zum Abendessen in der Plicht nieder. Es war windstill und eine romantische Atmosphäre umgab uns. Mit Heißhunger wollte ich soeben loslegen, als ein Insekt in meinem Teller landete. Meine Freunde zeigten Schadenfreude. Aber auch ihnen verging sofort das Lachen. Plötzlich schwirrten uns die Insekten zu Tausenden um die Ohren. Eine Plage ungeahnten Ausmaßes begann. Die Kerzen erloschen unter dem Ansturm von Licht suchenden Insekten. Unterhalb der Petroleumlampe, die wir als Ankerlicht aufgehängt hatten, häufte sich das Krabbelvieh. Die Szene erinnerte an Hitchcock. Selbst uns hartgesottenen Abenteurern wurde es mulmig. Es handelte sich um fliegende Ameisen, die scheinbar gleichzeitig zu Millionen auf Wanderschaft gingen. Fluchtartig verschwanden wir unter Deck und verschlossen, trotz der tropischen Hitze, alle Luken. In der Nacht hörten wir das Rasseln einer Ankerkette. Die einzige andere Segelyacht am Ankerplatz flüchtete. Am Morgen fanden wir das gesamte Schiff mit Insekten überkrustet. Mit Wassereimern spülten wir sie über Bord und beendeten den Spuk.

Klarieren ist Verhandlungssache

Zwei Tage später erreichten wir Carúpano. Hier begann für uns offiziell der Aufenthalt in Venezuela. ‚Port of Entry' hieß es im Seehandbuch. So sah man uns kurz nach der Landung in brütender Mittagshitze durch die Gassen des Ortes ziehen. Dabei fiel mir ein Spruch ein, der im Fernen Osten kursierte: „*Only mad dogs and Englishmen go out in the mid-days sun.*" Endlich fanden wir das Zoll- und Immigrationsbüro. Im gebrochenem Spanisch erklärte ich unser Anliegen. Gleichzeitig legte ich die Dokumente auf den Tisch. Visa, Passierscheine, etc. hatten wir vorab in Trinidad auf der Botschaft erhalten. Es war eine zeitraubende, teure Angelegenheit. So glaubten wir mit gutem Gewissen, daß alles seine Richtigkeit hätte. Wir irrten, denn der Beamte studierte gelangweilt unsere Papiere, verzog sein Gesicht und lehnte sich mit einem Seufzer zurück. Wir schwitzten in der stickigen Luft. Nur der eiernde Deckenventilator bewegte sich. Endlos zog sich das Ausfüllen der Formulare hin. Papiere mußten unterschreiben, dessen Kleingedrucktes wir nicht verstanden. Dann, als wir glaubten gehen zu dürfen, gab es da noch ein Problem. Wir hätten es ahnen sollen: „Geld?"

„Ja, Geld", erwiderte der Beamte und hielt sechs Finger hoch.

„Was – sechs Dollar?", fragte ich. Nein – sechzig US-Dollar verlangte der Gauner. Dabei hatten wir doch bereits bei der venezolanischen Botschaft in Trinidad alle Gebühren gezahlt. Zeit verging. Meine Geldbörse enthielt nur zwanzig Dollar. Wir jammerten, gestikulierten, drehten schließlich unsere Taschen um und fanden weitere fünf Dollar. Des Beamten Gesicht hellte sich wieder auf.

„Ja, das reicht. Aber nur, weil ihr es seid", waren seine letzten Worte.

Wir verließen fluchtartig das Büro, bevor er es sich anders überlegte.

Der Hafenmeister befand sich am anderen Ende der Stadt. Das Bürogebäude sah einsam und verlassen aus. Ein Blick auf die Uhr bestätigte unsere Vermutung. Es war die Zeit für die Siesta. Also ließen wir uns im Schatten eine Baumes nieder und warteten. Als dann der Hafenmeister auftauchte, wiederholte sich eine ähnliche Szene.

„In Venezuela ist das Einklarieren Verhandlungssache", stellten wir ernüchtert fest.

Venezuela

Von der Hitze und dem Einklarieren erschöpft, ließen wir uns an Bord in den Hängematten nieder, die wir zwischen dem äußeren Ende des Großbaums und den Wanten aufgespannt hatten. Dies war die Zeit, im Reiseführer zu schmökern. Langeweile brauchten wir in den nächsten Monaten nicht befürchten, denn ich erfuhr, daß sich vor der 1600 Seemeilen langen Küste 72 Inseln befinden. Zwanzig Millionen Menschen leben auf einer Fläche von 912.000 km^2. Der größte Teil der Einwohner sind spanischen und indianischen Ursprungs. In den Küstenregionen leben auch viele Menschen afrikanischer Herkunft. Angeführt von Simon Bolivar erlangte Venezuela im Jahre

1823 zusammen mit Kolumbien, Ecuador und Panama die Unabhängigkeit von der spanischen Kolonialherrschaft. Das Land teilt sich in vier sehr unterschiedliche Regionen auf: Das venezolanische Hochland im Westen und entlang der Küste; das Flachland um den Maracaibo See; dem Llanos, einer riesigen Ebene im Becken des Orinocos und das Hochland von Guayana, das mehr als die Hälfte des Landes bedeckt.

Über das alltägliche Leben erfuhren wir mehr an Bord eines klassischen Schoners, der neben uns am Ankerplatz lag. Sein Besitzer, ein Franzose, hatte uns zum Sundowner eingeladen.

„Nach der Entwertung des Bolivars gegenüber dem US-Dollar ist das Leben für uns Ausländer sehr preisgünstig geworden. Treibstoff, Bier und Rum gibt es für einen Spottpreis", sagte er und schenkte uns reichlich ein.

Drei Dosen der lokalen Biermarke ‚Polar' kosteten umgerechnet nur einen Dollar. Entsprechend günstig wäre der Rum, dessen beste Marken ‚Pampero' und ‚Cazique' sein sollten. Des weiteren warnte man uns, daß aufgrund der Armut, die Kriminalität immens sei. Eine Yacht sollte nie unbewacht bleiben, und es sei Selbstmord, in den Hafenstädten nach Mitternacht auf die Straße zu gehen. Im Verlaufe des Abends erfuhr ich, daß unser Gastgeber seine Karriere nach einem Herzinfarkt aufgegeben hatte.

„Segeln ist das beste Heilmittel", sagte er überzeugt.

Die etwa 18 m lange hölzerne Segelyacht hatte er für nur 10.000,-- Dollar gekauft. Er wollte sie in Venezuela renovieren. Zufällig stammte sein Schiff aus einer Werft bei Boulogne in Nordfrankreich, nahe des Ortes, wo ich in meiner Jugend das Segeln erlernt hatte.

In Carúpano trennten sich vorübergehend unsere Wege. Ich besuchte meine Cousins in Caracas, während meine Freunde auf eigene Faust weitersegelten. Greg und Guy waren begeistert. Endlich konnten sie sich von dem ‚rastlosen' Kapitän erholen.

„Wie kannst du nur deine Segelyacht ausleihen?" wurde ich später einmal gefragt. Ich konterte: „Wer wie wir gemeinsam Gefahren bestanden hat, muß sich vertrauen können. Zudem habe ich kaum jemanden kennengelernt, der ein Schiff kompetenter führen könnte als Greg. Er war der erfahrenste Seemann an Bord."

Während ihres Törns hätte es jedoch fast eine Katastrophe gegeben. Erst aus Guys Reisebericht an seine Freundin erfuhr ich davon:

„We had a great sail from Carúpano to the island Testigos. Under way we saw a huge whale and while looking at him we almost ran over a fishing boat anchored on a reef twenty miles off-shore. The jellying of the fishermen saved us, virtually in the last second, from colliding with them."

Die Eintragung im Logbuch klang viel positiver, denn als wesentliches Ereignis wurden Erfahrungen beim Schnorcheln vor der Küste Tortugas wiedergegeben:

„The reef was vibrant with marine life. This was the best spot we ever dived. Ralph would have gone mad too, seeing this spectacular show with uncountable fish and coral species."

Die Reise nach Caracas gab einen kleinen Einblick in den venezolanischen Alltag. Nach einer überschwenglichen Begrüßung durch meinen Cousin am Flughafen, fuhren wir in Richtung Innenstadt. Eine mehrspurige Autobahn führte von der Küste zu der im Gebirge gelegenen Hauptstadt. Bevor wir die eigentliche Stadt erreichten, kamen wir an Slums vorbei, die auf abenteuerliche Weise an den Berghängen klebten. Dann öffnete sich vor uns das Hochtal, in dem die moderne Stadt Caracas liegt. Der Verkehr erinnerte mich an das Chaos der asiatischen Großstädte. Nur wurde hier, in lateinamerikanischer Art, aggressiver gefahren. Wer an einer roten Ampel hält, riskiert ein wütendes Hupkonzert vom nachfolgenden Verkehr. Mein Cousin nahm all dies gelassen hin. Auch, daß der Bezirk in dem er wohnte von einer Sicherheitstruppe überwacht werden mußte, störte ihn nicht.

„Kriminalität gab es hier schon immer. Daran haben wir uns gewöhnt. In der letzten Zeit hat sich die Situation ein wenig verschärft", und mit einem Hinweis auf seine Pistole am Gürtel, fügte er hinzu: „Keine Angst – Im Ernstfall weiß ich mich zu verteidigen."

Die Waffe trug er bei sich, seit er vor einigen Jahren, unter spektakulären Umständen, in seinem eigenen Flugzeug nach Kolumbien entführt worden war. Er kam mit einem blauen Auge davon. Es gelang ihm, den Entführern zu entfliehen und nach Venezuela zurückzukehren. Angesprochen auf den Ausnahmezustand sagte er:

„Obwohl die Regierung völlig unfähig ist, glaube ich nicht an einen Bürgerkrieg oder Putsch. Wir haben schon viel Schlimmeres erlebt. Vor einigen Jahren gab es während eines Putsches in unserem Wohnquartier heftige Schießereien. Damals verschanzte ich mich zusammen mit meiner Frau und den Kindern mit geladenen Jagdwaffen auf dem Dach unseres Hauses."

Arnim und Kilian, meine beiden Cousins, waren mit ihren Eltern nach dem letzten Weltkrieg nach Venezuela ausgewandert. Sie gehören zu den etwa 800.000 Emigranten, die sich damals hier niederließen. Sie hatten in Amerika studiert und betreiben in Caracas ein gutgehendes Ingenieurbüro für Baustatik. Ihr Erfolg begann, als nach dem letzten großen Erdbeben, ein von ihnen berechnetes Hochhaus unbeschadet blieb, während ein Großteil der Hauptstadt in Schutt und Asche fiel. Außerdem betreuen sie eine Farm im Llanos, die sie von ihren Eltern geerbt hatten. Der Familienkreis ist denkbar international, da Arnim mit einer Schweizerin und Kilian mit einer Libanesin verheiratet ist. Sowohl sie, als auch ihre Kinder haben die venezolanische Staatsbürgerschaft angenommen, auf die sie sehr stolz sind.

„In Europa, besonders aber in Deutschland, würden wir bei all den Reglements ersticken. Hier geht es manchmal zu wie im Wilden Westen. Aber daran haben wir uns gewöhnt", erfuhr ich, als wir über das Leben auf dem alten Kontinent sprachen.

Der Tag an dem ich meine Freunde wieder sah, ging in die Geschichte ein, denn am Abend gab es das Endspiel der Fußballweltmeisterschaft zwischen Italien und Brasilien. Es wurde zu einem Endspiel zwischen zwei Kontinenten. Alle Länder Lateinamerikas jubelten für Brasilien. Wir fanden uns in einem italienischen Restaurant ein, wo ein großer Fernseher aufgestellt war. Greg, Guy und ich wurden vorübergehend zu Italienern. Das Spiel war spannend bis zur letzten Minute. Es wurde geschrien, bis uns die Stimme wegblieb. Zuletzt gewann Brasilien, und dann erlebten wir eine Kostprobe des lateinamerikanischen Temperaments. Die ganze Nacht explodierten Feuerwerksböller. Die Menschen betranken sich, tanzten fahnenschwingend auf den Straßen und rasten mit ihren Autos hupend durch die Gegend. Das Freudenfest dauerte etwa 24 Stunden.

Als wir zwei Tage später mit dem Dingy zum Pier kamen, wurden wir von einem Mann, der sich als Schiffsagent ausgab, aufgefordert, umgehend auf Isla Margarita einzuklarieren. Mit den Worten „Ja, ja, das machen wir später", wimmelten wir in ab. Dann kauften wir noch einige Nahrungsmittel und setzten schnellstens die Segel. Das Einklarieren hätte uns sicher nicht nur einen Tag sondern auch viele Dollar Schmiergeld gekostet. Außerdem hatten wir genug von der mit häßlichen Touristenhotels verunstalteten Insel.

Golfo de Cariacu

Die Halbinsel Araya umschließt den Golf von Cariacu. Auf dem Weg nach Cumana wollten wir einige, im Seehandbuch angepriesene Ankerplätze anlaufen. Beständiger Wind machte das Segeln angenehm. Dies endete abrupt, als wir die östliche Spitze der Halbinsel rundeten. Hier gab es eine flache Lagune in der die Spanier bereits im 16. Jahrhundert Salz gewannen. Salz besaß damals einen großen Wert, denn damit wurde Nahrung konserviert. Zum Schutz vor Überfällen bauten hier die Spanier 1665 die bedeutendste Festung Venezuelas, das Castillo de Santiago de Araya.

Unsere ganze Aufmerksamkeit galt den imposanten Ruinen. In diesem Moment knallten uns ablandige Sturmböen in die Segel. Bevor wir reagieren konnten, lag *Ryusei* auf der Backe und drehte sich in den Wind, da der Autopilot den Kurs nicht mehr halten konnte. Unter Deck polterte es. Die Kabine lag im Chaos, da unser Gepäck für die kurze Distanz nicht seefest verstaut war. Eilig refften wir die Genua und fierten das Großegel soweit wie möglich auf. *Ryusei* flog davon. Auf der Leeseite spülte das Wasser über Reling und Deck. Das Log zeigte Spitzengeschwindigkeiten. Dann, so plötzlich wie der Wind kam, legte er sich wieder.

Greg fand als erster die Sprache wieder: „Das war knapp! Ich vermute eine Art Trichtereffekt am Ausgang des Tales, in dem die Salzpfannen liegen, hat diesen Starkwind verursacht."

Die Schönheit des Ankerplatzes in der Laguna Chica lies uns den Vorfall schnell vergessen. Er lag in einer völlig von Land eingeschlossenen winzigen Bucht. Von einem angrenzenden Hügel konnten wir die Aussicht genießen. Es gibt nichts Schöneres, als die Ruhe nach überstandener Gefahr. Besonders, wenn die Natur das Farbspektakel eines Sonnenuntergangs bietet.

Die nur wenige Meilen entfernte Laguna Grande war von atemberaubender Schönheit. In den vielen Seitenarmen der Lagune standen uns Dutzende von idyllischen Ankerplätzen zur Wahl. Ein karge, hüglige Landschaft in rotbrauner Färbung umgab uns. Zwischen den Kakteen und Sträuchern weideten Ziegen. Pelikane dümpelten auf dem Wasser. Wir ankerten und legten ein Tau von *Ryuseis* Heck zu den Mangroven, die das Ufer der Lagune säumten. Mit dem Beiboot ging es auf Erkundungstour. Dabei trafen wir wieder auf ‚Little Haste', die auch von der Schöheit dieser Lagune angelockt worden war.

Den Abend verbrachten wir unter Vollmond am Lagerfeuer. Ein frisch gefangener Fisch lag auf dem Grill. Mir gefiel der Platz so gut, daß ich meine Hängematte zwischen den Mangroven aufhängte und die Nacht unter dem Sternenhimmel verbrachte. Dabei gewann ich eine Wette gegen Guy, weil er an meinem Mut zweifelte, in der Wildnis zu nächtigen. So gut schlief ich dann doch nicht, da sich in den frühesten Morgenstunden die Ziegen auf der Suche nach Nahrung der Feuerstelle näherten. Auf wenige Schritte Entfernung fingen sie an zu meckern. Vor Schreck wäre ich fast aus der Hängematte gefallen.

Marty und Betsi besuchten uns zum Frühstück an Bord. Aus dem Frühstück wurde dann ein Brunch und daraus schließlich ein Frühschoppen mit Bier, der sich bis zum Nachmittag erstreckte. Der Aufbruch kam plötzlich. Guy beschrieb diesen Moment wie folgt:

„They (Marty & Betsi) said there were some pretty waitresses at the Club Maigualida across the Gulf. So Ralph alters our plans and off we go to Puntar Mariguitar with full sails and 33 knots wind as we rounded the point. Net result is, I got soaked from head to toe and was not too impressed; although later on, the hot shower in the Club made up for it.“

Die Bedienung war zwar nett, konnte aber nicht mit den exzellenten Steaks konkurrieren, die uns in dem Ferienklub serviert wurden. Außerdem hatte uns das Tagesgeschehen erschöpft. Zurück an Bord schauten Greg und ich gespannt zu, wie Guy seine Tasche mit den Dusch-Utensilien auspackte. Kaum tauchte er seine Hand in die Tasche, stieß er einen schrillen Schrei aus, warf panikartig den Sack beiseite und machte einen solchen Satz, daß er fast ins Wasser gefallen wäre. Wir bogen uns vor Lachen, denn wir kannten die Ursache des Schreckens: In der Dusche hatten wir zuvor eine Krabbe gefunden und heimlich in Guys Rucksack versteckt. Uns verging das Lachen, denn Guys Rachedrohung beunruhigte uns noch für Tage.

Doch war uns die Nachtruhe noch nicht vergönnt. Greg klagte über Schmerzen am Fuß. Einige Tage zuvor hatte er sich eine kleine Verletzung zugezogen, die er zunächst wenig beachtete. Nun war sie entzündet, und der Fuß stark angeschwollen.

„Unsere Bordapotheke enthält das Nötigste. Auch ein Skalpell zum Amputieren“, scherzte ich.

Aber dann realisierten wir, wie ernst es war. Der hilfreiche Besitzer des Ferienhotels fuhr uns zu einem Arzt. Trotz der späten Stunde behandelte er Greg mit einer Injektion und Antibiotika.

„In diesen Regionen können selbst kleine Verletzungen zu Blutvergiftungen führen“, sagte der junge Arzt und fügte hinzu: „Ihr hattet Glück, sofort gekommen zu sein. Morgen früh wäre bereits das ganze Bein geschwollen gewesen.“

Von Bezahlung wollte er nichts wissen.

Am folgenden Nachmittag waren wir wieder unterwegs. Wegen der kurzen Strecke bis nach Cumana ließen wir die Hängematten aufgespannt und setzten nur die Genua. Der Kurs führte uns bei rauhem Wind entlang der Küste. „Kein Problem“, dachte ich, legte mich in die Hängematte und beobachtete mit einem Auge den Seeraum. Sonne, Musik und sanftes Schaukeln verwöhnten uns. Dies war die Art des Fahrtensegelns von dem die Menschheit träumte. Während *Ryusei* unter Autopilot segelte, lag der Kapitän in der Hängematte, Greg schlafend in der Koje und Guy dösend in der Plicht. Einmal noch prüfte ich unsere Position und den Kurs. Alles erschien in bester Ordnung, doch dann setzten wir auf. Erst leicht, dann stärker und schließlich saßen wir fest. Später stellte Guy amüsiert fest:

„Noch nie habe ich unseren Kapitän, so schnell aus der Hängematte flitzen sehen."

Auch Greg war schneller aus der Koje, als je zuvor. Sekunden später flatterte die Genua im Wind und der Motor lief auf voll Dampf zurück. Der Diesel röhrte auf und eine schwarzblaue Wolke quoll aus dem Auspuff. Glücklicherweise hoben uns die Wellen gelegentlich an. In diesen Momenten bekam das Schiff etwas Fahrt und so hoppelten wir zurück ins tiefere Wasser. Der Fehler lag natürlich bei mir. An einer Stelle erstreckte sich eine Sandbank bis 1½ Meilen vor die Küste. Den kürzesten Weg zum Ziel wählend, hatte ich einen ungenügenden Sicherheitsabstand bei der Kursberechnung einkalkuliert.

Als ob dies noch nicht reichte, gab es an diesem Tag noch eine weitere Grundberührung in der Einfahrt Cumanas Marina.

„Keine Angst!" rief der Angestellte des Yachthafens über Funk: „In der Einfahrt liegt etwas Schlamm. Deswegen zeigt der Echolot eine geringere Wassertiefe an."

Trotzdem schrammten wir über Grund. Erst als wir sicher am Steg lagen, lies das Herzklopfen nach.

Cumana

Die Stadt Cumana, am Rande des Golf von Cariacu ist eine der größeren Hafenstädte Venezuelas. Hier kamen wir in einer gut bewachten Marina unter. Das Einklarieren funktionierte schnell. Roberto, ein Einheimischer, der sich auf Yachtservice spezialisiert hatte, übernahm gegen eine Gebühr die Formalitäten. Den Rest erledigte die Verwaltung des Yachthafens. Die Zeit in Cumana verbrachten wir mit überfälligen Arbeiten an *Ryusei*. Die Liste war lang: Wartung und Ölwechsel am Diesel und Außenbordmotor, Reparatur der Segel, mehrere Lagen Klarlack auf die Holzteile, Einbau einer neuen Bilgenpumpe, Austausch von beschädigten Fallen und Schoten, komplette Reinigung des Schiffes, etc.

Das Nachtleben Cumanas war nicht berauschend. Das änderte sich jedoch urplötzlich. Am Nachbarsteg lag eine kleine Segelyacht namens ‚Borracho' aus Spanien. Das Schiff sah verlassen aus, bis eines Abends eine attraktive junge Frau mit Gepäck erschien. Sie war deutsch-spanischer Nationalität und stammte aus Barcelona. Durch ein traumatisches Ereignis war sie zum Fahrtensegeln gekommen. Anna hatte sich beim Absturz mit einem Gleitfallschirm eine schwere Knieverletzung zugezogen. Drei Jahre plagte sie sich mit Operationen und Krankenhausaufenthalten. Dann konnte sie wieder einigermaßen laufen. Mit dem Geld der Versicherung hatte sie sich die kleine Segelyacht gekauft und war in See gestochen. So gelangte sie nach Venezuela. Nun, gerade von einem Besuch aus Europa zurückgekehrt, machte sie ihre Yacht seeklar, denn sie erwartete die Familie ihrer Schwester für einen Törn entlang der venezolanischen Küste.

Zunächst arbeitete jeder für sich an Bord weiter. Aber bald konnte man uns als Team bezeichnen. Turbulent wurde es, als Annas Schwester Layena mit ihrem Mann Cavio und den Kindern Pablo und Samaya eintrafen. Eines Abends versammelten sich alle zu einem Umtrunk mit Snack bei uns an Bord. Dazu gesellte sich das spanisches Ehepaar, Angel und Elli, die mit einem Katamaran unterwegs waren. Anna hatte sie auf ihrer Seereise von Europa nach Venezuela kennengelernt. Der Abend wurde, wie dies bei Fahrtenseglern üblich ist, feuchtfröhlich. Alles ging gut, bis die Gäste von Bord gingen. In der Dunkelheit stolperte Angel auf dem Dock, schlug mit seinem Kopf gegen *Ryuseis* Rumpf und stürzte ins Wasser. Schnell zogen wir ihn heraus und untersuchten die Verletzung. Er hatte eine Platzwunde, die stark blutete. Glücklicherweise war auch Roberto anwesend, der uns anbot mit seinem Jeep zum Krankenhaus zu fahren. Cavio und ich nahmen unseren verletzten Freund zwischen die Arme und folgten Roberto zum Parkplatz. Der offene Jeep war in einem erbärmlichen Zustand. Die Vordersitze standen lose auf dem Rahmen, der Auspuff hing am Boden, die Bremsen schienen nicht zu existieren und die Gangschaltung mußte der Beifahrer in Position halten.

„Lieber schlecht fahren, als laufen", dachte ich mir, als die Karosse endlich losknatterte.

Roberto fuhr mit Gottvertauen und lies die Reifen quietschen. Etwa zwei Kilometer weiter fing der Motor an zu spotzen und verstarb.

„Mierda!" schrie Roberto, „ich habe vergessen, Benzin nachzufüllen. Aber da hinten ist ein Hotel. Dort finden wir sicher ein Taxi."

Er nahm den blutüberströmten Freund am Arm und eilte davon, während Cavio und ich das klapprige Ungetüm mit all der uns verbleibenden Energie zum Straßenrand schoben.

Angel überlebte den Abend. Er trug einen beeindruckenden Schmiß davon. Kopfschmerzen plagten ihn am nächsten Tag. Nur wußten wir nicht, ob diese vom Sturz oder dem Rum herrührten.

Robertos Jeep wurde rehabilitiert, als wir auf dem Markt die Lebensmittel für eine mehrwöchige Seereise kauften. Trotz der beachtlichen Menge an Proviant waren die Kosten sehr gering. Die Entwertung der venezolanischen

Währung kam uns zugute. Turmhoch stapelten sich im Wagen Säcke voller Gemüse und Früchte. Schließlich paßte nur noch Roberto auf den Fahrersitz. Wir mußten ihm im Taxi folgen. Nachdem alles an Bord verstaut war, stachen wir gleichzeitig mit ‚Borracho' in See. Wenig später ankerten wir in der romantischen Bucht von Laguna Chica.

Sonnenuntergang, Lagerfeuer, Barbecue und Sternenhimmel verwöhnten uns an jenem Abend. Zwischendurch kühlten wir uns im Wasser ab. Die Fluoreszenz des Wassers verursachte bei jeder Bewegung Lichtexplosionen. Es war, als ob das Funkeln des Wassers mit dem des Sternenhimmels konkurrieren wollte. Das Lagerfeuer hielten wir mit Treibholz in Gang. Anna holte ihre Gitarre hervor und stimmte Lieder an.

Aber anstatt Freude, verspürte ich in jenem Moment Trauer. Ich hatte am gleichen Tag die Nachricht erhalten, daß der Freund, mit dem ich die letzte Etappe meiner Reise segeln wollte, bei einem Autounfall ums Leben gekommen war. Die Vergänglichkeit des Lebens wurde mir bewußt. Irgendwo lauert für jeden von uns das Ende. Dazu benötigt es nur ein Zufall der Natur oder eine kleine Unachtsamkeit. Schwermütige Gedanken zogen wie düstere Wolken am Horizont auf. Doch dann besann ich mich der gemeinsamen Erlebnisse, die ich mit diesem humorvollen Freund verbracht hatte. Im Geiste saß er bei uns, als Anna die Gitarre anstimmte und wir das Lied sangen: „We are sailing, to be free. ...“

Tatsächlich segelten wir durchs Leben, genossen es in vollen Zügen und lebten als gäbe es kein morgen.

Landemanöver

La Blanquilla, eine abgelegene Insel vor der Küste Venezuelas wurde unser nächstes Ziel. Die hundert Meilen Distanz legten wir teilweise bei Nacht zurück. Der Wind konnte kaum besser sein. Es gab jedoch einen Vorfall, der uns diese Passage nicht so schnell vergessen ließ.

Kurz vor Sonnenaufgang sah ich während meiner Wache die Positionslichter von zwei Schiffen auf Kollisionskurs. Da sie sich sehr langsam bewegten, glaubte ich zunächst, es seien Fischerboote. Dann sah ich am Horizont Blitze denen Donner folgte. Das Donnern und Blitzen wiederholte sich. Erst glaubte ich an Sinnestäuschung, da der Himmel frei von Gewitterwolken war. Waren da nicht horizontale Blitze? Ich weckte meinen Freund:

„Greg, schau dir das mal an. Ich glaube wir sind auf Kollisionskurs und da hinten sehe ich plötzlich horizontale Blitze. Vielleicht spielt mir die Müdigkeit einen Streich.“

Ein leichter Schimmer am Horizont kündigte bereits das Morgengrauen an. Es war ein diesiger Morgen. Wir schauten in die Richtung, wo ich zuvor die Blitze gesehen hatte. Dann sahen wir sie wieder, horizontal und klarer als zuvor: Dies war das Geschützfeuer eines Kriegsschiffes.

„Womöglich ist das ein Manöver", meinte Greg.

„Hoffentlich", erwiderte ich. „Aber was machen wir mit den beiden Schiffen auf Steuerbord? Sie kommen immer näher."

„Ich würde mit ihnen über Kanal 16 Kontakt aufnehmen", gab Greg zurück.

Also verschwand ich unter Deck und gab einen Funkspruch ab:

„Motorvessel, Motorvessel heading west — this is sailing Vessel one mile off your portside bow heading north. We are on Collision course. Please advice. Over!"

Die Antwort blieb aus. Mit abnehmendem Abstand wurden wir nervöser. Dann, endlich kam eine kurze knappe Antwort in klarem amerikanischen Akzent:

„Sailing vessel calling — This is a Navy convy. You are requested to stand by on our port side until the whole convy has passed — Out"

Widerwillig reduzierten wir das Vorsegel und wendeten. Als es heller wurde, kamen noch mehr Schiffe in Sicht. Erst jetzt konnten wir die Deckaufbauten mit den Geschützrohren erkennen. Langsam dampften sie hintereinander in westliche Richtung. Auf einmal änderten sie alle ihren Kurs um neunzig Grad und hielten auf uns zu. Dieses Mal fragten wir nicht lange, wendeten zurück auf unseren alten Kurs und segelten zwischen den entgegenkommenden Kriegsschiffen hindurch. Immer mehr Kriegsschiffe erschienen aus dem Dunst. Wir fühlten uns umzingelt. Helikopter starteten von den Decks mehrerer Schiffe. Einer von ihnen drehte eine Rund um unseren Mast. Dabei verursachte er solche Windturbulenzen, daß die Segel einfielen. In der geöffneten Tür des Hubschraubers sahen wir Marines, die lachten und winkten.

Bald darauf erfuhren wir, daß die US-Marine in Haiti gelandet war. Wahrscheinlich war dies ihr Landungsmanöver.

Venezuelas Inseln

„Nothing is more rewarding then spending
the whole day doing nothing,
and after having done so – to rest!"

Venezuelas Inseln boten uns in den folgenden Wochen viel Müßiggang und Ruhe. Zunächst landeten wir auf Blanquilla. Hier erlebten wir spektakuläre Strände, klares Wasser und beste Tauchgründe. Die Insel selbst war flach und karg. Tausende von blühenden Kakteen, bedeckten den Boden. Wandern bedurfte Aufmerksamkeit, denn ein falscher Tritt wäre sehr schmerzhaft geworden. Auf einem der Strände fanden wir eine Gruppe von Palmen in idealen Abständen für die Hängematten. Hier konnte man sich mit Recht die Frage stellen, was uns eigentlich zu neuen Ufern treibt. Die Abendstunden verbrachten wir zumeist mit der Mannschaft von ‚Borracho' am Strand. Wir beobachteten den Sonnenuntergang, in der Hoffnung den legendären grünen Blitz zu sehen. Dieses seltene Phänomen soll in dem Moment erscheinen, wenn der glühende Sonnenball hinter dem Horizont verschwindet. Im Dunkeln lagen wir auf dem Sand, erzählten uns Geschichten oder studierten die Sterngebilde am Himmel. Anna war unsere Spezialistin in Astrologie. Ihren Ausführungen hörten wir gespannt zu, obwohl das periodische Rauschen der Wellen eher zum Schlaf anregte. Den schönsten Strand fanden wir auf der Ostseite Blanquillas. Er lag umrahmt von einer tief eingeschnittenen Felsbucht. Unsere Schiffe fanden darin gerade genug Platz zum Ankern. An einer Stelle spannte sich eine spektakuläre, natürliche Felsbrücke über das Wasser.

Die meisten Plätze, die wir bisher besucht hatten, waren außergewöhnlich. Doch Los Roques schlug alles bisher erlebte. Als wir uns der Inselgruppe näherten, sahen wir grünlich gefärbte Wolken am westlichen Horizont. Das Intensive Grün der Inseln und der Mangrovenwälder reflektierte sich in den Wolken. Wir hatten Glück, die Passage durch das Korallenriff von Los Roques zur rechten Zeit zu erreichen. Würde die Sonne im falschen Winkel stehen, hätten wir wegen der Spiegelungen auf der Wasseroberfläche, die Untiefen nicht ausmachen können. ‚Borracho' hatte Pech. Sie erreichten Los Roques bei Dunkelheit und mußten bis zum Morgen kreuzen, bevor sie durch das Korallenriff ins schützende Gewässer gelangten.

Am Ankerplatz lag eine andere Segelyacht. Eines der Mannschaftsmitglieder, eine hübsche Französin, kam zu uns herüber und fragte ob wir sie nicht nach Chile mitnehmen könnten.

„Chile klingt verlockend, liegt aber leider nicht auf unserer Route", antwortete ich. „Ich weiß auch noch nicht einmal ob ich Los Roques je wieder verlassen werde", fügte ich scherzend hinzu.

Später holte ich meine alte Kalkulation hervor, denn genau das war mein geheimer Traum. Panama, Galapagos, Chile, Kap Horn, Argentinien und dann nach Schottland. Zusammen mit einer süßen Französin. Warum nicht? Meine Freunde lachten über meine Gedanken.

„Ralph, du bist unverbesserlich!" riefen sie.

„Nein, 14.000 Seemeilen sind doch eindeutig zu viel", fand ich schließlich und konzentrierte mich auf das Projekt Los Roques.

Los Roques dehnt sich über eine Region von 25 Meilen Länge und 14 Meilen Breite aus. Es ist ein Eldorado voller Korallenriffe, Mangrovenwälder und idyllischer Inseln. Es bietet geschützte Gewässer zum Segeln und unzählige Ankerplätze. Je nach Wassertiefe bot die Färbung des Wassers alle nur erdenkbaren Variationen. Mit dem Beiboot konnten wir ausgedehnte Ausflüge durch das Labyrinth von Seen und Mangrovenwäldern unternehmen. Das Wasser war seicht, kristallklar und voller Fische. Einmal liefen wir, bei hoher Geschwindigkeit mit dem Beiboot auf Grund. Glücklicherweise bekamen wir den Außenbordmotor wieder in Gang. Die Moskitos hätten uns sonst blutleer gesaugt.

Natürlich tauchten wir auch auf dem Korallenriff. Dazu mußten wir durch die Brandung ins tiefere Wasser gelangen. Es war nicht einfach ohne Schürfverletzungen über scharfkantige Korallen zu steigen. Kaum befanden wir uns im Wasser, da starrte uns ein furchterregender Barrakuda aus nächster Nähe an. Als ob dies noch nicht genug wäre, tauchte auch noch ein großer Hai auf. In der Hoffnung, daß Neugierde und nicht Hunger ihr Motiv war, setzten wir den Tauchgang fort. Auch beim Angeln waren wir erfolgreich. Ein Barrakuda ging an die Leine. Es war womöglich der, vor dem wir uns gefürchtet hatten.

Zwei Tage später segelten wir weiter zu der Hauptinsel Gran Roques. Hier wollten wir, den Bestimmungen entsprechend, einklarieren. Wie nicht anders zu erwarten, waren wieder einmal unsere Papiere nicht komplett. Eines der Klarierungsdokumente sei bereits abgelaufen und könne nur am Festland verlängert werden. Ob dies stimmte oder es nur am mangelnden Schmiergeld lag, ignorierten wir dann. Wir verabschiedeten uns mit dem Versprechen, sofort zum Festland zu segeln und begaben uns in die nächste Kneipe. Cavio hatte Geburtstag. Dies gab uns einen zusätzlichen Grund, einige Biere der Marke ‚Polar' in unsere durstigen Kehlen zu schütten. Die Geburtstagsfeier nahm auf Annas Yacht ihren Fortgang. Es ging hoch her. Am Ende verdiente sich nicht nur die Yacht, sondern auch die Mannschaft und Gäste den Namen ‚Borracho‘, denn übersetzt heißt der Name ‚betrunken‘.

Am Ankerplatz der Nachbarinsel stießen wir auf die japanische Segelyacht ‚Yu-U‘. Anna kannte die Japaner bereits von früheren Etappen ihrer Segelreise. Gegen Abend gesellten sie sich zu uns auf *Ryusei*. Ihnen zu Ehren setzten wir die Fahne mit der aufgehenden Sonne. Auf Kapitän Joshis Frage, erzählte ich von *Ryuseis* japanischer Vorgeschichte. Als er hörte, daß sie von der Werft ‚Kato Boat‘ gebaut worden war, verneigte er sich ehrfürchtig und sagte:

„Diese ist eine der besten Werften für Holzschiffe in Japan. Ihre Spezialität sind eigentlich Fischerboote. Was immer sie auch bauen, es ist sehr solide.“

Joshi lüftete auch ein Geheimnis, daß mir der Vorbesitzer verschwiegen hatte. Auf der Rückseite unserer Schiffsglocke gab es eine Inschrift in japanischen Buchstaben. Joshi studierte diese und sagte:

„Hier steht der Name ‚Fuji‘ und das Datum ‚April 1966‘. Vermutlich ist dies der ehemalige Name deiner Segelyacht mit dem Datum des Stapellaufs.“

Für uns Europäer sind Japaner von der Mentalität her, die am weitesten entfernte Volksgruppe des Fernen Ostens. Trotz der kulturellen Unterschiede binden uns immer Themen, wie beispielsweise das Angeln, Essen oder Trinken. Wir erfuhren, daß Joshi mit seinem Team hauptsächlich des Fischens wegen um die Welt segelte. Joshi war von Beruf Bauingenieur. Er besaß in Osaka eine Sushi-Bar. Dort hatte er mit seinen Freunden in einer übermütigen Stunde den Entschluß zur Seereise getroffen. Für Greg, Guy und mich wurde es ein lehrreicher Abend, denn unsere neugewonnenen Freunde waren Fachleute im Angeln und im Zubereiten von Fisch. Im gebrochenen Englisch erklärten sie uns, wie sie lebten.

„Wir ernähren uns von Reis, Fisch und Früchten...“, sagte Joshi.

„...und Rum und Bier“, warf Sako, seine Freundin, lachend ein.

„Da wir nicht nur Reis essen wollen, fischen wir so oft wir können. Wir lieben vor allem kleine Fische. Die sind schmackhafter als die großen. Für Sachimi, das heißt den rohen Fisch, nehmen wir nur die besten Teile vom Fisch.“

Einige von Joshis Ausführungen notierte ich in unser Logbuch:

Fisch-Zubereitung:
- ausnehmen, reinigen, entschuppen
- Fisch mit Salzwasser reinigen
- zerlegen oder filetieren
- wichtig: danach nicht mehr mit Wasser reinigen

Roher, marinierter Fisch:
- Fisch in dünne Stücke schneiden
- Marinieren für 3–5 Stunden in einer Mischung aus Soja-Sauce, Zucker,
  Knoblauch und Gewürzen

Luftgetrockneter Fisch:
- Vorbereitung wie oben / Nur 1–3 Stunden marinieren
- Trocknen an einem luftigen Platz
- Vor dem Essen kurz anbraten

Die Tage plätscherten in ausgelassener Atmosphäre dahin. Das hieß normalerweise: lange Schlafen, ausgiebiges Frühstücken, Angeln, Tauchen, Lesen,
Siesta in der Hängematte, gelegentlich Weitersegeln zum nächsten Ankerplatz, Tauch- und Dinghi-Expedition, Sundowner mit Freunden und
Abendessen.

Die Natur zu Wasser und Land bot so viel Abwechslung, daß wir jegliches
Zeitgefühl verloren. Laut Logbuch ankerten wir am 14. August im Schutze
der Insel Carenero. Dieser wunderbare Ankerplatz übte eine magische
Wirkung auf Fahrtensegler aus. So war es nicht verwunderlich, daß wir hier
mit Freunden vereint waren. Außer ‚Borracho‘ fanden sich auch der
spanische Katamaran ‚Bumero‘ mit Angel und Elli sowie ‚Yu-U‘ ein. Ein
weiteres Schiff, daß bereits länger an diesem Ankerplatz lag, war ein altes
Fischerboot mit Gaffelbetakelung namens ‚Martha‘. Allabendlich wurde
gefeiert. Mal auf diesem – mal auf jenem Boot. Wir kamen aus allen Himmelsrichtungen, inklusive dem Fernen Osten und waren doch eine Familie.
Angel und Elli servierten an Bord ihres Katamarans das spanische National-
gericht, Paella. Dazu gab es spanischen Wein, Gesang und schließlich auch
Tanz. Tags darauf waren wir die Gastgeber. Bei uns gab es indisches Fisch-
curry. Dann zeigten unsere Japaner was in ihnen steckte. Tagelang sah man
sie fieberhaft beim Angeln. Bereits 24 Stunden vor der Feier begannen sie
mit dem Kochen.

„Wir haben genug kleine Fische. Wir brauchen möglichst noch größere“,
antwortete Joshi, als wir fragten, ob wir bei den Vorbereitungen helfen
könnten.

Daraufhin segelten wir den ganzen Tag mit den Schleppleinen zwischen den
Inseln von Los Roques. Es wurde eine lustige Tour, da Annas Mannschaft
sich zu uns gesellt hatte. Der Erfolg war eher bescheiden. Wir fingen nur 3
½ Fische. Ein Fisch wurde, während wir ihn einholten, von einem Raubfisch
halbiert.

Joshi und sein Team versetzten uns ins Staunen. Selbst in all den Jahren
im Fernen Osten, hatte ich noch nie so viele Variationen von Fischgerichten

auf einem Tisch erlebt. Es gab gegrillten, marinierten und getrockneten Fisch verschiedener Arten, Oktopusse, Krabben, Muscheln und dazu Sushi. Unter den Gerichten fand sich auch eines mit in Öl gegrillten Fischskeletten, die man wie Kartoffelchips aß. Zum Abschluß tranken wir alle aus dem, wie Joshi es nannte, ‚Friendship Cup'. Dies war eine mit Rum und Früchten gefüllte Wassermelone, die wir kreisen ließen, bis uns vom Alkohol schwindlig wurde.

Venezuelas Elixir:
Polar-Bier und
Krustentiere.

Los Roques ist ein Eldorado für Ornithologen. An den Ufern und in den Mangrovenbäumen sahen wir alle Arten von Seevögeln, Ibisse, Reiher, Eisvögel und Pelikane. Während unserer Angeltour kamen wir entlang einer kleinen Insel, deren Küste gesprenkelt war mit rosa gefärbten Flamingos.

Den romantischsten Abend erlebten wir auf ‚Martha'. An Deck des antiken Schiffes genossen wir die Abenddämmerung. In den Mangroven hatten sich bereits Fischreiher auf ihren Schlafbäumen niedergelassen. Im Wasser spiegelten sich die Bäume und Segelyachten. Die friedliche Atmosphäre wurde jedoch von den Pelikanen gestört. In Dutzenden kamen sie herbeigeschwebt und stürzten sich gleichzeitig nur wenige Meter von uns ins Wasser.

Zur Belustigung unserer japanischen Freunde bemerkte ich: „Das sieht ja aus wie der Angriff auf Pearl Harbor."

Christian, unser Gastgeber, erklärte: „Die Pelikane kommen jeden Morgen und Abend, da an dieser Stelle das Wasser voller Fischschwärme ist."

Unermüdlich stürzten sich die Pelikane wie Kamikazeflieger ins Wasser. Wenn sie auftauchten, reckten sie ihren langen Schnäbel nach oben, ließen das Wasser ablaufen und schluckten ihren Fang. Manchmal landete in diesem Augenblick eine freche Möwe auf dem Kopf des Pelikans, und versuchte mit Schnabelhieben einen Teil der Beute zu ergattern.

,Martha' war das letzte in Schweden gebaute Fischerboot mit Segeln. Es stammte aus dem Jahre 1912. Christian, ein Österreicher, hatte das Schiff mit seiner schwedischen Frau renoviert bevor sie auf große Fahrt gingen. Es schien allerdings, daß ihre Reise in Venezuela ein Ende finden sollte.

„Hier könnten wir mit wenig Geld leben und eventuell unser morsches Schiff renovieren. Nur die venezolanischen Behörden machen uns Probleme", erzählte Christian.

Dann zeigte er uns den ungewöhnlichsten Schiffsdiesel, den ich je gesehen habe. Es war riesiger Einzylinder-Zweitakt Motor.

Christian kommentierte: „Der Diesel hat kein Getriebe. Zum Rückwärtsfahren werden mit einem Stellrad die Flügel des Schiffspropellers verstellt. Der Motor ist trotz des Alters noch zuverlässig."

,Marthas' Hauptkabine war ausgestattet wie eine Berghütte. Der große Raum besaß getäfelte Wände. Mit 17 Leuten am Eßtisch wurde es allerdings eng. Beim näheren Hinschauen erkannte ich, daß die Täfelung über den Sitzbänken mit Schiebetüren ausgestattet waren, hinter denen sich die Kojen verbargen. Nach dem deftigen Mahl begaben wir uns an Deck, wo uns die Nachtluft etwas Kühlung gab. Wir, eine Seglerfamilie aus sieben Nationen, saßen beim Laternenschein auf Holzkisten, Seilen und Segeln. Gitarrenklänge und Gesang vermischten sich mit dem Funkeln der Sterne jenseits der altertümlichen Takelage.

Morgendliche Eindrücke in Guys Worten:
„It was a beautiful moment this morning as I got woken up by pelicans dive bombing around the boat with the sun just beginning to poke its head over the horizon. I had breakfast and went for a snorkel on the reef next to the boat, which was really exceptional. Hundreds upon hundreds of tiny fish, which the Pelicans eat, blocked the view. Beautiful coral heads covered with tiny Christmas trees of white, yellow, orange, red, purple and mixtures. Large purple and white sea anemonies. Beautifull little yellow fish, yellow with black dots, grey with black dots, purple pink parrot fish, blue angel fish, brown and fluorescent green rock cod, mult-colored long thin fish, green corals and purple-yellow fish, little black ones with fluorescent blue dots, larger ones with blue dots on their heads and yellow tails and many others I have forgotten about."

Westlich von Los Roques liegen zwei kleine Inselarchipele namens Islas de Aves. Als wir uns unter Spinnaker der ersten Inselgruppe Aves de Barlovento näherten sahen wir eine Wolke von Seevögeln über der Hauptinsel schweben. Keiner von uns hat je so viele Vögel an einem Ort gesehen. Sie bevölkerten die Inseln, stritten sich mit viel Gekreische um die Plätze in den Bäumen oder verteidigten ihre Nester. Islas de Aves, die Vogelinseln, hätten keinen anderen Namen verdient. Starker Wind machte unseren ersten Ankerplatz unsicher. Daher suchten ‚Borracho' und wir am folgenden Morgen einen geschützten Platz hinter dem hufeisenförmigen Riff. Vorsichtig fuhren wir unter Motorkraft durch das mit Korallenköpfen gespickte Gewässer. Doch dann krachte es. Eine kleine Unachtsamkeit verursachte die Kollision mit einer der Untiefen. Wir kamen mit dem Schrecken und einer kleinen Schramme am Kiel davon. Schlimmer erging es der Natur. Unsere kurze Grundberührung hatte sicher Korallenstrukturen zerstört, die über Jahrhunderte gewachsen waren. Noch schlimmer wird die Zerstörung, wenn eine Ankerkette über den Korallengrund schleift. Deswegen gaben wir uns alle Mühe, einen sandigen Platz zum Ankern zu finden. Den Tag verbrachten wir entweder im Wasser beim Schnorcheln oder an Land beim Beobachten der Seevögel. Auf Aves brüteten Rotfußtölpel und Fregattvögel.

Gegen Abend begannen die üblichen Aktivitäten zur Vorbereitung des Barbecues am Strand. Treibholz sammeln, aufstapeln und entzünden sowie Getränke, Nahrungsmittel und Kochgeschirr anlanden. Es machte nichts, daß uns die alkoholischen Getränke ausgingen, denn die Schönheit der Natur an sich berauschte uns genug. Während die untergehende Sonne ein Kaleidoskop von Farben in den Himmel malte, ging am gegenüberliegenden Horizont der Vollmond auf. Gleichzeitig segelten Tausende von Fregattvögeln in der Thermik, als gehörten sie zur Verzierung dieser abendlichen Ekstase.

In der Nacht und am nächsten Tag litt ich an Magenverstimmung. Auch auf ‚Borracho' wurde über Magenverstimmung geklagt. Pablo und Samaya hatten sich sogar übergeben. Wir vermuteten, daß es an dem gegrillten Barrakuda lag. Ob es Guy besser ging, weiß ich nicht, denn er schrieb in seinem Bericht:

„Today is August the 20th and I was, what you call, at the height of laziness, alternating between bunk and the hammock reading my book."

Das benachbarte Archipel Aves de Sotavento war ähnlich spektakulär. Inseln mit weißem Sand und Palmen, umgeben von Korallenriffen. Auf einer der Inseln lagen Berge von Conch Muscheln aufgehäuft. Entsprechend selten sahen wir lebende Muscheln am Meeresgrund. Wir bekamen langsam den Eindruck, daß in diesem Teil der Welt Langusten und die Conch Muscheln durch rücksichtslose Fischerei ausgerottet werden. Auch wir aßen gelegentlich eine Conch oder eine frisch gefangene Languste. Also mußten wir uns an die eigenen Nasen greifen. Während wir vor Anker lagen, kam ein kleines Fischerboot vorbei. Sie hatten eine Languste gefangen und wollten sie unbedingt loswerden. „Wenn wir sie nicht nehmen, wird sie wohl ein anderer essen", fanden wir und ließen uns auf ein Tauschgeschäft ein. Eine Dose Coca-Cola und zwei Konserven aus unserer Vorratskammer gegen die Languste. Die letzte Nacht im venezolanischen Inselreich verbrachten wir an Land in einer zerfallenen Fischerhütte. Im Scheine des Lagerfeuers ließen wir die schöne, aber viel zu kurze Zeit nochmals Revue passieren.

Mit Barrakudas ist nicht zu Spaßen.

Bonaire

35 Meilen westlich von Aves de Sotavento liegt die Insel Bonaire. Zusammen mit den benachbarten Inseln Aruba und Curaçao gehört sie zu den Niederländischen Antillen. Die unter holländischem Einfluß stehenden Inseln haben es durch Steuervergünstigung und Tourismus zu Wohlstand gebracht. Bonaires Reichtum ist das Meer. In einer flachen Lagune im Süden der Insel wird aus dem Meerwasser Salz gewonnen. Außerdem besitzt die Insel spektakuläre Tauchgründe mit glasklarem Wasser, die Touristen aus aller Welt anlocken. Uns gingen die Augen über, als wir nach den einsamen Inseln die gepflegten Häuser der Hafenfront sahen. „Der Luxus hat auch

seinen Preis", stellten wir beim Bezahlen der Liegeplätze des Yachthafens fest. Trotzdem lohnte es sich. Da wir viel zu erledigen hatten und vor allem endlich wieder richtig duschen wollten. Das Einklarieren ging schnell und unkompliziert. So konnten wir bereits kurz nach unserer Ankunft in ‚Karels Bar' zum Sundowner einlaufen. Die Bar lag in einer farbenfrohen Umgebung direkt am Wasser. Da hier der Treffpunkt der Segler war, brauchte es nicht lange, bis wir alle strategischen Punkte Bonaires kannten.

Holländische Architektur in der Karibik.

Fast täglich fuhren wir mit *Ryusei* auf Tauchexpedition. Die besten Tauchplätze waren mit Bojen markiert. Ankern war verboten. Da hier, im Gegensatz zu den umliegenden Ländern Recht und Ordnung herrschte, hielten wir uns an die Regeln. Das hieß, wir ließen das Schiff treiben und gingen abwechselnd tauchen. Der Aufwand lohnte sich. Die Tauchgründe boten korallenbewachsene Steilwände und ein Wasser mit unglaublicher Transparenz. Zugleich überraschte die Anzahl von größeren und kleineren Fischen die ohne Furcht vor unseren Taucherbrillen hin- und herschwammen. Einige näherten sich so fordernd, daß es fast einer Attacke glich. Wie wir später erfuhren, wurden die Fische zur Attraktion der Tauchtouristen gefüttert.

Ein Tauchgang blieb für mich unvergeßlich.

In der Tiefe schaute ich auf die Uhr. Die Zeiger standen auf 14 Uhr 30. Genau ein Jahr zuvor, am 30. August, zur gleichen Stunde hatte ich Singapur verlassen. In der schwerelosen Stille des Wassers berauschten mich plötzlich

Erinnerungsfetzen an die vergangene Zeit. Mir stieg der Geruch von Stahl-werken in die Nase und vor meinem geistigen Auge sah ich das Menschen-gewimmel in Peking, Hongkong, Seoul, Taipei und die Verkehrsapokalypse Bangkok.

Dann Singapur mit seinen Chinesen, Malaien und Indern, der effizienten Geschäftswelt mit ihren Telefonen, Faxen und Flugzeugen. Die Sucht des Erfolges, die Verlockungen des weiblichen Geschlechts und die brennende Liebe, die wie eine große Seifenblase platzte.

Das Segeln, die Stürme, Afrika und nun Lateinamerika. Ist dies eine Reise um die Welt? Nein, eher eine Reise durchs Leben.

Und nun, wo bin ich? Wie tief bin ich gesunken?

Gregs Handzeichen brachte mich wieder zur Besinnung. Ich prüfte die Tauchzeit und den Druckmesser. 35 m zeigte der Tiefenmesser. Ja, zu tief – Zeit zum Auftauchen. Mit Hinweis auf meinen Flaschendruck begannen wir den Aufstieg.

Die Weiterreise drohte sich zu verzögern. Zunächst ließ sich im Zollamt der Schlüssel für die Waffenkammer nicht mehr finden. Dort war unsere Harpune eingesperrt worden.

„Wo ist der verdammte Schlüssel?" rief der verärgerte Zollinspektor, nachdem er jede Schublade im Büro umgedreht hatte.

Wir schauten amüsiert zu, denn wir konnten ja nichts für sein Malheur.

Schließlich sagte er: „Kommen sie in einer Stunde wieder. Vielleicht hat einer meiner Kollegen den Schlüssel irrtümlich mitgenommen." Wir kamen wieder. Aber der Schlüssel war immer noch nicht gefunden. Man sah, wie peinlich es dem Beamten war, daß gerade in so einem unbestechlichen, ordentlichen Land dies passieren sollte.

„Es tut mir leid. Der Schlüssel ist weg. Ich habe den Schlosser bestellt. Er wird gleich kommen und die Tür aufbrechen."

Gleich bedeutete Stunden später. „Ihr müßt euch die Harpune selbst heraussuchen, das geht schneller", meinte der Beamte, als die Tür endlich offen war. Der Raum war vollgestopft mit Pistolen, Gewehren und Harpu-nen.

„Sind das alles hinterlegte Waffen von besuchenden Segelyachten auf Bonaire?" fragte ich ungläubig.

„Ja, das sind sie", erwiderte der Mann und fügte grinsend hinzu: „Mir scheint, euch Seglern sitzt die Angst tief in den Knochen."

‚Borracho' war bereits in Richtung Venezuela abgesegelt. Da unsere Yacht schneller segelte, hatten wir mit der Abreise noch Zeit bis zum Abend. Dies gab uns Gelegenheit, die verbleibenden Stunden auf Peters Katamaran ‚Halejj' zu verbringen. Der Katamaran war russischen Designs. Das Schiff sah etwas futuristisch und filigran aus. Bei näherer Betrachtung stellte sich heraus, daß dieses Schiff eine intelligente Ingenieursarbeit war. Peter, ein Psychologe aus Österreich, hatte es für wenig Geld in Israel gekauft.

„Die Geschwindigkeit des Katamarans hat mich schon in Angst und Schrecken versetzt", erzählte er. „Einmal kam ich in einen Sturm. Obwohl wir alle Segel einholten, gab der profilierte Mast soviel Angriffsfläche, daß wir über 10 Knoten erreichten."

Peter befand sich schon länger in dieser Region. Er konnte viel erzählen. Ein Thema ließ uns jedoch aufhorchen: Ciguatera. In gewissen Regionen gibt es toxische Algen, die zumeist auf toten Korallen wachsen. Über die Nahrungsmittelkette gelangt dieses Gift in den Körper von Raubfischen, wie beispielweise den Barrakuda. Das Gift greift das Nervensystem an und kann beim Menschen zu dauerhaften Lähmungen und im Extremfall zum Tode führen. Peter hatte einmal an so einer Vergiftung gelitten. In diesem Zusammenhang fiel mir die Magenverstimmung ein, die wir uns kürzlich nach dem Essen eines Barrakudas zugezogen hatten. Für einige Nächte verspürte ich Hitzewallungen, obwohl die Luft eher kühl war. Außerdem litt ich unter schmerzhaftem Jucken in den Hand- und Fußflächen. Peter bestätigte, daß dies die Symptome einer Ciguatera-Vergiftung seien. Die Empfehlung lautete, in Zukunft weniger Fisch zu essen, insbesondere aber größere Fische zu meiden, die in der Nähe von Korallenriffen gefangen wurden.

Die Musik aus Karels Bar tönte über den Ankerplatz, als wir in der Dunkelheit die Segel setzten. Eine steife Brise bescherte eine ungemütliche Nacht. Dies muß die Nacht gewesen sein in der Guy beschloß, so bald wie möglich seine Reise an Land fortzusetzten. Er litt an den schlimmsten Leiden, die Seefahrer befallen: an Seekrankheit, wegen des rauhen Seegangs, und an Liebeskummer. Guy wollte seine Reise abbrechen, um so schnell wie möglich in die Heimat zurückzukehren. Dies muß er während einem seiner letzten Telefonate seiner Freundin mitgeteilt haben. Aber ihre Antwort lautete sinngemäß: „Guy, du brauchst dich nicht mit der Heimreise zu eilen. Auf jeden Fall nicht wegen mir!"

Die Botschaft war eindeutig. Für unseren Freund, der aus Liebe allen Verführungen widerstanden hatte, war dies eine bittere Pille.

Chichirivichi und Morocoy

Jeder Venezolaner kennt diese Orte, denn sie gelten als die attraktivsten Wochenend- und Urlaubsplätze in dieser Region. Chichirivichi und die Einfahrt zum Golfo de Cuare konnten wir leicht ausmachen. Die Strände der vorgelagerten Inseln waren von Sonnenschirmen und Menschen übersät. Motorboote flitzten auf und ab. Wir ließen uns davon nicht weiter beirren, segelten an dem Wochenend-Tohuwabohu vorbei bis in den Golf von Cuare und ankerten unterhalb einer imposanten Felswand. ‚Borracho' ankerte neben uns. Luftfeuchtigkeit und Hitze macht das Atmen schwer. Selbst das Wasser konnte mit 31°C keine Abkühlung mehr bieten. In den tiefen Einschnitten der Felswand befanden sich die Überreste von alten Indianersiedlungen.

Cavio hatte Annas Team verlassen. Nun war der 15jährige Pablo allein mit seiner Schwester, seiner Mutter und Tante an Bord. Die Frauen nervten ihn so sehr, daß er sich am folgenden Tag zu uns flüchtete, bevor wir zum benachbarten Morocoy National Park segelten. Auch hier wimmelte es von Wochenendurlaubern. Die Menschen schienen denkbar glücklich. Es wurde musiziert, getanzt und getrunken. Der Park gleicht einem Binnengewässer mit Mangroveninseln und erstreckt sich über eine Fläche von etwa 60 km^2. Das Abendlicht reichte gerade noch aus, um den Weg durch das Labyrinth von Mangroven und Untiefen zu finden. Mehrere Male verpaßten wir haarscharf eine Untiefe. Eine Motoryacht, die einen Moment zuvor an uns vorbeiraste, saß plötzlich hoch und trocken auf einer Sandbank. Wir liefen nur einmal auf, was bei unserem Tiefgang eher einem Wunder glich, und erreichten mit dem letzten Licht den vereinbarten Ankerplatz nahe einer kleinen Mangroveninsel. ‚Borracho' schaffte es wegen der Dunkelheit nicht mehr bis dahin. In der Abenddämmerung sahen wir ein beeindruckendes Schauspiel. Vogelschwärme zogen über den Horizont, bewegten sich auf uns zu, kreisten und ließen sich mit Gezeter auf der Mangroveninsel nieder. Die Vögel besaßen ein rotes Gefieder und lange Schnäbel. Es waren rote Ibisse, die allabendlich ihre angestammten Schlafbäume aufsuchten.

Mit dem ersten Morgenlicht flogen sie auf der Suche nach fernen Futterplätzen davon. Nur im Wasser treibende Federn erinnerten an den Vogelschwarm.

Ein lokales Fischerboot näherte sich uns in den frühen Morgenstunden.

„Hallo, seid ihr schon alle wach?" rief eine uns bekannte Stimme. Es war Layena.

„Was ist? Wo sind die anderen?" fragte Greg, der sich gerade an Deck befand.

„Wir sind gestern abend auf Grund gelaufen und brauchen eure Hilfe", erwiderte sie.

Wir lachten und meinten zu unserem jungen Gast an Bord: „Hey Pablo; du hast gerade noch rechtzeitig das Schiff gewechselt."

So schnell wir konnten lichteten wir den Anker und fuhren zu dem Ort des Malheurs. Es war die Sandbank auf der sich am Vorabend das Motorboot festgefahren hatte. Die auf der Seekarte eingetragene Markierungsboje fehlte. Anna wollte trotz einbrechender Dunkelheit bis zu unserem Ankerplatz kommen.

„Ihr habt wohl versucht uns Männern blindlings zu folgen", scherzten wir.

Anna war es nicht zum Lachen, denn ‚Borracho' lag die ganze Nacht mit Schlagseite auf der Sandbank. Gemeinsam gingen wir an die Arbeit. Unser Ersatzanker wurde querab von ‚Borracho' ausgelegt und mit dessen Spinnakerfall verbunden. Dann legten wir die Segelyacht mit der Seilwinde noch weiter zur Seite. Anna startete den Motor und gab Vollgas. Nichts rührte sich. Erst als wir unser Beiboot mit dem 15 PS Motor als Schlepper verwendeten, bewegte sich die Yacht um einige Meter. Es bedurfte weiterer Versuche bis unsere Damen wieder aufschwammen.

Puerto Cabello

„Seid gewarnt. Nach Einbruch der Dunkelheit und insbesondere in den unbeleuchteten Teilen der Stadt wird man leicht überfallen." Mit diesen Worten begrüßte uns ein mit Schrotgewehr bewaffneter Mann am Pier. Er war der Wächter des Yachthafens, vor dem wir geankert hatten. „Und laßt vor allem eure Segelyacht nicht unbewacht."

„Willkommen in Puerto Cabello!" scherzte ich. Wir ließen uns in einem kleinen offenen Restaurant nieder, wo wir ständig von Bettlern und Prostituierten belästigt wurden. Puerto Cabello besitzt Venezuelas größten natürlichen Hafen. Leider wird dieser vollkommen von der Marine eingenommen. Das Stadt war, zumindest bei Tage, sehr angenehm. Hier gab es alle erdenklichen Versorgungsmöglichkeiten. Selbst das Einklarieren verlief relativ problemlos. Aber dies verdankten wir Marianella, die hier den Yachtservice für ausländische Segelyachten betrieb. Am Dock des Hafenmeisters lag ein sehr heruntergekommener Katamaran, der vom Zoll beschlagnahmt worden war. Seinen Besitzer lernten wir in einer Bar kennen.

„Was ist denn passiert?" fragten wir.

Sein Bericht war ernüchternd:

„Vor einigen Monaten traf ich in Puerto Cabello ein. Ich machte den Fehler mein Schiff zu ankern, denn die Marina war mir zu teuer. Dann machte ich einen noch größeren Fehler, mich mit einer der verlockenden Venezolanerinnen einzulassen. Während ich mit ihr die Nacht an Land verbrachte, wurde das Ankerseil gekappt. Als ich zurückkam, lag meine

Yacht am Ufer und war leergeräumt. Dann nahmen mich die Behörden auseinander. Sie ließen mein Schiff zum Dock des Hafenmeisters schleppen. Jetzt verlangen sie mehrere tausend Dollar Gebühren für das Abschleppen und für den illegalen Import von Yachtzubehör. Daß ich bestohlen worden war, interessierte sie nicht. Das Schiff ist im jetzigen Zustand nicht einmal 1.000,-- Dollar wert. Sollen sie es doch behalten! Für mich ist die Seereise sowieso beendet. Hier gefällt es mir, denn bei dem Preisniveau komme ich mit dem wenigen Geld, daß ich noch besitze, gut über die Runden."

Nach diesem Gespräch war ich froh, unsere Yacht dort vorzufinden, wo wir geankert hatten. Am nächsten Morgen nahmen wir einen Liegeplatz in der Marina. Außerdem gab ich dem Wachmann einen Extrabonus, damit er mehr, als nur ein Auge auf unsere *Ryusei* warf.

In Puerto Cabello trennten sich vorübergehend unsere Wege. Annas Familie kehrte nach Deutschland zurück. Nun hatte sie alle Hände voll zu tun, ihre Segelyacht ein wenig zu renovieren. Greg blieb an Bord. Guy packte seinen Rucksack, denn er wollte vor der Rückkehr nach Südafrika noch einige Monate durch Südamerika trampen. Ich begab mich auf eine Reise ins Landesinnere, um die Farm meiner Verwandten zu besuchen.

Llanos

Rund ein Drittel Venezuelas nimmt das Orinoco-Tiefland mit dem Llanos ein. Der Llanos ist, wie der Name sagt (Los Llanos = Ebenen), eine riesige grasbewachsene Ebene. Es war Ende der Regenzeit. Das Vieh verschwand fast in den hochgewachsenen, saftig grünen Weiden.

Als ich auf der Farm ‚El Porvenir' eintraf, wurde gerade ein Kalb für die Hochzeit eines jungen Farmarbeiters geschlachtet. Die Vaceros, wie die Cowboys hier genannt werden, banden das verängstigte Kalb an einen Pfahl. Dann trat einer von ihnen vor und schlug ihm mit einem Vorschlaghammer auf den Kopf. Das Blut spritzte und die Geier auf den Bäumen krächzten in Vorfreude auf das Futter. Mir wurde beim Anblick übel und ich verzog mich zu dem Haus, von wo aus meine Tante, die Schwester meines Vaters, zu ihren Lebzeiten das kleine Reich dirigierte. Mit mehr als 20.000 Stück Vieh auf 45.000 ha spricht man in diesem Land von einer mittelgroßen Farm.

Die Einrichtung des Hauses hatte sich seit Jahrzehnten nicht geändert. Nur die Bäume gaben Hinweis auf die verstrichene Zeit. Mit Ausnahme des Merikurebaums, der unverändert riesig erschien. Er strahlte eine ungeheure Faszination aus. Vor über zwanzig Jahren saßen wir im Familienkreise unter diesem Baum und feierten Weihnachten. Eine Gruppe von Indios spielten auf ihren sonderbar klingenden Instrumenten. Der Rhythmus und ihr Gesang gingen durch Mark und Bein.

Im Laufe der turbulenten Geschichte Venezuelas sollen an diesem Baum mehrere Generäle erhängt worden sein. Die Erinnerungen an die vergangenen Zeiten ließen mich ein wenig schwermütig werden. So nahm ich meine Kamera und wanderte in den Llanos. Wie lassen sich die Schönheiten der Natur in Worte fassen? Wogendes Gras – Palmen und pilzartige Bäume, die in der flimmernden Luft zu schweben schienen – der Geruch des Llanos – die reichhaltige Tierwelt wie zum Beispiel die unzähligen Vögel, die stolzen Weißwedelhirsche, die respekteinflößenden Bullen – massige Wolken, die wie Skulpturen am Himmel hängen und im Scheine der untergehenden Sonne Farbspiele erzeugen.

Alexander v. Humboldt beschrieb im Jahre 1799 auf seiner Reise durch den Llanos die Eindrücke von Naturbildern wie folgt:

„Es ist mit den Naturbildern wie mit dem höchsten der Dichtung und Kunst. Sie lassen Erinnerungen zurück, die immer wieder wach werden und sich unser Leben lang in unsere Empfindungen mischen, so oft etwas Großes und Schönes unsere Seele bewegt."

Gegen Abend trafen zwei verstaubte Herren ein, die mit mir die Unterkunft teilen sollten. Sie stellten sich als Zoodirektoren vor. Der eine kam aus Caracas und der andere aus Prag. Die Erlebnisse des Tages hatten sie sichtlich erregt. Bei einem Glas Whisky gab sich der ausländische Gast begeistert:

„Heute haben wir eine Bootsfahrt auf einem der vielen Seitenflüsse des Apures unternommen. Dies ist, von der Tierwelt her, das Beste was ich während meiner langen Reise durch Lateinamerika gesehen habe. Die Farm gleicht eher einem Naturpark."

Bis in die späten Stunden saßen wir beisammen und unterhielten uns über die Wunder der Natur. Dann begleitete ich die unermüdlichen Zoologen auf Insektenjagd. Wer uns mitten in der Nacht mit Schmetterlingsnetzen im Lichtkegel der Außenbeleuchtung herumspringen sah, mußte glauben wir seien verrückt geworden. Am folgenden Morgen schlichen wir über das Farmgelände auf der Suche nach der Brüllaffenkolonie, die seit Jahrzehnten hier zu Hause war. Die Zoodirektoren strahlten vor Glück, als wir sie fanden.

Plötzlich stand Guy auf der Matte. Ich hatte ihm die Wegbeschreibung zur Farm gegeben, glaubte aber nicht, daß er sich so schnell aus den Höhen der Anden in die Tiefebene begeben würde. Die Begrüßung war überschwenglich, obwohl sich doch nur eine Woche zuvor unsere Wege getrennt hatten.

Einer der spektakulärsten Ankerplätze der Welt ist Cabo San Francisco in
Venezuela. Doch im dahinter liegenden Dschungel lauern tödliche Gefahren.

Mr. Green auf Grenada kennt keinen Ruhestand. Selbst mit 93 Jahren schwingt
der Schmied noch den Hammer. Greg fungiert als Assistent am Blasebalg.

Venezuela – Los Roques: Im Vordergrund ankert die spanische Segelyacht „Borracho"
und der dänische Fischkutter „Martha".

Venezuela – Insel Aves: Die Conch-Muschel gilt als Delikatesse. Auf dem Meeresgrund
sieht man sie daher leider nur noch selten!

Im venezulanischen Hinterland fördern Windräder lebensspendendes Wasser.

Venezuela: Die weite Ebene des Llanos bietet ideale Verhältnisse für Viehzucht.

Südseeträume in der Hängematte.

Panama: Die Kuna Indianer segeln mit Einbäumen zwischen den Inseln ihres San Blas Archipels.

Der Rattenfänger von Guanaja.

Guanaja, das Paradies im Golf von Honduras.

Vereinigte Staaten: Frühlingsfarben in Greenwich, einem
idyllischen Dorf in der Delaware Bucht am 75. Längengrad.

Eine steife Brise und der Vollmond
empfangen uns in North Carolina.

Der Hummer ist in Neu England
allgegenwertig.

Im Schatten der Wolkenkratzer treffen sich Welten.

Symbole der Freiheit!

Mystic Seaport: Die „Dechamps & Daughters" übernehmen das Kommando!

Maine: Im Morgenlicht segeln die Rockland-Schoner aus Pulpit Harbor.

Mally & Elizabeth – Zwei
Spitzenfrauen an Bord.

„Petit" ist eines der hübschesten
Fischerdörfer in Neufundland.

Folgeseite:
Der Fischerhafen
Grand Bruit liegt
im dichten Nebel.
Das Cramalott Inn –
abendlicher Treff-
punkt der Einwohner.

Kanada: Der legendäre Grand Banks Schoner „Bluenose II" in der Bucht von Lunenburg.

Malley und Elizabeth genießen
den ersten Landgang in Europa.

Irland: Ein Delphin begrüßt uns
in der Bucht von Dingle.

links: Im Nordatlantik bleibt
das Deck selten trocken.

Folgeseiten:
- Am Ziel der Reise: Schottland.
  Im Hintergrund liegt „Holy Island“,
  auf der sich ein buddhistisches
  Kloster befindet.
- *Ryusei* signalisiert: Whisky Galore!

Kanada – Grand Banks:
Malley mit einem illegal gefischten
Kabeljau. Als Köder verwendete sie
den traditionellen „Ripper“, dessen
Gebrauch ebenfalls verboten ist.

„Wir müssen heute mit dem Boot Versorgungsgüter zu einer der entferntesten Stationen bringen. Habt ihr Lust mitzukommen?" fragte uns der Verwalter kurz nach Guys Ankunft.

Dies ließen wir uns nicht zweimal sagen. Die Fahrt auf dem Anhänger eines Traktors dauerte ewig. Aber schließlich erreichten wir den kleinen Flußlauf, von dem aus die Bootstour abging. Wir fuhren in einem flachen Aluminiumboot mit Außenbordmotor. Teilweise war der Bach so überwachsen, daß wir wie in einem Tunnel fuhren. Dann kamen wir jedoch in ein offenes Gelände. Das Grün der Bäume, Sträucher und Weiden war von unbekannter Intensität. Pferde- und Viehherden schauten uns verdutzt an, als wir mit hoher Geschwindigkeit an ihnen vorbeirauschten. Schließlich gelangten wir zu einem breiteren Flußlauf. Er war beidseitig von Galeriewäldern umsäumt. Zwischendurch gab es Sandbänke auf denen sich Schildkröten und Krokodile sonnten. Von den Baumwipfeln blickten Störche, Reiher, Ibisse und andere Vogelarten auf uns herab. Den größten, den wir sahen, lies sogar den Storch winzig erscheinen. Die Einheimischen nannten ihn Soldado. Leguane ließen sich bei unserem Nahen aus den Bäumen fallen und schwammen panikartig davon. Scheue Capybara-Familien flüchteten in das dichte Ufergestrüpp. Unvermittelt tauchte ein großes Ungetüm neben uns auf. Aus einem wurden mehrere, die mal hier und da aus dem Wasser sprangen. Sie besaßen eine rosa bis graue Färbung. Es war eine seltene Art von Süswasseredelphinen. Nun verstand ich die Euphorie der Zoologen. Einmal sahen wir am Ufer das Gerippe eines verendeten Stück Viehs. Woran es starb, konnten wir nur ahnen. Raubtiere gab es zur Genüge. Dies zeigte sich, als wir an einer Stelle ein Stück Fleisch am Angelhaken ins Wasser tauchten. In Sekundenschnelle hing ein zappelnder, farbenprächtiger Fisch daran. Ein Pyrania mit messerscharfen Zähnen. Hier wimmelte es davon. Trotz der drückenden Hitze verging uns die Lust am Baden. Womöglich wäre sonst nur noch ein Gerippe von uns geblieben.

Unscheinbare Gefahr

Auf der Farm überraschte mich Guy mit der Frage: „Gibt es hier eine künstliche Besamungsstation."

„Ich glaube schon. Der Verwalter wird uns dies sagen können. Wieso fragst du?"

Darauf hin erwiderte er: „Falls es eine gäbe, dann befänden sich dort in flüssigem Stickstoff eingefrorene Samen von Zuchtbullen."

Verdutzt fragte ich ihn, warum er daran interessiert sei. „Nun, wie du weißt, habe ich eine sehr sonnenempfindliche Haut. Ich habe an mir verdächtige Hautstellen entdeckt, die unbehandelt zu Hautkrebs führen könnten."

„Woher weißt du das?"

„Ich bin bereits mehrmals von Spezialisten behandelt und darüber aufgeklärt worden. Mit flüssigen Stickstoff könnte ich mich jetzt selbst behandeln, anstatt in dieser abgelegenen Welt einen Arzt zu suchen."

Der Verwalter bestätigte, daß es auf der Farm eine solche Station gab und beschrieb den Weg dorthin. Die Ort lag einsam und verlassen im Llanos. In einem verschlossen Schrank fanden wir große Thermosbehälter. Guy kannte sich damit aus, weil er einmal auf einer ähnlichen Farm gearbeitet hatte. Er öffnete den Behälter, befestigte einen Wattebausch an einem langen dünnen Draht und tauchte ihn in den dampfenden Stickstoff. Dann gab er mir den Draht und bat mich, das Ende mit dem Wattebausch an die betroffenen Stellen zu drücken. Sie erschienen gerötet und lagen an Schläfe und Schulter.

„Das muß höllisch weh tun", meinte ich.

„Das tut es auch. Aber nur kurz. Normalerweise verheilt die Wunde schnell."

Dieser Vorfall zeigte, welch Schaden wir der Haut antun, wenn wir uns ungeschützt unter freiem Himmel aufhalten. Für Fahrtensegler ist ein guter Sonnenschutz lebensnotwendig. Besonders in den Tropen sind Sonnencreme mit hohem Schutzfaktor, langärmlige Hemden und Sonnenhut ein Muß. Die Sonne, beziehungsweise die UV-Strahlen, sind eine Gefahr, die wir Segler meist unterschätzen.

Dann kam der Tag des Abschieds. Guy nahm seinen Rucksack und bestieg einen Bus in Richtung der Anden. Die Seefahrt hatte uns zusammengebracht. Aber nun trennte sie uns auch wieder. Würden wir uns je wiedersehen? Keiner von uns konnte dies am Tage des Abschieds sagen. Eines war jedoch klar. Die Erinnerung an die gemeinsamen Abenteuer würde uns lebenslang binden.

Ausflug mit Hürden

In Puerto Cabello gab es große Wiedersehensfreude. Peter und seine Freundin Coco waren mit ihrem Katamaran eingetroffen. Sie, Anna und Greg sehnten sich nach Abwechslung. Marianella hatte die richtige Idee:

„Fahrt doch zu dem Wasserfall in den Bergen. Der Platz ist phantastisch zum Baden."

Spontan packten wir unsere Badesachen zusammen und begaben uns zu siebt auf den Weg. Marianella konnte uns leider nicht begleiten, da sie in der Schule unterrichten mußte. Sicher hätte sie uns einige Hürden erspart. Anna wurde von ihr instruiert. Sie führte uns zur Bushaltestelle, wo wir unter viel Hektik einen überfüllten Bus bestiegen.

„Ja, ja der fährt in die gewünschte Richtung", hieß es.

Eine halbe Stunde später nachdem wir ganz Puerto Cabello umrundet hatten, landeten wir dort, wo unsere Reise begann, vor dem Yachthafen. Noch lachten wir über unser Mißgeschick. Im zweiten Anlauf wählten wir eine Art Taxiservice. Mit annähernd zwanzig Leuten quetschten wir uns auf die Ladefläche eines völlig überladenen Jeeps. Die Richtung stimmte. Aber kaum hatten wir die Stadtgrenze erreicht, fing der Motor an zu stottern und verstarb. Eine Traube von Menschen drängte sich um den Wagen, in der Hoffnung ihn mit Tricks wieder zum Leben zu erwecken. Dann versuchten wir die Karre anzuschieben, bis uns die Zungen aus dem Hals hingen.

„Wir brauchen ein neues Taxi", stellten wir schließlich fest.

Das Glück war mit uns. Ein Taxi erschien. Anna beschwor den Fahrer uns alle auf einmal mitzunehmen. Er zögerte, willigte dann aber bei dem Wort Sonderzuschlag ein. Wiederum mußten wir uns quetschen. Drei Kilometer weiter blieben wir mit qualmenden Reifen liegen. Wir hatten den alten amerikanischen Wagen so überladen, daß die Karosserie auf den Reifen schliff. Immerhin waren wir zu der Kreuzung gekommen, von wo aus die Bergstraße zum Wasserfall führte. Zum Glück hielt ein Lieferwagen, der uns auf seiner Pritsche mitnahm. Nach einer steilen, kurvenreichen Fahrt durch den Dschungel, erreichten wir den Fluß. Zu Fuß mußten wir eine wacklige Hängebrücke überqueren. Dann lagen nur noch einige Kilometer Feldweg bis zum Ziel. Unsere Stimmung sank langsam auf den Nullpunkt. Ein Wunder, daß in diesem Moment ein Personenwagen hielt und uns allesamt mitfahren lies. Der gutherzige Mann war Missionar. In der kurzen Zeit, die wir mit ihm fuhren, erzählte er uns von seiner Arbeit. Erschöpft und bekehrt erreichten wir schließlich die Wasserfälle. Die Natur und das kühle klare Wasser belohnten uns für die Strapazen. Wir blieben ewig im Wasser, da wir uns vor der Rückfahrt fürchteten. Brauchten wir auf der Hinfahrt fünf Fahrzeuge, war es auf der Heimfahrt nur noch eines.

Greg bemerkte nach unserer Rückkehr an Bord: „Jetzt weiß ich, warum Fahrtensegler ungern an Land reisen."

Der Dieb

Irgendwann kam der Tag an dem unsere Kassen leer waren. Wir brauchten Bargeld zum Bezahlen des Liegeplatzes und für Proviant. Dies erwähnte ich, als wir mit unseren Freunden Peter und Coco zusammensaßen.

„Wir müssen auch Geld abheben", sagte Peter.

Ich klagte: „Das letzte Mal haben die mir auf der Bank den Stapel Geld vor den Augen der anderen Kunden ausgezahlt. Wegen all der Warnungen vor Kriminalität, habe ich dann auf dem Rückweg zur Yacht Blut und Wasser geschwitzt."

„Warum gehen wir nicht gemeinsam zur Bank. Ich stecke dann meinen Revolver ein", schlug Peter vor.

Am nächsten Tag wanderten wir zwei, in Begleitung von Coco und Greg, zur Bank. Wegen der Entwertung, kam das Wechselgeld für einhundert Dollar in Stapeln. Wiederum wurde diese, für Venezolaner immense Summe, vor aller Augen ausgezahlt. Peter steckte sich sein Geld in die Shorts. Da sie eng war und zudem auch seine Pistole enthielt, konnte er dann kaum noch gehen.

Greg, der sich über unsere Sicherheitsvorkehrungen amüsiert hatte, erwischte es dann aus heiterem Himmel. Wir kamen vom Einkaufen. In beiden Händen trugen wir gefüllte Einkaufstüten. Greg lief vor mir auf dem Bürgersteig. Plötzlich fuhr ein von hinten kommender Fahrradfahrer ganz knapp an uns vorbei, bremste abrupt, rempelte Greg an und raste davon. Greg schrie, „verdammt, meine Uhr", lies seine Tüten fallen und rannte hinter ihm her. Auch ich nahm die Verfolgung auf. Das war ein Fehler, denn zu Fuß hatten wir keine Chance das Fahrrad einzuholen. Die Straßen waren voller Passanten. Aber keiner wagte es, den Dieb anzuhalten. Als wir zu dem Ort zurückkehrten, an dem wir die Tüten hatten fallen lassen, fehlte die Hälfte unserer Einkäufe. Alle lächelten und keiner wollte etwas gesehen haben. Der Dieb hatte Gregs wertvolle Taucheruhr gestohlen.

Aufgebracht sagte er: „Ich bin mir sicher, es war derjenige, der mich heute nach der Uhrzeit gefragt hat. Wahrscheinlich wollte er nur sehen, ob es sich lohnt die Uhr zu stehlen."

Notstand

Aus familiären Gründen mußte ich für einen Monat nach Europa reisen. *Ryusei* wollte ich während meiner Abwesenheit nicht in Venezuela lassen. Daher segelten wir nach Bonaire zurück. Anschließend planten wir nach Puerto Cabello zurückkehren, um dort Weihnachten zu verbringen und im Marinehafen *Ryusei* für Wartungsarbeiten zu slippen. Auch wollte ich Anna wiedersehen, denn sie hatte beschlossen, in Venezuela zu bleiben. Wegen des Kostenniveaus in Bonaire, bunkerten wir vor der Abreise alle nötigen Flüssigkeiten. Das hieß im Klartext: Treibstoffe, Rum und Bier. Guys Platz wurde vorübergehend von Gregs Freundin Amy eingenommen. Sie kannten sich aus der Zeit, als Greg in Maine seine Lehre als Bootsbauer absolvierte. Bei meiner Rückkehr aus Europa mußte ich feststellen, daß ihre alte Liebe wieder Feuer gefangen hatte. Ein sicherer Beweis dafür war Gregs Werben für die Destination Maine, woher Amy stammte. Mit Beschreibungen über dieses Segelrevier machte er mir den Mund wässerig.

In der Marina von Bonaire wartete einen Überraschung auf mich. Unser Freund, Mike Johnson mit seiner Segelyacht ‚Aisa' lag im Hafen. Wir kannten uns aus Südafrika. Außerdem hatte sich ‚Yu-U' eingefunden. Besseres konnte uns im Augenblick nicht passieren. Ein unvorhergesehenes Ereignis verlangte nämlich die Hilfe von trinkfesten Freunden.

Nach meiner Ankunft wandte sich Greg an mich: „Ralph, wir haben da ein kleines Problem."

„Was ist los? Hast du deine Freundin geschwängert?" fragte ich voreilig.

„Nein, es ist schlimmer."

„Komm, spann mich nicht auf die Folter!"

„Schau dir das mal an."

Dann öffnete Greg die Bodenbretter, unter denen unser Biervorrat für die nächsten Monate verstaut war. Ein säuerlicher Bierdunst schlug mir entgegen.

„Das riecht ja wie in einer Brauerei. Aber Gott sei Dank habt ihr nicht alles weggesoffen", stellte ich befriedigt fest.

Greg antwortete jedoch: „Nimm doch mal bitte eines der Six-packs heraus."

Ich griff zu und stellte mit Verwunderung fest, daß die ungeöffneten Dosen federleicht waren.

„Was ist denn da passiert?"

„Ich vermute das Bier ist wegen Korrosion der Dosen ausgelaufen. Es müssen winzige Risse sein, denn mit dem bloßen Auge, kann ich sie nicht sehen."

Eine Inventur zeigte, daß die Hälfte unseres venezolanischen Biers in die Bilge gelaufen war.

„Die Kakerlaken feiern da unten sicher ein Freudenfest", stellte ich belustigt fest. „Was machen wir nun?"

Greg wußte die Lösung: „Dumme Frage. Am besten wir rufen den Notstand aus, trommeln unsere Freunde zusammen und machen kurzen Prozeß, bevor der Rest verschwindet."

Unser Notstand machte Furore. Wir konnten nicht über fehlende Hilfsbereitschaft klagen. Schon gar nicht bei den Fahrtenseglern.

‚Aisas' Wunderwaffe

In ‚Aisas' schummriger Kajüte erzählte uns Mike von seinen Abenteuern. Er war nach uns von Kapstadt aufgebrochen und dann den Amazonas hinaufgesegelt, bevor er in die Karibik kam. Nun befand er sich auf der Rückreise in die Vereinigten Staaten. In Curaçao wollte er vorübergehend sein Schiff an Land parken. Als ich von unserem Plan berichtete, Kolumbien und Zentralamerika zu besuchen, fragte mich Mike:

„Braucht ihr nicht zufällig eine Waffe? So viel ich weiß sind die Länder, die ihr besuchen wollt, sehr unsicher."

„Bisher langten uns Harpune und Signalpistole."

Aber Mike insistierte: „Ich habe etwas geeignetes für euch. Es ist ein südafrikanisches Schrotgewehr, daß ich mir für die Tour in den Amazonas gekauft hatte. Leider ist es eine Art von Waffe, die ich nach dem neuen Gesetz nicht in die Vereinigten Staaten einführen darf."

„Ein Schrotgewehr ist doch nichts besonders", antwortete ich.

„Das zeige ich dir gleich."

Mike verschwand in seine Kabine und kam mit einer kleinen schwarzen Sporttasche zurück. Was er daraus hervorzog, verschlug uns die Sprache. Die Waffe sah aus wie eine Maschinengewehr Al Capones. Es war ein 12-schüssiges, Kaliber-12-Schrotgewehr mit ausklappbarem Schaft, daß nach dem Revolverprinzip arbeitete. Die Waffe besaß eine große Munitionstrommel und funktionierte halbautomatisch.

„Diese Waffe gehört bei uns in die Kategorie ‚Assault Weapon', und solche Waffen sind neuerdings für Privatleute verboten. Ich habe glücklicherweise bisher keinen Schuß abgeben brauchen."

„Zeig mir doch einmal die Betriebsanleitung", bat ich.

Schon die ersten Zeilen der technischen Beschreibung überzeugten mich.
Da stand: Shotgun type: PROTECTOR / specially designed for use in confined spaces / ideal family protection weapon / etc.

Nach kurzer Verhandlung wurden wir Besitzer der PROTECTOR und einem Sack voll Munition.

„Gangster und Piraten werden bei uns nichts mehr zu lachen haben,“ prophezeite ich.

Am gleichen Tag segelten wir gemeinsam mit ‚Aisa‘ nach Bonaire.

Imperial Poona Yacht Club

Eine ungewohnte Skyline empfing uns. Anstelle von Palmen sahen wir Schornsteine. Sie gehörten zu Curaçaos Raffinerien. Petrochemie und der Schiffsbau stellen die Haupteinnahmequellen dieser Insel dar. Curaçao ist etwa doppelt so groß wie Bonaire. Die einheimische Bevölkerung spricht eine Mischung aus Niederländisch, Spanisch und Portugiesisch, genannt Papiamento. Eine ungewöhnliche Schwimmbrücke, versperrte uns die Einfahrt in den Hafen. Bis sie geöffnet wurde, trieben wir vor der imposanten Häuserzeile von Willemstadt.

Auf die holländische Architektur deutend, stellte ich fest:

„Ich habe Asien verlassen, um nach Europa zu segeln. Und jetzt, obwohl wir noch weit vom Ziel sind, kommt es mir vor, als seien wir bereits da.“

Gemeinsam mit ‚Aisa‘ legten wir am Pier der Werft von Curaçao an. Wir lagen unter dem Bug eines Frachtschiffes und weit über uns schwebte der Ausleger eines monumentalen Werftkrans. Hier wollte Mike sein Schiff für einige Zeit an Land parken.

Wir zogen ihn ein wenig auf: „Mike, der Kran kann deine Nußschale bis über die Wolken heben. Dann wirst du als Luftschiffer in die Geschichte eingehen.“

Aber Mike war es nicht zum Lachen. Wir glaubten sogar, Sorgenfalten auf seinem Gesicht zu erkennen. Und das bei einem Seefahrer, der bereits zweimal unter Segeln das Kap Horn umrundet hatte.

„Inklusive Kap Horn habe ich die fünf wichtigsten Horne dieser Welt umsegelt“, erzählte er uns einmal stolz.

Die seglerischen Leistungen hatten Mike die Mitgliedschaft des ältesten Segelclubs der Welt, dem ‚Royal Cork Yacht Club‘ in Irland und der Kap Horn Gesellschaft eingebracht. Eines abends, beim Fachsimpeln über verschiedene Rumsorten in ‚Aisas‘ heimeliger Kajüte, sagte er: „Wie ihr wißt, bin ich auch Mitglied eines sehr obskuren Yachtclubs. Es ist der ‚Imperial Poona Yacht Club‘.“

„Und was ist das Besondere daran?“, fragte Greg.

„Trinkt erst einmal euer Rumglas aus. Dann erzähle ich euch mehr.“, erwiderte er mit einem Schmunzeln.

Schließlich fuhr er fort: „Erstens, ist es der erlauchteste Klub aller Zeiten, denn er ist nicht königlich, sondern sogar kaiserlich.“

„Genau das richtige für unsere Kragenweite", unterbrach ich ihn.

„Zweitens, erfüllen wir eine besondere Mission."

Seine Mine verhieß Geheimnisvolles.

„Komm, spann uns nicht auf die Folter. Was für eine Mission?" fragte ich ungeduldig.

Wiederum kam eine kleine Rumeinlage. Dann erfuhren wir, was Mike im Schilde führte.

„Der ‚Imperial Poona Yacht Club' beschäftigt sich mit der Forschung um die Ursprünge des Rums."

Zu mir gewandt fuhr er fort: „Nun, ich kenne dich und Greg seit Durban in Südafrika. Schon damals ist mir eure Kollektion an Rumsorten aufgefallen. Jetzt habt ihr sogar eine noch größere Kollektion an Bord. Dies und die Tatsache, daß ihr Segler mit dem richtigen Humor seid, hat mich überzeugt euch in den erlauchten Kreis des Clubs aufzunehmen. Meine Mitgliedschaft kam mit dem Recht, Ehrenmitglieder zu ernennen."

„Und welche Verpflichtungen sind damit verbunden?" fragte ich besorgt.

„Fast keine, denn Mitgliederversammlungen gibt es nur, mit dem Sinn und Zweck Rumsorten zu degustieren. Ihr müßt nur die Aufnahmezeremonie überstehen."

Diese bestand darin, eine größere Anzahl von Rumsorten zu testen und darüber nach angestammten Brauch, Protokoll zu führen. Das Protokoll sollte unsere Beschreibung zur Qualität sowie eine Bewertung nach einem Punktsystem enthalten. Im Gegensatz zu Wein, besitzt Rum schon in kleinen Mengen eine umhauende Wirkung. Die Degustation und das Protokoll bekamen wir gerade noch hin, bevor einer nach dem anderen im Tiefrausch niedersank. Wir überlebten. Mike übergab uns feierlich die Mitgliedskarten und einen Reihe von Kopien zur Authentizität des Klubs. Sie bestanden hauptsächlich aus Protokollen von vorangegangenen ‚Rum-Tasting-Ceremonies'. Die Klubfahne ist gelb, dreieckig und hat drei schwarze Punkte im Zentrum. Sie ähnelt fast dem Abzeichen für Blinde.

„Eine treffend gewählte Clubfahne", fanden Greg und ich.

Aufsehen an der Theke

Bevor wir nach Venezuela zurückkehrten, machten wir Station an Curaçaos beliebtestem Ankerplatz, Spanish Waters. In dieser geschützten Lagune befand sich einer der gemütlichsten Marinas, die ich je erlebt hatte. Sarifundi Marina, beziehungsweise deren Klubhaus, daß auf Pfählen über dem Wasser stand, war das Wohnzimmer der Fahrtensegler. Was wir in Willemstadt versäumt hatten, holten wir hier nach, das Einklarieren. Der verantwortliche Offizier vom Zoll suchte uns im ‚Wohnzimmer‘ auf. Freundlich fragte er, ob wir Waffen zu deklarieren hätten. Wahrheitsgetreu bejahte ich dieses.

„Wir müssen die Waffe für die Dauer ihres Aufenthaltes in Verwahrung nehmen", sagte er.

Also holte ich unsere ‚Protector‘ vom Schiff. Wir standen an der vollbesetzten Bar des Klubhauses, als der Offizier darum bat, die Waffe auszupakken.

„Hier in aller Öffentlichkeit? Meinen sie das im Ernst?" fragte ich ihn.

„Ja, bitte", antwortet er bestimmt.

Greg stand neben mir und schaute amüsiert zu. Er ahnte, was nun kommen würde. Ich öffnete die unscheinbare Sporttasche und legte unsere schrecklich ausschauende Waffe auf die Theke. Dazu kamen 130 Schuß Munition. Gespräche verebbten und augenblicklich waren wir von neugierigen Fahrtenseglern umringt. So eine Waffe hatte noch niemand gesehen. Alle schienen schockiert, daß einer ihrer Kaste so etwas besaß. Der Offizier genoß es, im Zentrum der Aufmerksamkeit zu sein und ließ sich viel Zeit bei der Inspektion. Dann packte er alle Munitionsschachteln aus, und fing an zu zählen. Am liebsten wäre ich im Erdboden versunken. Greg verzog sich zum entferntesten Teil des Lokals.

Ich schwor mir, von dem Tag an, nie wieder meine Waffe zu deklarieren. Erstens fehlte die Waffe, wenn man sie brauchen würde, und zweitens wollte ich diese peinliche Situation nicht nochmals erleben.

Venezuela - Letzter Akt

Den beständigen Winden der Karibik verdankten wir eine schnelle Rückreise nach Puerto Cabello. Drei Damen gaben uns eine überschwenglichen Empfang. Es waren Anna, Marianalla und deren Freundin Cherill. Die Rückkehr ins Paradies hätte nicht besser sein können. Am nächsten Tag besuchten wir den Marinehafen, wo *Ryusei* und ‚Borracho‘ geslippt werden sollten. Marianella wollte dies für uns organisieren, da sie gute Kontakte zur Marine besaß. Der verantwortliche Offizier verdrehte seine Augen, als er uns in sein Büro stürmen sah. Das Gespräch verlief enttäuschend.

„Wann glauben sie, daß wir die Yachten slippen können?"

„Tja, da haben wir noch ein kleines Problem. Der für die Yachten vorgesehene Platz muß noch leergeräumt werden", antwortete er.

Aber Marianella lies nicht locker. Schließlich gab er uns versuchsweise einen Termin für den 24. November." Zweifelnd verließen wir den Ort.

Das Wochenende stand bevor. Dies sind die Tage an denen die Venezolaner aufleben. Marianella war in Hochstimmung, da Shawn, ihr Freund aus Amerika, zu Besuch gekommen war. Für Samstag lud sie uns auf eine kleine Rundfahrt ein. Ziel der Fahrt war es, einige Kälber für die Farm ihrer Eltern zu kaufen. Als der Tag sich zu Ende neigte, besaßen wir zwar keine Kälber aber dafür eine Farm. Shawn und Anna hatten vereinbart, eine vier Hektar große Plantage für Zitrusfrüchte inklusive Haus mit Elektrik und Wasser für US$ 5.000,-- zu kaufen.

„Bei uns zu Hause bekäme man für diesen Preis noch nicht einmal einen Wagen", bemerkten wir.

Sonntag war der Tag der Apokalypse. Ich lud Marianella, ihre Freunde und Anna auf eine Tour zur Isla Grande ein. Auf dem Strand von dieser Insel traf sich ganz Puerto Cabello. Hunderte von Motorbooten dümpelten im Wasser. Farbige Sonnenschirme schmückten das Ufer. Hier bekamen wir einen Vorstellung über die Lebensfreude der Lateinamerikaner. Welch ein Kontrast zum Leben in Asien. Dies ist es, was ich dort vermißte. Der Strand war der Spielplatz für Jung und Alt. Sonne, Musik und Tanz ließen auch die Ältesten wieder jung werden. Der Alkohol tat das übrige. Hemmungslos nahmen wir an dem Trubel teil. Am Nachmittag zog ein Gewitter auf. Eilends packten wir unsere Sachen, setzten zur Yacht über und gingen unter Motorkraft auf Heimatkurs. Im Nu wurde es dunkel und der Regen prasselte herab. Greg übernahm das Kommando, da der Kapitän seine Gäste zu versorgen hatte. Es gibt Anlässe, die den Geist eines Mannes zum Stillstand kommen lassen. Cherill, eine bildhübsche Venezolanerin gab Anlaß. Sie war unter Deck, als ich Getränke aus dem Kühlschrank holte. Im Dunkel der Kabine drückte sie sich plötzlich an mich und gab mir einen leidenschaftlichen Kuß. Draußen blitzte und donnerte es. Da es an Bord einer Yacht an Privatsphäre mangelt, war natürlich niemanden unsere Abwesenheit entgangen. Daraus resultierten Konflikte. Mein Ruf war ramponiert und die Atmosphäre vergiftet. Als dann noch die Marine das Ausslippen der Segelyacht um einen weiteren Monat verschieben wollte, fiel die Entscheidung: Abreise!

KOLUMBIEN

Piratenfieber

In der Karibik sind die Winde für Segelschiffe ideal. Wir profitierten davon, als wir Venezuela verließen. Die Routine setzte schnell ein. Doch das Segeln wurde anstrengender, da uns der dritte Mann fehlte. Daher beschlossen wir, eine Nacht im Hafen von Aruba zu ankern, bevor es auf die lange Etappe nach Cartagena ging.

„Bevor sie ankern, müssen wir ihre Papiere prüfen. Bitte legen sie am Pier an", verlangte der Hafenmeister über Funk.

Widerwillig folgten wir seiner Anweisung. Passanten halfen uns, *Ryuseis* Leinen am hohen Pier zu belegen. Bevor wir uns weiter darum kümmern konnten, sprang ein Zollbeamter an Bord. Er war in Eile, verlangte die Schiffsdokumente und wollte, daß wir seine Formulare sofort ausfüllten. In diesem Moment verließ ein Hochseeschlepper unter voller Fahrt den Hafen. *Ryusei* wurde von seiner Heckwelle erfaßt. Dann spürten wir einen scharfen Ruck und hörten das Geräusch brechenden Holzes. In der Eile hatten wir es leider verpaßt, den Festmachern mehr Spiel zu geben. Die Welle hatte das Schiff absacken lassen. Dabei riß der Festmacher unsere Heckreling mitsamt Auge aus dem Deck.

„Dies alles wegen des verdammten Behördenkrams", fluchte ich.

Am liebsten hätte ich den Zöllner über Bord geworfen. Aber dies hätte wohl das Ende unserer Reise bedeutet. So schnell wir konnten, erledigten wir die restlichen Formalitäten, legten ab und ankerten abseits vom Hafen.

„Endlich können wir ausschlafen!" bemerkte mein Freund, bevor wir in die Kojen verschwanden.

Die Ruhe war uns leider nicht vergönnt, denn unwissend hatten wir neben dem Flughafen geankert.

In der folgenden Nacht passierten wir den Golf von Maracaibo. Während Gregs Wache bedrängten uns einige Frachtschiffe und Tanker. Einmal konnten wir der Kollision nur noch entgehen, indem wir wendeten und mit Hilfe des Motors das Weite suchten. Der Schiffsverkehr legte sich, als wir Punta de Gallinas hinter uns ließen. Wir befanden uns jetzt in den piraten-verseuchten Gewässern Kolumbiens.

Zur Vorbereitung hatten wir, auf hoher See, ein Übungsschießen veran-staltet.

„Wenn wir schon eine Waffe an Bord haben, dann müssen wir auch damit umgehen können", fand ich. „Besonders wenn Piraten die Gegend verunsichern."

Es wurde zu einer Art Tontaubenschießen auf Bierdosen. Einer stand mit der geladenen Waffe am Mast, während der andere eine, halb mit Wasser gefüllte, Bierdose in die Luft warf. Diese mußte nicht nur getroffen, sondern auch versenkt werden. Der Lärm von zehn hintereinander explodierenden Schrotpatronen war ohrenbetäubend. Innerhalb kürzester Zeit hatten wir die Hälfte des Munitionsvorrats verschossen. Wie zuvor im Südchinesischen Meer, segelten wir nachts ohne Navigationsbeleuchtung und hielten einen 15 Meilen Sicherheitsabstand von der Küste.

Inklusive des Aufenthalts auf Aruba brauchten wir für die 555 Seemeilen von Puerto Cabello nach Cartagena fünf Tage. Am Nachmittag des dritten Tages endete der gemütliche Teil der Seereise. Der achterliche Wind nahm zu und erreichte gegen Abend 30 Knoten. Da die Wellen schräg von hinten kamen, und wir versäumt hatten, rechtzeitig die Segel zu reffen wurde es ungemütlich. *Ryusei* rollte schwer, und nur mit größter Mühe konnten wir das Schiff auf Kurs halten. Erst strichen wir das Großsegel. Doch in der Nacht nahm der Wind und der Seegang weiter zu. Die Genua reduzierten wir zu einem kleinen Dreieck und steuerten den stabileren Raumwindkurs. Die vom Seegang verursachten Beschleunigungskräfte, glichen denen einer Achterbahnfahrt. Der Unterschied war nur, daß die Fahrt in einer Achterbahn höchstens fünf Minuten dauert.

Mitten in der Nacht erfaßte uns plötzlich eine starke Böe. Zeitgleich veränderte sich die Qualität der Luft. Sie erschien warm und enthielt den intensivsten Fichtenduft, den ich je wahrgenommen habe. Im Dunkel der Nacht kam es mir sogar vor, als hätte die Luft Farben. Die Phantasie kreierte das Bild einer Bergwelt mit Nadelbäumen. In der Morgendämmerung wurde aus der Phantasie ein wenig Realität. Am südöstlichen Himmel, da wo eigentlich Wolken sein sollten, sahen wir schemenhaft die Umrisse eines gewaltigen Gebirgszuges. Die Sierra Nevada de Santa Martha steigt aus den Tiefen der Karibik bis auf 5.800 Meter Höhe. An keiner Küste der Welt gibt es Vergleichbares. Die duftgeladenen Böen waren ein Gruß des Gebirges.

Im Laufe des Tages beruhigte sich das Wetter. Dafür änderte sich aber die Färbung des Wassers. Anstelle des klaren, blauen umgab uns plötzlich ein schlammiges Gewässer, auf dessen Oberfläche, Baumstämme, Sträucher, Gräser und Abfall trieben. Wir befanden uns im Mündungsgebiet des Rio Magdalenas, einem Fluß der sich über eine Distanz von tausend Kilometern von den Anden zum Meer schlängelt.

Als wir endlich die Mündung von Cartagenas berühmter Lagune erreichten, war es bereits dunkel. Erschöpft von der langen Reise, sehnten wir uns nach einer geruhsamen Nacht. Daher brachen wir unseren Vorsatz, nie wieder einen unbekannten Hafen bei Nacht anzulaufen. Wir hatten keine Lust, die ganze Nacht vor der Küste auf- und abzukreuzen.

Auch Greg meinte: „Warum nicht? Die Fahrrinne ist doch mit Leuchtbojen markiert und außerdem besitzen wir alle notwendigen Navigationsinstrumente."

Es wurde ein waghalsiges Unterfangen, denn der niedrige Blickpunkt, das schwankende Schiff und das Lichtermeer Cartagenas im Hintergrund, erschwerten das Erkennen der Leuchtbojen. Im Innern der ersten Lagune tasteten wir uns mit dem Echolot zu einer seichten Stelle und ankerten. Dann schalteten wir das Ankerlicht ein und sanken in die Kojen.

Ein malerischer Morgen begrüßte uns. Die See war spiegelglatt und die diesige Luft hatte einen rötlichen Schein. Ein Fort, das ursprünglich zur Verteidigung Cartagenas gedient hatte, lag in Sichtweite. Neben uns dümpelte ein Einbaum. Darin saß ein älterer Mann und betrachtete sich neugierig unsere Yacht. Sobald er mich sah, kam er längsseits und fragte auf spanisch, ob er nicht etwas Brot haben könne. Leider war es uns während der Reise ausgegangen. Daher gab ich ihm eine Schachtel Kekse und Limonade.

„Seid ihr denn verrückt geworden?", waren die ersten Worte, die wir in der Marina von Cartagena hörten. Defensiv antwortete ich:

„Wieso, was kann denn daran falsch sein, in der Lagune von Cartagena zu ankern?"

„Dies ist in Kolumbien einer der berüchtigtsten Plätze für Piraten. Die Bewohner des benachbarten Dorfes überfallen jeden Fremden, der sich ihnen nähert."

Greg und ich schauten uns grinsend an. Womöglich konnte er meine Gedanken lesen: Wer auch immer etwas Böses im Schilde führte, muß geahnt haben, daß wir eine ‚Protector' an Bord hatten. Sie lag in dieser Nacht geladen neben meinem Kopfkissen. Trotzdem wurde mir mulmig, als ich anschließend folgendes las:

„Cartagena liegt auf einer Art von Insel umgeben von Sümpfen, Binnenseen und Meer. Die Annäherung per Schiff ist wegen der Enge der Einfahrt und der Untiefen heimtückisch. Wer es schafft, gelangt zur ersten von vier voneinander getrennten Buchten. Am Ende der letzten Lagune erheben sich die Zinnen und uneinnehmbaren Befestigungsanlagen Cartagenas."

Cartagena

Nirgendwo sonst in der Neuen Welt, hat sich architektonisch das Bild einer Stadt aus der spanischen Kolonialzeit so vollkommen erhalten wie in Cartagena. Sie gilt als schönste und älteste Stadt Südamerikas. Hinter den schweren Befestigungsmauern verbergen sich schmale gewundene Gassen, Paläste, Kirchen, Klöster, Plätze, große Stadthäuser mit überhängenden Balkonen, schattige Hinterhöfe und verwunschene Gärten. Für die Spanier war hier der wichtigste Umschlagplatz der in Lateinamerka erbeuteten Schätze. Angriffe von Piraten und englischen Kaperflotten führten dazu, daß die Stadt eine gewaltige Befestigung erhielt. Von San Felipe, Cartagenas größten Festung genossen wir einen schönen Rundblick. Hier hatte ein Mann namens Blas de Lezo, einen bemerkenswerten Sieg errungen. Im Jahre 1741 griff eine übermächtige britische Flotte mit 170 Schiffen und 28.000 Mann an. Die Flotte sei sogar größer gewesen, als die Armada, mit der die Spanier England erobern wollten. Blas de Lezo, der einäugige, einbeinige und einarmige General Cartagenas war kampferprobt, wie seine Blessuren bewiesen. Aber er besaß auch das Glück, das die Natur auf seiner Seite kämpfte, denn die meisten seiner Gegner wurden durch Tropenkrankheiten dahingerafft.

Eine dreiviertel Millionen Menschen aller Farbschattierungen leben heute in Cartagena. Die dunklen Hautfarben überwiegen und geben Zeugnis für eines der traurigsten Kapitel unserer Geschichte: dem Sklavenhandel.

Eine von Cartagenas Festungen.

Norman, der Besitzer des Yachtklubs beruhigte uns. „Hier habt ihr nichts zu befürchten. Meine Leute sorgen für Sicherheit. Besonders bei Nacht. Wenn sich ein Verdächtiger den in unserem Bereich liegenden Booten nähert, werden von meinen Wachmännern Leuchtkugeln in die Luft geschossen. Dann erhalten wir sofort Unterstützung von der Marine, die gegenüber der Lagune stationiert ist. Der Yachtklub galt als sichere Enklave für Fahrtensegler. Daher auch die große Anzahl von besuchenden Yachten.

Mit Glück erhielten wir einen Liegeplatz am provisorischen Steg. Die Behörden hatten die Verlängerung der Stege verboten. Norman fand dafür eine typisch lateinamerikanische Lösung. Er versenkte ein altes Segelschiff. Das Deck blieb gerade noch über Wasser und bildete somit eine Verlängerung des Steges. An diesem Wrack legten wir so an, daß wir die Reparaturen an unserem Heck durchführen konnten. Meine einzige Sorge in Cartagena galt einem unscheinbaren Feind. Den Holzwürmern namens Toredo. Das Wrack des Holzschiffes war von ihnen zerfressen. Selbst vor Teakholz machten die Würmer nicht halt. Dabei zählt Teak, aus dem *Ryuseis* Rumpf besteht, zu den resistentesten Holzarten gegen Wurmbefall.

Die vielen Segelyachten machten Cartagena zum Ort für Begegnungen. Hier lernten wir Jack mit seiner Yacht ‚Compadre‘ kennen. Jack war Professor für Meeresbiologie an der Universität in Hawaii. Auf der Insel Réunion im Indischen Ozean wurde mir für ihn eine wissenschaftliche Studie über Wale mitgegeben.

„Und wie bitte soll ich diesen Mann finden?" fragte ich damals.

„Kein Problem; ihr Fahrtensegler lebt wie in einem kleinen Dorf. Wenn ihr in westliche Richtung segelt, werdet ihr ihn irgendwann treffen", lautete die Antwort.

Ein Jahr und etwa 10.000 Seemeilen später begegneten wir uns. So fand die Studie endlich ihr Ziel.

„Es geht doch nichts über eine Postsendung per Segelschiff", stellen wir schließlich fest.

Tollkühne Österreicher

„Ich glaube die benötigen Hilfe", bemerkte ich zu Greg, als wir mit unserem Beiboot an einer Yacht vorbeikamen. Sowohl das Schiff, als auch die zwei jungen Männer, die mit der Ankerwinde kämpften, machten einen verwilderten Eindruck. Sie versuchten gerade den Anker zu heben.

„Können wir helfen?" rief ich auf deutsch, denn die Segelketch namens ‚Think‘ war in Österreich registriert.

„Ja, wir wollen am Steg anlegen. Aber die Ankerwinde ist defekt."

Mit vereinten Kräften gelang es uns, den Anker zu heben. Anschließend halfen wir ihnen beim Anlegen. Erst dann stellten wir uns einander vor. Üblicherweise tauschen Fahrtensegler bei erster Gelegenheit ihre Geschichten aus. Michaels und Benjamins Geschichte war so sensationell, daß ich sie sinngemäß wiedergeben möchte:

Drei Freunde aus Wien beschlossen, dem tristen Leben ein Ende zu bereiten. Sie besorgten sich Zeichnungen zum Bau einer Segelyacht. Dann kündigten sie ihre Arbeitsstellen, beluden einen Container mit ihrem Hab und Gut, inklusive der nötigen Werkzeuge, Maschinen und Material zum Bau der Yacht und brachen nach Venezuela auf. Dort, auf der steuerfreien Insel Margarita, wollten sie sich ihre Segelyacht bauen, um dann auf große Fahrt zu gehen. Als Ingenieure hatten sie an alles gedacht, bis auf eines: Venezuelas korrupte Beamten. Die stellten ihren Container auf den Kopf und fanden bzw. erfanden Illegales.

Michael erzählte empört:

„Es war von Anfang an klar, daß sie sich unsere wertvollen Sachen unter den Nagel reißen wollten. Erst behaupteten sie, unsere Musikvideos enthielten Pornographie. Aber da dies noch nicht langte, um unseren Container zu beschlagnahmen, erfanden sie auch noch Drogen."

Anstatt eine hohe Summe Schmiergeld zu bezahlen, machten zwei der Freunde einen Riesenkrach, mit dem Erfolg, daß sie im Gefängnis landeten. Wochen oder Monate später kam einer von ihnen wieder frei. Ihr Projekt war geplatzt, da Michael und Benjamin nur noch einen Teil ihrer Werkzeuge aus dem Container retten konnten.

„Und wo ist der dritte von euch?" fragte ich.

Benjamin antwortete: „Wir wissen es nicht genau. Vermutlich ist er noch im Gefängnis."

Scheinbar hatten sie sich aus irgendeinem Grunde mit ihrem Freund so verkracht, daß sie nichts mehr von ihm wissen wollten.

Michael fuhr fort:

„Durch Zufall fanden wir dann im Yachthafen von Cumana eine verlassene Segelyacht. Der Besitzer war Jahre zuvor verschwunden. Wegen der unbezahlten Liegegebühren ging die Yacht in den Besitz der Marina über. So kamen wir für nur 5.000,-- Dollar an ‚Think', eine 40-Fuss-Ketch. Aber es wurde ein böses Erwachen! Bei näherer Betrachtung stellte sich heraus, daß wir einen Schrotthaufen gekauft hatten. Der Rumpf war stellenweise so verrostet, daß der Wasserstrahl eines Hochdruckreinigers langte, um die Außenhaut zu perforieren. Es halfen nur noch radikale Maßnahmen. In der Werft wollte keiner glauben, daß wir die Segelyacht reparieren könnten. Die Einheimischen nannten uns: ‚los austriacos locos' (= die verrückten Österreicher). Aber wir hatten keine Wahl. Fünf Monate lang arbeiteten wir ununterbrochen an dem Schiff. Es war eine unglaubliche Drecksarbeit. Schneiden, Schleifen, Sandstrahlen und Schweißen wurde zu unserer Hauptbeschäftigung. Wir reparierten Rahmen, Rumpf, Deck und modifizierten die Plicht mitsamt der Steueranlage. Ein Neubau hätte kaum mehr Arbeit erfordert. Zum Schluß kamen wir noch unter Zeitdruck, da die Visa nicht mehr verlängert wurden. Die Behörden drohten bereits, unsere Yacht zu konfiszieren. Daher ließen wir ‚Think‘ im halbfertigen Zustand zu Wasser, setzten notdürftig die Segel und nahmen Kurs auf Bonaire.“

Nach einer kleinen Unterbrechung fuhr Benjamin mit der Erzählung fort: „Ihr müßt wissen, daß keiner von uns Erfahrung im Segeln hatte. Wir sind Ingenieure und handelten immer nach der Devise ‚Einem Ingenieur ist nichts zu schwer‘. Für die Navigation verließen wir uns auf ein GPS, das eigentlich für Flugzeuge konzipiert war. Laut Kursberechnung hätten wir im Laufe des Tages in Bonaire eintreffen sollen. Kurz vor Morgengrauen der zweiten Nacht, änderte sich plötzlich die Charakteristik der Wellen. Irgend etwas stimmte nicht. Aber in der Dunkelheit konnte ich nichts sehen. Das nächste woran ich mich erinnere, ist ein brutaler Schlag begleitet von brechenden Wellen. Wir waren auf das östliche Riff von Aves Sotevento gelaufen, das 35 Meilen vor Bonaire liegt. Am Morgen erschien ein venezolanisches Fischerboot, das uns anbot, ‚Think‘ freizuschleppen. Aber sie verlangten mehr Geld, als wir besaßen. Während der Verhandlungen wurde die Yacht durch Gezeiten, Strömung und Wellen immer weiter auf das Riff geschoben. Dann kam die Küstenwache und verlangte, daß wir unser Schiff aufgeben. Wir weigerten uns. Zwei Jahre hatten wir für dieses Projekt gekämpft, und ‚Think‘ war nun unser letztes Habe. Zeit verging und das Meer schob unser Schiff über den ersten Teil des Riffs in ein Loch, wo es bei Flut aufschwamm. Erst jetzt realisierten wir, daß der Schiffsrumpf noch intakt war. Uns blieb keine andere Wahl. Das Schiff mußte gerettet werden. Wir haben sogar einen Videofilm von der Renovierung und der Strandungsstelle. Leider gingen uns irgendwann die Batterien aus. So können wir euch nur einen Teil der Bergungsarbeiten zeigen.“

Der Film war sensationell. Er zeigte ‚Think‘ in allen Stadien der Renovierungsarbeiten und schließlich auf dem Riff von Aves. Mit unglaublicher Zähigkeit hackten die beiden bei Ebbe mit Hammer und Meißel einen Kanal in das Riff. Mehrere Anker wurden vergraben, die über ein Flaschenzugsystem mit ‚Thinks‘ handbetriebener Ankerwinde verbunden wurden. Stahlseile und schwere Umlenkrollen hatten sie vom Wrack eines gestrandeten Frachters geborgen. Bei Flut zogen sie sich dann Tag für Tag, Meter für Meter in Richtung der Lagune hinter dem Riff.

„Es gab Tage, an denen wir das Schiff keinen Zentimeter vorwärts bekamen. Teilweise arbeiten wir den ganzen Tag bis zum Bauch im Wasser.
Ohne die Unterstützung der Seglergemeinschaft wären wir jedoch nie über
die Runden gekommen. Sie versorgten uns mit Nahrung und Trinkwasser.
Wir aßen soviel wir konnten, um uns genügend Energie für die Arbeit zu
geben. Dann erreichten wir den sandigen Bereich. Aber auch hier mußten
wir weiter graben, da das Wasser zu flach war. Zwei Monate dauerte die
mörderische Strapaze, bis ‚Think‘ endlich wieder im Wasser schwamm."

Eine Szene des Filmes blieb für mich unvergeßlich: Unser Freund
Christian war von Los Roques mit seinem alten Fischsegeltrawler ‚Martha‘
gekommen, um seine Landsmänner freizuschleppen. Eine Trosse wurde von
‚Think‘ zu ‚Martha‘ gelegt. Christian gab mit seinem Einzylindermotor Vollgas. Aber nichts bewegte sich. Jedoch pulsierten aus dem Schornstein seines
alten Schiffes kreisrunde Wolken, die wie indianische Rauchzeichen in der
Luft schwebten.

Aber damit war ‚Thinks‘ Odyssee noch nicht beendet. Auf dem Weg nach
Cartagena waren sie ein weiters Mal auf Grund gelaufen, da sie versuchten,
einen Ankerplatz bei Dämmerlicht zu erreichen. Glücklicherweise bei Ebbe.
So kamen sie wieder los. Außerdem kollidierten sie eines Nachts mit einem
Frachter. „Zwei Frachter hielten auf uns zu. Der eine von links und der
andere von rechts. Es war schwer, die Entfernung einzuschätzen. Dann
krachte es und Funken sprühten wie bei einem Feuerwerk, als wir am Rumpf
des Frachters vorbei schrubbten."

Zum Schluß stellten die beiden stolz fest: „Unser Schiff hat trotz der
Katastrophen nur wenige Schrammen davongetragen. Dies beweist die
Qualität unserer Arbeit."

Scheinbar hatten Michael und Benjamin den Geschmack am Segeln verloren. Am nächsten Tag packten die Österreicher ihre Rucksäcke und verschwanden in die Berge!

Invasion
Kein Segler in den Tropen lebt ohne sie: die Kakerlaken. Anfangs sind sie
eine Seltenheit. Aber dann nehmen sie langsam überhand und irgendwann
wird es einem zuviel. Schon früh hatten wir versucht, das Krabbelvieh unter
Kontrolle zu halten. Doch finden die Tiere immer einen Weg an Bord.
Entweder sie fliegen oder sie krabbeln über die Festmacherleinen oder sie
kommen mit Verpackungsmaterial von Nahrungsmitteln. Auf unserer Yacht
fühlten sich die Kakerlaken besonders wohl. Die unzähligen Nischen eines

Holzschiffes bieten ideale Nistplätze. Kein Mittel half. Mit frustrierendem Erfolg versuchten wir alles: Vom altbewährten Rezepten der Fahrtensegler, wie Borsäure vermischt mit Milchpulver, über ‚Harris roach pills‘, Insektenspray bis hin zur Fliegenpatsche.

Eines Tages platzte mir der Kragen. Eine Kakerlake hatte sich erdreistet, an meinem Frühstück zu naschen. Gregs Freundin Amy war zu Gast an Bord, was den Vorfall noch peinlicher machte.

„Jetzt langt es!“ rief ich aufgebracht und besorgte eine Kiste Insektenspray.

„Was hast du denn vor“, fragten Greg und Amy belustigt, als sie mich mit der Tauchausrüstung hantieren sahen.

„Ich werde die Kakerlakenbrut ein für allemal ausräuchern!“

Nachdem ich im Schiff alle Schubladen, Klappen und Behälter geöffnet hatte, machte ich die Luken dicht. Dann legte ich die Tauchausrüstung an und versprühte fünf Dosen Insektenvertilgungsmittel im Schiff. Der Gestank war so bestialisch, daß wir die folgende Nacht an Deck schlafen mußten. Aber endlich waren wir die Plage los, zeitweise zumindest, wie wir später feststellten.

Der Berg ruft

Kolumbien ist ein vielfältiges Land. Es besitzt Hochgebirge sowie Tiefländer, die an die Karibik, den Pazifik, den Amazonas und den Orinoco angrenzen. Die 35 Millionen Einwohner verdienen sich ihren Unterhalt zumeist in der Land- und Viehwirtschaft sowie im Bergbau. Kolumbiens Probleme entgingen uns nicht: Terrorismus und Drogenhandel. In Cartagena standen an jeder Ecke Sicherheitskräfte, nachdem Terroristen einen Reisebus in die Luft gesprengt hatten. Im Yachthafen gab es auch solche, die indirekt vom Drogengeschäft profitierten. Es hatte sich herumgesprochen, daß Segelyachten zu völlig überhöhten Preisen den Besitzer wechselten. Wir hörten beispielsweise von einem Franzosen, der sein Schiff für den doppelten Marktpreis verkauft hatte. Am Tag unserer Ankunft, kam uns diese Segelyacht unter Motor entgegen. Die Kolumbianer an Bord sahen eher aus wie Gangster. Uns war klar, daß sie keine Urlaubsreise unternahmen.

Auf einem der Nachbarschiffe, führte ein junger Amerikaner ein Leben in Saus und Braus. Bei ihm an Bord gab es Mädchen, Kokain und Marihuana. Einmal überraschte er uns mit einem Faultier und deklarierte:

„Darf ich euch den Urtyp aller Fahrtensegler vorstellen?“

In der Bar des Yachtclubs setzten wir das träge Tier auf den Barhocker. Es ließ sich nicht aus der Ruhe bringen. Selbst, als wir es mit einer Flasche Bier und einer Zigarette in der Klaue fotografierten. Jedoch erlebten wir dann, wie schnell sich das Faultier in die Krone eines Baumes hangelte. Dort hing es dann und blickte gelassen auf unsere hektische Welt hinab.

Ein Faultier an der Theke.

Der Schaden an *Ryuseis* Heckreling mußte repariert werden. Greg freute sich, endlich wieder seinen Beruf ausüben zu dürfen. Allerdings verbrachten wir mehrere Tage auf der Suche nach teakähnlichem Holz. Auch andere Arbeiten standen an. Holzteile wurden lackiert, das Deck gestrichen, der Diesel gewartet und unser Schlauchboot repariert.

Die Arbeit und die gärende Hitze, weckte in uns das Verlangen nach kühler Bergluft. Dabei dachten wir an das Gebirge, dessen Fichtenduft uns auf hoher See überrascht hatte. Wir brachten es auf einen kurzen Nenner: Der Berg, vielmehr die Sierra Nevada de Santa Martha ruft!

Ein Bus brachte uns von Cartagena nach Santa Martha. Von dort aus gelangten wir weiter zum Ort S. Sebastian de Rebago, wo wir am Fuße des Gebirges übernachteten. Auf der Ladefläche eines Jeeps fuhren wir dann über eine steilen und holprigen Pfad nach Nabusimake, dem höchstgelegenen Bergdorf. Die Schönheit der Gebirges ließ die Strapazen der Reise vergessen. Ein weites Hochtal mit bewaldeten Flanken empfing uns. Die Luft war klar, kühl und trocken. Genau so, wie wir es uns erträumt hatten. Am Ufer eines Gebirgsbaches bezogen wir eine strohbedeckte Hütte. Dort fühlten wir uns sofort zu Hause, da das Rauschen des Baches dem der Wellen ähnelte. Amie, Greg und ich unternahmen ausgedehnte Wanderungen. Sie wurden recht beschwerlich, da uns in über 3000 Meter Höhe die dünne Luft zusetzte. Der Duft der Wiesen und Wälder war betörend und ließen Erinnerungen an alpine Regionen in Europa wach werden. Gelegentlich begegneten wir den Indios, die dem Stamm der Arhuacos angehörten. Sie lebten in abgeschieden Hütten und bestellten ihre kargen Felder. Die Versuchung war groß, den 5.800 Meter hohen Gipfel der Sierra Nevada zu besteigen. Glücklicherweise war es verboten. Ein Indio in der Verwaltung des Reservates, erklärte den Grund:

„In der obersten Gebirgsregion leben nach dem Glauben der Indios, die Götter. Wer sie stört, fordert das Unglück heraus. Der Berg hat schon viele auf dem Gewissen."

Die Zeit drängte und am 28. Dezember, am Tage meines 38. Geburtstages waren wir klar zum Auslaufen in Richtung Panama. Aber wir hatten die Rechnung ohne Schiff gemacht. Weil ich vergaß, den Kühlschrank über Nacht auszustellen, waren nun die Batterien so weit entladen, daß wir an dem windstillen Morgen den Motor nicht starten konnten. Das Problem löste sich schnell. Wir ließen uns zum Frühstück nieder und feierten meinen Geburtstag. In der Zwischenzeit, stieg die Sonne und bestrahlte unsere sechs großen Solarpanele, die ihrerseits die Batterien aufluden. Dann konnten wir starten.

PANAMA

Vergessen

Der Grund für unsere Eile war die Ankunft einer Freundin aus Deutschland. Wir hatten uns auf einer einsamen Insel des San Blas Archipels verabredet. Die Realität bewies: ‚Das Schicksal schlägt die Eiligen'. Erst wollte der Motor nicht anspringen. Dann mußten wir motorsegeln, da der Wind streikte.

„Wie gut, daß wir genügend Wind im Motorraum haben", stellten wir befriedigt fest.

Aber dann schlug die Alarmsirene des Diesels an. Ein Blick auf die Instrumententafel genügte. Der Öldruck stand auf Null. Sofort stoppten wir die Maschine. Der Grund fand sich schnell. Die Dichtung des Ölfilters war defekt. Zum Glück besaßen wir noch einen Ersatzfilter und genügend Öl um den Motor wieder aufzufüllen.

So kam es, daß wir mit dreistündiger Verspätung die Insel Porvenir erreichten.

Ich fragte meine Begleiter: „Was wird das arme Mädchen machen, wenn sie nach 24 Stunden Flugreise von Frankfurt via New York, Miami und Panama City auf der einsamen Insel landet und uns nicht findet?"

„Mach' dir darüber keine Sorgen. Wir sind ja nur geringfügig verspätet. Sie wird schon auf uns warten."

Kaum hielt der Anker, setzten wir zur Insel über. Porvenir war eine kleine Sandinsel. Hier gab es nur ein paar Palmen, Hütten und einen Landestreifen. Wir erkundigten uns bei einem Mann, der im Schatten einer Palme döste: „Ja, das Flugzeug aus Panama City war hier zwischengelandet. Doch ihre Freundin ist mir nicht aufgefallen."

Zwei weitere Segelyachten lagen am Ankerplatz. Eines davon waren überraschenderweise die ‚Yu-U' mit unseren japanischen Freunden. Die Wiedersehensfreude war groß. Auf meine Frage nach unserer verlorenen Freundin, antwortete Joshi: „Vor einigen Stunden ist ein Mädchen in einem Einbaum vorbeigekommen und hat sich nach euch erkundigt. Aber ich habe ihr gesagt, daß wir uns vor zwei Monaten in Venezuela das letzte Mal gesehen hätten. Dann hat sie sich bei der amerikanischen Segelyacht da drüben erkundigt."

„Ahoi, ist jemand an Bord?" rief ich, als wir mit unserem Beiboot längsseits zur Yacht ‚Starship' kamen.

Ein Mann erschien in der Luke. Es war David, der Besitzer. Ich stellte mich vor und erkundigte mich nach unserer Freundin.

„Ach, ihr seid die Leute nach dem dies arme Mädchen so verzweifelt sucht", antwortete er und fügte hinzu: „So einer Schönheit konnte ich die Hilfe nicht versagen. So habe ich bereits über den Amateurfunk eine Suchmeldung nach euch aufgegeben. Jetzt wird in der ganzen Karibik nach euch Ausschau gehalten."

„Und wo können wir die Dame jetzt finden?" fragte ich ungeduldig. Davids Augen funkelten

„Am liebsten hätte ich sie an Bord genommen. Sie sah aus, als brauchte sie einen Helden wie mich. Aber sie ließ sich von ihrem Bootsmann zu der Insel da drüben bringen. Da soll es eine Herberge geben."

Unverzüglich fuhren wir zur Insel, wo sich ein Dorf befand. Auch hier wurden wir bereits gesucht, denn wiederholt erhielten wir die Antwort: „Ach ihr gehört zu dem verlorenen Mädchen."

Uns fiel ein Stein vom Herzen, als wir Caroline endlich fanden. Sie war völlig aufgelöst, denn sie glaubte, wir hätten sie vergessen.

San-Blas Archipel

Panama befindet sich in einer strategisch günstigen Lage. Es verbindet die Landmassen von Nord- und Südamerika sowie zwei Weltmeere. An der schmalsten Stelle zwischen dem Atlantik und dem Pazifik beträgt die Entfernung nur fünfzig Kilometer. Bereits im Jahre 1524 kam der Gedanke auf, einen verbindenden Kanal zu bauen. Doch erst 1914 wurde der Kanal fertiggestellt. Das Leben Panamas dreht sich hauptsächlich um den Kanal.

Für uns drehte es sich jedoch um das San-Blas Archipel. Die etwa 365 Inseln des Archipels liegen verstreut entlang der Ostküste Panamas vom Golfo de San Blas, bis fast zur kolumbianischen Grenze. Der Archipel wird von den Kuna-Indianern bewohnt, die sich bis heute ihre traditionelle Lebensweise bewahrt haben.

Am Morgen nach unserer Ankunft, dem letzten Tag des Jahres, wartete eine Überraschung auf uns. Ein riesiges Kreuzfahrtschiff war eingetroffen. Auf Porvenir ging es zu wie auf einem Jahrmarkt. Von allen Inseln des Archipels waren die Kuna-Indianer mit ihren Einbäumen herbei gesegelt, um mit den Besuchern Geschäfte zu machen. Neben dem Rollfeld stand eine unübersehbare Zahl von Ständen. Hier wurde eine Spezialität der Kuna, die handgestickten, vielfarbigen Molas, zum Verkauf angeboten. Sie sehen aus wie kleine Kunstwerke und werden normalerweise auf den Vorder- und Rückseite der traditionellen Kleidung der Kunas getragen. Nachdem die europäischen und amerikanischen Touristen wie ein Heuschreckenschwarm über die Verkaufsstände hergezogen waren, stürzten sie sich auf die Büfetts und Getränkestände, die von der Mannschaft ihres Schiffes aufgebaut worden waren. Joshi und ich beobachteten das Spektakel. Der Kontrast war immens. Einerseits die ärmlichen Indianer, andererseits die alten, übergewichtigen Menschen, die gekleidet waren, als würden sie eine Cocktailparty besuchen. Uns kam das alles vor, wie ein schlechter Traum. Als wir dann ein Getränk kaufen wollten, wurde wir schroff abgewiesen: „Tut mir leid. Dies ist eine geschlossene Gesellschaft. Sie können leider nichts bekommen!"

Grinsend schauten Joshi und ich uns an. Wir stammten aus zwei extrem unterschiedlichen Kulturkreisen. Hier zeigte sich meiner, der westliche Kreis, von der unangenehmen Seite.

Joshi sagte was ich dachte: *„Let´s go, but fast!"*

Die japanische Yacht ‚Yu-U‘.

Der Wind stand günstig. So segelten wir, *Ryusei* und ‚Yu-U‘, Seite an Seite zwischen den malerischen Inseln hindurch auf der Suche nach ruhigeren Gefilden. Über Funk hatten wir erfahren, daß die Clique der Fahrtensegler bei den Hollandis Cays Neujahr feiern wollten. Die Neujahrsnacht wurde natürlich alles andere als ruhig. Nach einem harmonischen Abend am Lagerfeuer, ging es zur mitternächtliche Stunde hoch her. Sektkorken knallten und alte Seenotsraketen wurden abgeschossen. Wir lagen uns in den Armen und wünschten uns ein frohcs neues Jahr mit ‚fair winds'. Alle konnten günstige Winde gebrauchen. Aus verschiedenen Richtungen kommend, waren wir hier zusammengetroffen, und, sofern die Winde es zuließen, würden sich auch unsere Wege wieder trennen. Jeder besaß sein eigenes Ziel. Beispielsweise beabsichtigte Joshi, in diesem neuen Jahr seine Weltumseglung abzuschließen. Japan war sein Ziel. Für mich lag das Ziel, nach wie vor, in Schottland. Allerdings war ich noch unschlüssig über die Route.

An Bord der amerikanischen Yacht ‚Starship' ging die Feier weiter. Auf dem Weg dahin hätten wir in der Dunkelheit fast unser Beiboot auf dem Korallenriff zerlegt. Wir waren zünftig angeheitert, was möglicherweise unser Glück war. Obwohl unser Gastgeber, David, seine Frau an Bord hatte, flirtete er kräftig mit Caroline. Unter dem Vorwand weitere Flaschen Wein aus der Bilge zu holen, lockte er sie immer wieder unter Deck. Aber unsere Freundin war schlauer als er dachte. Sie hielt den liebestollen Kapitän im Zaum und wählte fachmännisch die besten Weinflaschen aus. Die versammelten Gäste johlten dann vor Freude, wenn Caroline mit neuer Beute an Deck kam.

Japanische Delikatessen

Nachdem wir uns von dem Exzeß der Neujahrsnacht erholt hatten, machten wir uns zusammen mit ‚Yu-U' aus dem Staube. Wir suchten etwas mehr Ruhe und, vor allem, bessere Fischgründe. Es fand sich ein Ankerplatz umgeben von idyllischen Inseln. Sowohl beim Fischen als auch beim Zubereiten von Fischgerichten waren unsere japanischen Freunde unschlagbar. Einmal brachten sie uns bei, wie man japanische Delikatessen vorbereitet. An jenem Tag hatte Sumo einen großen Kugelfisch gefangen. Kugelfische pumpen sich bei Gefahr mit Wasser auf und vergrößern dadurch ihren Umfang um ein vielfaches. Außerdem besitzten sie zur Verteidigung Stacheln

„Bei uns zählt dieser Fisch zu den besonderen Delikatessen", erklärte Joshi. „Aber Vorsicht! Wenn er falsch zubereitet wird, kann es tödlich werden."

Während Sumo den Fisch zerlegte, beschrieb uns Joshi die Details. Sie lauteten wie folgt:

Pufferfish à la ‚Yu-U':
- Zum Häuten und Abschneiden der Flossen sollte der Kugelfisch mit einer Zange gehalten werden, damit man sich nicht verletzt. Die Stacheln sind glücklicherweise nicht giftig.

- Abgeschnittene Flossen grillen. Dann jeweils zwei gegrillte Flossen zur Geschmacks-verbesserung in ein Glas heißen Reisweins geben und trinken.
- Nach dem Häuten sind alle Innereien zu entfernen. Dann das Rückgrat am Rumpf des Kopfes trennen. Vom Rückgrat müssen sehr sorgfältig alle Blutgefäße und Hautreste entfernt werden.
- Die Unterseite des Fischkopfes enthält sehr viel Fleisch.
- Alle Organe, insbesondere die Leber , aber auch das Gehirn, die Augen, der Magen und die Eier sind sehr giftig. Sie müssen entfernt werden.
- Das Fleisch wird normalerweise gegrillt.

Als das Essen serviert wurde, scherzten wir: „Ich hoffe ihr habt eure Arbeit gut gemacht. Sonst wird es bald zwei Geisterschiffe geben."

„Keine Angst. Wir sind Meister der japanischen Küche", erwiderte Joshi.

Geschmacklich ähnelte der Kugelfisch dem Hühnerfleisch, nur viel besser. Zur Verdauung gab es anschließend eine Runde japanischen Reisweins, den Sake, mit Kugelfischflossen. Wie üblich wurde er kochend heiß serviert.

Yoshi präsentiert seinen stachligen Fang.

Im Laufe des Abends wurden noch viele Geschichten ausgetauscht. Unsere Freunde waren mit ‚Yu-U' von Japan via Thailand, dem Indischen Ozean, dem Roten Meer, dem Mittelmeer und dem Atlantik bis hierher gelangt. Ihnen standen nun die Reise durch den Panama-Kanal zum Pazifik bevor. Joshi und seine Freunde hatten viel zu erzählen. Nur eine Geschichte möchte ich wiedergeben, da sie einen Vorfall in Europa betraf:

„Natürlich unternahmen wir in Europa einige Überlandreisen. So besuchten wir auch München. Nach einem großen Bier im Hofbräuhaus, entsannen wir uns an die eigentliche Mission unserer Reise, dem Angeln. Also setzten wir uns an die Isar, und versuchten Forellen zu fangen. Leider fanden wir kaum Ruhe, denn jeder Spaziergänger wollte uns belehren. Immer wieder hörte wir das Wort ‚Verboten‘. Aber wir stellten uns einfach taub.“

Zur fortgeschrittener Stunde packte Joshi seine Gitarre heraus. Wahrscheinlich hatten unsere Freunde Übung im Karaoke, denn sie kannten ein großes Repertoire an Liedern. Darunter waren auch englische Lieder. Zum Schluß sang Joshi noch einige herzzerreißende Liebeslieder seiner Heimat. Uns vermittelten sie das Gefühl von Heimweh, Sehnsucht und Romantik.

Inseltaufe

Unser Ankerplatz war von zahllosen kleinen Inseln umgeben. Während einer unserer Erkundungstouren hatten wir eine winzige Sandinsel entdeckt, die sich auf einem Korallenriff gebildet hatte. Diese wurde Ziel eines gemeinsamen Tagesausflugs. Beladen mit Tauchausrüstung, Getränken und Kochutensilien landeten wir dort mit unseren Beibooten.

„Erst müssen wir unser Mittagessen verdienen!“ verkündeten unsere japanischen Freunde. Der Arbeitsplan war denkbar einfach: Tauchen und Fische fangen.

Außer einem Korb voll Früchten hatten wir nur einen Sack Reis dabei. Die Zutaten dazu mußten aus dem Meer kommen. Den verbleibenden Morgen verbrachten wir unter Wasser. Ich schloß mich Joshi, Kosa und Sumo an. Wir schwärmten über das Riff auf der Suche nach Nahrung. Es war beeindruckend zu sehen, wie geschickt sich die Japaner unter Wasser bewegten. Sie waren Meister der Unterwasserjagd. Fische gab es zu Tausenden. Wir konnten also wählerisch sein. Doch mußten wir uns in acht nehmen. Wurde ein Fisch mit der Harpune erlegt, so zog dieser im Todeskampf die Haie an. Es ist erschreckend wie blitzartig diese Tiere aus dem Blau des Meeres auf uns zuschossen und, nachdem sie ihre Neugier befriedigt hatten, sich wieder davonmachten. Zumeist waren es Riffhaie, vor denen wir uns nicht zu fürchten brauchten. Ein Hai lag schlafend in einer Höhle. Wir ließen ihn ungestört, denn Haifischflossensuppe stand nicht auf unserem Speiseplan.

Es ist eine Schande, daß wegen dieser und ähnlicher Delikatessen in Asien die Haie fast ausgerottet werden. Haie sind viel besser als ihr Ruf. Von den etwa 350 Haiarten gibt es nur ganz wenige, die dem Menschen gefährlich werden. Es ist eher umgekehrt, wie die Statistik beweist. Von allen Haiangriffen gehen jährlich nur etwa ein Dutzend tödlich aus. Im Gegenzug fängt der Mensch schätzungsweise 700.000 Tonnen Haie pro Jahr. Oft werden nur die Flossen abgeschnitten und die verendenden Tiere über Bord geworfen.

Wir pickten uns aus dem reichhaltigen Angebot nur so viel heraus, wie wir für unsere Mahlzeit benötigten. Außer einigen kleinen Barschen und Snappern, fingen wir auch eine Languste und zwei Krabben. Stolz präsentierten wir unsere Beute. Die anderen waren auch nicht untätig gewesen. In der Zwischenzeit hatten sie mit Treibholz ein Feuer entfacht, auf dem wir schließlich unser Essen kochten. Es ist nicht leicht, die paradiesischen Verhältnisse jenen Tages mit Worte zu beschreiben. Klares Wasser umspülte unsere kleine Insel. Die Sonne schien. Wir hatten genug zu essen und zu trinken. Außerdem befanden wir uns in einer harmonischen Gemeinschaft, obwohl wir aus vier Erdteilen stammten: Asien, Afrika, Amerika und Europa.

Irgendwann kam die Frage: „Weiß jemand, wie diese Insel heißt?"

Das Gespräch entwickelte sich dann wie folgt: „Ich habe an Bord die Seekarte studiert. Aber an Stelle der Insel war nur eine Untiefe vermerkt. Wahrscheinlich ist sie erst in den letzten Jahren aufgespült worden."

„Sie sieht ja auch eher wie eine kleine Sandbank aus. Eine Insel verdient nur einen Namen, wenn darauf wenigstens eine Palme steht. Wie ihr seht, wachsen hier nur ein paar Gräser."

„Dem könnten wir abhelfen, indem wir Palmen pflanzen. Dann hätten wir auch das Recht der Insel einen Namen zu gegen."

Der letzte Satz brachte uns in Bewegung. Eine Delegation setzte mit dem Beiboot zur Nachbarinsel über und kam wenig später mit drei kleinen Palmen zurück. Bei Sonnenuntergang pflanzten wir diese gemeinsam ein. Symbolisch widmeten wir eine Palme dem Schiff ‚Yu-U', eine Palme *Ryusei* und eine Palme der Freundschaft, die uns verband. Die Insel tauften wir dann auf den Namen ‚Play Island'.

Einen Tag später setzten unsere Freunde die Segel und nahmen Kurs auf Japan, ihrer Heimat und dem Ursprungsland unseres Schiffes.

Alle Wege führen nach Schottland

Die tropische Witterung, sowie die zeitgleichen Tag- und Nachtphasen dieser Region lassen einem jegliches Gefühl der Zeit abgehen. Wir merkten nicht wie sie verstrich. Wir genossen einfach. Wir schliefen, wenn wir danach fühlten, auch tagsüber in der Hängematte. Die Mahlzeiten orientierten sich nach dem Knurren der Mägen. Die Aperitifzeit nach dem Stand der Sonne und das Gefühl der Romantik nach der Mondphase. Für Menschen, die unter dem freien Himmel leben, gewinnen die Himmelskörper an Bedeutung. Das Leben in unserer Heimat erschien uns ferner den je. Selbst der Luftdruck, quasi der Pulsschlag der Seefahrer, bewegte sich zu jener Zeit in einer gleichförmigen Sinuskurve.

„Wird euch auf die Dauer das Leben an Bord nicht langweilig?" war eine Frage, die ich öfters hörte.

Für mich gab es darauf nur eine klare Antwort: „Nein, nie!"

Fast jeden Tag lernten wir eine neue Insel oder neue, interessante Menschen kennen. Jeder Ort für sich repräsentierte eine kleine Welt und jedes Schiff mit ihrer Mannschaft eine einzigartige Begegnung.

Green Island, wo wir Jack wiedersahen war eine palmenbewachsene Insel mit weißem Sandstrand, umringt von einem Korallenriff voller pulsierendem Leben. Jack betrieb seine Segelyacht ‚Compadre' als meeresbiologisches Forschungsschiff. Dann lernten wir die Amerikaner Claire und Dick kennen. Es ist nicht schwer zu erraten, warum ihr Schiff den Nahmen ‚Runaway' trug. Auch sie hatten ihre Karriere auf Eis gelegt, um einen großen Traum zu realisieren.

Claire und Dick öffneten für mich ein neues Kapitel: Die Vereinigten Staaten. Ihre verlockenden Beschreibungen der Ostküste ihrer Heimat deckten sich mit den Erzählungen von Greg. Nicht ohne Grund schrieb ich an jenem Tag folgende Notiz ins Logbuch: *„Freedom to decide causes headache!"*

Erst später erkannte ich, daß ich damals im Unterbewußtsein eine Entscheidung getroffen hatte. Die Ostküste der Vereinigten Staaten konnten wir auf dem Weg nach Schottland ebenso wenig links liegen lassen, wie zuvor Lateinamerika und die Karibik. Zudem glaubten wir an eine alte Weisheit, die besagt, daß alle Wege nach Rom, bzw. Schottland führen.

Müll & Telekommunikation

Treffen Fahrtensegler aufeinander, werden sie unweigerlich auf Themen zu sprechen kommen, die das alltägliche Leben an Bord betreffen. Der Stoff ist unglaublich reichhaltig. Mit jeder Begegnung lernten wir etwas dazu.

„Was machst du eigentlich mit deinem Müll?" fragten wir einmal Jack. Als erfahrener Segler sollte er doch darauf eine Antwort kennen. Bei unserer Ankunft im San-Blas Archipel, hatten wir unsere Abfallsäcke an der Müllsammelstelle eines Dorfes deponiert. Dies war ein Fehler, denn noch am gleichen Tag sahen wir, wie ein Kuna Indianer den ganzen Müll auf sein Einbaum lud und ablegte. Kurze Zeit später schwamm der Abfall im Meer.

„Wir können doch nicht zulassen, daß dieses Paradies mit unserem Zivilisationsmüll zugeschüttet wird. Andererseits können wir auch nicht monatelang mit dem Müll an Bord herumsegeln", fanden wir.

Jacks Antwort war simpel: „Biologische Abfälle werfe ich über Bord. Flaschen fülle ich mit Wasser und versenke sie auf hoher See. Den Rest verbrenne ich."

Eine anschauliche Demonstration erlebten wir beim gemeinsamen Barbecue am Strand. Nachdem wir unsere Mahlzeit gegrillt hatten, schürten wir nochmals das Feuer an. Darauf landeten dann unsere Müllsäcke. Sie enthielten, Plastik, Aluminium- und Konservendosen. Ist das Feuer heiß genug, schmelzen die Aluminiumdosen sowie der Korrosionsschutz der Konservendosen. Somit lösen sich die Konserven nach wenigen Jahren in Rost auf. Nachdem das Müllfeuer niedergebrannt war, vergruben wir die verbleibende Überreste im Sand.

Mit dem Müllproblem der Welt wurden wir auf unserer Reise immer wieder anschaulich konfrontiert. Selbst fernab von jeder Zivilisation auf hoher See oder auf entlegenen Stränden sahen wir Plastik, Metall und Flaschenmüll aller Art. Ganz zu schweigen von den Ölteppichen, die einem hin und wieder begegnen. 70% der Weltbevölkerung leben in Küstengebieten. Das Meer übernimmt die Funktion eines Teppichs, unter dem aller Dreck gekehrt wird. Besonders schlimm ist dies in den Entwicklungsländern, wo das Geld für professionelle Müllentsorgung fehlt. Da 50% der Fischbestände und vor allem die Laichgründe der Meerestiere in Küstengewässer liegen, gefährden wir Menschen unsere eigene Existenz.

Von Dick auf ‚Runaway' bekamen wir eine Lektion zur Telekommunikation. Er überraschte uns mit der Aussage: „Wenn ihr ein Amateurfunkgerät an Bord habt, dann könnt ihr selbst von den abgelegensten Orten Telefonate führen."

„Wie funktioniert das?" fragten wir ihn. Dick gab uns die Frequenzen der amerikanischen Landfunkstelle und demonstrierte wie wir über sie die Telefongesellschaft AT&T erreichen konnten. AT&T vermittelte dann das gewünschte Gespräch. Die Kosten ließen sich über die Kreditkarte abbuchen. Ich hatte Bedenken, da ich keine Funklizenz besaß.

Doch Dick beruhigte mich: „Wenn es um Geld geht, fragt keiner ob ihr Funkpiraten seid oder nicht."

Diabolos Chilli

Auf dem Weg zum Rio Diabolo Village ging ein schwerer Tropenregen auf uns nieder. Aber dann brach die Sonne wieder durch die Wolkendecke, und ein farbenprächtiger Regenbogen spannte sich auf.

Das Dorf war eines der größte Siedlungen auf den San-Blas Inseln. Es lag auf einer Insel vor der Mündung des Flusses Rio Diabolo. Hier konnten wir unsere Vorräte ergänzen und die Wassertanks füllen. Allein der Name des Flusses gab Anreiz, einen Ausflug zu unternehmen. Er führte zunächst durch dichten Dschungel. Dann kamen wir an gerodeten Stellen vorbei, wo die Kunas kleine Plantagen angebaut hatten. Des öfteren begegneten wir Kunas in Einbäumen. Einer, der auf dem Weg zum Dorf war, verkaufte uns Juca-Wurzeln und kleine Paprikaschoten (Chilli). In den Bäumen konnten wir alle Arten von Vögeln beobachten. Besonders faszinierend war ein seltener Specht, den ich bis dahin nur als ‚Woody Woodpecker' aus Comic-filmen her kannte. War das Wasser zuvor schlammig und träge, befanden wir uns plötzlich in einer Art Gebirgsbach. Am Ende blockierten Strom-schnellen unseren Weg. Hier zogen wir das Boot ans Ufer und stürzten uns ins erfrischende Wasser. Nur wer die schwüle Hitze der Tropen kennt, weiß wie erlösend ein solches Bad sein kann.

Auch ‚Compadre' und ‚Runaway' hatten Probleme, sich frisches Gemüse zu besorgen. Daher freuten sie sich, als wir die Chillies und Jucas mit ihnen teilten. Die Freude wehrte nicht lange. Claire hatte die harmlos aussehenden Chillies beim Kochen verwendet. Der Erfolg war durchschlagend.

Über Funk klagte sie: „Die Chillies sind so scharf, daß wir kaum noch atmen können. Habt ihr eine Ahnung was man dagegen tun kann?"

Wir lachten und schlugen vor, trockenes Brot oder vielleicht sogar kalte Milch zu trinken. Als wir jedoch selber von den Chillies probierten, verging auch uns das Lachen. Der Chilli war so scharf, daß er sogar unter den Fin-gernägeln brannte. Er war höllisch und machte dem Rio Diabolo alle Ehre. Wir warfen ihn sofort über Bord. Später erfuhr ich, daß es sich um eine Art Chilli gehandelt haben könnte, mit dem die Einheimischen einen Schutzan-strich gegen den Algenbewuchs ihrer Boote herstellen.

Fliegender Wechsel

Im fliegenden Wechsel änderte sich unsere Mannschaft. Mein Bruder traf ein und Caroline, erholt und braungebrannt, begab sich auf den Heimweg.

Axel landete in einer klapprigen, völlig überladenen Propellermaschine. Seine Blässe war nicht nur auf die Sonnenarmut Europas zurückzuführen. Die Angst steckte ihm in den Knochen.

Er berichtete: „Als der Pilot in Panama City den Motor startete, sah ich die Nieten, die das alte Flugzeug zusammenhielten, tanzen. Nur die Tatsache, daß es davon so viele gab, beruhigte mich. Während des Fluges saß ich ganz hinten mit einem Außenbordmotor im Nacken. Er war noch nicht einmal festgezurrt. Ich übrigens auch nicht, da der Sicherheitsgurt kaputt war."

Die Ankunft meines Bruders glich einer verspäteten Weihnachtsbescherung. Er brachte Nachrichten der Familie, Post und das Wichtigste: Nahrungsmittel aus der Heimat.

„Der Flug von Deutschland hierher war ein echtes Abenteuer. Der Zoll in Panama City hat mich auseinander genommen. Sie wollten mir die Würste und den Käse wegnehmen. Da ich mich nicht verständigen konnte, setzte ich schließlich die Karnevals-Kapitänsmütze auf, die ich zum Spaß mit eingepackt hatte und erklärte in Zeichensprache, daß dies die Notrationen für unser Schiff sei. Unter allgemeinen Gelächter wurde ich dann schließlich durchgelassen."

Außer den Nahrungsmitteln, hatte er eine Batterie von Whisky-Flaschen mitgebracht. Dann kam ein großes Paket zum Vorschein, das mein Vater ihm mitgegeben hatte. Es enthielt Vitamintabletten in allen Variationen und die Aufforderung, sie regelmäßig einzunehmen. Wahrscheinlich glaubte er, wir litten an Skorbut. Englische Seefahrer aßen Limonen, um sich vor der tödlichen Krankheit zu schützen, die durch Mangel an Vitamin C hervorgerufen wird. Daher erhielten sie den Spitznamen ‚Limies'.

Der Ernährung wegen, konnten wir nicht weiterreisen. Vor unserer Abreise nach Honduras mußten unsere Vorräte ergänzt werden. Im Dorf Rio Diabolo gab es einen Laden, dessen Angebot sehr beschränkt war. Nur mit Glück bekamen wir genügend Obst und Gemüse. Fleisch mußte von Panama City bestellt werden. Nachdem wir wochenlang Fisch gegessen hatten, sehnten wir uns nach Abwechslung. Also bestellten wir drei Hühner. Mehrere Tage später sollte das gefrorene Federvieh per Luftfracht aus Panama City landen. Waren zumindest unsere Gäste pünktlich eingetroffen; unsere Hühner waren es nicht. Sie ließen auf sich warten. Jedes Mal, wenn wieder eines der klapprigen Maschinen eintraf, fuhren wir mit dem Beiboot zum Landeplatz. Die Flugzeuge waren zwar schwer beladen. Nur unsere Hühner fehlten. Erst am nächsten Morgen konnten wir jubeln.

Mit den Hühnern im Gefrierfach lagen wir wenig später vor einer Insel, wie man sie nur von Karikaturen her kennt. Sie besaß alles wesentliche: Wasser, Sand und einige Palmen. Die Palmen standen sogar im richtigen Abstand für unsere Hängematten. Hier hatte die Natur ihren Idealzustand gefunden. Auch die Unterwasserwelt versetzte uns in Euphorie. Es gab

Korallen und Fische im Überfluß. Die San-Blas Inseln hätten uns noch für eine Ewigkeit in Bann halten können, wenn nicht der Wind von Nord auf Nordost gedreht hätte. Die Natur gab uns damit das Zeichen zum Aufbruch. Wir setzten die Segel: Kurs Nord.

Irgendwann laß ich einmal: Zwischen Episoden des Leidens liegt das Glück und zwischen den Episoden des Glücks liegt das Leiden. Auf hoher See stießen wir auf rauhes Wetter. Die Reling und Teile des Decks waren ständig unter Wasser. Das Leben an Bord wurde sehr ungemütlich, denn tagelang wurden wir durchgeschüttelt. Wenigstens näherten wir uns unter Höchstgeschwindigkeit dem nächsten Ziel: Honduras.

HONDURAS

Hoch und Trocken

Erst war es eine kaum sichtbare Linie am Horizont. Es hätten auch die Umrisse einer entfernten Wolke sein können. Doch um so näher uns der Wind trieb, um so klarer erschienen die Umrisse der Insel Guanaja. Nach sechs Tagen Seereise mit zwei kurzen Unterbrechungen auf der Insel Providencia und den Vivario Cays nahe der hondurianischen Grenze freuten wir uns auf die bevorstehende Ankunft. Die Spannung stieg, als wir im Nordosten Guanajas einen engen Kanal im Korallenriff passierten. Aber dann umgab uns ruhiges Wasser und wenig später rasselte die Ankerkette. Die ersten Eindrücke wirkten. Guanaja ist die östlichste der drei Bay-Inseln im Golf von Honduras. Die Inseln Roatan, Utila und Guanaja liegen am zweitgrößten Barrierriff der Welt. Es zieht sich von der mexikanischen Halbinsel Yucatan bis nach Honduras. Guanaja, etwa 18 km lang, 6 km breit und mit bis zu 400 Meter hohen Bergen, ist umgeben von einem Korallenriff auf dessen Rand, wie Satelliten, kleine Inseln liegen.

Neben einer dieser Inseln hatten wir geankert. Der weiße Strand mit den Palmen sah einladend aus. Doch die Idylle täuschte. Mücken und Sandfliegen begrüßten uns.

„Mücken lassen sich ja noch aushalten. Aber wenn das die gleiche Art von Sandfliegen ist, wie ich sie von Singapur kenne, dann segeln wir besser gleich weiter", erklärte ich. „Die Stiche von Sandfliegen entzünden sich und jucken teuflisch."

„Keine Sorge! Wir wollen doch sowieso nur für drei Tage hier bleiben", meinte Greg.

Gegen Abend unternahmen mein Bruder und ich mit dem Schlauchboot einen Ausflug zum nächstgelegenen Dorf, Savannah Bight, im Nordosten der Hauptinsel. Farbige Holzhütten auf Pfählen säumten das Ufer. Einige standen sogar über dem Wasser. Dadurch konnten die Bewohner direkt mit ihren Booten an der Veranda des Hauses anlegen. Dahinter erhoben sich Hügel mit Weideland und Palmen. Am Ende des Dorfes gelangten wir zu einem Ort, der eher einem Schrottplatz glich. Beim näheren Hinschauen erkannten wir, daß dies eine Schiffswerft war. Ein älterer Herr mit Gipsbein und Krücke stand am Ufer und winkte uns freundlich zu. Wir kamen ins Gespräch. Er hieß Fred Stone und war der Besitzer der Werft. Auf den heruntergekommenen Slipwagen deutend, fragte ich etwas ungläubig: „Kann der auch Segelschiffe aus dem Wasser holen?"

Empört antwortete Fred: „Nicht nur Segelboote, sondern Schiffe aller Art bis vierzig Meter Länge. Aber für die nächsten Wochen sind wir voll ausgebucht."

„Schade, eigentlich müßte unser Segelboot einen neuen Unterwasseranstrich bekommen. Aber das können wir auch aufschieben."

Damit endete das Gespräch.

Am nächsten Morgen wollten wir einen neuen Ankerplatz suchen. Auf dem Weg dorthin machte ich mit *Ryusei* einen kleinen Abstecher zu Freds Werft. Ich wollte Greg und dessen Freundin Amy das Dorf und die Werft zeigen. Wir fuhren langsam, da die Lagune voller Korallenstöcke und Untiefen war. Als wir am Ende der Bucht die Slipanlage passierten, winkte ein dunkelhäutiger Mann vom Ufer herüber und rief auf englisch: „Ahoi, wollt ihr euer Schiff aus dem Wasser holen?"

„Eigentlich nicht. Außerdem seid ihr ja sowieso ausgebucht", gab ich zurück.

„Ach was! Das hat sich heute geändert. Das Schiff, das wir slippen sollten, ist wegen eines Motorschadens ausgefallen. Fred hätte nichts dagegen, wenn ihr dafür einspringen würdet. Ihr müßt ihn nur fragen."

„Greg, was hältst du davon? Glaubst du dieser überdimensionierte Slipwagen ist für *Ryusei* geeignet?" fragte ich.

„Ich glaube ja. Obwohl die Anlage nicht gerade vertrauenerweckend aussieht."

Zu dem Mann gewandt fragte ich dann: „Wo können wir Fred finden?"

„Er ist zum Hauptort Bonacca gefahren. Von dort aus will er heute mittag mit der Fähre zum Festland übersetzen, weil er wegen seines gebrochenen Beins zur Nachuntersuchung ins Krankenhaus muß. Ihr müßt euch nur eilen, wenn ihr ihn noch treffen wollt."

Greg und Axel ankerten *Ryusei*, während ich mit Kiki, der sich als der Assistent von Fred Stone ausgab, im Beiboot davonraste.

Kiki wies mir die Richtung: „Bonacca liegt etwa fünf Meilen südlich von hier. Wir müssen nur entlang der Küste fahren. Auf Guanaja gibt es keine Straßen. Daher dienen Boote als Fortbewegungsmittel. Zumeist nutzen wir Einbaumboote, die wir hier Cayucos nennen."

Die Schönheiten der Natur war atemberaubend. Das Wasser war klar, spiegelglatt und schillerte in allen Farben. Steile dicht bewaldete Berghänge erhoben sich hinter den mit Felsen gesprenkelten Sandstränden. Ab und zu passierten wir Hütten, die auf Pfählen über dem Wasser zu schweben schienen. Dann erreichten wir den sonderbaren Ort Bonacca. Er liegt auf einer kleinen Insel etwa eine Meile vor der Küste Guanajas. Zwischen den verschachtelten Häusern winden sich Gehwege und Kanäle. In diesem ‚Venedig der Karibik‘ pulsierte das Leben. Kiki mußte mich führen, denn sonst hätte ich mich in den verwinkelten Gassen verloren. Er wußte wo Fred zu finden war, nämlich in seiner Stammkneipe. Unter der Kondition, daß wir noch heute am Freitag slippen und Montag wieder ins Wasser gingen, einigten wir uns auf einen Preis.

Fred erklärte: „Dieser Preis beinhaltet das Slippen eurer Yacht und das Reinigen des Rumpfes. Ich stimme nur zu, weil ein Kunde zufällig ausgefallen ist. Es gibt andere Yachten, die bereits seit vielen Wochen auf das Slippen warten. Die werden sicher wütend sein, wenn sie von euch hören.“

„Sollten wir nicht zuerst in Honduras einklarieren?“, fragte ich.

Fred winkte ab: „Macht euch darüber keine Sorgen. Wir sind hier auf den Bay-Inseln. Hier gelten andere Gesetzte als auf dem Festland. Ihr braucht euch nur auf der Polizeistation die Einreise im Reisepaß bestätigen zu lassen. Wenn ihr dem Offizier sagt, daß ihr Freunde von mir seid, dann gibt es keine Probleme.“

Eilig kehrten wir zur Werft zurück. Kiki trommelte die Mannschaft zusammen und erteilte Instruktionen. Es war Freitag nachmittag, und wir hatten keine Zeit mehr zu verlieren. Der Dieselantrieb der Seilwinde wurde angelassen. Schwarzer Rauch quoll aus dem Auspuff und die Maschine rumpelte, als würde sie gleich auseinanderfliegen. Die Räder des dreißig Meter langen Slipwagens waren festgerostet. Deswegen mußte wir ihn, trotz des Gefälles, mit einer Planierraupe ins Meer schieben. Dann begann die Arbeit, *Ryusei* zu positionieren und zu fixieren. Die seitlichen Stützen mußten mit einem Schweißbrenner modifiziert werden, da sie eigentlich für breite Fischerboote konzipiert waren. Glücklicherweise hatten die Arbeiter Erfahrung. Es waren die Nachfahren von Sklaven, die vor etwa 150 Jahren nach Honduras flohen und einst als Piraten die Gegend verunsicherten. Zusammen mit den Arbeitern tauchte ich unter das Boot und vergewisserte mich, daß *Ryuseis* Kiel richtig unterstützt war. Schließlich gaben wir dem Mann an der Winde das Zeichen zum Anziehen. Die blockierten Räder rutschten über die Schienen. Anfangs ging alles gut. Aber dann fing der Slipwagen an zu rucken. Offenbar hing das mit der Elastizität des Zugseils zusammen. Ich bekam es mit der Angst zu tun, denn die ruckartigen Bewegungen übertrugen sich natürlich auf unser Schiff. Desto weiter es aus dem Wasser kam, um so mehr schlingerte es. Mehrere Male stoppte ich die Prozedur, damit wir die Yacht mit zusätzlichen Seilen sichern konnten. Ich war völlig entnervt, da ich spürte, wie das fragile Holzschiff litt. Nach einer fast unendlich erscheinenden Zeit, stand *Ryusei* hoch und trocken an Land.

Wir hatten Honduras erreicht und ad hoc, ohne offiziell einzuklarieren, unsere Yacht aus dem Wasser geholt. Dies ist kein geringer Grund zum Feiern, fanden wir. Im angrenzenden Dorf gab es ein Restaurant, das auf Pfählen über dem Wasser stand. Dort schlugen wir uns die Mägen voll. Es war bereits spät, als wir den Heimweg antraten. Wir passierten eine Hütte, aus der laute Musik dröhnte.

„Das klingt fast wie eine Disco", meinte Greg.

Gut gelaunt rief mein Bruder: „Prima, dann laß uns da hineinschauen!"

„Aber nur noch auf ein Glas, denn morgen wartet noch Arbeit auf uns."

Über einen wackligen Steg gelangten wir in die Hütte. Sie war voller Menschen. Die Musik dröhnte und einige Paare tanzten eng umschlungen. Zwischen den Bodenbrettern spiegelte sich das Wasser. An der Bar drängten sich wild dreinschauende Fischer, die wochenlang mit Langustenfangbooten unterwegs gewesen waren. Mit einem kamen wir ins Gespräch: „Die Langusten werden auf den abgelegenen Riffen gefangen. Wir verwenden dazu Tauchflaschen. Die Arbeit ist sehr hart, denn täglich müssen wir bis zu dreimal tauchen. Dekompressionsunfälle sind bei uns keine Seltenheit. Es ist eine sehr gefährliche, aber gut bezahlte Arbeit."

Seefahrer, ob Fahrtensegler, Fischer oder Mannschaften von Handels- und Kriegsschiffen sind gleichgesinnt. Ihr Leben ist geprägt von Höhen und Tiefen. Die Entbehrungen und Gefahren auf See sind überstanden. Doch neue werden kommen. Daher wird im Hafen gelebt, als gäbe es kein Morgen. Warum also nicht sich gehen lassen, saufen, tanzen oder sich mit einer Frau in die orgiastischen Höhen des Lebens begeben?

Motiviert durch die Stimmung ließen wir uns noch auf ein zweites Glas Rum und Coca-Cola ein. Dem folgte ein drittes Glas, dann ein weiteres und schließlich verlor ich den Überblick. Zwischendurch tanzten wir mit den Landesschönen. Mein Bruder schoß den Vogel ab, als er sich eine riesige Schwarze holte.

„Mit der an Bord kriegen wir Schlagseite", schrie mir Greg ins Ohr, da die Musik so laut war. Irgendwann spürte auch ich den Boden unter den Füßen wanken und schaute mich nach meiner Mannschaft um. Amy, Greg und Axel standen an der Bar und waren in Gespräche vertieft. Ganz offensichtlich hatten auch sie schon Schlagseite.

„Laßt uns gehen. Jetzt oder nie!" rief ich ihnen zu. Dies war leichter gesagt als getan. Die Cuba Libre waren zu stark dosiert gewesen. Sie enthielten mehr Libre als Cuba. Auf dem Rückweg lief Amy voraus, während Greg, Axel und ich Arm an Arm hinterher stolperten. Der Pfad war unbeleuchtet, denn das Dorf besaß, mit Ausnahme der Disco, keinen elektrischen Strom.

Die letzte Hürde hieß: Wie sollten wir an Bord kommen? Das Schiff stand an Land auf dem großen Slipwagen. Unser Deck befand sich etwa in fünf Meter Höhe. Greg, Amie und mir gelang es gerade noch die steile Leiter zu erklimmen. Meinem Bruder mußten wir allerdings den Sicherheitsgurt anlegen und mit dem Großfall an Deck hieven. Als wir dann endlich in den Kojen lagen, erklang der Ruf: „Endlich sind wir hoch und trocken – mit Mann und Maus!"

Die kubanische Ratte

Am Pier der Werft befand sich ein rostiger Frachter. Er hieß ‚Gods Human Destiny'. Fred erzählte uns, daß dieses Schiff vor einiger Zeit mit Flüchtlingen aus Kuba eingetroffen sei. Nachdem *Ryusei* wieder ins Wasser gelassen wurde, legten wir an diesem Frachter an und verbrachten mehrere Tage, um das Deck und alle Holzbeschläge zu lackieren. Es zeigte sich wieder, daß ein Holzschiff viel Pflege benötigt. Die dem tropischen Sonnenlicht ausgesetzten Holzteile mußten alle drei Monate geschliffen und lackiert werden.

Während dieser Zeit gelangte ein blinder Passagier an Bord. Höchstwahrscheinlich war es der letzte kubanische Flüchtling des Frachters. Zunächst sahen und hörten wir nichts von dem ungebetenen Gast. Aber dann fielen uns die angeknabberten Reis und Nudelpackete im Vorratsschrank auf. Erst glaubten wir eine Maus hätte sich an Bord verirrt.

„Wenn sich eine Maus oder Ratte an Bord begibt, ist dies immer ein gutes Zeichen", fand Greg. „Bei uns gibt es noch etwas zu holen und unsere Yacht ist noch nicht am sinken."

Aber dann häuften sich die Vorfälle. Tupperwaredosen besaßen plötzlich Löcher. Elektrische Kabel und selbst das Gehäuse einer Taschenlampe wurden angefressen. Eines Nachts riß uns lautes Scheppern aus dem Schlaf. Ich glaubte schon ein Einbrecher sei an Bord. Aber es stellte sich dann heraus, daß die Schnur, mit der unsere ungarische Salami an der Schiffsglocke hing, durchgenagt worden war. Die Wurst landete auf dem darunter deponierten Geschirr.

„So intelligent kann nur eine Ratte sein", stellten wir fest und schworen: „Ratte, dies war dein letzter Streich!"

Auf der Suche nach der geeigneten Strategie unterhielten wir uns mit anderen Seglern. Einer erzählte uns eine gruselige Geschichte:

„So einfach fängt man eine Ratte nicht. Besonders wenn es sich um ein Holzschiff handelt, wo es unzählige Verstecke gibt. Ich hatte auch einmal eine Ratte an Bord. Erst versuchte ich es mit Gift. Nachdem allerdings die

Ratte eine winzige Portion davon genommen hatte, rührte sie das Gift nie wieder an. Dann stellte ich eine Falle auf. Die Falle schnappte zu. Aber die Ratte entkam. Von da an rührte das Tier weder das Gift noch die Falle an. Da die Schäden immer schlimmer wurden, wählte ich in meiner Verzweiflung ein drastisches Mittel. Ich löste die Abgasleitung von meinem Schiffsdiesel. In der Hoffnung die Ratte mit den Abgasen zu ersticken, machte ich die Luken dicht und ließ den Motor für zwei Stunden laufen. Aber es nutze nichts. Die Ratte war unverwüstlich. Zuletzt setzte ich alle Mittel auf einmal ein. Ich legte Gift, stellte die Falle und ließ den Schiffsdiesel einen Nachmittag lang laufen. Dieses Mal gingen wir an Land, weil ich befürchtete, die Abgase könnten meine Yacht in die Luft jagen. Als ich zurückkam, stieg aus jeder Ritze des Schiffes der Qualm auf. Am nächsten Morgen öffneten und lüfteten wir das Schiff. Es dauerte noch Wochen bis sich der Abgasgestank verflüchtigte. Aber es hatte sich gelohnt. Das Gas hat die Ratte zwar nicht umgebracht, aber die Sinne benebelt. So hat sie von dem Gift gefressen und ward nicht mehr gesehen. Erst Monate später fand ich den verwesten Kadaver in der Bilge."

Andere Freunde berichteten:
„Während unserer Atlantiküberquerung, entdeckten wir, daß sich eine Ratte an Bord befand. Die Zeichen sind eindeutig. Überall zeigten sich Nagespuren. Unsere List war einfach. Wir legten mit Brotkrümmeln eine Spur, die nach draußen führte. Dann banden wir eine Schnur an die Tür zur Plicht, gingen ins Bett und stellten uns schlafend. Irgendwann hörte wir das vertraute Rascheln und sahen, wie die Ratte sich der Spur entlang nach draußen fraß. Mit der Schnur knallte ich die Tür zu und die Ratte war ausgesperrt. Den Rest erledigte mein Freund; mit dem Schrubber."

Der Freund bemerkte: „Es bedarf der List einer Frau, um mit einer Ratte fertig zu werden."

„Dann haben wir mit Amy gute Karten," erwiderten Greg und ich. Wir liehen uns eine Rattenfalle und beköderten sie, auf Amys Anleitung, mit den größten Leckerbissen. Unser erster Versuch mit einem Stück Schweizer Käse schlug fehl. Der Ratte gelang es, den Käse zu klauen, ohne die Falle zuschnappen zu lassen. Dann setzten wir unsere Geheimwaffe ein: Ungarische Salami. Beim Versuch den Auslösemechanismus so empfindlich wie möglich einzustellen, klemmte ich mir fast die Finger ab. Der Erfolg lies auf sich warten. Erst Tage später, nachdem wir alle eßbare Nahrung außer Reichweite gebracht hatten, schlug die Falle zu und beendete den Spuk.

Guanajas Glückssucher

Wenn man den Geschichtsbüchern glauben schenken darf, dann waren die Bay Inseln schon immer ein Anziehungspunkt für Fremde. In früheren Zeiten landeten hier englische Piraten und flüchtige Sklaven. Heute sind es ganz einfach Ausländer, insbesondere Europäer, die sich auf Guanaja niederlassen.

„Woran lag es, daß Menschen ihre zivilisierten Welt gegen diesen abgelegenen Ort eintauschen?" fragten wir uns.

Es gäbe viele Gründe: Naturverbundenheit, Liebeskummer, Arbeitslosigkeit, Freiheitsdrang, Straffälligkeit, Steuerflucht etc. Eines hatten sicher alle gemein: Sie suchten nach einem besseren Leben. Es waren nicht Goldsucher, sondern eher Glückssucher. Hier glaubten sie es zu finden. Erleichtert wird es durch die Freimütigkeit, mit der die Bewohner der Inseln den Fremden begegnen und auch durch die Verständigung, da hier im Gegensatz zum Festland Englisch gesprochen wird.

Der erste Ausländer, dem wir begegneten, war der Amerikaner Fred Stone. Er gehörte zu den Orginalen der Insel. Sein hohes Alter, war ihm nicht anzusehen. Er hatte sich bei einem Sturz von dem Slipwagen seiner Werft das Bein gebrochen. Dies hielt ihn aber nicht davon ab, auf Krücken herumzulaufen und seine Arbeiter auf Trab zu halten. Einmal kam er nach einem Wochenende ganz aufgebracht vom Festland zurück, wo seine Frau lebte.

„Sie haßt diese Insel und zieht das Leben in der Stadt vor. Daher kann ich sie nur am Wochenenden sehen. In der vorletzten Nacht wurden wir spät abends von fünf bewaffneten Gangstern überfallen. Sie fesselten uns und stahlen alle Wertsachen aus unserem Haus. Ausgerechnet mir, dem ehemaligen Geheimagenten muß das passieren. Leider war meine Waffe außer Reichweite, als sie uns überfielen."

Ich versuchte ihn zu beruhigen: „Sei froh darüber. Bei fünf bewaffneten Gegnern, säßest du wahrscheinlich heute nicht mehr unter uns."

Die kleinen Inseln vor Guanajas Küste befinden sich im Privatbesitz. Auf Clark's Cay lebte Keith, ein pensionierter alter Herr. Zusammen mit seiner Frau, einer Architektin, hatte er sich ein kleines Paradies geschaffen. Keith lebte nun alleine mit seinen zwei Hunden, da seine Frau aus gesundheitlichen Gründen in die Vereinigten Staaten zurückgekehrt war. Auch er war ursprünglich mit einer Segelyacht eingetroffen.

„Das Segeln lernte ich auf einem alten deutschen Segelschiff, das nach dem Krieg konfisziert worden war", erzählte er. „Hier in Guanaja verkaufte ich es einem Deutschen, der es aus Unachtsamkeit am Ankerplatz versenkte."

Eine der Nachbarinseln, die Halbmond-Insel, teilten sich die Amerikaner Jack und Terry. Scheinbar hatten beide einen Grund, vorzeitig in Pension zu gehen. Der eine war Schönheitchirurg und der andere Börsenmakler. Dank einer Satellitensendeanlage konnte der Makler seinen Beruf weiter ausüben.

Auf dem ‚Hugo Cay‘ lernten wir Hugo kennen. Hugo hatte eine athletische Figur, war groß, blond und blauäugig. Daher tauften wir ihn ‚Adonis Hugo‘. Er teilte sich die Insel mit seinem Hund und gelegentlich mit zahlenden Gästen. Hugo lebte so, wie es sich ein Aussteiger erträumt. Dies mag auch seinen leicht verträumten Charakter erklären. Er genoß das Leben. Neben seinem Haus besaß er ein großes Meerwasserbasin in dem unter anderem Wasserschildkröten, Krabben, Langusten und Haie schwammen. Hugo lebte, wie alle Inselbewohner, weitgehend autark. Elektrizität wurde mit Windgeneratoren gewonnen und das Regenwasser in Zisternen gesammelt.

Außerdem lernten wir Jo kennen. Sein Vorleben muß mit viel Streß verbunden gewesen sein, denn seinem kleinen Hotel gab er den Namen: ‚Streßfrei‘. Dann stießen wir auf die Kolonie der Hänse. Sie waren natürlich alles Deutsche. Um Verwechslungen auszuschließen, wurden die Namen leicht geändert. Derjenige, der mit seiner Familie eine biologischen Farm betrieb, nannten wir wegen seiner langen Haare, Langhaar Hans. Den anderen nannten wir den Bayern Hans. Er war der ehemalige Pächter des Hofbräuhauses in München.

„Ich habe Ärger mit der Steuer bekommen“, erzählte er uns. „Daher gab ich mein Geschäft auf und ging mit meiner Frau segeln. In Guanaja ergab sich plötzlich die Gelegenheit, eine Insel zu kaufen. Also veräußerten wir unser Schiff und zogen an Land.“

Als ich sie auf ihrer idyllischen Insel besuchte, saß das Ehepaar gerade vor dem Fernseher und sah die Deutsche Welle via Satelliten. In seinem bayerischen Akzent sagte Hans: „Hier ist es fast wie zu Hause. Nur viel schöner und vor allem freier.“

Weil er der jüngste aller Hänse auf Guanaja war, nannte man ihn Hansito. Hansito hatte zusammen mit Partnern das Hotel Manati aufgebaut. Es war ein dreistöckiges Gebäude aus Holz. Der Bau war mit enormen Schwierigkeiten verbunden. Um Geld zu sparen, hatten sie das Holz auf dem Festland vorfertigen lassen. Beim Transport nach Guanaja ist dann leider das Transportschiff mit der Ladung gesunken. Daraufhin wurde das Holz unter abenteuerlichen Bedingungen geborgen und nach Guanaja gebracht. Das Hotel leitete Hansito zusammen mit einer sehr netten Ostdeutschen, für die das Leben und die Freiheit mit dem Mauerfall begannen. Ein weiteres Ferienhotel wurde von einem Italiener betrieben. Auch ein französisches

Ehepaar lernten wir kennen. Sie waren der Schönheit dieses Ortes erlegen, als sie hier mit ihrer Segelyacht landeten. Nun rackerten sie sich gerade dabei ab, ein Haus mit einem kleinen Hafen zu bauen.

Das Honduras Dreieck

Wir verlegten unseren Ankerplatz in die Nähe von Hansitos Hotel. Drei Tage wollten wir in Guanaja bleiben. Jetzt lagen bereits drei Wochen hinter uns. Freunde, mit denen wir im täglichen Funkkontakt standen, spotten:

„You have changed from cruising sailors to cruising anchors. We will have to come and save your souls."

Einige Tage später trafen sie ein. Die kanadische Segelyacht ‚Ragnar II‘ mit dem Kapitän Rudi und seiner Frau, Admiral Gusti, hatten wir auf der Insel Providencia kennengelernt.

„Schaut euch doch bitte einmal um", sagte ich bei ihrer Ankunft. „Die bewaldeten Berge, die farbenprächtige Lagune mit ihren Inselchen und da hinten Bonacca, das Venedig der Karibik. Außerdem liegen wir hier mitten im Dreieck zwischen dem Hotel Manati, einem Hausboot voller hübscher Mädchen und der schönsten Tränke der Karibik, nämlich die ‚Bar Horizonte‘. Dies ist das Pendant zum Bermuda Dreieck. Wer hier hineinsegelt, ist verloren."

Das Hotel Manati wurde unser gesellschaftliches Zentrum auf Guanaja. Hier konnten wir essen, trinken, reden und, das Wichtigste von allem, unsere Siestas in Hängematten verbringen. Am 19. Februar feierten wir Gregs Geburtstag. Es wurde ein turbulenter Abend, an dem viele der hier lebenden Ausländer teilnahmen. Einer der Hotelgäste gab eine beeindruckende Vorführung. Er konnte Feuer spucken und jonglieren. Seine waghalsigste Nummer, das Jonglieren mit fünf brennenden Fackeln, vollführte er zur vorgerückten Stunde. Der konsumierte Alkohol beeinträchtigte den Künstler ein wenig, denn gelegentlich flog uns einer seiner Fackeln um die Ohren. Hugo wartete mit einer besonderen Überraschung auf. Er überreichte Greg eine Schachtel voller Kekse. Wir wollten davon probieren.

Doch Hugo warnte: „Vorsicht Freunde! Dies sind keine normalen Kekse. Ich habe sie selbst gebacken und sie enthalten Berauschendes. Bitte eßt nicht mehr als ein Stück auf einmal."

Alle schienen zu wissen, worum es sich handelte.

Dennoch fragte ich: „Hugo, kannst Du mir bitte sagen, was an Keksen so berauschend sein soll?"

Grinsend antworte er: „Sie enthalten einige Krümel Marihuana."

Aus Neugierde probierte ich. Aber unser Freund muß sich in der Dosis vertan haben, denn im Gegensatz zu den anderen verspürte ich nichts. Den folgenden Abend verbrachten wir auf Hugos Insel. Mein Spott über seine Kekse beantwortete Hugo mit der Aufforderung, noch einmal davon zu probieren. Der Erfolg war durchschlagend. Anschließend wurde mir bestätigt, daß der Kapitän an jenem Abend ‚stoned‘ war.

Unser Bermuda Dreieck steckte voller Verführung. Zum einen war es die attraktive Ostdeutsche, die zusammen mit Hansito das Manati leitete. Das zweite Eck der Verführung befand sich auf der ‚Roten Laube‘. Dies war ein Hausboot, daß zum Hotel Streß-frei gehörte. Jo hatte es gerade unter viel Streß fertiggestellt. Seine ersten Gäste waren drei entzückende deutsche Urlauberinnen. Silke, Christiane und Reini beschlossen sofort, eine Housewarming Party zu veranstalten. Es wurde ein lustiges Fest. Das mit Palmzweigen dekorierte Hausboot machte seinem Namen alle Ehre. Wir tanzten und flirteten was das Zeug hielt. Ich beließ es beim Flirten, da die Erinnerung an meinen Fehltritt in Venezuela noch zu frisch war. Anders ging es unserem ‚Adonis Hugo‘. Er balzte wie ein Pfau, obwohl wir am Ende nicht wußten, wer wessen Charme erlag. Ob Hugo Reinis oder Reini Hugos. Auf jeden Fall zog Reini auf Hugos Insel. Liebe macht bekanntlich blind. Monate später erhielt ich die Nachricht, daß Hugo zu Reini nach Hamburg gezogen war. Auf der Suche nach dem Glück hatte er sein wunderbares Inselreich aufgegeben.

Die Bar Horizonte besaß eine magische Anziehung und entsprach allen karibischen Träumen. Sie stand über freiem Wasser auf Palisaden und ließ sich nur mit dem Boot erreichen. Einer der Stammgäste war Norman Taylor. Der alte Fischer hielt uns mit Geschichten in Bann. Er erzählte unter anderem über die harte Arbeit der einheimischen Krevetten- und Langustenfischer. Hier lernte ich auch die Meeresbiologin Sharon kennen. Sie hätte fast meine Reisepläne durcheinander gebracht. Sharon lebte in einem Haus, daß dem der Bar Horizonte ähnelte. Sie hatte sich gerade von ihrem honduranischen Freund getrennt und wollte nach Amerika zurückkehren. Ihr Haus sollte verkauft werden. Ein Blick genügte. Für mich glich ihre baufällige Holzhütte auf Pfählen einem Holzpalast. Der Ausblick auf die umliegenden Berge und Inseln war sagenhaft. Direkt daneben lag der geschützte Ankerplatz für die Segelyacht.

„Wieviel willst du dafür?“ fragte ich spontan.

„10.000,-- Dollar“, antwortete sie. „Aber ich habe es bereits jemandem zugesagt.“

Sharon hätte mir gern das Haus verkauft. Es stellte sich aber dann heraus, daß es auf den Namen des honduranischen Freundes eingetragen war. Scheinbar hatte sie vergessen, daß hier das Gesetz der Freibeuter gilt.

In der Horizonte Bar lernten wir auch die Amerikaner Bill und Maureen Miller kennen. Auch sie hatten sich hier eine Existenz geschaffen. Sie bewohnten ein schönes Haus, das sich an einem Berghang mit schönster Aussichtslage befand. Nach gescheiterten Ehen hatten sie endlich hier das ersehnte Glück gefunden. Bills Karriere als Krevetten- und Langustenfischer fand durch Sturm und Piraterie ein Ende.

„Versuche nie, mit einheimischen Fischern zu konkurrieren", riet er uns. Einmal jährlich organisierten sie den Besuch von amerikanischen Tierärzten.

„Auf Guanaja gibt es unzählige Hunde und Katzen. Daher bieten wir kostenlose Behandlung von Tieren und, vor allem, die Sterilisierung an", erzählte Maureen und fragte mich dann: „Wir brauchen noch ein paar Assistenten. Hättest du nicht Lust mitzuhelfen?"

„Natürlich", erwiderte ich: „Ich wäre sowieso lieber von Beruf Tiermediziner als Stahlwerker geworden."

Also volontierte ich. Meine Aufgabe bestand nicht nur darin, medizinische Instrumente zu reichen oder die Tiere festzuhalten, sondern auch dafür zu sorgen, daß die Tierärzte immer ein kühles Bier bei der Hand hatten. Der Ort der improvisierten Tierklinik war ideal gewählt. Es lag in der Disco, wo wir unsere Ankunft gefeiert hatten.

Tegucigalpa

„Brauchen wir für die Einreise in die Vereinigten Staaten ein Visum?" fragte ich am Telefon den Botschaftsangestellten.

„Auf jeden Fall, wenn sie mit einem Segelboot einreisen wollen. Sie müssen sich aber das Visum persönlich in der Botschaft holen."

Tags darauf flogen Greg und ich nach Tegucigalpa. Ich hatte ein ungutes Gefühl, als die Propellermaschine von Guanajas Flugstreifen abhob. Fred Stone hatte uns nämlich folgende Geschichte erzählt: „Am Ende der Startbahn gibt es einen kleinen Hügel. Ich besaß ein privates Flugzeug, mit dem ich einmal etwas überladen starten wollte. Den Hügel habe ich gerade noch überfliegen können. Aber dabei verlor ich soviel Fahrt, daß ich dahinter in die Mangroven stürzte. Kopfüber hing ich in den Gurten. Blut klebte an der Windschutzscheibe. Aber wie durch ein Wunder blieb ich unverletzt. Das Blut stammte nicht von mir, sondern von einer Schlange, die vom rotierenden Propeller zerfetzt worden war."

Die Maschine gewann an Höhe und bald schwebten wir über dem Festland. Zunächst überflogen wir riesige Bananenplantagen, dann folgte ein grandioses Gebirgspanorama.

In Singapur ging ich einige Male mit dem lebenslustigen Botschafter Honduras Wasserskilaufen. Auf meine Frage wie sein Land aussähe, erzählte er begeistert: „Honduras mußt du unbedingt kennenlernen. Es ist das schönste Land der Welt. Auf der einen Seite liegt der Pazifik, auf der anderen die Karibik. Die Küsten sind von Inseln gesäumt. Wir kennen alle Kontraste, tropische Küstenregionen und kühles Bergland. Unsere wesentlichen Exportprodukte sind Kaffee und Bananen."

Mit einem Blick auf seine hübsche honduranische Sekretärin fügte er schwärmerisch hinzu: „Aber wovon rede ich. Das beste von allem ist die Schönheit unserer Frauen und die Klänge der Musik."

Ich fragte ihn dann, wie viele Honduraner es in Singapur gäbe. Lachend antwortete er: „Inklusive meiner Sekretärin und mir sind es drei. Unsere Hauptaufgabe sind die Schiffsregistrierungen. Dieser Posten als Botschafter ist ideal, denn ich brauche nur drei Stunden pro Tag zu arbeiten. Dafür muß ich allerdings in dem spröden Singapur schmachten."

Diese Worte fielen, als wir gerade dabei waren, auf dem Strand eine Flasche Champagner zu genießen!

In Tegucigalpa, der Hauptstadt von Honduras, nahmen wir ein Taxi und ließen uns zur amerikanischen Botschaft fahren. Der Taxifahrer machte seinem Beruf alle Ehre. Er war sehr gesprächig. Von ihm erfuhren wir, daß in dem zweitgrößten Land Zentralamerikas annähernd sechs Millionen Menschen spanisch-indianischer Abstammung leben.

„Die Amerikaner mischen sich zu sehr in unsere Angelegenheiten", sagte er. „Deswegen haben Demonstranten die alte Botschaft in Brand gesetzt."

Die neue Botschaft glich einer Festung. Aber so unbeliebt konnten die Amerikaner doch nicht sein, denn der ganze Straßenzug stand voller Menschen, die ein Visum beantragen wollten. Greg und ich gingen direkt zum Wachmann und nannten den Namen des Herren, mit dem ich am Vortage telefoniert hatte. Wir wurden sofort eingelassen. Unser Mann in der Botschaft träumte sicher auch vom Segeln, sonst hätten wir nie die bevorzugte Behandlung erhalten. Von der Botschaft fuhren wir mit dem Taxi zu einem Freund Hansitos. Es war der vierte Hans, den wir in diesem Land kennenlernten. Hans Brüchmann lebte mit seiner Familie in Tegucigalpa und besaß ohne Zweifel das beste Restaurant dieses Landes. Es lag auf einem Berg mit einem sagenhaften Blick auf die Hauptstadt. Selten habe ich so eine spontane Gastfreundschaft erfahren. Hans lud uns zum Mittagessen ein.

„Jungens, ihr seht so ausgehungert aus", rief er, „ich werde euch schon das Richtige bestellen."

Uns wurde ein Berg von deutschen Delikatessen serviert. Nur mit Mühe konnten wir es verschlingen. Hans setzte sich mit einem Bier dazu und hörte sich unsere Geschichten an. Eines irritierte ihn allerdings: Gregs roter Zopf.

„Ich lade dich gern zu einem Friseur ein. In Honduras kostet das Schneiden der Haare weniger als einen halben Dollar", sagte er beschwörend.

Doch mein Freund winkte energisch ab: „Der Zopf ist mir heilig. Er gehört zum Beruf des Bootsbauers."

Während Greg noch am gleichen Tag nach Guanaja zurückkehrte, übernachtete ich bei Hans, da unsere Visa erst am folgen Morgen fertig wurden. So hatte ich das Vergnügen, die Tochter meines Gastgebers, die amtierende Miss Honduras, kennenzulernen.

Finale

Ursprünglich hatten wir drei Tage für Guanaja eingeplant. Daraus wurden dann sechs Wochen.

„Wenn wir Guatemala und Belize besuchen wollen, dann wird sich die Reise nach Europa um weiteres Jahr verlängern", klagte ich. „Brasilien und die Karibik konnten wir nicht links liegen lassen. Es hat sich gelohnt. Aber nun müssen einige Felder übersprungen werden, sonst verlieren wir unser Ziel."

Letzte Zweifel bekam ich, als ich erfuhr, daß eine von Guanajas Inseln für 50.000,-- Dollar zum Verkauf stand. Für den Preis bekäme man in den Großstätten Europas noch nicht einmal ein Studio. Hier hätte ich eine Insel mitsamt Haus haben können. Zum Glück kam mir dann ein anderer zuvor. Sonst wäre ich wahrscheinlich an jenem Ort geblieben. Mir wurde versichert, daß die Länder Zentralamerikas sehr freizügig mit Aufenthaltsgenehmigungen und Staatsbürgerschaften umgingen. Besonders dann, wenn dafür gezahlt, bzw. geschmiert wird.

Mit Amys Abschied begannen auch unsere Vorbereitungen zur Abreise. Drei Monate war sie zu Gast an Bord und hatte damit erfolgreich unser Männerterritorium gebrochen. Augenzwinkernd bat sie mich beim Abschied: „Versprich mir, daß du meinen Freund sicher in den Hafen nach Maine bringst."

Damals prophezeite ich, daß sich unsere Wege bald trennen würden.

Die Reise sollte in die nördlichen Breiten gehen. Für ein Schiff, dessen elektrischer Strom mit Solarpanelen gewonnen wird, gäbe es im Norden Probleme. Deshalb konstruierte ich mit Hilfe einer Lichtmachine einen riemengetriebenen Wellengenerator. Die notwendigen Teile wurden nach meinen Zeichnungen angefertigt. Der Generator funktionierte. Allerdings mußten wir mindestens sechs Knoten erreichen, bevor nennenswerter Ladestrom gewonnen wurde. Doch Greg beruhigte mich: „Im Nordatlantik gibt es mehr Wind als genug."

Während der letzten Tage vergegenwärtigten wir uns noch einmal der Naturschönheiten. Von den bewaldeten Berggipfeln genossen wir einen sagenhaften Blick auf das Meer mit seinen Lagunen und Inseln. Entlang der Küste dominierte noch die Natur und nicht, wie an so vielen karibischen Orten, häßliche Hotelbauten. Dies lag an den Sandfliegen, die fast alle Besucher in die Flucht treiben. Die Schönheit Guanajas setzte sich auch unter Wasser fort. Die Tauchgründe entlang der steil abfallenden Nordküste verdienen fünf Sterne.

Dem flüchtigen Besucher entgehen jedoch die Schattenseiten des hiesigen Lebens. Wir bemerkten dies, als wir zur Weiterreise unnötigen Ballast abwerfen wollten. Daß wir den Windsurfer und ein Teil unserer Tauchausrüstung verkaufen konnten, wunderte uns nicht. Dagegen aber, daß sich für unser 12schüssiges Schrotgewehr sofort ein Abnehmer fand. Außer der latenten Gefahr durch Einbrecher, gab es scheinbar zwischen einigen Glückssuchern heftige Konflikte. Selbst vor so einem paradiesischen Ort, macht eine der niederträchtigsten menschlichen Eigenschaften nicht halt: der Neid!

Berechtigt stellte sich die Frage: „Was nutzt einem die Flucht aus der Heimat, wenn man hier nur noch mit der Waffe unter dem Kopfkissen schlafen kann?"

In der Bucht, in der wir ankerten, lag das Wrack eines halb versunkenen Luxusschiffes. In der Bar Horizonte erfuhren wir, daß es absichtlich versenkt und ausgeschlachtet worden war. Greg und ich inspizierten das Wrack und fanden zu unserer Freude, daß die Plünderer noch etwas vergessen hatten. Die 1 ½ Zoll dicken Decksplanken bestanden aus Teakholz. Wir bedienten uns so gut es ging, denn früher oder später müßte ich einmal *Ryuseis* Deck renovieren.

Nie fiel uns ein Abschied schwerer. Aber dann, als der Entschluß stand, konnten uns weder Gegenwind noch rauhe See aufhalten. Unsere deutsch-kanadischen Freunde auf ‚Ragnar II' schüttelten den Kopf.

Mit den Worten: *„We prefer to face the devil, than to stay foerever!"* setzten wir die Segel.

Piraterie auf Roatan

Noch vor Einbruch der Dunkelheit erreichten wir French Harbour auf Roatan. Im Gegensatz zu Guanaja war die Insel Roatan vom Fremdenverkehr dominiert. Aber das störte uns wenig, da wir hier nur eine kurze Zwischenstation einlegen wollten.

Greg begleitete mich in der Absicht, in der Karibik eine Arbeit zu finden. „Irgendwo wird sich doch eine klassische Segelyacht finden, dessen Eigner genug Geld zum Renovieren hat", sagte er damals. Seither suchten wir nach dem geeigneten Projekt. Oft zog ich Greg auf, wenn wir zufällig am Strand einige verrottete Schiffsplanken liegen sah. „Es fehlt nur noch der Geldgeber. Dann könntest du aus diesen Planken das Schiff wieder auferstehen lassen." In Roatan wurden wir erstmalig fündig. Es war ein über dreißig Meter langes Holzschiff, daß von Grund auf neu renoviert werden sollte. Der Zufall wollte es, daß ich den Besitzer, einen deutschen Kapitän, im Yachtklub von French Harbour kennenlernte.

„Brauchen sie für ihr Projekt nicht noch einen fähigen Bootsbauer?" fragte ich ihn sofort.

„Eigentlich schon. Aber das muß mein Projektmanager entscheiden", antwortete er.

Nach dem Motto „Klappern gehört zum Geschäft", tippten wir einen tabellarischen Lebenslauf, der sich sehen lassen konnte. Greg bekam eine Zusage. Er hätte sofort anfangen können, da das Schiff unter Höchstdruck fertig werden sollte.

Doch nachdem er es begutachtet hatte, meinte Greg: „Wer dieses Schiff renovieren will, muß im Geld schwimmen. Außerdem bin ich mir sicher, daß die Renovierung doppelt soviel Zeit beanspruchen wird, wie geplant. Da kann ich mit dir noch gemütlich nach Maine segeln und anschließend die Stelle annehmen."

Um den Deal zu besiegeln, lud ich den Besitzer zusammen mit seinem Schiffsarchitekten auf eine kurze Segeltour ein. Wir kreuzten gegen eine steife Brise mit der Reling im Wasser. Der Kapitän stand am Ruder, ließ sich die Gischt um die Ohren fliegen und träumte wohl von der Fertigstellung seines Schiffes.

Glücklicherweise änderte sich dann aber Gregs Lebensweg. Wie ich später erfuhr, wurde das Projekt nie zu Ende gebracht. Angeblich seien erhebliche Geldsummen vom Projektmanager in Honduras veruntreut worden.

Wiederum zeigte sich, daß Piraterie, wenn auch in moderner Form, auf den honduranischen Bay Inseln seit den Zeiten von Henry Morgan weiterlebte.

MEXIKO UND KUBA

Ruhe vor dem Sturm

310 Meilen trennten uns von unserem nächsten Ziel, der Isla Mujeres im Nordosten der mexikanischen Halbinsel Yucatan. Kaum verloren sich die Berge der Bay Inseln am Horizont, verließ uns der Wind. „Gibt es in diesem Teil der Karibik einen Kalmengürtel?" fragten wir unsere Freunde über Funk. ‚Runaway' und ‚Compadre', die bereits im Pazifik segelten, versicherten uns, daß dem nicht so sei. Eher warnten sie vor dem sogenannten Norder, einem Nordweststurm, der um diese Jahreszeit die Region heimsucht. Gegen Abend setze der Wind wieder ein. Er drehte von Ost auf Nordost. Eine Nacht lang segelten wir hoch am Wind. Aber dann dümpelten wir, wie zuvor, in der Flaute. Eine dunkle Wolkenfront zog auf. Greg, der schon immer das beste Gespür für das Wetter besaß, warnte: „Dies könnte die Ruhe vor dem Sturm sein. Laß uns das Großsegel einholen."

Der Wind setzte mit einer unverhofften Wucht aus Norden ein. Bevor wir reagieren konnten, lag *Ryusei* auf der Seite. Wir drehten bei und refften das verbleibende Vorsegel. Vierzig Knoten Windgeschwindigkeit ist nichts ungewöhnliches. Aber wenn der Wind auf eine entgegengesetzte Meeresströmung trifft, dann wird es höllisch. Innerhalb weniger Minuten kam das Meer ins Schäumen. Die Gischt flog horizontal und bald brachen die Wellen über das Deck. Wir konnten nichts anderes tun, als mit gerefftem Vorsegel die Fahrt fortzusetzten. Fünf lange Stunden wurden wir malträtiert. Dann drehte der Wind auf Nordost und legte sich wieder. In den frühen Morgenstunden überquerten wir den zwanzigsten Breitengrad. Dies ließ uns bewußt werden, daß wir uns auf die kälteren Regionen zubewegten. Eine weitere Naturerscheinung lies uns aufschrecken. Auf etwa fünf Meilen Entfernung sahen wir die Windhose eines Tornados. Zwischen der Meeresoberfläche und den Wolken bildete sich eine dunkle, spiralförmige Säule. Entgegen unserer Neugierde, spürten wir nur noch den Wunsch, das Weite zu Suchen. Ohne Motor und günstiger Meeresströmung wäre uns dies schwer gefallen.

Mexiko in 24 Stunden

Vom größten Land Mittelamerikas, interessierte uns nur der Besuch der Halbinsel Yucatan. Hier wollten wir die Ruinen einer faszinierenden Kultur kennenlernen. Chichen Itza, Tumal und Uxmal repräsentieren die bekanntesten Überreste des Maya Reichs, daß sich von Yucatan bis nach Honduras erstreckte. Im Yachthafen der Insel Mujeres wollten wir *Ryusei* für die Dauer unserer Landreise parken. Leider machten wir die Rechnung ohne den Wirt, beziehungsweise den mexikanischen Immigrationsbehörden. Vorschriftsmäßig wollten wir in Mujeres einklarieren. Beim Hafenmeister gab es keine Probleme. Als ich aber Gregs und meinen Reisepaß dem Immigrationsbeamten vorlegte, gab es Krach. Dem unverständlichen spanischen Wortschwall konnte ich nur eines entnehmen: „Südafrikaner benötigen ein Visum. Ohne Visum einzureisen, ist illegal und strafbar."

Da ich spürte, daß sich dieses Problem nicht allein durch etwas Bakschisch beheben ließe, antwortete ich: „Wir wollen doch gar nicht einreisen. Wir sind nur hier, weil wir einem drohenden Unwetter ausweichen mußten und weil wir dringend Treibstoff benötigen. Solange sich mein südafrikanischer Freund an Bord befindet, haben wir das Gesetz ja nicht verletzt."

„Dann müssen sie eine entsprechende Erklärung beim Hafenmeister machen. In der Zwischenzeit behalte ich ihre Pässe ein."

Mit einem unguten Gefühl verließ ich das Büro. Gegen eine Gebühr von dreißig Dollar tippte der Hafenmeister ein Schreiben, in dem er unter Bezugnahme auf das Seerecht, unseren Aufenthalt zum Bunkern von Wasser und Treibstoff rechtfertigte. Mit diesem Schreiben hatte ich mehr Erfolg. Allerdings insistierte der sture Beamte darauf, bis zur Abreise unsere Pässe einzubehalten.

„Wir wollen bereits in den frühen Morgenstunden absegeln. Aber sie öffnen doch erst ab zehn Uhr", sagte ich, da ich dem Mann zutraute, er könne sich bis zum nächsten Tag weitere Schikanen einfallen lassen. Dann blieb ich geduldig sitzen und wartete auf die Herausgabe der Pässe. Leider versagte der Trick. Ich verließ schließlich das Büro – kurz bevor ich hinausgeworfen wurde.

„Wenn wir schon die Überreste der Maya-Kultur nicht besuchen dürfen, dann sollten wir uns wenigsten hier ein wenig umschauen", fanden Greg und ich.

Dann stürzten wir uns bis in die frühen Morgenstunden in das Nachtleben der Touristeninsel Mujeres. Mit gefüllten Treibstoff- und Wassertanks verließen wir Mexiko nach weniger als 24 Stunden.

Das Boot ist voll!

Kaum ein anderes Land erfüllte uns mit größerer Neugier als unsere nächste Destination: Kuba.

Im berüchtigten Kanal von Yucatan erlebten wir einen rauhen Seegang. Aber die Windverhältnisse waren ideal und eine günstige Meeresströmung half uns. Oft erreichten wir laut GPS Geschwindigkeiten von über zehn Knoten über Grund.

Die Nachtruhe wurde sehr kurz, da wir nur noch zu zweit segelten. Wiederum fragte ich mich, was Menschen dazu bringt, alleine zu segeln. Ist es etwa eine Art Erfolgsrausch, die sich einstellt, wenn man sich den Naturgewalten stellt? Ist er wach, muß der Einhandsegler an Müdigkeit leiden, schläft er, quälen ihn sicher Angstgefühle. Der Alptraum durch Kollision oder Strandung ums Leben zu kommen, kann für sie schnell Realität werden.

Ich befürchtete schon das schlimmste, als mich früh morgens ein markerschütterndes Kreischen aus dem Tiefschlaf riß. In Panik stolperte ich die Stufen des Niedergangs hinauf.

„Was ist los?" rief ich.

„Ein Flugzeug hat uns fast den Mast gekappt. Ich glaube es ist die amerikanische Küstenwache", antwortete Greg. „Sie kommen zurück."

Im Hintergrund sah ich, wie die viermotorige Propellermaschine wieder an Höhe gewann und sich in die Kurve legte. In dem Moment hörte ich eine Stimme aus dem Lautsprecher des Funkgeräts:

„*Sailing vessel, Sailing vessel – This is the American Coast Guard plane – Please identify yourself - Over*"

Bevor ich antworten konnte, wurde diese Nachricht wiederholt.

„*Coast Guard – Coast Guard – This is the captain of the Sailing vessel heading east.*" Da es sechs Uhr früh war, konnte ich mir nicht verkneifen ihnen erst einen ‚Guten Morgen' zu wünschen, bevor ich fortfuhr:

„*The name of our sailing vessel is RYUSEI - **R**omeo **Y**ankee **U**niform **S**ierra **E**cho **I**ndia – registered in Hong Kong – two persons on board – one South African whose Name is Greg Friedrichs – one German owner and skipper whose name is Ralph von Arnim – last port of call: Island Mujeres in Mexico – Destination Havana in Cuba – Over*" Während ich redete, drehte die Maschine ab und entfernte sich.

Die Antwort war knapp: „*Roger - Thank you - American Coast Guard over and out.*"

Das wachsame Auge der Vereinigten Staaten hatte uns erfaßt. Wovor fürchtet sich eine solch mächtige Nation, daß sie bereits harmlose Segelboote auf hoher See belästigt? Offensichtlich ist es das Schmuggeln von

Drogen aus Ländern wie Kolumbien. Möglicherweise standen wir sogar seit unserem Aufenthalt in Cartagena auf der Liste der Drogenfahnder.

Aber es gab einen viel aktuelleren Grund:

Während eines Rückfluges nach Europa erfuhr ich aus erster Hand davon. Im Flugzeug saß ich zufällig neben einer amerikanischen Fernsehjournalistin, die an einer Konferenz für Flüchtlingsfragen der Unesco teilnehmen sollte. Sie war kubanischer Abstammung. Was ich von ihr erfuhr, schockierte mich:

„In meinem Heimatland Kuba leiteten Che Guevara und Fidel Castro 1959 eine sozialistische Revolution ein. Grundbesitz wurde enteignet und Oppositionelle brutal verfolgt. Meine Familie kam mit der ersten von mehreren Flüchtlingswellen nach Florida. In der Hoffnung, Castro in die Knie zu zwingen, verhängten die Vereinigten Staaten ein Embargo über Kuba. Aber Rußland gab Unterstützung, da sie in Kuba einen idealen Vorposten ihres Einflußgebietes sahen. Dreißig Jahre nach Castros Machtübernahme zerfiel das Sowjetimperium. Wegen der nun ausbleibenden Hilfe, verschlechterte sich Kubas ohnehin desolate wirtschaftlich Lage noch mehr. Die Not kreierte eine neue Flüchtlingswelle. Tausende von Menschen stachen mit baufälligen Flößen in See, in der Hoffnung, daß sie der Wind und die Meeresströhmung zum amerikanischen Festland treiben würde. Nur wenige hatten Glück. Viele Menschen ertranken, verhungerten oder verdursteten unter dramatischen Umständen. Die meisten wurden von der amerikanischen Küstenwache abgefangen und zu ihrem Marinestützpunkt auf Kuba gebracht. Ich kümmere mich aktiv um die Flüchtlinge. Die Schicksale von Hunderten von Menschen habe ich dokumentiert und werde sie demnächst veröffentlichen."

Als Beispiel beschrieb sie das Schicksal eines jungen Mädchens, das zusammen mit ihren Eltern und Geschwistern auf einem Floß aus leeren Ölfässern flüchten wollte. Als Segel verwendeten sie Bettlaken. Ein Sturm kam auf, das Floß zerfiel, und vor den Augen des Kindes ertranken alle Familienangehörigen. Durch Zufall wurde sie von der amerikanischen Küstenwache gerettet.

Abschließend beschwor mich die Journalisten: „Bitte versprache mir, jeden Flüchtling zu retten, den du auf dem Meer treiben siehst. Haltet euch auf keinen Fall an die Anweisung der Küstenwache, kubanischen Flüchtlingen ihrem Schicksal zu überlassen."

Zu jenem Zeitpunkt wurde mir bewußt, daß die Meerenge zwischen Florida und Kuba eine ähnliche Funktion einnahm, wie die ehemals todbringende Grenze zwischen Ost- und Westdeutschland. Nur mit dem Unterschied, daß damals der Westen jeden Flüchtling aufnahm. Amerika hatte jedoch genug von Kubanern. Sie fanden wohl, daß ihr ‚Boot' voll war. Daher wurden die Flüchtigen in ihr Heimatland zurückgeschickt.

Daß auch die Kubaner auf Draht waren, erlebten wir am folgenden Morgen. Wir befanden uns etwa 15 Seemeilen vor der Küste Kubas, als sich in der Dämmerung ein unbeleuchtetes Küstenwachschiff von hinten näherte. Dann nahm es plötzlich Kurs in Richtung Kuba und verschwand in einer Rauchwolke. Wenig später sichteten wir die Skyline von Havana und setzten vorschriftsmäßig die Flaggen für unsere bevorstehende Landung.

Willkommen in Kuba

Auf Anweisung des Hafenmeisters, legten wir in der Einfahrt des Hemingway Marina am Dock der Küstenwache an. Ein unformierter Herr stand am Pier. Sobald unsere Leinen festgemacht waren, kam er an Bord. Höflich stellte er sich vor: „Ich bin der Inspektor der Gesundheitsbehörde. Willkommen in Kuba." Dann schaute er mir in die Augen und fragte: „Wie fühlen sie sich?"

„Gut", antwortete ich.

„Perfekt", konterte er und begab sich mit uns in die Kabine. Dort begann er seine Dokumente auszufüllen.

Da es sehr heiß war, bot ich ihm ein Bier an. Dankbar akzeptierte er, ließ uns die Dokumente unterzeichnen und machte sich wieder auf den Weg. Die nächste Delegation stand bereits in Warteposition. Mehrere Herren der Zollbehörde begaben sich an Bord. Wiederum waren sie, für Beamte ungewöhnlich freundlich. Sie schauten sich neugierig um und ließen sich dann in der Kabine nieder. Ich griff in den Kühlschrank und teilte eine Runde Bier aus.

Unweigerlich stellte dann doch einer die Frage: „Haben sie etwas anzumelden?"

„Nein, nicht, daß ich wüßte", antwortete ich gutgläubig.

„Auch keine Pornographie?"

„Leider nein."

„Schade, wir hätten gern etwas gesehen."

„Wir haben zwar keine Pornographie. Aber vielleicht interessiert sie unsere Kollektion an Präservativen."

Ich öffnete unsere Bordapotheke und holte eine kleine Kiste hervor, die ich in einer amerikanischen Condomeria erstanden hatte. Alle Farben, Formen und Geschmacksrichtungen waren vertreten. Unsere Zöllner waren begeistert. So etwas hatten sie noch nie gesehen. Jeder pickte sich einen heraus.

Der verbleibende Papierkrieg ging nun reibungslos. Jedesmal wenn eine Delegation von Bord ging, wartete die nächste bereits am Pier. Bis auf die Vertreter der Küstenwache waren alle Beamten sehr freundlich und effizient. Als das Einklarieren abgeschlossen war, zogen wir Resüme.

Vertreter von sieben verschiedenen Institutionen hatten wir an Bord: Gesundheitsbehörde, Zoll, Immigration, Küstenwache, Veterinärbehörde, Quarantäne- und Landwirtschaftsbehörde sowie Verwaltung des Marinas. 16 Dokumente waren auszufüllen, zehn Biere wurden konsumiert und vier farbige Kondome verteilt. Eines hatte sich beim Enklarieren gezeigt: Kubas Behörden schlugen alle Rekorde und *Ryuseis* Stempel kam zum Dauereinsatz.

Ryuseis Siegel

„Willkommen in Kuba! Wir möchten sie heute abend zu einer Fiesta einladen. Es findet im Hotel ‚The Old Man and the Sea' statt." Mit diese Worten begrüßte uns zwei junge Frauen, die sich als die Entertainer des Hotels vorstellten, als wir mit *Ryusei* an dem uns zugewiesenen Platz anlegten. Greg und ich waren begeistert. Selten sind wir so begrüßt worden.

Der Yachthafen ‚Hemingway Marina' stammte noch aus der Zeit des Batista-Regimes und war kürzlich erst renoviert worden. Der hervorragende Service bewies, wie sehr sich Kuba bemühte, ausländische Besucher anzulocken.

Beim Mittagessen erlebten wir, daß hier für Touristen in anderen Dimensionen gerechnet wurde. Im Restaurant des Marinas zahlte wir für einen einfaches Gericht mit gebratenem Hühnchen und Salat den vier- bis fünffachen Preis von Honduras. Mit annähernd 10,- US$, entsprach der Preis weit mehr, als dem monatlich frei verfügbare Einkommen eines Kubaners!

Henrys Kuba

‚Lady of Spain's' Mannschaft verführte uns zu einer Rundfahrt. Greg hatte die ‚Lady of Spain' zwischen den großen Segelyachten im Marina sofort als eine Holzyacht des Schiffsarchitekten Laurent Giles erkannt. Es war eine kleine aber seetüchtige Segelyacht der Virtue Klasse. Darauf bereisten das englische Paar Beth und Ben den Atlantik. Nach zwei abenteuerlichen Jahren stand auch für sie die Rückreise nach Europa an. Beth und Ben waren uns auf Anhieb sympathisch. So kam es, daß wir Kuba gemeinsam erkundeten.

Der Kubaner Henry sprach ausgezeichnet englisch und wollte sich als Chauffeur und Touristenführer Geld verdienen. Henry zeigte uns die reale – nicht die offizielle – Version des kubanischen Lebens. „Ihr müßt wissen, daß für mich diese Tätigkeit strafbar ist", erklärte er, bevor wir abfuhren, „Falls wir angehalten werden, müssen wir so tun, als wäre ich in meinem Privatwagen mit ausländischen Freunden unterwegs."

Außerhalb des Yachthafens, öffnete sich uns eine neue Welt. Im spärlichen Verkehr sahen wir amerikanische Fahrzeuge einer vergangenen Epoche. Herrschaftliche Villen säumten die Straße zur Innenstadt Havanas. Aber sie waren in einem unglaublich verwahrlosten Zustand. Der Stadtkern sah eher noch zerfallener aus. Alles war grau in grau. Die Fassaden bröckelten, die Straßen waren voller Löcher und elektrische Leitungen hingen wie Spaghetti von den Hauswänden. Doch ließ sich der Glanz der alten Zeiten erahnen. Vor dem Zerfall muß Havana grandios gewesen sein. Henry nickte zustimmend, als ich bemerkte: „Mir scheint, diese Stadt hat seit der Revolution keinen Tropfen Farbe mehr gesehen."

So deprimierend das Stadtbild auch war, um so farbiger und lebendiger erschienen uns die Menschen. Sie trotzten ihrer traurigen Umwelt. Vor den Läden standen die Menschen Schlange, obwohl die Auslagen so gut wie nicht existent waren. Mich erinnerte das Bild sehr an die Zeit meiner beruflichen Tätigkeit in China und dem sozialistischen Jugoslawien. Aber auch in Ostdeutschland und Ungarn erlebte ich ähnliches. Sowohl dort wie auch hier, hatte ich den Eindruck, als befände ich mich auf einer Reise in die Vergangenheit. Eine Reise in ein Land, in dem seit Jahrzehnten die Zeit still zu stehen schien. Der reine Kapitalismus ist abschreckend, da sich zum Schluß aller Besitz auf wenige konzentriert, während die allgemeine Bevölkerung zu kurz kommt. Aber nach all dem, was ich in meinem Leben gesehen habe, inklusive meines ersten Eindrucks von Kuba, wurde mir klar: Die sozialistische bzw. kommunistische Planwirtschaft funktioniert noch weniger. Sie krankt an dem Faktor Mensch, dem naturgemäß sein eigenes Hemd am nächsten liegt. Das läßt sich auch nicht durch Propaganda ändern, mit dem die Menschen in diesen Ländern berieselt werden. Nutznießer sind die Machthaber, die im sozialistischen Regime die Stellung der Kapitalisten übernommen haben.

Es wäre zu viel, hier alle unsere Eindrücke wiederzugeben. Es ist eine andere Welt. Man muß es einfach erleben. Auf der einst beliebtesten Einkaufsstraße ‚Galiano' blühte an jenem Tag der Straßenhandel. „Bitte schön – Endlich gibt es etwas zu kaufen", stellten wir erfreut fest. Aber Hernry konterte: „Ja, aber all dies ist Schwarzhandel."

Zur Mittagszeit schlug Henry vor, Essen zu gehen.

„Wir haben zwei Möglichkeiten. Entweder ein überteuertes Touristenrestaurant oder eine illegales, privates Restaurant. Was zieht ihr vor?"

Die Frage erübrigte sich. Wenig später parkte er in einem abgelegen Wohnviertel. Henry klopfte an einer Tür. Sie öffnete sich einen Spalt, er flüsterte etwas und schon wurden wir eingelassen. Man führte uns durch das Haus zu einem gepflegten Garten mit Tischen. Hier kam es uns vor, als seien wir außerhalb von Kuba. Angebot, Preis und Service stimmten. Und dies in einer sehr angenehmen Atmosphäre.

„Henry, kannst du uns bitte ein wenig über dein Land und Leben erzählen?" fragten wir, sobald das kühle Bier vor uns stand.

„Natürlich", erwiderte er, „Kuba ist die größte Insel der Karibik. Etwa zehn Millionen Menschen leben hier. Davon sind etwa drei Viertel Weiße und der Rest Schwarze sowie Mischlinge. Erster europäischer Besucher war Kolumbus im Jahre 1492. Damals lebten nur die Arawak-Indianer auf Kuba. Dann kamen die Spanier, begannen den Anbau von Zuckerohr und brachten afrikanische Sklaven hierher. Nach dem Unabhängigkeitskrieg im Jahre 1901 kam Kuba unter das Protektorat der Vereinigten Staaten bis zur Revolution unter Fidel Castro. Anschließend protegierte uns die Sowjetunion."

Möglicherweise tat das Bier sein Wirkung, denn Henry ergänzte emotionsgeladen: „Kuba ist ein geschlagenes Land. Erst mißbrauchten uns die spanischen Kolonialherren. Dann, nach der Unabhängigkeit, wurde es von raubenden und mordenden Verbrechern dominiert und schließlich kam die Revolution im Jahre 1959. Was diese in 36 Jahren erreicht hat, könnt ihr ja mit eigenen Augen sehen."

Das Essen unterbrach unser Gespräch. Es gab geröstetes Fleisch mit schwarzen Bohnen, Reis, gebratene Bananen und einen kleinen Salat. Es schmeckte köstlich.

Anschließend setzten wir unsere Stadtrundfahrt fort. Wir besuchten den Platz, wo Fidel Castro seine Propagandareden präsentierte. Dann ein großes Luxushotel aus den zwanziger Jahren und schließlich die Kunstakademie.

Die Architektur der Gebäude war sensationell, obwohl der Komplex sehr vernachlässigt erschien. Hier ergänzte Henry seine Ausführungen:

„Seitdem die Unterstützung Rußlands ausgefallen ist, befindet sich Kuba in einer desolaten Situation. Die Bevölkerung vegetiert am absoluten Lebensminimum. Mit den uns zustehenden Nahrungsmittelrationen kommen wir kaum über die Runden. Das uns frei zur Verfügung stehende Gehalt beträgt im Durchschnitt fünf US–Dollar pro Monat. Es gibt keinen Anreiz zu arbeiten, weil die Bezahlung so lächerlich gering ist. Das ganze Volksvermögen wird für Militär sowie für die aufgeblähte Staatsbürokratie ausgegeben. Da ist es kein Wunder, daß die Schwarzarbeit und der Schwarzhandel blühten. Die vielen privaten Restaurants, Taxis, Touristenführer, Schwarzmärkte und die florierende Prostitution beweisen dies. Teilweise wird es toleriert. Trotzdem lebt jeder in der Furcht, erwischt zu werden. Opposition wird systematisch unterdrückt. Freie Meinungsäußerungen und freies Reisen gehören leider nicht in unsere Welt."

Uns beeindruckte die offene Sprache des Kubaners. Ich fand Henry sehr sympathisch. Sein Charakter glich eher dem eines Universitätsprofessors, als dem eines Chauffeurs oder Touristenführers.

„Was ist eigentlich dein Beruf?" fragte Ben.

„Ich bin ein in Rußland ausgebildeter Elektroniker spezialisiert auf Raketentechnologie. Ich spreche Spanisch, Russisch und Englisch. Trotz dieser Qualifikationen und meiner relativ gut bezahlten Arbeitsstelle, kann ich meine Familie nicht ernähren. Daher brauche ich einen illegalen Nebenverdienst. So kann ich wenigstens die nötigen Lebensmittel auf dem Schwarzmarkt beschaffen. Ich bin fünfzig Jahre alt und war über dreißig Jahre begeisterter Anhänger Castros. Leider habe ich erst jetzt realisiert, daß ich mein Leben verschwendet habe. Castro kann wunderbar reden. Aber den Reden folgten keine Taten, sondern eher noch mehr Repressalien. Was ist aus all den Versprechungen geworden? Das Embargo der Vereinigten Staaten lasse ich nicht als Entschuldigung gelten. Nur die Parteibonzen haben in all den Jahren profitiert. Der Kapitalismus kann nicht schlimmer sein. Erst als die Bürger anfingen unter fast selbstmörderischen Bedingungen aus dem Land zu fliehen, hat Castro die Situation ein wenig entschärft, indem er den Schwarzhandel toleriert. Fidel Castro fürchtet mit Recht um sein Leben. Er tritt immer weniger in der Öffentlichkeit auf. Deswegen pendelt er, aus Sicherheitsgründen, zwischen seinen fünfzig Wohnsitzen umher."

„Wie kann er sich denn so lange an der Macht halten?" fragten wir Henry.

„Laßt euch von meinem Gerede nicht täuschen. Castro besitzt noch viele Anhänger. Sonst wäre er nicht mehr an der Macht."

Am folgenden Tag fuhren wir mit Henry aufs Land hinaus. Wir sahen wogende Zuckerrohr- und Tabakfelder. Dann gelangten wir in ein bewaldetes Gebirge mit Bächen und Wasserfällen. Diese Naturschönheiten vertrieben die düsteren Gedanken.

Kubaner bei ihrer Lieblingsbeschäftigung.

Die Summe aller Laster

In Kuba kommt man mühelos auf die Summe der bekanntesten Laster, nämlich: Sex , Tabak und Alkohol.

Die Kubaner haben eine liberale Einstellung zum Sex. Nicht umsonst galt Havana vor der Revolution als beliebtestes Freudenhaus der Welt. Wer die attraktiven Menschen, insbesondere die kubanischen Frauen, sieht und dazu gleichzeitig die alte kubanische Musik hört, kann sich vorstellen, was sich damals in Havanas Nachtleben abspielte. Der heißblütige Charakter der Kubaner sowie die wirtschaftliche Not haben das alte Laster wieder aufblühen lassen. Überall bekamen wir zweideutige Angebote. Am Pier des Yachthafens, von den Balkonen der Stadt und erst recht in den Bars oder Discotheken. Ausländer galten unter den Einheimischen als lukratives Freiwild. Die Motivation ist vielseitig: Abwechslung vom öden Alltag, sexuelle Lust, materielle Vorteile und die Chance durch die Liaison mit einem Touristen ins Ausland zu gelangen. Letzteres war sicher das wichtigste Motiv. Für mich war das kein Neuland. In China, wo ich im Stahlwerk arbeitete, gab man uns Ausländer sogar den Beinamen ‚Flugticket‘, denn wenn jemand einen Ausländer heiratete, erhielt er das Flugticket für die Freiheit.

331

Fidel Castro und Kuba wären ohne Zigarren nicht vorstellbar. Das Rauchen von Zigarren ist eine kultivierte Angelegenheit. Schon die Größe der Zigarre gebietet, im Gegensatz zu einer Zigarette, Respekt. Sie zeichnet gewisse Menschen, wie beispielsweise Winston Churchill oder Ludwig Erhard, aus.

Bekanntlich haben besonders die großen Firmenbosse und Börsenmakler eine Faible für Zigarren entwickelt. Als wir über dieses Thema diskutierten, stellte ich fest: „Kubanische Waren sind doch in den Vereinigten Staaten verboten. Wie wäre es, wenn wir auf der Wall Street in New York die Reisekasse mit dem Verkauf kubanischer Zigarren aufbessern?"

Also wurde beschlossen, auf dem Schwarzmarkt Zigarren zu kaufen. In der Innenstadt Havanas gab es Gelegenheit genug. Wir wurden ständig von bettelnden Menschen belästigt. Aber dann näherte sich ein Kubaner, sah mir in die Augen und flüsterte: „Zigarren?" Ich nickte und folgte ihm in eine Seitengasse, wo wir über die Ware und den Preis sprachen. „Cohiba und Romeo & Julieta. Aber nur beste Ware", verlangte ich und tat so als sei ich ein Spezialist.

„Folge mir, hier ist es zu gefährlich", sagte der Mann. Gegen meinen Instinkt folgte ich ihm. Er führte mich um mehrere Ecken. Die Gassen wurden immer enger und dunkler. Schließlich gelangten wir in den Innenhof eines zerfallenen Hauses. Im hinteren Eck erklommen wir eine baufällige Treppe bis zum Dachgeschoß und betraten eine winzige Wohnung. Es war offensichtlich, daß sich eine mehrköpfige Familie diese Behausung teilte. Mir war mulmig. Spätestens jetzt glaubte ich, eine Keule über den Kopf gezogen zu bekommen. Aber dann wurde ein Schrank beiseite gerückt und Zigarrenschachteln hervorgezogen. Sie waren höchstwahrscheinlich illegal beiseite geschafft worden. Ich deutete auf eine Schachtel COHIBA und verlangte einen Test, ohne zu wissen wie man so etwas macht. Der Mann öffnete die Verpackung, entnahm eine Zigarre und zwirbelte diese zwischen seinen Händen hin und her, um zu beweisen, daß kein Tabak herausrieselt. Dann bog er die Zigarre in U-Form, ohne daß sie brach.

„Nur gute Qualität kann so einer Behandlung standhalten", dachte ich und kaufte gleich mehrere Schachteln Zigarren. Jede kostete 25 Dollar. In Europa wäre dies der Preis für jede einzelne Zigarre.

Im zweiten Anlauf ließ ich mir die Zigarrenkisten an Bord bringen. Dort konnte ich frei testen und wählen – und dies ohne das Gefühl der Keule im Nacken!

Alle genannten Laster können tödlich enden. Besonders dann, wenn das Maß verloren geht. Dies zeigt sich, vor allem, beim Genuß alkoholischer

Getränke. Alkohol bringt jährlich mehr Menschen um, als jede andere Droge. Jeder kennt doch mindestens einen Fall im Familien- oder Freundeskreis. Welches Risiko wir während unserer Seereise mit diesem Elixir bzw. Droge eingingen, erlebten wir eines abends an Bord von Bobs Segelyacht. Er reiste allein, hatte aber zu jener Zeit seinen Sohn und dessen Verlobte zu Besuch. Auf die Frage, ob er ein Bier oder einen dem Land gebührenden Cuba Libre trinken wolle, antwortete er: „Bitte lieber ein Cuba ohne Libre, das heißt ein Coca-Cola. Da ich Alkoholiker bin, darf ich keine alkoholischen Getränke mehr zu mir nehmen." Daraufhin erzählte er uns in wenigen Worten seine Lebensgeschichte. Die Alkoholsucht hatten ihn den Beruf, die Familie und fast das Leben gekostet. „Die Gesellschaft der anonymen Alkoholiker hat mich gerettet, und durch das Segeln habe ich einen neuen Sinn im Leben gefunden. Wer einmal das Maß verloren hat, darf nie wieder trinken. Das wäre der sichere Untergang!" Zur gleichen Zeit erlebten wir auf einer anderen Segelyacht das Beispiel eines aktiven Alkoholikers. Es war schockierend.

Dies gab Anlaß, über unsere eigenen Trinkgewohnheiten nachzudenken. Während unserer Seereise sind wir unzählige Male über die Stränge geschlagen. Alkohol und Seefahrt liegen dicht beieinander. Das Risiko ist groß!

Die negativen Erkenntnisse bezüglich des Mißbrauchs von Alkohol, hinderten uns natürlich nicht, *Ryuseis* Bilgen mit Rumsorten aller Art zu füllen.

„Im hohen Norden ist der Rum lebenswichtig", meinte Greg. „Außerdem dürfen wir nicht vergessen, daß wir Mitglieder des ‚Imperial Poona Yachtklubs' sind! "

Eine Erkenntnis ernüchterte uns allerdings: Alles was Spaß macht, ist entweder unmoralisch oder ungesund!

Mord in der Disco

Den Schutz des Yachthafens nutzten wir für einen ausgiebigen Frühjahrsputz. Tagelang wurde geschuftet. Danach hatten auch wir ein wenig Spaß verdient. Also stürzten wir uns ins Nachtleben. Beth und Ben begleiteten uns. Wir besuchten eine Reihe von Bars und endeten schließlich in einer Diskothek unter freiem Himmel. Wir waren begeistert. Es wimmelte von hübschen Mädchen und aus den Lautsprechern klang lateinamerikanische Musik. Die anderen ließen sich mit ihren Getränken an einem Tisch neben der Tanzfläche nieder, während ich eine entzückende Kubanerin zum Tanz aufforderte. Die Musik verbunden mit dem Temperament meiner Tanzpartnerin berauschte mich. Wir steigerten uns so sehr in den Tanz, daß wir die

Knallerei nicht sofort bemerkten. Erst glaubte ich, es seien Feuerwerkskörper. Aber dann sah ich, wie die Menschen in Panik auseinanderstoben. Instinktiv warfen wir uns auf den Boden der Tanzfläche, rutschten auf allen Vieren zu einem Baum und nahmen dahinter Deckung. Von hier aus konnte ich gerade noch sehen, wie jemand, der direkt neben unserem Tisch stand, seine Pistole aus nächster Nähe auf einen Mann abfeuerte. Das Opfer wurde dann von einigen Leuten geschnappt und durch die schockierte Menge nach draußen getragen. Der Täter folgte, ohne daß ihn jemand daran hinderte. Als sich die Lage etwas beruhigt hatte, liefen ich mit Marie zu meinen Freunden. Sie hatten den Vorfall aus nächster Nähe erlebt. Greg berichtete: „Es begann mit einem Streit. Der eine zückte das Messer, der andere eine Pistole und drückte sofort ab. Glücklicherweise wurde nicht in unsere Richtung geschossen. Das Opfer erhielt aus zwei Meter Entfernung mindestens fünf Kugeln in die Brust. Dann wurde der sterbende Mann aus dem Lokal getragen und in einen bereitstehenden Wagen geworfen. Mehrere Leute, inklusive dem Täter, stiegen ein und fuhren davon. Allerdings gab es dabei einen großen Tumult vor der Diskothek. Die aufgebrachte Menge zerschlug alle Fenster und Lampen des Wagens, bevor er davonfahren konnte."

Meine Tanzpartnerin erfuhr mehr über die Hintergründe des Vorfalls.

„Jeder hier kannte das Opfer. Die haben ihn kaltblütig ermordet."

„Wer ist ‚die'?" fragten wir.

„Die Geheimpolizei", antwortete sie.

Nach dem Vorfall wurde die Disco geschlossen. Auch uns war der Spaß vergangen. Daher beschlossen wir zurückzukehren – meine hübsche Tanzpartnerin inklusive. Sie gab mir in den nächsten Tagen einen Intensivkurs in Spanisch!

Blackout

„Die thailändischen Batterien werden noch nicht einmal ein Jahr halten", wurde mir in Phuket prophezeit. Nach annähernd zwei Jahren war es soweit: Die vier großen Lkw-Batterien hatten ihre Speicherkapazität verloren.

„Das liegt am Elektrodenschlamm am Boden der Batterie", versicherte mir der Elektriker des Segelschoner ‚Lady Anja'. „Die Lebensdauer der Batterien lassen sich verlängern, wenn ihr die Säure ausleert und die Batterie mit Wasser füllt. Dann müßt ihr sie schütteln, ausspülen und mit neuer Säure füllen. Es funktioniert. Wir haben dies schon einmal mit den Batterien von ‚Lady Anja' gemacht. Mit Dollars bekommt ihr in Kuba alles. Sogar die Batteriesäure."

Wenn wir geahnt hätten, wie gefährlich der Umgang mit Schwefelsäure ist, hätte wir uns nie auf den Versuch eingelassen. Die neue Säure kam in höchst konzentrierter Form. So konzentriert, daß sich sogar das Gummi des Meßgerätes für die spezifische Dichte auflöste. Zum Verdünnen der Säure kippten wir destilliertes Wasser in den Säurebehälter. Daraufhin gab es eine heftige chemische Reaktion. Die Säure erhitzte sich so sehr, daß wir befürchteten, der Behälter aus Plastik würde schmelzen. Aus gebührendem Abstand kühlten wir ihn mit einem Wasserstrahl. Die Arbeit lohnte sich, denn die frisch gefüllten Batterien zeigten eine Spannung von 13.1 Volt. Wir installierten sie und bereiteten die Abreise vor.

Hundert Seemeilen trennen Kuba von Key West, der Stadt am äußersten Ende der Florida Keys. Nicht ohne Grund hatte ich ein flaues Gefühl im Magen, als wir am Nachmittag die Segel setzten. „Welche Überraschungen würden uns in dem ersten westlichen Land erwarten, das ich während meiner Seereise anlief?" fragte ich mich.

Greg war gelassener, denn er kannte die Ostküste der Vereinigten Staaten.

Der Wind stand gut. *Ryuseis* Kiel schnitt schäumend durch die Wellen. Gedankenverloren saß ich auf meiner Nachtwache, als mich ein schriller Ton aufschreckte. Es war der Alarm des Autopiloten. ‚Low Batterie!' stand auf der Anzeige der Kontrolleinheit. Ein Blick auf den Voltmesser bestätigte dies.

„Was ist?" rief Greg aus seiner Koje, als meine Flüche ihn weckten.

„Ich glaube die Batterien haben einen Kurzschluß. Sie sind fast völlig entladen. Ich kann sogar am Voltmesser ablesen, wie sie an Spannung verlieren. Gerade waren es noch 11.4 Volt. Jetzt sind es nur noch 9.5 Volt. Die Maschine läßt sich natürlich auch nicht mehr starten. Ich habe alle elektrischen Verbraucher, bis auf das Ankerlicht, abgestellt und die Batterien mit dem Wahlschalter voneinander getrennt. Aber auch das hilft nichts. Wir haben einen totalen Blackout!"

Es funktionierte nichts mehr an Bord. Kein Autopilot, keine Navigationssystem, kein Echolot, kein Radio und schließlich erlosch selbst das Ankerlicht an der Mastspitze. Dies war der Alptraum der Fahrtensegler.

„Kein Grund zur Panik", beruhigte Greg, „Wir haben doch alles was wir brauchen. Wind, ein schwimmendes Schiff, Segel, Kompaß und Ruder. Anstelle des elektrischen Ankerlichts können wir ja auch unsere Petroleumlampe aufhängen. Früher ging es den Seefahrern nicht besser."

Ganz hilflos waren wir dann doch nicht. Für die Navigation gab es den Sextanten, obwohl wir damit lange nicht mehr geübt hatten. Außerdem besaßen wir ja noch den wasserdichten Mann-über-Bord Koffer. Er enthielt, unter anderem, ein VHF Radio und ein kleines GPS für Notfälle. Letzteres half uns, zielgenau den Kanal durch das vorgelagerte Riff der Florida Keys anzusteuern. Den Motor starteten wir mit einem einfachen Trick. Wir warteten bis die Sonne hoch stand und unsere Solarpanele den größtmöglichen Strom lieferten. Gleichzeitig erhöhten wir durch vorübergehende Kursänderung unsere Geschwindigkeit, um den maximalen Ladestrom vom Antriebswellengenerator zu erhalten. Gegen Mittag erreichten wir den Ankerplatz von Key West.

VEREINIGTE STAATEN VON AMERIKA

Applaus der Sonne

Die befürchteten Probleme wegen unserer Besuche in Kolumbien und Kuba blieben aus. Das Einchecken ging reibungslos. Nur das wenige, was wir an Gemüse und Früchten übrig hatten, wurde aus Gründen der Quarantäne konfisziert. Die Schmuggelware, unser Vorrat an Bier, Rum und Zigarren, blieben glücklicherweise unentdeckt. Überhaupt schien alles in Key West gelassen zu laufen. Es war ein Urlaubsort mit zahllosen Bars und Restaurants. Wir konnten uns keinen besseren Ort zum Einstieg vorstellen. An eines mußten wir uns allerdings doch gewöhnen: Das Preisniveau schlug alle bisherigen Rekorde – leider nach oben.

Beth und Ben waren vor uns eingetroffen. Ihre ‚Lady of Spain' lag in nächster Nähe vor Anker. Gemeinsam erkundeten wir den Ort. Wie überall in der Karibik war das Klima tropisch. Daher dauerte es nicht lange, bis wir uns in einer gemütlichen Bar, die eher einer Bretterbude glich, niederließen. Während wir genüßlich unser erstes Bier auf dem nordamerikanischen Kontinent genossen, schlug Ben vor: „Was haltet ihr davon, wenn wir zum Sonnenuntergang zur Uferpromenade gehen. Wir haben gehört, daß dort jeden Abend die Post abgeht."

Die Promenade war brechend voll mit Menschen. Dazwischen gab es zahllose Verkaufsstände. Feuerschlucker, Jongleure, Komiker und Musiker sorgten für Unterhaltung. Aber dann kam ein Moment, wo sich alle zum Meeresufer hin bewegten. „Was gibt es denn da zu sehen?" fragte ich und lachte als man mir sagte: „Den Sonnenuntergang." Tausende von Menschen standen und saßen am Ufer, um sich dieses Naturspektakel anzusehen. Im Moment, als die letzte Sonnenglut hinter dem Horizont verschwand, gab es lebhaften Applaus und Gejohle.

Der amerikanische Traum

Am ersten April traf unser neues Mannschaftsmitglied ein. Beth und Ben versprachen ein Auge auf *Ryusei* zu werfen, während wir im Mietwagen zum Flughafen nach Miami fuhren. Das Wiedersehen mit Gregor war überschwenglich. Ich staunte, wie sehr der 15jährige Sohn meines Bruders gewachsen war. „Onkel Ralph" nannte er mich. Ich protestierte: „Nenne mich Ralph, Kapitän oder meinetwegen auch ‚Ralphman‘, wie Greg das tut. Aber vergiß um Himmels willen den Titel ‚Onkel‘.“ Dann bestiegen wir den Wagen und brausten wie Teenager in Richtung Miami Beach. Der Kontrast zu den Ländern, die wir zuvor besucht hatten, war enorm. Dichter Straßenverkehr, Highways, Hochhäuser, Ladenzeilen und Einkaufszentren dominierten das Bild. Hier bekam man alles was das Herz begehrt – sofern die Finanzen es erlaubten. Einen Tag und eine lange Nacht verbrachten wir im Art Deco Distrikt von Miami Beach.

„Wer zu See fahren will, muß tätowiert werden. Du darfst wählen: Einen Anker, eine nackte Frau oder einen Drachen“, sagte ich spaßeshalber zu Gregor, als wir in Miami Beach an einem Tätowierstudio vorbeikamen. Widerstrebend betrat er mit mir das Studio. Der Verkäufer, ein von Kopf bis Fuß tätowierter Mann, kümmerte sich sofort um uns.

„Könnten sie uns bitte einmal zeigen, welche Drachenmotive sie haben?“ fragte ich.

„Kein Problem, wir haben davon mehr als genug“, erwiderte der Verkäufer und gab uns einen Ordner. Die Auswahl an Drachen war beeindruckend. Es gab sie in allen Formen, Farben und Größen. Der kleinste war so groß wie ein Pfennig und der größte bedeckte den ganzen Körper; Bilder von tätowierten Menschen illustrierten den Katalog.

„Tätowierungen und Bodypiercing ist wieder modern. Hier können sie alles haben“, hieß es.

Doch Gregor wollte nur eines: weg und zwar so schnell wie möglich.

In Miami begegneten wir auch der Fernsehjournalistin, die mich über das kubanische Flüchtlingsdrama aufgeklärt hatte. Sie erzählte, daß sich in Miami fast alles in der Hand von Exilkubanern befindet. In einigen Stadtteilen, wie beispielsweise in Little Havana, wird nur Spanisch gesprochen. Selbst im lokalen Fernsehen und Radio dominiert die spanische Sprache. Im Kreise ihrer Familie berichtete ich über unseren Besuch in Kuba. Damals war ich der Meinung, daß die Tage des Castro-Regimes gezählt seien.

„In Kuba gärt es. Die Menschen sind unzufrieden. Es fehlt an Grundnahrungsmitteln. Mich erinnerte die Atmosphäre an Ostdeutschland vor dem Fall der Mauer. Aber auch an Peking kurz vor den letzten Unruhen. Damals sah ich notleidende Pensionäre an den Werkstoren unseres Stahlwerkes stehen. Der Ärger blieb nicht aus, denn wenige Monate später gab es den Aufstand am Tianmen Square.“

Spätestens während des Abstechers nach Fort Lauderdale wurde uns bewußt, daß Florida ein Land für Yachten ist. Mit den Bahamas und der gesamten Karibik vor der Haustür, hätte uns diese Erkenntnis nicht wundern dürfen. Trotzdem waren wir überrascht. Die Motor- und Segelyachten repräsentierten die oberste Luxusklasse. In Florida lebten alle am Meer, oder zumindest an Kanälen. Man besaß Auto, Villa mit eigenem Dock und mindestens eine Yacht. Der amerikanische Traum von Reichtum und Freiheit war hier Realität.

Bahamas ,en passant'

Beth und Ben fiel ein Stein vom Herzen, als wir nach Key West zurückkehrten. „Was war denn los?" fragte ich.

„Nichts besonderes", berichtete Ben, „außer, daß kurz nach eurer Abfahrt ein ,Norder' durchzog und *Ryusei* am Ankerplatz wie unkontrolliert hin- und hersegelte. Sie drohte, mit den benachbarten Yachten zu kollidieren. Daher bin ich hinüber gerudert und warf euren Heckanker über Bord. Leider übersah ich in der Hektik, daß der Anker nicht festgebunden war. Ein Glück, daß sich in nächster Nähe einige Taucher aufhielten. Sie halfen mir beim Bergen des Ankers."

In der Diskussion über die Route nach Norden kam immer wieder das Thema der ,Intracoastal Waterways' auf. Dies ist eine Kanalsystem, daß parallel entlang zur Küste von Florida bis nach New York führt. Wegen der vielen Untiefen im südlichen Teil der Waterways, beschlossen wir schließlich, auf hoher See zu segeln. „Noch ist *Ryusei* kein Flußdampfer", scherzten wir und begannen langsam mit den Vorbereitungen zur Weiterreise. Dazu gehörte natürlich auch der Einbau von neuen Batterien.

„Sobald das Wetter schlecht wird, setzt du die Segel", habe ich mir einmal sagen lassen. Die Wetterlage war nicht ganz eindeutig. Ich warnte jedoch: „Wenn wir auf ideale Verhältnisse warten, werden wir hier noch so alt wie die pensionierten Hippies von Key West.

Ein frischer Südwestwind gab uns die nötige Motivation. Während wir den Ankerplatz verließen, sahen wir, wie ein Amerikaner mit einem Fisch an der Angel kämpfte. Sobald er den erschöpften Fisch längsseits zu seinem Motorboot hatte, ließ er ihn wieder frei. Es handelte sich um einen Tarpon. Dieser Fisch beißt schnell an, ist kämpferisch aber ungenießbar. Wir fragten uns schon, wer von den beiden dümmer ist: Der Fisch oder der Fischer? Für uns kam das Angeln nur als Mittel der Nahrungsbeschaffung in Frage.

Gegen Abend ankerten wir im Schutz des Looe Keys. Hier wollten wir nochmals vor der langen Passage nach Norden ausruhen. Endlich war das Team wieder komplett: ,Three Men on a Boat!' Gregor hatte sich schon am ersten Tag als seetüchtig erwiesen. Das hieß, er wurde nicht seekrank.

Zur Feier des Abends, gab es für jeden ein saftiges Steak mit Maiskolben. Für Gregor war das amerikanische Steak zu groß. Er mußte passen und warf den Rest über Bord.

„Morgen werden die Hai alle zahnlos sein", behauptete Greg.

„Wieso?"

„Weil sie sich die Zähne an deinem Steak ausbeißen werden."

Am nächsten Tag zeigte, wer sich die Zähne ausbeißen durfte. Während wir beabsichtigten nach Norden zu segeln, drehte der Wind allmählich von SE auf S – SW – W – NW – N und schließlich in der Nacht auf NE. Rückdrehender Wind ist ein Zeichen für einen nahendes Unwetter. So wunderte es uns nicht, als dann die Küstenwache über Funk ein Warnung vor Gewittern und Tornados verkündete. In der Nacht bot sich uns eine Lichterschau. Wetterleuchten erhellte den Himmel. Gleichzeitig umgab uns starker Schiffsverkehr. Hell erleuchte Vergnügungsdampfer kreuzten unseren Bug. Den Höhepunkt bot der Anblick einer riesigen Ölbohrplattform unter Schlepp. All dies, und die widrigen Winde machten uns zu schaffen. Die Seekarte gab den entscheidenden Tip. Eine leichte Kursänderung würde uns zu den Bahamas führen. Bei Tagesanbruch erreichten wir flaches Wasser. Es war so transparent, daß wir den Eindruck erhielten, wir führen wie ein Auto über den Grund. Wenig später lagen wir im Schutz der kleinen Insel Piguet Rocks vor Anker.

Der Ort lud zum Schnorcheln ein. Die Korallenstrukturen erschienen weniger spektakulär, dafür aber die Fische. Nirgends haben wir gleichzeitig so große und so viele Fische auf einmal gesehen. Alle waren sie da – Grouper, Snapper, Barrakuda, Parrot Fish und viele mehr. Es kam uns vor als gäben sie uns den Abschied von der Karibik.

Nach einer geruhsamen Nacht kam Bewegung ins Schiff. Greg und ich, eingespielt wie immer, waren schnell auf den Beinen. Nur unser neues Mannschaftsmitglied brauchte etwas Nachhilfe: „He Gregor. Du Faulpelz, raus aus der Koje und ab ins Wasser. Wenn du nicht zum Ozean kommst, kommt der Ozean zu dir in die Koje!"

Die Drohung wirkte. Zum Wachwerden schwammen wir mehrere Male ums Schiff. Dann gönnten wir uns ein solides Frühstück und lichteten den Anker. Inoffiziell, ‚en passant', hatten wir die Bahamas besucht. Ein Land, daß mit seinen unzähligen Inseln Stoff für eine weitere Saison hätte bieten können. Die Verlockung war groß. Noch größer aber mein Wunsch, endlich das europäische Festland zu erreichen.

Kap der Angst

Der Wind ließ sich leider nicht von unserem Tatendrang beeindrucken. Er hatte einen morgendlichen Schwächeanfall. Als er nach langem Warten einsetzte, wurde etwas anderes schwach. Eigentümliche Geräusche kündigten es an. Wir wußten sofort was los war, denn gleichzeitig lief das Schiff aus dem Ruder. Der elektromechanische Autopilot gab seinen Geist auf. Erinnerungen an den Indischen Ozean wurden wach, wo wir wegen dieses Defektes für über zweitausend Seemeilen mit der Hand steuern mußten. Bis zu unserem nächsten Ziel, Charleston, lagen noch etwa 400 Seemeilen vor uns.

„Gregor, jetzt wirst du gebraucht. Du mußt steuern. Greg und ich werden versuchen, den Autopilot zu reparieren", sagte ich.

Da dies Gregors Jungfernreise war, dauerte es noch eine Weile, bis wir ihn soweit hatten, das Schiff auf Kurs halten zu können. Der starke Seegang machten es ihm nicht leicht. Dann verschwanden Greg und ich unter Deck. Der Autopilot greift direkt am Ruderdreieck an. Er liegt an einer schwer erreichbaren Stelle im Heck der Yacht. Um dahin zu gelangen, mußte viel Gepäck umgeräumt werden. Wir erkannten sofort, daß der Autopilot nicht reparabel war. Der Schaden lag im Getriebe der Antriebseinheit. Glücklicherweise besaßen wir noch das ausrangierte Vorgängermodell an Bord. Nur die Aufhängung der Antriebseinheit stimmte nicht ganz überein. Not macht erfinderisch. So hämmerten, feilten und schraubten wir, bis es paßte. Dann kam der spannende Moment des Einschaltens und der Jubel, daß unser alter Autopilot tatsächlich nach so langer Zeit wieder funktionierte.

Gewaltige Kumuluswolken und ein blutroter Sonnenuntergang verhießen nichts Gutes. Mit Einbruch der Dunkelheit begann ein Spektakel, daß unser Jüngster mit den Worten ‚das ist geiler als eine Disco' beschrieb. Wetterleuchten erhellte den Horizont. Die Wolkenberge und die See erschienen gespenstisch. Anfangs hatten wir das Glück, die Gewitter nur aus der Entfernung zu erleben. Aber schließlich erwischte uns eine kühle Sturmböe und Momente später verschlug uns ein heftiger Platzregen den Atem. Das Rauschen des Regens übertönte sogar das der Wellen. Gleichzeitig betäubten Blitze und Donner unsere Sinne. Gregor mußte wieder ans Ruder, während Greg und ich das Großsegel refften. Dies ist einfacher gesagt als getan. Das Reffen eines Segels bedarf aller Kräfte, denn bei Starkwind werden gewaltige Energien frei. Ein falscher Handgriff kann schwere Folgen haben. Daher waren wir alle mit dem Sicherheitsgurt am Schiff verbunden. Scheinbar unendlich tobten die Gewitterstürme um oder über uns. Keiner machte ein Auge zu. Wir fühlten uns klein und unbedeutend. Die Natur bewies uns in jener Nacht, wieviel Energie sie zu verschwenden hat. Wir waren froh, keinen direkten Blitzschlag erhalten zu haben, denn dies hätte alle elektronischen Instrumente an Bord zerstört.

Die nächsten Tage verliefen ruhiger. Die alte Routine setzte wieder ein. Der Wind und der Golfstrom gaben uns so viel Fahrt, daß wir beschlossen bis nach Beaufort in North Carolina weiterzusegeln, denn wir zogen vor, es mit dem berüchtigten Cape Fear, als mit den Untiefen der Intracoastal Waterways nördlich von Charleston aufzunehmen.

Nach Verlassen der tropischen Breiten wird das Ölzeug eingeweiht.

Auf der Höhe von Cape Fear erwischte uns eine Front. Das Wetter verschlechterte sich schlagartig. Mit gerefften Segeln stampften wir hoch am Wind. Die Wellen kamen kurz und steil, und die Gischt durchnäßte uns. Betrugen die Wassertemperaturen auf den Bahamas noch 26 °C so waren es jetzt nur noch 16 °C. Unbemerkt hatten wir die ‚Barfußbreiten‘ verlassen. Das Regenzeug für die nördlichen Breiten kam erstmalig zum Einsatz. Gegenwind und Strömung trieben uns auf Cape Fear zu. Das Kap verdiente seinen Namen, denn jetzt bekamen wir es mit der Angst zu tun. Daher setzten wir die Fahrt unter Motor und Segel fort. Die letzten Meilen bis nach

Beaufort wurden endlos und qualvoll. Gegen Mitternacht erreichten wir die Leuchtbojen der Beaufort Passage zu den Intracoastal Waterways. Es waren so viele, daß wir völlig verwirrt wurden. Selbst mit drei Augenpaaren verloren wir die Orientierung in der geschlängelten Einfahrt. Daher ankerten wir am Rande der Fahrrinne und krochen erschöpft in die Kojen.

Pest an Bord

Der Intracoastal Waterway (ICW) ist eine geschützte Wasserstraße, die entlang der amerikanischen Ostküste von Neu England bis nach Texas führt. Sie sind ein komplexes System aus verbindenden Flüssen, Kanälen und Buchten. Obwohl der ICW für den kommerziellen Frachtverkehr geschaffen wurde, dominieren die Freizeitboote. Gleich den Zugvögeln reisen alljährlich Tausende von Menschen, den Jahreszeiten entsprechend, nach Norden oder Süden.

Beaufort, eine Kleinstadt auf halbem Wege zwischen New York und Florida, liegt auf der Grenze der unterschiedlichen Klimazonen. Die Hafenfront mit den historischen Häusern erinnerte an vergangene Zeiten. Für uns war es ein idealer Ort, um eine Rast einzulegen.

Unseren Aufenthalt nutzten wir natürlich auch für Reparatur- und Wartungsarbeiten. Den defekten Autopiloten sendete ich zum Hersteller. Im Begleitschreiben erwähnte ich, daß die Reparatur dringend sei, da wir in Kürze den Atlantik überqueren wollten. Außerdem stellte ich sarkastisch die Frage, ob sie der Meinung seien, daß zwei komplette Autopiloten für eine Ozeanüberquerung ausreichend wären. Unser neues Gerät hatte ja noch nicht einmal ein Jahr überlebt. Auch unsere Segel bedurften Reparaturen. Sie waren alt und standen im letzten Jahr unter großer Belastung. Wir wollten sie nicht, wegen kleinerer Mängel, im nächsten Sturm verlieren.

Für uns begann in Beaufort die Reise auf den Intracoastal Waterways. Die 190 Meilen nach Norfolk legten wir in drei Tagestouren zurück. Unser Handicap lag in *Ryuseis* Tiefgang. Schon nach der ersten Hebebrücke gelangten wir in flaches Wasser und mußten bis zur Flut warten. Aber dann ging es zügig weiter. Das Wetter war kühl und sonnig. Wir zogen einsam durch die Landschaft, da wir außerhalb der Saison reisten. Die Welt der Waterways, mit vorbeiziehenden Weiden, Wäldern und Siedlungen, war uns neu. Am Ufer spielten Kinder und manchmal rannte ein bellender Hund hinter uns her. Zunächst ging es den Neuse River entlang. Dann gelangten wir in den Palimco Sound und von da aus weiter in den Eastham Creak, wo wir schließlich ankerten. Der Ankerplatz glich einem Teich. Das flache Ufer war mit Schilf bewachsen. Die frühlingshaften Farben der Bäume und Sträucher wurden durch die untergehende Sonne verstärkt. Ein Bild für die Götter!

Daß wir uns weiter im Norden befanden, machte sich nicht nur am späten Sonnenuntergang, sondern auch an den Temperaturen bemerkbar. Sobald die Sonne verschwunden war, wurde es empfindlich kalt. Unter Deck versuchten wir, uns am noch heißen Dieselmotor zu wärmen. Meine Freunde froren jedoch so sehr, daß sie noch vor dem Abendessen in den Kojen verschwanden.

„Was ist denn mit euch los?" fragte ich besorgt.

„Ich fühle mich nicht gut. Es ist wahrscheinlich eine Grippe", erwiderte Greg.

„Ich auch", krächzte Gregor aus seiner Koje.

„He Freunde, ihr wollt doch nicht etwa schlapp machen!" rief ich empört.

Aber nichts konnte sie ermuntern. Leidend lagen sie in den Kojen. Ihnen fehlte der Appetit. Zum Abendessen wollten sie nur Tee und etwas Zwieback. Ich glaubte schon, wir hätten die Pest an Bord.

Über Nacht verschlimmerte sich Gregs Zustand. Er hatte hohes Fieber. Noch vor Sonnenaufgang hob ich den Anker und fuhr unter Vollgas die zwanzig Meilen bis zum nächstgelegenen Ort namens Belhaven. Wir hatten Glück, denn das Krankenhaus befand sich direkt am Ufer des ICWs. Mit meiner kranken Mannschaft im Schlepp begab ich mich in die Klinik.

„Wie wollen sie bezahlen?" lautete die Frage, bevor wir überhaupt sagen konnten, weswegen wir gekommen waren. Dann mußten lange Fragebögen ausfüllt werden. Außerdem erhielten Greg und Gregor, um Verwechslungen auszuschließen, Plastikarmbänder bevor sich ein Arzt um sie kümmerte. Das Ergebnis der Untersuchung lautete: akute Grippe.

Mit der angeschlagenen Mannschaft setzte ich schließlich die Reise fort. Wenig später erreichten wir den Alligator-Pungo River Canal. Es war ein sonniger und warmer Tag. Der Kanal führte durch einen dichten Wald. Gregor überredete mich zu einer Runde Backgammon.

„Eigentlich muß ich das Schiff steuern", sagte ich. Doch Gregor erwiderte: „Aber der Kanal verläuft schnurgerade. Wir könnten doch den Autopiloten steuern lassen."

Es funktionierte sogar besser als ich dachte. Der Autopilot hielt unser Schiff auf der Mitte des etwa fünfzig Meter breiten Kanals. Wir setzten uns rittlings auf den Großbaum und bauten das Spiel zwischen uns auf. Gregor mit dem Rücken zum Mast und ich mit Blick in Fahrtrichtung. Alle paar Minuten mußte ich das Spiel unterbrechen, um den Autopiloten ein wenig zu korrigieren. Nur einmal, während eines schwierigen Zuges, verpaßte ich den richtigen Zeitpunkt. *Ryusei* war ein wenig von dcr Mittellinie des Kanals abgekommen. Plötzlich verlangsamte sich die Fahrt, und ehe ich reagieren konnte, saßen wir im schlammigen Ufer. Gregs Kopf erschien aus der vorderen Luke. Er grinste und rief: „Ihr Blindgänger!"

Immerhin hatte er durch die Grundberührung seinen Humor wiedergefunden. Zum Freischleppen hätten wir eine Ewigkeit warten müssen, denn wir reisten so früh in der Saison, daß selten ein Schiff vorbeikam. Das Glück war mit uns. Nach mehrmaligen Versuchen unter Vollgas voraus und zurück mit starkem Rudereinschlag gelang es mir, das Schiff auf der Stelle zu drehen und freizukommen.

Wir hatten das Grundgesetz der Waterways verletzt. Es lautet: ,Keep-to-the-mid-channel'.

Der Wind frischte auf. So konnten wir im Alligator Fluß endlich wieder Segel setzten. Im geschützten Gewässer glitten wir über das Wasser, als würden wir fliegen. Gegen Abend passierten wir die Alligator Highway Bridge. Die riesige Hebebrücke wurde von einer Frau bedient, die uns freundlich zuwinkte. Jenseits der Brücke öffnete sich der Albemarle Sound. Wir nutzten das gute Wetter und segelten trotz Einbruch der Dunkelheit weiter, bis wir das gegenüberliegende Ufer erreichten. Dann holten wir die Segel ein, verließen die Fahrrinne und ankerten in der Nähe des Ufers. Dies war ein Fehler, wie ich sofort feststellte. Eine Wolke von Mücken überfiel uns. Sie war so dicht, daß sogar der Vollmond einen Kranz von Moskitos zu haben schien. Wir zogen uns unter Deck zurück und verschlossen die Luken, als müßten wir uns vor einem Sturm schützen.

Eine kalte Dusche gab mir am folgenden Morgen die nötige Energie, das Schiff in Bewegung zu setzten. Ich bereitete das Frühstück vor und servierte es den Kranken in ihren Kojen.

„Wehe, ihr werdet wieder gesund", warnte ich sie, „dann lasse ich mich von euch verwöhnen, wie ein Pascha."

Die verbleibende Strecke schlängelte sich durch eine bewaldete Region. In regelmäßigen Abständen passierten wir die Fahrrinnenmarkierungen. Auf fast jedem von ihnen befand sich ein Nest mit brütenden Raubvögeln. Gelassen schauten sie von ihrer gehobenen Position auf die vorbeiziehende Segelyacht. Einmal übersahen wir eine Markierung und liefen prompt auf Grund. Glücklicherweise war er weich und wir kamen wieder los. Dann wurden wir von der Küstenwache aufgehalten, weil Gregor sich gemütlich auf dem Bugkorb niedergelassen hatte.

„Das ist sehr gefährlich", sagten sie uns, „Wenn sie vom Bugkorb ins Wasser fallen, können sie in die Schiffsschraube gelangen. Dabei sind schon viele Menschen umgekommen."

Die Medikamente und insbesondere die gute Behandlung des Kapitäns zeigten Früchte. Meine Mannschaft kam wieder auf Trab. Daß wir uns der Zivilisation näherten, bewies die große Anzahl der Hebebrücken, die wir passierten. Schließlich erreichten wir Norfolk und ankerten, für alle Fälle, vor dem Marine Krankenhaus nahe der Meile ‚Null' des Intracoastal Waterways.

Als wir Norfolks Hafen verließen, segelten wir an Amerikas größtem Marinestützpunkt vorbei. Nicht nur die Anzahl, sondern auch die Größe der Kriegsschiffe beeindruckte uns. Auch eine Flotte von Atom-U-Booten lagen im Hafen. Am äußeren Ende des Piers befanden sich drei Flugzeugträger. Im Größenvergleich sahen die Menschen auf dem Deck der Schiffe wie Ameisen aus.

Altertümliche Zugbrücken über dem Intracoastal Waterway.

Amerikas europäische Seele

Das Wetter entsprach dem Grau der Kriegsschiffe. Es regnete und die Sichtweite war stark reduziert. Ich pendelte zwischen Navigationstisch und Ausguck.

„Irgend etwas stimmt hier nicht", klagte ich. „Keine Boje auf der Seekarte stimmt mit der Realität überein."

„Du hast wahrscheinlich eine alte Seekarte", erwiderte Greg.

„Ach was, die Karte ist praktisch neu."

Die Verwirrung war groß, denn wir konnten die abkürzende Fahrrinne zur Chesapeake Bay nicht ausmachen. Bevor wir uns es versahen, landeten wir hart auf einer Sandbank. Glücklicherweise kamen wir wieder frei. Doch der Schreck saß uns in den Knochen. Nun wählten wir den weiteren, aber sichereren Seeweg der Großschiffahrt und erreichten gegen Abend Yorktown im Bundestaat Virginia.

Hier trafen wir Frederic, der zusammen mit unserem Freund Mike auf der Segelyacht ‚Aisa' von Südafrika bis nach Curaçao gesegelt war. Er gab uns eine Einführung in seine Heimat. Frederic berichtete:

„Auf dem nordamerikanischen Kontinent lebten Indianer, bevor sich die ersten Europäer Anfang des 17. Jahrhunderts hier niederließen. In Yorktown hat George Washington im Jahre 1781 die Engländer besiegt. Damit erlangten die amerikanischen Kolonien ihre Unabhängigkeit. Im Laufe der Zeit schlossen sich dann immer mehr Staaten zusammen. Es entstanden die Vereinigten Staaten bestehend aus fünfzig Bundesländern mit insgesamt mehr als zweihundert Millionen Einwohnern."

Wir besuchten dann den Nachbarort Williamsburg. Die Stadt glich einem Freilichtmuseum für amerikanische Geschichte. Sie erinnerte an die Zeit der Kolonialisierung dieses Landes durch die Europäer. Hier zeigte sich, daß Europa in der Seele der Amerikaner verankert ist. Mit Stolz wird auf die europäischen Wurzeln verwiesen. Zumeist steckten mehrere europäische Nationalitäten in einer Person. Beispielsweise hörten wir von einem Amerikaner: „Mütterlicherseits war mein Großvater Ire und meine Großmutter Italienerin. Väterlicherseits mein Großvater Grieche und meine Großmutter Deutsche."

Somit verkörpert fast jeder Amerikaner in sich das Logo seines Landes: Die Vereinigten Staaten.

Chesapeake Bay

Der Wind stand gut. Daher setzten wir die Segel und nahmen Kurs auf Annapolis. Wer die Seekarte vom Chesapeake Bay studiert, realisiert sofort warum diese Bucht zu einem der populärsten Segelreviere der Vereinigten Staaten gehört. Aus Zeitnot mußten wir leider ein blindes Auge auf all die verlockenden Ankerplätze werfen. Mit Einbruch der Dunkelheit schlief der Wind ein, so daß die Fahrt unter Motorkraft fortgesetzt werden mußte. Während Gregs Wache wurde ich unsanft geweckt. Schlaftrunken kroch ich aus der Koje und fragte: „Was ist?"

„Ich glaube, da hat jemand Probleme."

Sekunden später stand ich neben ihm. Er deutete nach Steuerbord, wo eine schwaches Licht Blinkzeichen gab. Sofort änderten wir den Kurs, und wenig später tauchte die Silhouette einer Segelyacht aus dem Dunkel der Nacht.

„Ahoi, Wir sind in Not", rief jemand in gebrochenem Englisch. „Unsere Maschine ist defekt, die Batterien sind entladen und außerdem fehlt der Wind."

Dem Akzent der Stimme entsprechend, antwortete ich in Französisch: „Das ist doch kein Grund zur Panik. Ihr braucht euch doch nur treiben zu lassen, bis der Wind wieder auffrischt."

„Während der Überführung von Martinique bis hierher haben wir in einem Sturm die Segel verloren. Mit dem verbleibenden Sturmsegel schaffen wir es nicht. Den Motor haben wir zuletzt in Norfolk reparieren lassen. Aber er ist nun schon wieder defekt und die alten Batterien völlig entladen. Könnt ihr uns nicht abschleppen?"

Bei der Segelyacht handelte es sich um eine 47-Fuß-Tanyana, die unter Zeitdruck zum Verkauf von Martinique nach Annapolis überführt werden sollte. So kam es, daß wir auf den verbleibenden 30 Meilen als Schlepper fungierten.

Im Jahre 1783 war Annapolis für kurze Zeit die Hauptstadt der Vereinigten Staaten. Heute ist es einer der Hauptstädte des Segelsports. Jeder denkbare Service wird in Annapolis angeboten. Wir nutzten die Gelegenheit, *Ryusei* für die Weiterreise aufzumöbeln. Die Kosten für den Liegeplatz im Yachthafen waren schockierend. Aber es fand sich eine Lösung. Gegen eine Flasche kubanischen Rum und einige Zigarren schickte uns der Manager in einen abgelegenen Bereich der Marina und tat so, als seien wir nicht vorhanden. So zahlten wir nur für zwei Tage, obwohl wir dort insgesamt fünf Tage verbrachten. Den Autopiloten erhielten wir zurück. Er war unter Garantie repariert worden. Der Kommentar des Herstellers: „Fabrikationsfehler, der einen Kupplungs- und Getriebeschaden verursacht hat."

Die Spezialisten auf dem Gebiet versicherten uns allerdings, daß es zwei Versionen von Autopiloten gäbe, einen für den Freizeitsegler und einen für seriöse Segler. Letzterer enthält ein Metall- und kein Plastikgetriebe. Uns hatte man wohl endlich unter die seriösen Segler eingestuft.

Annapolis ist eine bekannte Universitätsstadt. Daher gab es entsprechend viele Orte für geistige Nahrung. Als wir einmal eine der vielen Bars betreten wollten, verweigerte man uns den Zugang.

„Ohne Ausweis kommen sie hier nicht herein", sagte der Türsteher unwirsch.

Empört fragte ich: „Wieso das denn?"

„Weil sie den Nachweis erbringen müssen, daß sie mindestens 21 Jahre alt sind."

„Danke für das Kompliment, junger Freund", erwiderte ich lachend, „ich bin 38 Jahre alt und empfehle ihnen, möglichst bald einen Augenarzt aufzusuchen."

In der benachbarten Stadt Washington, der Hauptstadt der Vereinigten Staaten, waren die Fahnen auf Halbmast gesetzt. Amerika stand im Zustand des Schocks. Ein staatliches Verwaltungsgebäude in Oklahoma war durch eine Bombe in die Luft gesprengt worden. Dabei kamen annähernd zweihundert Menschen ums Leben. Diesen Terrorakt traute man nur arabischen Extremisten zu. Das Volk war zutiefst bestürzt, als sich herausstellte, daß es sich um einen verbitterten Amerikaner handelte, der mit dem Staat abrechnen wollte.

Greenwich

Vor unserer Weiterreise gab es wieder einen Wechsel. Gregor kehrte nach Deutschland zurück. Für ihn sprang Gregs Freundin, Amy, ein. Sie wollte uns auf den letzten Abschnitt bis nach Maine begleiten. An einem hellen, sonnigen Morgen segelten wir ab. Nach einem weiteren Nachtstopp im idyllischen Worton Creek gelangten wir über den C-D-Kanal in die Delaware Bucht. Es dämmerte bereits als wir in die Mündung des Cohaney Flusses segelten. Der Fluß schlängelte sich durch schilfbewachsenes Flachland. Da die Gezeitenströmung starke Wirbel erzeugte, holten wir die Segel ein und setzten die Fahrt unter Motor fort.

Vor dem verträumten Ort Greenwich gingen wir vor Anker. Es handelte sich nicht um den namensgleichen Ort am nullten, sondern um den nahe des 75. Längengrads. Wie kalt es zu dieser Jahreszeit am 39. Breitengrad wird, merkten wir an den Kakerlaken. Lange hatten wir sie nicht mehr gesehen. Aber jetzt kamen sie, auf der Suche nach Wärme, herausgekrochen. Greg schrie einmal auf, da sich eines der armen Tiere an seinem Körper wärmen wollte. Glücklicherweise hatten wir in Annapolis einen Fahrtensegler kennengelernt, der alle Tricks zur Bedienung unserer Dickenson Dieselheizung verraten konnte. Endlich kam die Kabine auf angenehme Temperaturen, womit die letzten lebenden Kakerlaken von uns abgelenkt wurden.

Ausflüge mit dem Beiboot sind immer ein Erlebnis. Besonders früh morgens im Licht der aufgehenden Sonne. Die Landschaft erschien wie ein Aquarell. Auf der glatten Oberfläche des Wassers konnten wir meilenweit dahingleiten. Dichter Schilf säumte die Ufer. Dahinter erstreckten sich Wälder in saftigem Grün.

Greenwich war der friedlichste Ort, den ich je erlebt habe. Die geschichtsträchtigen Häuser lagen eingebettet in einer Landschaft voller Frühlingsfarben. Die Felder blühten und einige Bäume sahen aus, als wären sie in Flammen. Am Ufer lagen dutzende Holzschiffe in verschiedenen Stadien der Verwesung. Zwischen ihnen wuchs Schilf. Es war nicht verwunderlich, hier eine Malerin mit ihrer Staffelei zu treffen. Sally lebte in Greenwich. Ihr freundliches Wesen deckte sich mit dem des Ortes. Sie lud uns in ihr Atelier ein, zeigte ihre Kunstwerke und versorgte uns mit Butterbroten. Sally berichtete, daß die meisten Bewohner des Dorfes, wie sie, zu der Religionsgemeinschaft der Quäker gehörten. Lange saßen wir beisammen und tauschten Geschichten aus. Zum Abschied schenkte sie uns ein Kochbuch voll traditioneller Rezepte.

Der Zufall brachte uns an diesen wunderbaren Ort. Aber ohne Segelyacht und dem Sinn für das Abenteuer hätten wir ihn nie kennengelernt.

Freiheit

Der Kontrast konnte nicht größer sein. Es war kalt und regnerisch, als New Yorks Kulisse in Sicht kam. Eine dichte Wolkendecke lag über der größten Stadt Nordamerikas. Alles erschien grau und bedrohlich. Wolkenkratzer in babylonischen Dimensionen füllten den Horizont aus.

Eines erhellte jedoch die düstere Atmosphäre: Die Freiheitsstatue. Das Symbol der Freiheit. Der Magnet für Millionen von Emigranten. Sie kamen in der Hoffnung auf Freiheit nach Amerika. Als wir an der Statue vorbeisegelten, fragten wir uns, was die vielbeschworene Freiheit eigentlich sei. Ist es nicht eine Illusion der Menschheit, beziehungsweise ein geistiger Zustand? Im Großen sprechen wir beispielsweise von Meinungs-, Reise- und Religionsfreiheiten. Aber im Kleinen sind wir Menschen doch immer Zwängen unterworfen. Einerseits den fundamentalen Zwängen, die wir zum Leben benötigen und andrerseits den selbst auferlegten Zwängen. Wir sind eingebunden in ein komplexes System von Rechten und Pflichten. Oft erlebte ich, wie sehr ich um meine Freiheit zum Segeln beneidet wurde. Die typische Klage lautete: „Davon habe ich immer geträumt. Aber meine Karriere und Familie hindern mich daran, den Traum zu realisieren."

Dies mag stimmen. Aber ich glaube es fehlt eher am Mut, sich auf ein unkalkulierbares Abenteuer einzulassen.

Die Not in ihren Heimatländern brachte die Emigranten nach Amerika. Dort nahmen sie sich die Freiheit heraus, den einheimischen Indianern ihr Land streitig zu machen. Freiheit bedeutete, das Gesetz des Stärkeren walten zu lassen. Was ist von der Indianerkultur übriggeblieben? Es sind, bis auf wenige Ausnahmen, dahinvegetierende Randgruppen. Die USA bilden da keine Ausnahme. Beispiele gibt es genug. Ähnliches geschah mit den Inkas in Lateinamerika, den Buschmännern in Südafrika und den Aborigines in Australien. Die Erkenntnis, daß viel Unrecht geschehen ist, hat in diesem Land eine Demokratie entstehen lassen, deren Verfassung auf dem Papier ‚Gleichheit, Recht und Freiheit' garantiert. Letzteres symbolisiert die Statue.

Da wir außerhalb der Saison segelten, durften wir kostenlos in Manhattans historischem Hafen, dem South Street Seaport anlegen. Natürlich gehörte zum Deal auch eine der geschmuggelten Rumflaschen.

Wir kamen uns klein und unbedeutend vor. Nicht nur die Wolkenkrazer sondern auch die gewaltigen Masten der Viermastbark ‚Peking', ein Frachtsegler aus vergangenen Tagen, verdeckten den Himmel.

In den endlosen Straßenschluchten New Yorks hätten wir uns leicht verloren. Glücklicherweise führte uns ein Freund, der hier lebte. New Yorks Zentrum, Manhattan, liegt auf einer länglichen Insel an der Mündung des Hudson Flusses. In der kurzen Zeit konnten wir nur einen oberflächlichen Eindruck gewinnen. Wir sahen das World Trade Center, Empire State Building, Rockerfeller Center, Museum of Modern Art, 5th Avenue, Wall Street, Brooklyn Bridge und schließlich den berühmten Central Park, wo die New Yorker sich in ihrer Freizeit austoben. Das meilenweite Laufen verursachte Durst. Daher gehörte auch ein Pub zum Besichtigungsprogramm. ‚McSorley's Old Ale House' kam uns da bestens gelegen. Dieses altehrwürdige Bierhaus kam mir vor, wie die Repräsentanz des alten Britischen Empires. Wer ein Restaurant sucht, bemerkt, daß in dieser Stadt die Nationen aller Erdteile vertreten sind. Wir besuchten ein indisches Lokal, das in einem indisch dominierten Stadtteil lag. Dies weckte Erinnerungen an meine Zeit in Asien.

Im Vergleich zu Singapur, besonders wenn ich öffentliche Verkehrsmittel nutzte, fand ich, daß New York verstaubt wirkte. Die Menschen bewegten sich im Vergleich zu Hongkong eher gelassen. Dabei gilt New York als die schnellebigste Stadt in Nordamerika beziehungsweise der Welt.

Kurs Manhatten

Tor zur Hölle

Die westliche Finanzmetropole verließen wir durch das Tor zur Hölle. ‚Devils Gate' liegt an einer schmalen und felsigen Stelle im Meeresarm, der zum Long Island Sound führt. Gezeitenströmungen verursachen dort Turbulenzen, die dem eines Gebirgsbachs ähneln. Wenn *Ryusei* keinen Motor gehabt hätte, wären wir im wahrsten Sinne des Wortes, zur Hölle gefahren.

Noch vor Einbruch der Dunkelheit liefen wir im Long Island Sound einen Hafen an.

„Zwanzig Dollar kostet der Liegeplatz pro Nacht", forderte die Besitzerin der Marina in rüdem Ton.

„Und wo bitte sind die Duschen?"

„Die gibt es bei uns nicht."

„Aber dann können sie doch nicht so viel Geld für eine Nacht verlangen."

„Entweder ihr zahlt, oder ihr verschwindet!"

Wir verschwanden schnell und ankerten ostentativ vor der Hafeneinfahrt des Ortes Branfort.

Aber nichts regte uns an jenem Tag mehr auf, als das, was wir in Gregs berühmter ‚Butternut Suppe' fanden. Eine Kakerlake! Sie hatte sich wahrscheinlich unter der Decke der Kombüse aufwärmen wollen und war vom Duft der delikaten Suppe in Ohnmacht gefallen.

Am nächsten Morgen segelten wir weiter. Ich hatte den Kurs so gewählt, daß wir nahe der Bojen vorbeikamen, die Fahrrinnen für die kommerzielle Schiffahrt abgrenzen. Es war ein unangenehm feuchtkalter Tag. Die Wassertemperatur lag bei 8° und die der Luft bei 10° Celsius. Leichter Nebel beschränkte die Sicht. Zum Mittagessen, setzten wir uns an den windgeschützten Platz nahe des Niedergangs. Der Autopilot steuerte *Ryusei*. Während des Essens lehnte ich mich zufällig zurück, um einen Blick nach vorn zu werfen. Für einen Bruchteil einer Sekunde war ich wie erstarrt. Dann warf ich den Teller fort, machte einen Satz zum Steuerstand und riß das Ruder herum. Um ein Haar, hätten wir in voller Fahrt eine riesige Seeboje gerammt. Etwa einen Meter trennte uns von dem stählernen Monster. Der Schreck gab uns eine Lehre: „Wir müssen sorgfältiger Ausschau halten!"

Mystic Seaport

Im Long Island Sound begann die Welt, in der sich Greg und Amy auskannten. Es ist die Region, die als Neu England bezeichnet wird. Sie besteht aus den Bundesstaaten Connecticut, Rhode Island, Massachusetts, Vermont und New Hampshire. Neu England hat mehr als jede andere Region zur Bildung der Vereinigten Staaten beigetragen. Hier entstanden die ersten Siedlungen, entwickelten sich die ersten Industrien und hier nahm die Unabhängigkeitsbewegung ihren Lauf.

Greg lag mir schon lange in den Ohren: „Auf dem Weg nach Maine ist der Besuch von ‚Mystic Seaport' ein ‚muß'." Er hatte recht. Als wir dort einliefen, kam ich mir vor, wie auf eine Reise in die Vergangenheit. Der kleine Hafen und das dazugehörende Dorf entsprachen der Epoche, als Segelschiffe die Weltmeere durchpflügten. Mystic Seaport war ein Hafen, von dem aus die Walfänger in See stachen und Jahre später, wenn überhaupt, mit reicher Beute zurückkehrten. Der Museumshafen besitzt eine sagenhafte Kollektion von antiken Schiffen und Ausstellungsstücken. In Werkstätten werden die alte Handwerkskünste vorgeführt. Für jemanden der sich über die klassische Seefahrt informieren möchte, gibt es kaum einen besseren Ort.

Zum Museumshafen gehört auch eine umfangreiche Bibliothek. Greg schlug vor: „Hier können wir doch etwas über *Ryuseis* Geschichte erfahren."

Wegen der Konflikte beim Kauf meiner Segelyacht in Thailand, hatte der ehemalige Besitzer die Dokumentation über *Ryuseis* Ursprünge zurückbehalten. Ich wußte nur, daß meine Segelyacht ein Nachbau der Sparkman & Stevens Yacht ‚Firebrand‘ war, die irgendwann einmal den Admiral's Cup gewonnen hatte. Wir unterhielten uns mit dem Bibliothekar über unsere Recherche. Er empfahl, die alten Zeitschriften von ‚Yachting World‘ zu studieren. Die Suche dauerte nicht lange. Zwischen 1965 und 1968 machte ‚Firebrand‘ Schlagzeilen wie:

„Firebrand – Designed to win ... / Firebrand had as least shown her power to windward and achieved her first offshore success in Winning the Morgan Cup. / Firebrand maintained her remarkable series of victories by taking the Dinard Trophey ... / Dennis Miller's Firebrand that won the day in a spanking breeze that gave everyone the sail of their lives ... / Firebrand – most successful of the British Admiral's Cup team. "

Die Zeilen beruhigten mich, denn wenn unser Schiff halbwegs dem Ruhm seines Vorgängers gerecht wird, könnte ich mit Recht hoffen, Schottland zu erreichen.

Dechamps & Daughters

„Nach Deutschland zurückkehren? Ich denk noch nicht einmal daran!"

Das waren die Worte meines alten Freundes, als ich ihn darauf ansprach, wann er in seine Heimat zurückkehren wolle.

„Mit unseren vier Kindern haben wir es doch in Amerika viel besser. Hier ist alles größer: das Land, die Autos und die Portionen im Supermarkt. Wenn ich zum Beispiel Milch kaufe, dann erhalte ich sie gallonenweise. Bei den Cornflakes-Packungen ist es ähnlich. In Amerika läßt es sich halt mit einer großen Familie besser leben. Am Wochenende kann ich hier hämmern und den Rasen mähen, ohne daß mich der Nachbar bei der Polizei anzeigt. Er käme höchstens vorbei, um seine Hilfe anzubieten. Außerdem müssen in Deutschland erst einmal die Steuer- und Sozialabgaben gesenkt werden, bevor ich an eine Rückkehr denke. Die Politiker sollen doch machen was sie wollen. Für mich ist es klar: Um so höher sie die Steuern treiben, um so besser läuft unser Geschäft in Amerika."

Für jemanden wie mich, der nach Europa zurückkehren wollte, war dies eine ernüchternde Aussage. Daniel leitete die Tochtergesellschaft einer deutschen Firma. Seine Freundin hatte ihn nach Amerika begleitet. Jetzt waren sie verheiratet und besaßen zwei Paar Zwillinge; insgesamt vier Töchter.

An einem Wochenende besuchte mich Daniel mit seiner Familie an Bord. Die Dechamps & Daughters inklusive ihres Golden Retrievers war eine beeindruckende Mannschaft. Mit Schwimmwesten bekleidet zogen die Mädchen, im Alter von zwei und vier Jahren, zusammen mit ihrem Hund wie ein Sturm über unser Schiff. Nur Nine, die Mutter konnte sie noch im Zaum halten. Sonnenschein und leichten Wind wünschten wir uns für die kleine Exkursion zwischen Mystic Harbor und dem Nachbarort Stonington. Aber Nieselregen und eine steife Brise empfingen uns, sobald wir den Hafen verließen. Entsprechend mußten die Segel gerefft werden. *Ryusei* legte sich natürlich zünftig auf die Seite. Mutter und Kinder schrien vor Vergnügen. Nur der Vater wurde stiller. Seine Stirn legte sich in Falten und sein Gesicht bekam den unverkennbaren Teint. Die Diagnose war klar. Dem Hund ging es entsprechend. Er wurde ruhig und legte sich zu seinem leidenden Herrn. Da es bewölkt und recht kalt war, verschwanden die Kinder in die vordere Kabine. Sie johlten vor Aufregung, als sie sahen wie dort die Fenster durch die starke Krängung unter Wasser tauchten. Angeblich hätten sie noch monatelang von dieser kleinen Exkursion geschwärmt. Wer weiß? Womöglich haben sie sich an jenem Tag mit dem Virus des Segelns infiziert.

Marthas Vineyard

„Auf dem Weg nach Norden dürft ihr Marthas Vineyard nicht verpasssen", hörte ich immer wieder. Jetzt weiß ich warum. Die Insel hat einen unvergleichlichen Charme. Obwohl sie nahe der großen Ballungszentren liegt, erschien das Leben wie auf einem anderen Planeten. Der Ort Vineyards Heaven trug den Namen zu Recht. Greg und ich waren euphorisch, denn der Ankerplatz war voll klassischer Segelyachten. Wir ließen das Beiboot zu Wasser, um uns diese hölzernen Kunstwerke aus der Nähe zu betrachten. An Land stöberten wir durch eine alte Bootswerft. Hier wurde mir bewußt, daß Holz in Neu England der beliebteste Werkstoff ist. Häuser werden aus Holz gebaut und die traditionellen Holzschiffe erleben eine Renaissance. Nach einem ausgiebigen Spaziergang durch das Dorf landeten wir in dem berühmten Restaurant ‚The Black Dog'. Hier saßen wir an einem Tisch, von dem wir den Strand und schließlich auch den Aufgang des Vollmondes sehen konnten. Es war fast zu kitschig, um wahr zu sein. Zufällig erfuhren wir dann, daß dies der Lieblingsplatz von Präsident Clinton sei, wenn er seinen Urlaub hier verbringt. Wir wußten nun warum!

Am Nachbartisch saß eine einzelne Dame. Sie suchte das Gespräch, um ihren Kummer über ihre zerrüttete Ehe mit jemandem zu teilen. Gleichzeitig verzehrte sie einen Hummer und betäubte sich mit Wodka. Wir bemerkten schnell, daß sie zu den Menschen gehörte, die selbst im Paradies nicht glücklich werden.

Die Nachbarinsel Nantucket galt einst als die Hauptstadt der Walfänger. Damals regierten hier die Frauen, da die Männer zur See fuhren. Wir fanden diese Insel reizvoller als Marthas Vineyard, da es weniger Touristen gab. Ein Großteil der Insel ist Naturpark, in dem es unter anderem Rotwild, Hasen, Gänse und Fasanen gibt. Außerdem rasten hier alljährlich, ähnlich wie wir Segler, Tausende von Zugvögeln.

Im Reich der Schwulen

Am Morgen war die Welt verschwunden. Erst glaubte ich, an den Fenstern der Kabine hätte sich Kondenswasser gebildet. Aber kein Reiben nutzte. Schließlich öffnete ich die Luke und steckte den Kopf hinaus. Die Luft schlug mir wie ein kalter, feuchter Lappen ins Gesicht. Ein dichter Nebel hatte die Umwelt verschluckt. Greg und Amie lachten über mein verdutztes Gesicht.

„Daran mußt du dich gewöhnen. Nebel gehört in Neu England zum Leben. Wenn die feuchte Landluft über das kalte Wasser streicht, kondensiert sie. Mit etwas Glück wird sich im Laufe des Tages der Nebel auflösen."

Am liebsten wären wir wieder in die Kojen zurückgekrochen. Aber nach der Devise, „*When the going gets tough–the tough get going*", setzten wir uns in Bewegung. Die Sichtweite betrug weniger als hundert Meter. Ohne Radar hätten wir noch nicht einmal den Weg zur offenen See gefunden. Die Bojen konnten wir hören, aber nicht sehen. Es war eine gespenstige Atmosphäre. Überall bimmelte und heulte es. Zwischendurch erschütterte ein landgestütztes Nebelhorn unser Zwerchfell. Auf dem Radar zeigte sich ein Objekt. Wahrscheinlich war es eine Boje. Wir waren uns nicht sicher. Der Nebel war so dicht, daß sich Greg an den Bug stellte.

„Ahoi, Ralph. Boje auf Kollisionskurs. Geh nach Steuerbord!" rief er mir dann zu.

Sekunden später tauchte die Boje aus dem Nebel und glitt an uns vorbei. Dann meldete sich der Tiefenalarm. Weniger als fünf Meter Wasser trennten uns von dem felsigen Grund. Kabbelwasser ließ auf starke Strömung schließen. Wir befanden uns im Pollock Rip Channel. Früher besaßen die Seefahrer nur ihre geschärften Sinne und den Kompaß zur Orientierung. Dies erklärt die unzähligen Tragödien in jener Zeit. Wir hatten es dagegen sehr viel einfacher. Exakte Seekarten, Navigationsgerät, Radar und Tiefenmesser zeigten uns, wo es lang ging. Außerdem besaßen wir einen Motor, der bei Windstille aushelfen konnte. An jenem windstillen Tag gab es noch eine andere Gefahr. Das Meer war übersät mit den Bojen von Hummerreusen. Wir gaben uns alle Mühe ihnen auszuweichen, denn wir befürchteten, daß sich die Befestigungsseile der Markierungsbojen am Schiffspropeller verfangen könnten. Bei 8° Wassertemperatur wäre es kein Vergnügen den Propeller freizuschneiden.

Wir umrundeten Cape Cod und landeten sicher, aber müde an einem Ort, von dem es in unserem Reiseführer hieß: *„Provincetown is easy to enter in any conditions. The town is the ‚Honky-tonk‘ example of the best and the worst in summer resort commercialism.“*

Greg und ich wollten wissen, was darunter zu verstehen sei. Amy blieb an Bord. In der Abenddämmerung schlenderte ich mit meinem Freund die Hauptstraße von Provincetown hinunter. Hier gab es mehr Souvenierläden und Restaurants als sonstwo.

„Nanu; irgend etwas stimmt hier nicht. Ist dir das nicht auch aufgefallen?“ fragte Greg plötzlich.

„Was denn? Bis auf Frauen und Bars ist doch alles da.“

„Hast du nicht gemerkt, das die letzten Paare, die an uns vorbeiliefen, alles Männer waren? Und was für welche. Schau doch mal genau hin.“

Greg hatte richtig beobachtet. Hier gab es keine gemischten Paare. Die meisten waren extravagant gekleidet. Endlich glaubte ich, ein normales Paar zu sehen. Sie standen in einem Hauseingang. Wir gingen zu ihnen hinüber und fragten: „Können sie uns bitte sagen, wo es hier eine gemütliche Bar gibt?“

Der Mann antwortete in einer hohen Fistelstimme: „Natürlich meine lieben Kinder. Gleich hier bei uns, im Massagesalon! Kommt nur herein.“

Seine korpulente Partnerin mit den langen roten Haaren, tänzelte vor Vergnügen. Aber dann sah ich ihre Hände und realisierte, daß es sich um einen Transvestiten handelte. Verlegen lehnte ich ab.

„Wir sind durstige Seeleute, die nur eine zünftige Bar suchen.“

Die Frau, ein Transvestit, schüttelte sich vor Lachen und antwortete in tiefer Baßstimme. Endlich wurden wir richtig eingeschätzt. Mit verführerischem Blick auf Greg beschrieb er uns den Weg. Die Bar hieß ‚Old Colonie‘ und war der Treffpunkt der Fischer und Exzentriker. Hier erfuhren wir, daß Provincetown das Reich der Schwulen ist.

Bostons Chinatown

„Dies ist nicht unser Reich“, fanden wir und setzten bei Tagesanbruch die Segel. Das Wetter strafte uns. Es war kalt, neblig und es nieselte. Zu allem Überfluß mußten wir kreuzen, da der Wind aus Nordwest kam. Selbst die Zugvögel, schienen mit der Witterung Probleme zu haben. Zwei Singvögel landeten völlig erschöpft an Bord, wärmten sich in der Kabine und zogen dann weiter. Unsere Stimmung war dem Wetter entsprechend. Sie besserte sich erst, als wir das Licht des ältesten Leuchtturms von Amerika sichteten. Seit 279 Jahren weist er den Seefahrern den Weg nach Boston.

Es war schon immer meine Meinung, daß der Vorteil einer großen Familie in den Cousinen liegt; auch wenn es Cousinen des x-ten Grades sind. Boston wurde uns von meiner hübschen, jungen Cousine vorgeführt. Julia, eine begabte Künstlerin, hatte Deutschland den Rücken gekehrt und sich hier niedergelassen. Überschwenglich begrüßten wir uns am Pier, wo im Jahre 1773 im Rahmen der Unabhängigkeitsbewegung die ‚Boston Tea Party‘ stattfand. Sie konnte es kaum glauben, daß ich den langen Weg von Asien bis hierher gesegelt war. „Ich würde mir nie die Mühe machen bis nach Asien zu reisen. Wozu auch, denn Asien gibt es auch in Boston“, sagte sie.

„Wie meinst du das?“

„Folgt mir! Ich werde euch zeigen, was ich meine.“

Daraufhin führte sie uns kreuz und quer durch Bostons Innenstadt. Plötzlich bogen wir um eine Ecke und standen in einem Straßenzug, der in eine andere Welt gehörte. Wir befanden uns in Bostons Chinatown. Chinesen hasteten durch die Straßen. Überall hörte ich die vertrauten Laute der chinesischen Sprache. Rote und goldene Schilder mit chinesischen Schriftzeichen prangten vor den Eingängen der Läden. Drachen und Laternen dekorierten die Auslagen. Die Eingänge der Restaurants wiesen alle Stilelemente auf, die ein Chinese benötigt, um erfolgreich Geschäfte abzuwickeln. Verwinkelte Eingänge mit Wasserbassins sollen böse Geister fernhalten. Spiegel hängen in strategischer Position, damit alles seine Ordnung hat. Kleine Altäre mit Opfergaben an verstorbene Angehörige gehören auch zum Erfolg. Hier wurde die chinesische Kultur in reinster Form praktiziert. So wie ich sie aus Peking, Hongkong, Singapur und den anderen Städten des Fernen Ostens kannte. Julia führte uns in ein kantonesisches Restaurant. Wir saßen an einem runden Tisch. Harte, unbequeme Stühle sowie das kalte Neonlicht ermahnten, daß wir uns hier zum Essen und nicht zum geselligen Gespräch befanden. Nur wenn das Klientel schnell rotiert, läuft das Geschäft gut.

Julia hatte Recht. Wozu sollte sie soweit reisen? Boston hatte alles zu bieten. Florierende Wirtschaft, vielfältige Kulturkreise, Museen und die weltbesten Universitäten. Für einen Künstler gab es kaum eine besseres Pflaster.

Da ich ahnte, daß ich bald eine neue Mannschaft benötigen würde, fragte ich meine Cousine, ob sie nicht Lust hätte mit mir nach Europa zu segeln. Die Antwort lautete sinngemäß: „Rückkehr – nein danke!“

Glaucesters Tragödie

Greg und Amy hatten bereits das nächste Ziel bestimmt. Bei strahlendem Sonnenschein segelten wir in den Hafen von Glaucester, 25 Meilen nördlich von Boston. Was Nantucket und Mystic Seaport für den Walfang, war Glaucester für die Fischerei. Hier wurden die Schoner gebaut, die auf den Grand Banks vor der Küste Neufundlands zum Fischen von Kabeljau dienten. In diesem von Stürmen geplagten Seegebiet waren seit den Anfängen der Fischerei 10.000 Einwohner Glaucesters umgekommen. Ein Denkmal in Form eines lebensgroßen Fischers in Bronze erinnert an die Tragödie.

Zu jener Zeit wäre niemand auf die Idee gekommen, wie wir, ohne wirtschaftlichen Zwang in See zu stechen. Not trieb die Menschen. Eine Reise von Punkt A nach B ließe sich in der heutigen Zeit viel besser mit einem Flugzeug bewältigen. Dies ist nicht nur sicherer sondern erspart auch Zeit, Mühe und Geld. Auf was für einer Art von Reise befanden wir uns eigentlich? Wußten wir, was wir taten?

Ich wußte es! Ich wollte auf Abstand zu meinem bisherigen Leben gehen. Ich wollte den Traum verwirklichen, einmal das Leben auf See kennenzulernen. Die Entscheidung von Asien nach Europa zurückzukehren, gab mir Gelegenheit, diesen Traum zu verwirklichen. Anfangs war es eine Traumreise. Daraus wurde mit der Zeit eine Mischung aus Lust- und Abenteuerreise. Eine Reise, die sowohl Romantik als auch Spannung kennt. Eine Reise, die den Horizont erweitert und die zum Verständnis der verschiedenen Kulturkreise beiträgt. Für mich ist die Seefahrt, die zunächst nur ein Jahr dauern sollte, eine Berufung geworden. Warum sollte ein Mensch sein ganzes Leben in eine Richtung gehen, bzw. einen Beruf ausüben. 15 Jahre habe ich mit der Metallurgie zu tun gehabt. Ich habe im übertragenen Sinn mit dem Feuer gespielt. Warum sollte ich nicht nun 15 Jahre mit dem Wasser (Seefahrt) und dann weitere 15 Jahre mit der Erde, wie beispielsweise der Landwirtschaft, spielen. Damit schlösse sich der Kreis des Lebens: Feuer, Wasser, Erde.

„*They who go down to the sea in ships*" lautet die Inschrift des Denkmals. Ein Mensch verschwindet spurlos. Kein Körper, keine Erklärung, nur Mysterie und ratlose Hoffnung bleiben.

Meine amerikanische Freundin Melanie, mit der Greg und ich viele schöne Stunden in Durban verbracht hatten, war im November 1994 von Borneo aus in See gestochen. „Verschollen auf See", hieß es nun. Was war passiert? Wie kann eine 57-Fuß-Swan mit vier Mann Besatzung verschwinden? Waren Piraten oder Drogenschmuggler am Werk, war es einfach ein

Riff beziehungsweise ein Container oder eine Kollision mit einem großen Schiff? Wir werden es nie wissen. Die Qual der Ungewißheit lastet auf uns. Beispiele gibt es genug. Freunde meiner Eltern in Mauritius vermissen seit Jahren ihren Sohn. Arnaud du Rosney, einer der weltbesten Segler hatte versucht, ohne Genehmigung der Behörden auf einem Surfbrett von China nach Taiwan zu segeln. War es die Natur oder die Marine, die den jungen Sportler verschwinden lies? Wir können nur rätseln.

Vor uns lag der Nordatlantik. Ein Meer mit dem nicht zu spaßen ist, wie die vielen Opfer beweisen. Diese Erkenntnis sorgte für Unbehagen.

Frühling in Maine

Nach den Kaps Cape Fear, Cape May, Cape Cod passierten wir nun Cape Ann und gelangten zur abgelegenen Inselgruppe Isles of Shoals. Die Bewohner der Inseln wollten nichts von uns wissen. Auf der ersten Insel lebte eine religiöse Gruppe. Sobald wir mit unserem Beiboot in Rufweite kamen, wurden wir höflich aber bestimmt abgewiesen. Auf der Nachbarinsel waren wir ebenso unerwünscht. Hier brütete eine Kolonie von Seevögeln, die uns mit viel Gekreisch vertrieben. Bei der dritten Insel Smuttynose ließen wir uns nicht mehr einschüchtern. An Land mußten wir uns vorsichtig bewegen, denn der Boden war mit Vogelnestern übersät. Gleichzeitig lenkten uns die Möwen mit Scheinattacken ab. Die Brutzeit ging dem Ende zu, und die Küken waren entweder bereits geschlüpft, oder dabei, sich einen Weg in die Freiheit zu verschaffen. Sie standen an der Schwelle zum Leben.

Auch wir befanden uns auf einer Schwelle, denn die Inselgruppe lag auf der Grenze zu Maine. Von hier aus war es nur noch eine Tagesreise nach Portland. Sie begann gemächlich bei lauem Wind. Aber je näher wir unserem Ziel kamen, je mehr legte der Wind zu. *Ryuseis* Bug lies die Gischt sprühen und verhielt sich wie ein Pferd auf den letzten Meilen zum Stall. Als wir Portlands Leuchtturm passierten, war das Schiff sowie unsere Freude kaum zu bändigen.

Die Eile endete abrupt in der Einfahrt des Yachthafens, denn wir liefen auf Grund. Den kostenlosen Liegeplatz den Amys Eltern für uns organisiert hatten, konnten wir wegen des Tiefgangs nicht anlaufen. Glücklicherweise fand sich dann für uns ein anderes Dock am Rande der Innenstadt.

Amys Familie wußte, was Seefahrer als erstes brauchen: Essen und Trinken. Ihr Haus lag idyllisch am Ufer eines Sees. Es gab Maines traditionelle Muschelsuppe und einen Berg voll Hummer.

Der Leuchtturm von
Portland in Maine.

Die Vorbereitung der Hummer fand unser besonderes Interesse. Das Rezept
lautet wie folgt:

Für jeden zu kochenden Hummer wird ein Glas Bier in einen großen Kochtopf gegeben
und erhitzt. Dann stellt man den Hummer auf den Kopf, hält die Scheren nach hinten und
reibt den Nasenknochen, bis er völlig ruhig wird. Wenn das Bier kocht und der Topf voller
Dampf ist, sollen die lebenden Hummer Kopf zuerst in das Bier getaucht werden. Dies sei
angeblich die menschlichste Art, einen Hummer zu töten! Wenn er sich nach etwa 10 bis 15
Minuten rot färbt, ist er fertig. Da man Hummer mit der Hand ißt, müssen sie ein wenig
Abkühlen. Etwas Buttersoße rundet das Ganze ab.

Während wir zusammen saßen, erfuhr ich einiges über Maine. Es ist der
größte Bundesstaat Neu Englands. Die zerklüftete Küste mit den vorgelagerten Inseln ähnelt der Westküste Schottlands. Nur gibt es hier wesentlich
mehr Wälder. Des weiteren unzählige Seen, Teiche sowie Flüsse und Bäche.
So ist es verständlich, daß Maines Einwohner sehr naturverbunden sind.
Amys Vater erklärte: „Wir lieben die Freiheit und würden nie zögern, sie mit
der Waffe zu verteidigen. In den Vereinigten Staaten hat Maine die geringste
Kriminalitätsrate. Das liegt daran, daß wir hier pro Kopf die meisten Waffen
besitzen. Verbrecher müssen sich bei uns hüten."

Maines rauhe Sitten entsprachen dem des Klimas. Die kalte Jahreszeit ist
extrem lang und wir hörten, das Frühjahr würde gelegentlich nahtlos in den
Herbst übergehen. „Manchmal dauert bei uns der Sommer nur einen Tag ",
hieß es.

Auf unserer Reise nach Norden hatten wir einen verlängerten Frühling erlebt. Auch Maine stand in frischer Blüte. Wer aus den Tropen kommt, erlebt diese Jahreszeit viel intensiver als jeder andere. Für mich war die Reise entlang der Ostküste von Amerika wie ein ewiger Frühling.

Wartung und Reparatur

Im Hafen beschäftigt sich der Fahrtensegler normalerweise mit Wartungs- und Reparaturarbeiten am Schiff. Dieses Mal brachen wir mit der Tradition. Wir begannen mit uns. Greg hatte in den vergangenen Wochen über Zahnschmerzen geklagt. Amy beruhigte ihn: „Mein Cousin ist Zahnarzt. Er wird dich in Portland behandeln." Allerdings hatten weder Amy noch ich damit gerechnet, daß uns das gleiche Schicksal drohen könnte. Den Kapitän traf es besonders hart! Ich verlor meine Weisheitszähne. Der Schmerz war das eine, schlimmer jedoch, daß ich danach eine Zeit lang Steaks und Hummer ausschlagen mußte.

Im Gegensatz zu Greg, der seinen langen roten Zopf pflegte, ließ ich mir gelegentlich die Haare schneiden. Jedesmal war es ein Erlebnis, denn Friseure, ähnlich wie Taxifahrer, sind mitteilsame Menschen. Nahe des Yachthafens gab es einen kleinen Friseursalon.

„Heute geht's nicht mehr, aber morgen um sieben", sagte der Friseur.

„Morgens oder abends?"

„Morgens natürlich."

„Ist das ihr Ernst?"

„So wahr wie ich hier stehe."

Segler haben einen guten Schlaf. Besonders in den Morgenstunden. Daher betrat ich den Friseursalon etwas schlaftrunken.

„Ah, da kommt ja unser neues Opfer!" rief der Friseur gut gelaunt. „Guten Morgen, machen sie es sich bequem. Sie kommen gleich dran."

Zu meinem Erstaunen war der Salon, trotz der frühen Stunde, brechend voll. Ich zwängte mich auf den letzten Platz und bereute sofort meinen Entschluß zu bleiben. Aber nicht lange, denn Bob, der Friseur und seine Stammklientel übertrumpften sich gegenseitig mit Witzen und humorvollen Provokationen.

„Was kostet der Spaß?" fragte ich, als ich dran kam.

„Ich bin ein Rassist", sagte Bob, „Senioren wie ich und meine Freunde zahlen 5 Dollar pro Haarschnitt; alle anderen 6."

Ich fand allein die Show war eine vielfaches wert. Mir fiel auf, daß die Senioren sich das Haar, sofern sie welches hatten, nur millimeterweise kürzen ließen. So konnten sie sich wohl den Spaß wöchentlich gönnen. Bobs

Salon verließ ich mit Bauchschmerzen vom Lachen. „I survived Bob!" stand an der Ausgangstür geschrieben. Dies gab mir die Motivation, mich endlich wieder um mein Schiff zu kümmern.

Frau Totenkopf

„Heute abend gehen wir aus, und dann schläfst du bei mir."

„Wozu?" fragte ich die quirlige Amerikanerin.

Sie schaute mir tief in die Augen und antwortete verschwörerisch: „*To make love, not war!*"

Amerikas Frauen warten nicht, bis ein Mann sich bequemt. Hier herrscht die totale Emanzipation. Portlands Nachtleben kann sich sehen lassen. Ein ganzes Stadtviertel bietet Unterhaltung aller Art. Erst fingen wir ganz langsam in Gritty McDuff's Brewpub an. Dann ging es weiter zu Bars mit Livemusic und schließlich tanzten wir bis zur Polizeistunde in einer Disco. Am Ende stand uns der Kopf nur noch nach einem: Schlafen – und zwar jeder für sich!

„Lynn und ihr vierbeiniger Freund ‚Lucky' wären doch genau das richtige für dich", meinte Greg lachend.

„Jawohl. Ein Admiral hätte mir noch an Bord gefehlt."

Lynn fiel allerdings beim Eignungstest durch. Wir veranstalteten ein Essen an Bord. Dazu hatten wir zwei Kilogramm Jakobsmuscheln, vier lebende Hummer und einen Korb voll Gemüse besorgt. Lynn bewies, daß sie ausgezeichnet kochen konnte. Aber als sie dann die grünliche Hummerleber sah und im gleichen Moment *Ryusei* durch die Heckwelle eines vorbeifahrenden Schiffs ins Schaukeln kam, lief sie grün an.

Lynn war eine völlig unprüde Pfarrerstochter, die mit ihrem Campingwagen zu den Open Air Konzerten des Rockmusikers ‚Greatful Dead' pilgerte. Dort verwandelte sie ihr mobiles Heim in eine Imbißstube.

„Mir macht das Spaß. Ich mag die Musik und die Menschen. Außerdem verdiene ich so mehr Geld, als wenn ich normal arbeiten würde", erklärte sie und fragte: „Wißt ihr, wie man die Fans der Gruppe ‚Greatful Dead' nennt?"

Wir verneinten.

„Deadhead!"

Mannschaft

Meine Befürchtung bestätigte sich in Portland: „Ich würde gern mit dir bis nach Europa weitersegeln. Aber es wird leider nicht gehen", eröffnete mir Greg. „Es gibt zwei Gründe: Amy und das Einreisevisum. Mein jetziges

Visum hat noch einige Monate Gültigkeit. Wenn ich die Vereinigten Staaten verlasse, wird mir die Wiedereinreise verwehrt."

„Amy hat dir wohl die Gretchenfrage gestellt; nicht wahr?" fragte ich. Die Antwort erübrigte sich. Von diesem Moment an suchten wir eine neue Mannschaft. Auf unseren Aushang am schwarzen Brett eines Yachtklubs meldete sich ein ehrgeiziger junger Mann. Greg und ich spürten sofort, daß wir verschiedene Wellenlängen besaßen. Dann wendete ich mich in Portland an den Herausgeber der Segelzeitschrift ‚Ocean Navigator'. Die Mitarbeiter des Verlages wären am liebsten sofort aufgesprungen. Keiner von ihnen hatte je einen Ozean überquert. „Wir träumen davon, wir schreiben davon; aber wir haben leider keine Zeit zum Segeln", jammerten sie.

Zumindest konnte mir einer der Mitarbeiter einen guten Rat zum Thema Sturmtaktik geben. „Würden sie die Anwendung eines Sturmankers empfehlen?" fragte ich.

Er erwiderte: „Nein, denn sie sind sehr teuer und werden fast nie verwendet. Heutzutage gibt es langfristige Wetternachrichten. Wenn sich einem auf hoher See eine Sturmfront nähert, hat man normalerweise genug Zeit, die Gefahrenzone unter Segel zu verlassen. Daher nutzt das Sturmsegel mehr als ein Sturmanker. Im Notfall läßt sich ein Sturmanker mit der Ausrüstung an Bord improvisieren."

Eines Tages lernte ich eine Freundin von Amy und Greg kennen. Sie besuchte uns an Bord. Danach verabredeten wir uns zum Abendessen. Ich kam etwas verspätet und fand Greg und jene Freundin im Gespräch vertieft. Als ich mich dazu setzte, schlug mir mein Freund auf die Schulter und sagte: „Ralph. Ich gratuliere dir zu deinem ersten Fang. Malley hat sich entschieden, bei dir anzuheuern."

„Meinst du das im Ernst?" fragte ich ungläubig, da ich wußte, daß sie eine Arbeitsstelle besaß und sich gerade erst verlobt hatte.

Lächelnd antwortete Malley: „Ich brauche etwas Luftveränderung. Eine Seereise käme mir da sehr gelegen. Ich werde einfach sechs Wochen Sonderurlaub von Arbeit und Verlobten nehmen."

„Und wie steht es mit der Erfahrung?"

„Ich habe eine Sommersaison auf einem der Rockland Segelschoner gearbeitet."

Wir vereinbarten, daß sie im weiter nördlich gelegen Hafen, Camden, zusteigen würde.

Gregs Hafen

Greg und ich segelten allein weiter, da Amy zu ihrer Arbeitsstelle in Seattle zurückgekehrt war. Die Portland vorgelagerte Casco-Bucht gleicht einem Labyrinth von Inseln und Meeresarmen. Wir genossen die Reise, obwohl wir wegen des fehlenden Windes den Motor zur Hilfe nehmen mußten. An einer engen Stelle zwischen zwei Inseln, setzte plötzlich der schrille Alarm des Diesels ein. Die Ursache fanden wir sofort. Das Kühlwasser kochte, denn ein Kühlwasserschlauch hatte ein Leck. Da die Tidenströmung uns auf das felsige Ufer zu trieb, mußten wir in fieberhafter Eile den Schlauch austauschen. Gerade noch rechtzeitig konnten wir die Maschine wieder in Betrieb nehmen.

In Portland hatten wir *Ryusei* für die Atlantiküberquerung vorbereitet. Alles denkbare wurde getestet, ergänzt und repariert. Der Dieselantrieb war von einem Spezialisten bis ins letzte Detail überprüft worden. Die Panne kam daher unerwartet und, wie immer, im ungünstigsten Moment. Neben der ungewohnten Kälte machte uns neuerdings ein weiterer Effekt zu schaffen: die Gezeiten. Um so weiter wir nach Norden segelten, um so stärker wurden sie. Besonders entlang der Küste Maines. Die Routenplanung erforderte größte Sorgfalt, wollten wir nicht den felsigen Grund rammen, beziehungsweise unsere Zeit im Gegenstrom verschwenden.

Die Mündung des Kennebec Flusses erreichten wir bei auslaufender Tide. Vier Knoten Gegenstrom war einfach zuviel. Daher ankerten wir und legten eine Siesta ein. Wenig später weckten mich gurgelnde Geräusche. Ein Blick aus dem Fenster versetzte mich in Panik. „Greg komm schnell! Wir rotieren!" rief ich. Im nächsten Moment standen wir an Deck. Die Tide hatte einen Malstrom gebildet, und *Ryusei* befand sich mitten drin. Das Schiff drehte sich wie ein Karussell. Glücklicherweise hatten wir dies rechtzeitig bemerkt, denn kurz darauf prallten wir auf eine Motoryacht, die auch vor Anker lag. Mit Fendern konnten wir den Schaden abwenden. Wie ein Tornado zog der Malstrom nach einer Weile davon und löste sich auf. Es dauerte dann auch nicht mehr lange, bis die Tide zum Stillstand kam und sich umkehrte. Der Flußlauf schlängelte sich durch eine dicht bewaldete und hüglige Landschaft. Noch vor Einbruch der Dunkelheit erreichten wir unser Ziel. Bath Harbor, den Ort wo noch bis 1920 die größten Klipper gebaut wurden. Schoner mit bis zu sechs Masten wurden hier auf Kiel gelegt, gebaut und zu Wasser gelassen. Aus der Hinterlassenschaft der alten Schiffswerft von Percy & Small wurde das Seefahrtsmuseum von Maine. In den Werkstädten dieses Museums hatte Greg Jahre zuvor seine Lehre als Bootsbauer absolviert. Greg war begeistert, seine alten Freunde wieder zu sehen. Am Abend führte er mich in das beste Restaurant der Stadt. Auch da gab es eine überschwengliche Begrüßung und vor allem ein Festmahl – gratis! „Womit haben wir das verdient?" fragte ich Greg.

„Die Besitzerin des Restaurants war, bevor sie heiratete, einen kalten Winter lang meine Freundin", raunte er mir zu.

Nun wußte ich es: Dies war Gregs Hafen!

Unsere bevorzugte
Biermarke in Maine.

Maines Schätze

Maines Küste und Inseln sind ein einzigartiges Segelrevier. Tausende von Ankerplätzen standen zur Wahl. Greg kannte glücklicherweise die Highlights. Nach Bath besuchten wir die Insel Damariscove. In den Anfängen der Kolonialisierung besaß dieser Ort große Bedeutung. Er lag nahe der reichen Fischgründe und geschützt vor den aggressiven Indianern. Die Schiffe kamen damals zum Fischen aus Europa und nutzten die kleine Bucht, in der wir geankert hatten, als Stützpunkt. In der Bucht lag ein altes Segelschiff aus Holz auf dem ein Hummerfischer mit seiner Familie lebte. Er kam uns vor wie der Vertreter einer vergangenen Epoche. Das Schiff teilte er mit seiner Frau und einem Kind. Tagtäglich fuhr er mit einem Motorboot auf See, um die Hummerreusen zu heben. Wenn er genügend Hummer zusammen hatte, brachte er sie zum Festland. Von ihm hörten wir, daß in Maine jährlich etwa 15.000 Tonnen Hummer gefangen werden. „Zur Erhaltung des Bestandes wurde der Hummerfang saisonal beschränkt. Außerdem dürfen wir nur Hummer in einer bestimmten Größe fangen", sagte der Fischer.

In Portland hatten wir erfahren, daß die laufende Fangsaison alle Rekorde schlug. Es gab Hummer im Überfluß. Daher wurden sie sogar bei McDonald's angeboten.

„Hier in Maine gibt es unzählige Reusen. Wie stellt ihr sicher, daß nicht einer dem anderen die Reusen leert?" fragte ich den Fischer.

„Ganz einfach", antwortete er, „Wilderer erschießen wir. Daher haben wir damit keine Probleme."

Tagelang hatte uns der Wetterbericht Sonne versprochen. Am Morgen nach unserer Ankunft in Damariscove zeigte sie sich endlich. Die flache Sonneneinstrahlung der nördlichen Breiten sowie die klare Luft gab der Natur eine intensive Färbung.

Greg drängte aus unerfindlichen Gründen zur Weiterreise. Wir passierten Hunderte von Plätzen, an denen ich gern übernachtet hätte.

„Du wirst schon sehen", meinte er. „Aber wir müssen uns eilen, um rechtzeitig das Ziel zu erreichen."

Die Navigation zwischen den vielen Inseln, Meerengen und Untiefen war anspruchsvoll. Mit dem letzten Licht gelangten wir in eine Bucht namens Pulpit Harbor. In der idyllischen Bucht lagen die schönsten Segelschoner, die ich je gesehen habe.

„Na bitte, habe ich dir zu viel versprochen?" fragte Greg. „Dies sind die traditionellen Schoner aus Rockland und Camden. Sie gehen auf Charter und jeden Freitagabend, am Vortage ihrer Rückkehr in den Heimathafen, ankern sie hier."

Mehr konnte ich nicht erfahren, da Greg einen alten Freund, den Kapitän eines der Schoner, gesichtet hatte. Jetzt ging alles sehr schnell. Sobald der Anker hielt, flog unser Beiboot ins Wasser, und Greg verschwand in Richtung des Schoners ,Wendameen'. Ich genoß die Ruhe, die Natur und den Anblick der klassischen Segelschiffe. An jenem Tag erlebte ich Maines Schätze: Natur, Segelschiffe und Hummer.

Traum des Kapitäns
Einen weiteren Schatz sollte ich noch kennenlernen; nämlich Maines Seglerinnen. In Pulpit Harbor kam Greg mit der Nachricht zurück, daß sein Freund Niels Parker, der Besitzer des Segelschoners, jemanden für meine Atlantiküberquerung empfehlen könne. „Ich kenne sie", sagte Greg. „Es ist ein nettes Mädchen. Ich habe einmal zusammen mit ihr auf der ,Wendameen' gearbeitet."

„Bevor ich mich entscheide, möchte ich gern deinem Freund begegnen", erwiderte ich.

Am folgenden Morgen demonstrierten die Kapitäne ihr Können. Ein Schoner nach dem anderen verließ den Ankerplatz unter Segel. Wie die Schoner die enge Einfahrt der Bucht passierten, ohne auf Grund zu laufen, ist mir noch heute schleierhaft.

„Übung macht den Meister", meinte Greg. „Die segeln immer auf den gleichen Routen und kennen sich hier wie in ihrer Westentasche aus. Die Schoner wurden ursprünglich als Transportschiffe entlang der Küste verwendet. Es sind Segelschiffe ohne Hilfsmotor. Im Notfall behelfen sie sich mit ihrem motorisierten Beiboot, das wie ein Schubschiff eingesetzt wird."

Im Hafen von Camden sahen wir die meisten Schoner wieder. Wir fanden einen Liegeplatz, mieteten einen Wagen und fuhren zum benachbarten Hafen Rockland, wo ich Niels und sein Schiff kennenlernte. Die ‚Wendameen' war ein gaffgetakelter Alden Schoner aus dem Jahre 1935.

„Schade, daß wir uns nicht vorher getroffen haben", sagte Niels. „Elizabeth war vor einer Woche hier, um mich zu fragen, ob ich nicht jemand wüßte, mit dem sie nach Europa segeln könnte. Sie ist eine gute Seglerin. Eine Frau voller Lebensfreude. Wenn dich ihre Singerei nicht stört, dann ist sie die Richtige für dich."

Niels und Gregs Aussagen deckten sich. Bessere Referenzen gab es nicht.

„Wo kann ich sie erreichen?" fragte ich.

„In Neu Mexiko, wo sie studiert. Das liegt am anderen Ende der Vereinigten Staaten."

Ein längeres Telefonat folgte. Drei Tage später traf Elizabeth in Camden ein. Ihre Mutter begleitete sie, um abzuschätzen, in welche Gefahr sich ihre 21jährige Tochter begeben würde. Malley traf zur gleichen Zeit ein. So war das neue Team komplett. Zwei Frauen und der Kapitän. Sollte endlich mein lang ersehnter Traum wahr werden?

Jungfernfahrt

Auf der Fahrt nach Camden hatte ich festgestellt, daß eine meiner Lichtmaschinen defekt war. Die Reparatur wurde teurer als geplant. Wir kamen nämlich auf dem Weg zur Werkstatt an einem Gebrauchtwagenhändler vorbei, auf dessen Hof sich ein alter Golf Diesel befand. Aus Neugierde fragten wir nach dem Preis.

Nach meiner Abreise wollte Greg zu Amy nach Seattle reisen. Der Flug war ihm zu teuer, der Zug ging über Kanada, würde also die USA verlassen, und die Busse waren bereits über Wochen ausgebucht.

„Wenn wir für die nächsten zwei Wochen den Mietwagen behielten, kostet mich das etwa 200 Dollar. Ich kann dir auch das Geld geben. Die Differenz zahlst du. Dann haben wir bis zu meiner Abreise einen Wagen zur Verfügung und du kannst anschließend mit einem eigenen Wagen gemütlich nach Seattle fahren", schlug ich vor. Genauso machten wir es und kamen nicht nur mit einer reparierten Lichtmaschine, sondern auch mit einem klapprigen Wagen zurück, für den wir 500 Dollar bezahlt hatten.

Die nächste Etappe nach Mount Desert Island fuhr Greg im Wagen, während ich allein mit Elizabeth und Malley segelte. Es war ein völlig neues Gefühl. Zwei Wochen wollte Greg mit mir segeln. 1 ½ Jahre später ging er von Bord. Die Seereise mit all ihren Abenteuern hatte uns zusammengeschweißt. Das untrennbare Team löste sich. Der unvermeidliche Tag war gekommen. Mir kam es vor, als ging der Lotse von Bord. Greg besaß mehr seemännische Erfahrung als ich. Auch wenn ich der Kapitän war, so bildete seine Meinung immer die letzte Entscheidungsinstanz.
Unsere Jungfernfahrt wurde ein voller Erfolg. Wind und Wetter waren perfekt. Wir segelten in geschützten Gewässern durch ein Gewirr von bewaldeten Inseln. Am liebsten hätten wir nur an Deck gesessen und die schöne Landschaft genossen. Die Navigation beanspruchte volle Aufmerksamkeit. Ein Fehler und wir säßen auf Fels. In Maine gab es mehr als genug davon. Nur einmal wurde es heikel, weil wir eine Boje verpaßt hatten.

Malley und Elizabeth kannten sich von Portland. So war sich das Team doch nicht ganz fremd. Meine neuen Begleiter fielen mit Neugierde über *Ryusei* her. Sie wollten alles wissen, besonders Elizabeth. Sie bestand darauf, alle Sicherheitseinrichtungen bis ins letzte Detail zu kennen. Bei unserer bevorstehenden Reise war diese Initiative gerechtfertigt. Für mich war es ein neues Erlebnis. Greg und ich kannten uns und das Schiff so gut, daß wir, ohne Worte zu verlieren, fast alle Manöver beherrschten. Jetzt mußte alles vorab besprochen werden. Nur so ließen sich Mißverständnisse vermeiden.

Greg erwartete uns am Pier von Southwest Harbor in Mount Desert Island. Neben ihm stand sein alter Freund David. Sie hatten gemeinsam die Lehre in Bath absolviert. Obwohl wir nur eine Tagesreise unternommen hatten, gab es ein Wiedersehen, als wären wir Wochen unterwegs gewesen. Greg hatte sich bereits Sorgen gemacht, denn er kannte die zahllosen Klippen zwischen Camden und Mount Desert Island.

Ein großer Tag
Auf Mount Desert Island holte uns endlich der Sommer ein. 35 Grad im Schatten erinnerten uns an die vergangenen Zeiten. Das Bier schmeckte wie

nie zuvor. In Maine war die Auswahl an Biersorten enorm. Die Marken ‚Shipyard' und ‚Sea Dog' standen bei uns besonders hoch im Kurs. Die Hängematten kamen wieder zum Einsatz, und unser Tatendrang kannte keine Grenzen. Einen letzten Törn wollten wir gemeinsam unternehmen. David begleitete uns. Für Malley und Elizabeth wurde es ein Trainingstörn. Wir experimentierten mit allen Segeln. Die Kombination von Großsegel und dem Spinnaker ließ *Ryusei* fast abheben. Wir segelten was das Zeug hielt, bis wir nahe der Insel Roque vor Anker gingen. Roque hatte die Form eines Atolls mit einem langen Sandstrand. Es ähnelte den Tropen, bis ich zufällig einen Fuß ins Wasser steckte. Bei acht Grad Celsius wagten wir noch nicht einmal ein zeremonielles Bad. Unser Ankerplatz lag zwischen zwei dicht bewaldeten Inselchen. Da alle unsere Angelversuche erfolglos blieben, kauften wir von einem Fischerboot, das in der Nähe ankerte, eine große Portion Jakobsmuscheln. Damit bereiteten Elizabeth und Malley einen sagenhaften New England Clam Chowder zu, dessen Geheimnisse sie anschließend preisgaben:

Zwei Zwiebeln mit Butter in einem großen Topf sautieren. Dazu vier große, geschnittene Kartoffeln und einige Tassen Wasser geben. Bevor die Kartoffeln durch sind, einen halben Liter saure Sahne und eine äquivalente Menge an geschnittenen Jakobsmuscheln hinzufügen und auf kleiner Hitze garen. Zusätzlich kann man eine Portion Maiskörner hinzugeben und - je nach Wetterlage - mit scharfen Paprikaschoten würzen.

Maines
idyllische
Ankerplätze.

In den nördlichen Breiten zieht sich die Abenddämmerung in die Länge. Es gibt nichts schöneres, als nach einem aktiven Segeltag vor Anker zu liegen. Besonders an so einem schönen Ort.

Auf mein Frage, welche Erfahrung er mit Frauen an Bord gemacht hätte, antworte Niels, der Kapitän von ‚Wendameen‘: „*Women on board can be either very great or very disastrous!*"

Für uns war es ein großer Tag und dazu hatten unsere Frauen an Bord nicht unwesentlich beigetragen.

Nudismus und Absturz

Die sommerlichen Tage auf Mount Desert Island plätscherten dahin. Immer wieder fanden wir einen Grund, die Abreise hinauszuzögern. Mal war es eine Exkursion zum Baden, mal war es ein Barbeque, ein Sundowner-Törn oder auch das Bergsteigen.

Die Kontraste des prüden Amerika wurden beim Badeausflug zu einem abgelegen See deutlich. Auf dem letzten Wegstück vom Parkplatz zum See mußten wir zu Fuß durch einen Wald laufen. Wir staunten nicht schlecht, als uns auf dem Pfad nackte Frauen und Männer entgegenkamen. Völlig ungezwungen grüßten sie und wanderten weiter. Am See ging es ähnlich zu. Es war das Eden der Nudisten. Wer den Badeanzug an behielt, wäre unangenehm aufgefallen.

Nur wenige Tage zuvor hatten Greg und ich bei Camden am Meeresufer eine Rast eingelegt. Wie wir auf den Felsen saßen und die Aussicht genossen, kamen mehrere Polizisten aus dem Unterholz geschlichen. „Suchen sie etwas bestimmtes?" fragte ich.

„Wir suchen Nudisten", lautete die Antwort. „Seien sie gewarnt! In Maine ist das strengstens verboten."

Elizabeth berichtete, daß sich in Maine die Menschen gegen diese Gängelei auflehnten. „Meine Schwester, sie ist Juristin, hat letzte Woche in Portland Schlagzeilen gemacht. Sie benachrichtigte die Presse und lief ‚oben ohne‘ über die größte Brücke Portlands. Als die Polizei sie verhaften wollte, hielt sie ihnen die Paragraphen des amerikanischen Grundgesetzes bezüglich Gleichberechtigung vor die Nase und drohte mit einem Skandal. Angesichts der Presse und den Paragraphen zog die Polizei unverrichteter Dinge ab.

„Immerhin haben auch wir in Portland Schlagzeilen gemacht", stellte ich befriedigt fest. „Aber nicht wegen Nudismus sondern wegen unserer Seereise."

David war der erste, der das Bergsteigen vorschlug. Elizabeth war sofort Feuer und Flamme. Der Rest ließ sich mitreißen. „Muß das unbedingt sein?" fragte ich. „Ich liebe Bergsteigen. Aber so kurz vor der Abreise?"

Wenig später standen wir unter einer senkrechten Felswand. David und Elizabeth, die Profis, gingen sofort zur Sache. David kletterte und Elizabeth sicherte. Dann sicherte David von oben, während Elizabeth folgte. Sie kletterte mit einer erstaunlichen Geschicklichkeit. Mir wurde schon beim Zuschauen schwindlig. Dann kam die Frage: „Wer ist der nächste?"

„Der Kapitän!" schrien alle.

Klettern war immer meine Stärke. Leider besaß ich keine passenden Kletterschuhen. Also nahm ich Turnschuhe. Trotzdem meisterte ich die Felswand unter äußersten Anstrengungen. David meinte anschließend, die Wand hätte den Schwierigkeitsgrad 5.7, und für jemanden, der mit Turnschuhen klettert 5.9 . Als nächstes folgte Malley. Sie war etwa in zwei Meter Höhe, als sie abstürzte. Das Seil bremste den Fall. Doch war es so elastisch, daß Malley unten hart aufprallte. Sie schrie auf und hielt sich den Fuß. Den steilen Weg zurück zum Auto mußten wir sie tragen. Im Krankenhaus wurde geröntgt und festgestellt, daß sie den Fuß angebrochen hatte. Der Schmerz war das eine. Worunter Malley noch mehr litt, war ihre Befürchtung, nicht mitsegeln zu können.

Ich beruhigte sie: „Keine Angst. Wir werden dir einen Schwimmgips besorgen."

Tatsächlich bekam Malley dann an Stelle des Gips, einen abnehmbaren Plastikstiefel. Am nächsten Tag konnte sie bereits mit einer Krücke durch die Gegend humpeln.

„Falls jemand mit meinem Verlobten oder meinen Eltern spricht, darf der Unfall auf keinen Fall erwähnt werden", beschwor sie uns. „Die würden mich nicht reisen lassen."

Am 28 Juni war es so weit. *Ryusei* war betankt und aufprovisioniert. Das Ausklarieren erledigten wir in der Rekordzeit von dreißig Sekunden. Wir umarmten uns ein letztes Mal und legten ab.

An jenem Tag schrieb ich in mein Logbuch:
„Look ahead and go, before getting sentimental!
1½ years together at sea is a long time. Greg is, what one calls a sea dog. A man who has his senses tuned for the ship and the nature. He introduced me into the world of wooden boats and its traditions.- Together, we have been a great team. Our positive spirits, led outsiders to judge Ryusei as a 'happy boat'!"

KANADA

Lunenburg & Bluenose

Wir entfernten uns vom Festland. Doch blieb eine gewisse Nervosität, denn keiner wußte, was auf uns zukommen würde. Nova Scotia, Neufundland und der Nordatlantik waren Neuland. Die Turbulenzen an Land, besonders Malleys Unfall, hatten unser neues Team zusammengeschweißt. Trotzdem mußten wir uns noch aneinander gewöhnen. Einer der wichtigsten Fragen der neuen Mannschaft war: Wer schläft wo? Auf *Ryusei* gab es keine große Wahl. Malley belegte mit ihrem Gipsbein die vordere Kabine, Liz eine der zwei Kojen in der Hauptkabine und ich die ‚Hundkoje‘ neben dem Navigationstisch.

Nochmals überprüften wir die Ausrüstung für den Notfall. Die Rettungswesten wurden für jeden zugeordnet und bereitgelegt. Anschließend machte wir eine Inventur des Notgepäcks, für den Fall, daß wir ins Rettungsboot umsteigen müßten. Es enthielt VHS, GPS, Kompaß, Taschenlampe, Signalraketen, Thermodecken, Messer, Nahrungsmittel und das wichtigste, Getränke.

„Wozu brauchen wir denn das?" fragte mich Liz und hielt eine Dose Bier hoch.

„Das ist der letzte Tropfen für den Fall, daß alles schief läuft", antwortete ich.

Dann überprüften wir nochmals die Funktion des EPIRBs und die Bedienung der Funkanlage. Auch das ‚Mann-über-Bord Manöver‘ wurde trainiert. Der erste Versuch verlief miserabel, da ausgerechnet in diesem Moment ein Wal auftauchte und uns ablenkte.

„Was sollen wir machen, wenn der Kapitän über Bord fällt?" fragte Liz besorgt. „Die Chance, daß Malley und ich auf Anhieb ein erfolgreiches MOB Manöver segeln, ist sehr gering. Besonders bei schwerem Wetter."

Die Frage war berechtigt, denn meine neuen Begleiter besaßen weniger Übung im Umgang mit *Ryusei*. Über Bord zu gehen, bedeutet bei den niedrigen Wassertemperaturen dieser Breiten fast immer den Tod. Daher trugen wir von jenem Zeitpunkt an auch tagsüber den Sicherheitsgurt.

Der englische Naturwissenschaftler und Meeresforscher Charles Darwin sagte einmal: „Wenn es die Seekrankheit nicht gäbe, wären alle Menschen Seefahrer." Fast alle leiden irgendwann unter Seekrankheit. Die einen mehr, die anderen weniger. Meist legt es sich nach einer bestimmten Zeit auf See.

Es gibt alle möglichen Gegenmittel. Eines der Besten soll sein, den Seekranken mit Aufgaben zu beschäftigen. Malley erwischte es. Tabletten und Aktivität halfen, aber noch mehr halfen ihr Mut und Wille.

Mit letztem Licht erreichten wir den Hafen von Lunenburg. Nach zweihundert Seemeilen konnten wir gar nicht schnell genug an Land kommen. Eine halbe Stunde später standen wir bereits im Pub und stießen auf die gelungene Etappe an. Mit dieser Geschwindigkeit demonstrierten meine Damen eine Routine, die Greg und Guy erst nach langem Training erreicht hatten.

Im Dunkel der Nacht erkannten wir die Silhouette eines gewaltigen Schoners. Er lag am Pier und übte eine magische Anziehungskraft aus. Malley, Liz und ich schlichen um das Schiff. Plötzlich schrie Liz: „Das ist doch die ‚Bluenose II'. Auf diesem Schiff bin ich zum ersten Mal in meinem Leben gesegelt!"

Bei Tageslicht konnten wir die Pracht der legendären Schoners bestaunen. Es handelte sich um die identische Kopie des Neufundlandschoners, der im Jahre 1921 in Lunenburg vom Stapel lief. Lange Zeit war es das schnellste Segelschiff der Welt. Wir lernten den Navigator der ‚Bluenose' kennen. Er führte uns durch das Schiff und gab Informationen über die allgemeine Wetterlage in Nova Scotia.

Die Geschichte Lunenburgs ist eng verbunden mit der Fischerei und der Herstellung von Schiffen. Tourismus hatte die Fischerei abgelöst. Der Ort mit den bunten Holzhäusern wurde in den Gründerjahren Ziel vieler Einwanderer aus Deutschland. Diesbezüglich bekamen wir eine Einführung durch den exzentrischen Antiquitäten- und Schiffshändler Bruce. Er begrüßte uns in seinem Laden mit deutscher Marsch- und Blasmusik. Sie klang blechern, da er sich eines Grammophons mit alten Schellackplatten bediente. Geschäftstüchtig wie er war, bot er uns sofort Schiffe und Wracks zum Kauf an. Schließlich wollte er uns sogar seinen Laden mit allem Inventar verkaufen.

„Ich möchte umziehen und wieder heiraten. Die glückliche ist 19 Jahre alt. Es wird meine fünfte Ehe," sagte der Siebzigjährige mit einem schelmischen Blick auf Malley.

Mir kam es vor, als wollte er sie bereits für seine 6. Runde reservieren.

Bruce kannte diesen Teil der Welt wie seine Westentasche. Uns kam dies gelegen, denn er konnte uns die schönsten Plätze entlang der Küste empfehlen.

Halifax

„Schottland ist unser Ziel! Nicht Neu Schottland", stellte ich fest. „Auch wenn sich die Landschaft, Menschen und das Wetter ähneln."

Während wir Lunenburg verließen, sahen wir die ‚Bluenose' unter Segeln. Am Tag des kanadischen Nationalfeiertags machte sie einen majestätischen Eindruck. Doch dann wurden wir vom Nebel verschluckt und der Wind legte sich. Ohne Motor und Radar hätten wir Halifax nie erreicht. Die Stadt war mit Fahnen und Banderolen geschmückt. Nicht für uns, wie wir sofort feststellten, sondern für die Weltgipfelkonferenz, die gerade zu Ende gegangen war.

Wie sehr dieser Teil der Welt mit der traditionellen Seefahrt verbunden ist, beweisen die vielen Seefahrtsmuseen. Jeder maßgebliche Ort nördlich von New York besaß eines. Halifax bildete da keine Ausnahme. Normalerweise hätten wir am Dock des Museums anlegen dürfen. Doch war dieser anläßlich des Gipfeltreffens von der Marine belegt. Schließlich fanden wir einen Liegeplatz bei den Hochseeschleppern. Den Kapitän eines Schleppers fragten wir, wo die Behörden zum Einklarieren zu finden seien. Aber er winkte sofort ab als er hörte wie kurz wir bleiben wollten: „Das ist Zeitverschwendung. Die nehmen es hier mit den Freizeitsbooten sowieso nicht ernst." Dann lud er uns ein, seinen brandneuen Hochseeschlepper zu besuchen. Eine Seekarte, die uns noch für die Küste Neufundlands fehlte, kramte er aus seinem Navigationstisch und schenkte sie uns.

Bras d'Or Lake

Sonnenschein motivierte zum Aufbruch. Sowohl in Lunenburg als auch in Halifax hörten wir von dem sagenhaften ‚Bras d'Or Lake'. „Den dürft ihr unter keinen Umständen verpassen", hieß es. Die Verlockung war zu groß. Daher beschlossen wir, den Umweg zu nehmen. Wie für die Jahreszeit üblich, kamen wir in dichten Nebel, sobald wir das offene Meer erreichten. Der Ausguck beschränkte sich auf den Bildschirm des Radars. Einmal näherte sich uns ein Objekt, das sich dann als Segelboot entpuppte. Wie ein Gespenst kam es aus dem Nebel und verschwand im nächsten Moment. Nicht nur das Segeln in Küstennähe bei Nacht und Nebel beunruhigte uns, wie meine Logbucheintragung bei Tagesanbruch beweist:

„Wet, cold and noisy (engine) morning. Zero visibility and a chart with to small a scale for coastal navigation. Islands on port side were unexpected. Luckily they showed up on the radar. We could not see them, but passed that close, that we could hear the breakers. Scary! How did the old schooner captains sailed this shore without engine and navigational equipment?"

Die Augen auf Radar und Tiefenmesser geheftet, segelten wir in einen Meeresarm. Plötzlich spürten wir einen warmen Wind. Im nächsten Moment löste sich der Nebel und versiegte der Regen. St. Peter kam in Sicht. Dies ist der Ort von wo eine Schleuse, in den größten Salzwassersee der Welt führt. Wenig später, nachdem wir den Kanal und eine Hubbrücke passiert hatten, lagen wir auf der Seeseite am Pier. Der Temperaturunterschied zwischen dem Meer und der See war erheblich. 24 Grad erschienen uns fast tropisch. Daher spannten wir die Hängematten auf und hielten eine Siesta. Seereisen sind halt anstrengend!

Anders ging es den Menschen, die Mitte des 18. Jahrhunderts von den Hebriden und den schottischen Hochländern hierher kamen. Damals überlebten nur die fittesten die Strapazen einer Seereise. Dies waren die Zeiten der ‚*wooden ships and iron men*‘. Wir lebten und reisten auf einem Holzschiff. Aber mit all dem Komfort, der sich einem bot, verdienten wir nicht den Titel ‚iron men‘ bzw. ‚iron women‘ zu tragen.

Noch heute leben an den Ufern des Bras d’Or Lakes Nachfahren der schottischen Siedler. Wie wir beim Spaziergang durch St. Peter und bei einem Besuch im Pub erlebten, sind die Menschen von ungewöhnlicher Offenheit. Ganz anders als in den Millionenstädten freut sich hier jeder über Besuch.

Jerry MacDonnnell, der Apotheker, rettete uns. Er gab uns, was die Bank in St. Peter verweigerte, nämlich Geld auf meine Kreditkarte. „Visa akzeptieren wir, aber nicht die Mastercard", hieß es in der Bank. Jerry ließ mich einfach eine Kreditkartenquittung unterzeichnen, als hätte ich einen Kauf getätigt und gab mir dafür Geld. Außerdem schenkte er uns das Segelhandbuch für den See und gab Tips für die besten Ankerplätze. Auch Jerry träumte vom Fahrtensegeln und wäre am liebsten gleich mitgekommen. Aber mit Familie und Geschäft war er leider nicht unabhängig.

Wir waren es, und nicht nur weil an jenem Tag, dem 4. Juli, die Amerikaner ihre Unabhängigkeit von Europa feierten. Unter Genua und aufgespannten Hängematten segelten wir davon. Eine warme Brise trieb uns. Wir segelten an bewaldeten Ufern entlang bis wir auf eine kleine Insel mit dem verlockenden Namen ‚Scotts Island‘ stießen. Dort ankerten wir und gingen schwimmen. Das Wasser war kalt. Aber dann entdeckte ich den gefangenen Hummer. Dies weckte das Jagdfieber. Obwohl die Reuse tief lag, gelang es mir, den Hummer herauszuholen und einen ‚Bedanke-mich-Brief‘ mit Geldschein darin zu deponieren.

Am einsamen Pier von Marbel Mountain feierten wir den Fang und den für meine Freunde so wichtigen Unabhängigkeitstag. Zuvor waren wir durch den kleinen Ort gewandert. Wie überall in diesem Teil der Welt, sind die Häuser aus Holz gebaut. Auch die Kirche, die wir besuchten. Liz setzte sich an die Orgel und gab ein kleines Konzert. Ella Fitzgerald wäre vor Neid erblaßt!

Liz war für ihre 21 Jahre unglaublich begabt: musikalisch, sportlich, wißbegierig und von übersprudelnder Energie. Malley war älter und besaß eine innere Ruhe, die sich ideal im Team ergänzte. Sie hatte die besten Augen und Ohren, war aber durch den Unfall leicht gehbehindert. Liz sah schlecht und hörte gut. Ich sah gut und hörte schlecht. Gemeinsam ergänzten wir drei uns bestens, wenn es bespielsweise darum ging, die Orientierung im Nebel zu finden.

Eine weitere Pause legten wir in Baddeck ein. Der idyllische Ort liegt im Zentrum der Seenplatte. Hier lebte einst Alexander Graham Bell, der durch die Erfindung des Telefons die Welt revolutionierte. In Baddeck machten wir einen Fehler, mit dem wir fast das Schiff versenkt hätten. Wir füllten die Wassertanks, vergaßen aber, ein Ventil zu schließen. So füllten wir die Bilgen, anstatt die Tanks.

Selten habe ich Tage so genossen, wie die im Bras d'Or Lake. Die Temperaturen waren sommerlich. Die Luft und das Wasser besaßen eine außergewöhnliche Transparenz. Beleuchtung und Farben waren unschlagbar. Wir segelten zwischen bewaldeten Hügeln und Inseln. Wind gab es genug. Die Wellen fehlten. So glitt *Ryusei* wie im Flug dahin. Es war berauschend!

Petites Sorgen

Wir verließen den See und segelten über Nacht nach Porte aux Basque in Neufundland. Liz und Malley waren meisterhafte Köche. Besonders wenn es um Suppen ging. Unterwegs braute Liz eine zusammen, die wir wegen der kalten Witterung ‚Eisbrechersuppe' nannten. Malleys Kreation nannten wir ‚Nebelspalter'. Ihre Suppe enthielt eine hohe Konzentration an Erbsen. In Port aux Basque blieben wir nur eine Nacht, denn unser Ziel lag weiter östlich entlang der Küste. Der Hafen von Petites lag so versteckt zwischen den Felsen, daß wir ihn fast nicht gefunden hätten. Zum Glück kam uns ein Fischer zu Hilfe. Mit Handzeichen forderte er uns auf, seinem Boot zu folgen. „Der will uns wohl auf die Felsen schicken!" rief ich besorgt, als der Lotse hinter einer Felswand verschwand. Ich schaltete den Motor auf Leerlauf und lies *Ryusei* ganz langsam auf die Felsen zutreiben. Plötzlich sahen wir, da wo der Fischer aus unserem Blickfeld entschwunden war, eine Öffnung zwischen den Felsen.

Das winzige Fischerdorf Petites befand sich in einem kanalförmigen Einschnitt, der beidseitig von Stegen und Holzhütten gesäumt war. Das Dorf ähnelte einer Puppenstube. Unser Lotse deutete auf das kleine Pier.

„Ich glaube nicht, daß wir in der schmalen Sackgasse wenden können!" rief ich zu Malley und Liz, die am Bug des Schiffes standen. Doch die Geborgenheit, die der Ort ausstrahlte, war zu verlockend. Ein älterer Mann am Pier half uns beim Anlegen. Wir luden ihn sogleich auf ein Begrüßungsschluck ein. Bevor wir damit fertig waren, stürmten neugierige Kinder auf den Pier und bedrängten uns mit Fragen. Liz und Malley nahmen sich ihrer an.

In der ersten Stunde unseres Aufenthaltes hatten wir bereits 11 der 14 Schulkinder Petites kennengelernt. Die zwei jungen Töchter des hiesigen Lehrerehepaars waren besonders anhänglich. Wir lernten ihre Eltern kennen, die sogleich einen alten Sextanten und Bilder des Fischschoners hervorholten, der einem ihrer Großväter gehörte.

Der Fischer, der uns beim Anlegen geholfen hatte, gesellte sich gegen Abend zu uns an Bord und erzählte: „Wir leben in einer Welt mit Sorgen. Die einzige Verbindung zur Außenwelt ist mit dem Schiff. Immerhin gibt es das Telefon. Aber die Elektrizität erzeugen wir mit einem Generator. Die Bevölkerung ist in den letzten Jahren von 70 auf 55 Einwohner geschrumpft. Davon sind 14 Kinder im schulfähigen Alter. Etwa zehn arbeiten als Fischer, zwei als Lehrer, zwei betreiben einen kleinen Laden und einer ist Bootsbauer. Es gibt keinen Nachwuchs mehr, da die jüngeren Leute abwandern. Wozu sollen sie auch bleiben? Wir sind alle arbeitslos, seitdem die Regierung vor zwei Jahren die Fischerei geschlossen hat. Der Fischfang war einmal so profitabel, daß sich der Kauf des Fischerboots innerhalb einer Saison amortisierte. Daher betätigte sich ursprünglich jeder in der Fischerei. Moderne Fangmethoden und das Fehlen von Reglements wirkten sich verheerend aus. Die großen Schleppnetze fangen nicht nur Kabeljau und Heilbutt sondern auch all die Lebewesen, die zum biologischen Gleichgewicht des Meeres gehören. Dadurch wurde der Fischbestand eliminiert. Wenigstens dürfen wir noch zu bestimmten Saisons Hummer fangen. Aber auch das geht schlechter denn je. Auf 150 Reusen fangen wir nur noch etwa dreißig Hummer. Neufundlands Fischer sind arbeitslos und viele abgelegen Dörfer werden früher oder später verlassen werden."

Die Kinder teilten die Sorgen ihrer Eltern nicht, denn sie lebten in der heilen Welt der Jugend.

Sturm im Hafen

In der Nacht zog die angekündigte Sturmfront über die Küste Neufundlands. Der Wind heulte durch die Takelage und Regen trommelte aufs Deck. *Ryusei* hielt uns auf Trab. Der Wind und die von den Wellen erzeugte Unterströmung drückten uns gegen den Pier. Wir verstärkten die Festmacherleinen und setzten weitere Fender sowie ein Fenderbrett ein. Die ganze Nacht kamen wir abwechselnd an Deck, prüften die Leinen und bändigten die Fallen, die gegen den Mast knallten. Ein besonderer Anblick war, wie sich Elizabeth in Pyjama gekleidet der Kälte, Sturm und Regen stellte. Sie schien es zu genießen.

Dichter Nebel und Regen hielt uns den ganzen Morgen in den Kojen. Der starke Wind erstickte einmal kurz die Flamme der Dieselheizung. „Puff", machte es und schwarze Rußflocken rieselten durch die Kabine. Dies brachte uns auf die Beine.

Norman, der Bootsbauer zeigte uns seine Werkstatt. Dort baute er die traditionellen Dories, die zum Fischfang benutzt werden. Es sind seetüchtige kleine Boote in Klinkerbauweise.

Anschließend wanderten wir mir ihm durchs Dorf, passierten die Hütte der Feuerwehr, dann die angeblich älteste Kirche in Neufundlands und die Schule. Von den Klippen des Ufers genossen wir die Aussicht über die zerklüftete Küste. Die Wogen des Ozeans brachen sich donnernd gegen den rosa gefärbten Fels. Die romantische Landschaft ließ in mir den Wunsch wach werden, hierzubleiben. Auf dem Rückweg lud uns Norman in seine Hütte ein. Bei einem wärmenden Kaffee erzählte er uns von Schneemobilen, mit denen sich im Winter das Land in wenigen Tagen durchqueren läßt, von der Jagd auf Elche und von dem sagenhaften Lachsfluß, der nahe seiner Jagdhütte liegt. Er berichtete auch von einer einträglichen Nebenbeschäftigung: dem Schmuggel von alkoholischen Getränken von der französischen Insel St. Pierre zum Festland.

„Fast alle Fischer wagen es mindestens einmal in ihrem Leben. Ich übrigens tat es auch einmal. Zusammen mit einem Freund unternahm ich eine Nonstop-Fahrt hin und zurück. Auf der Rückfahrt wollten wir unsere Schmuggelware, das meiste davon Rum, im Schutz des Nebels, auf das Boot des Käufers umladen. Aber wir erwischten ausgerechnet einen klaren sonnigen Tag, was im Sommer äußerst selten ist. Mit viel Glück gelang es uns dann die Ladung in einer abgelegenen Bucht zu verstecken, ohne dabei erwischt zu werden. Nach dieser Tour war ich ein nervöses Wrack. Das Risiko werde ich nie wieder eingehen."

Als Liz, Norman und ich zum Schiff zurückkehrten, fanden wir Malley mit der halben Dorfjugend an Bord. Die Aufregung war groß, denn die Kinder sahen zum ersten Mal eine Segelyacht von innen. Dem Wetter entsprechend bereiteten wir unsere Eisbrechersuppe vor. Die vielen Gäste, die Heizung und das Kochen verwandelte unser Schiff in eine Sauna. Als wir dann noch den Kindern zuliebe, Michael Jackson auflegten, war die Stimung perfekt. Gegen elf Uhr abends verließen die Truppen das Schiff.

„Jetzt beginnt die Ausgangssperre für Kinder und Ehemänner", sagte Norman, als auch er aufbrach.

Bis zum Morgen hatte sich der Wind gelegt. Dichter Nebel lag über dem Dorf. Uns bot sich ein malerisches Bild. Gegenüber unseres Piers stand eine Fischerhütte auf Pfählen über dem Wasser. In der geöffneten Tür saß ein einen alter Mann, der in die Ferne schaute. Träumte er von den Zeiten, als die Gewässer Neufundlands so fischreich waren, daß, wie behauptet wurde, die Fischleiber die Fahrt eines Schiffes bremsten? Wir konnten nur ahnen, was dem Mann durch den Kopf ging. Eines wurde uns jedoch bewußt: Der Mensch ist sein größter Feind. Er, und niemand anderes, hat die einst reichsten Fischgründe der Welt zu Grunde gerichtet.

Grand Bruit

Nichts ist schöner als einen Sturm im Hafen zu verbringen. Wir glaubten, er hätte sich ausgetobt. Doch die Ruhe täuschte, wie wir leider zu spät feststellten. Als der Nebel Petites verschluckt hatte, gab es kein Zurück mehr. Wir waren auf der vom Sturm aufgewühlten See gefangen. Daß wir es ohne Schiffbruch bis nach Grand Bruit geschafft hatten, grenzte fast an ein Wunder. Norman hatte uns noch gewarnt: „Die Einfahrt in den Hafen von Grand Bruit ist genauso schwer zu finden wie der von Petites."

Nebel, Brandung und eine entgegenkommende Fähre, mit der wir fast in der Einfahrt kollidiert wären, versetzten uns in Schrecken. Nachdem wir festen Boden unter den Füßen hatten, konnte ich nur noch eines tun: Um die Ecke gehen und pinkeln. Die Angst, auch wenn ich sie nicht offen zur Schau gestellt hatte, drückte auf die Blase.

Dies weckte mich aus meinem Tagtraum, der mich retrospektiv die Reise hat abspulen lassen. Zu jenem Zeitpunkt, auf den Klippen bei Grand Bruit, vergaß ich mein Versprechen, möglichst lange im Hafen zu bleiben! Die letzte Etappe nach Schottland stand bevor. Das Wetter schien zu stimmen. Also weiter!

Teil III

„Promises made at sea are soon forgotten in a quite harbour."

Gefühl des Felses

Bei Windstille glitt *Ryusei* aus der Bucht von Grand Bruit. Wie immer lag ein dichter Nebelteppich über dem Meer. Auf dem Bildschirm des Radars verfolgten wir, wie sich die Küste entfernte. Den ganzen Tag steuerten wir nach Osten und hielten, nach Erreichen einer vorbestimmten Position, auf die Küste zu. Gleich einem Vorhang, lichtete sich plötzlich der Nebel. Im Licht der abendlichen Sonne, entfaltete sich eine gewaltige Kulisse. Bis zu vierhundert Meter hoch stiegen die Felswände senkrecht aus dem Meer. Mit Motorkraft fuhren wir in einen Fjord, der tief ins Land hinein reichte. Am äußersten Ende ankerten wir unterhalb eines Wasserfalls, der aus dem Himmel zu kommen schien. Ein Naturspektakel erster Güte umgab uns. Die Beleuchtung, der Wasserfall, die Felswände, sowie die Transparenz der Luft und des Wassers verschlugen uns den Atem. Liz erholte sich am schnellsten. Ihre Energie kannte keine Grenzen. „Laßt uns endlich das Schlauchboot zu Wasser bringen", drängte sie. „Ich möchte unbedingt den Fels spüren."

„Du möchtest was?" fragte ich ungläubig.

„Ja, ich möchte den Fels anfassen und spüren. Bergsteiger tun dies, bevor sie sich mit ihm messen, bzw. ihn besteigen."

„Du willst doch hoffentlich nicht bergsteigen gehen? Am Ende laufen wir noch alle mit einem Gipsbein herum."

Doch Liz beruhigte mich. Wir ruderten das Schlauchboot, da die angepeilte Felswand sehr nah erschien. Dies war eine Täuschung. Nach etwa einer halben Meile mußten wir wegen der einbrechenden Dunkelheit kehrtmachen.

Eintrag im Logbuch: *„The moon rose and showed us its full face. The scenery under the illumination of the moon and the sound of the waterfall was an unforgettable experience. I even climbed the mast and sat on the spreaders to be closer to the moon and get a better view of nature's show."*

Am folgenden Morgen inspirierte Sonnenschein unsere Unternehmungslust. Liz und Malley setzten mich am Ufer ab. Während sie im Beiboot davonfuhren, stieg ich zum fotografieren den Berghang hinauf. Eigentlich wollte ich nur ein kleines Stück steigen. Aber dann erwischte mich der Gipfelrausch. Es gab kein Zurück. Ich stieg und stieg bis ich schließlich atemlos auf einem Hochplateau stand, von wo ich den ganzen Fjord überblicken konnte. Der glatt geschliffene Fels erinnerte daran, daß diese Landschaft durch den Einfluß von Gletschern geformt wurde. Leider weckte die sommerliche Wärme auch andere Lebewesen. Die Mücken griffen an und motivierten mich zum Abstieg. Glücklicherweise, denn Malley und Liz machten sich bereits Sorgen über mein Ausbleiben. Auf ihre Frage wo ich gewesen sei, antwortete ich etwas verlegen: „Auf dem Gipfel – zum Spüren des ‚Fels'!"

14. Juli auf St. Pierre

Der Fischereihafen Grand Bank sei gut zum Einkaufen von Lebensmitteln, hieß es. Daher liefen wir dort ein. Ein Taxi brachte uns zum Supermarkt. Peinlich wurde es, als wir mit den voll beladenen Einkaufswagen an die Kasse kamen und erfuhren, daß Kreditkarten nicht akzeptiert werden. Also fuhr ich mit dem Taxi zur Bank. „Leider nehmen wir keine Mastercard", sagte der Angestellte. „Es gibt eine Bank, bei der sie mit ihrer Karte Geld abheben können. Aber die liegt in einem anderen Ort. Etwa achtzig Kilometer von hier."

„Heute geht aber auch alles schief", schimpfte ich, als wir zum Supermarkt zurückfuhren, wo meine Freunde mit den Einkaufswagen warteten. „Erst das Sauwetter und jetzt bekommen wir kein Geld."

„So schlimm kann der Tag gar nicht werden", widersprach der Taxifahrer. „Immerhin gibt es etwas zu feiern. Ich habe heute meinen 64. Geburtstag, und auf der nah gelegenen Insel St. Pierre findet heute ein großes Fest statt. Früher, als ich noch jünger war bin ich zum Feiern meines Geburtstages immer dorthin gefahren."

Ich gratulierte ihm. Dann fragte ich neugierig nach dem Anlaß der Feier auf St. Pierre. Wenn Fahrtensegler nicht im Zustand der Zeitlosigkeit lebten, hätte ich mich als Franzose schämen müssen, denn der Taxifahrer erwiderte: „Heute ist der 14. Juli. Der französische Nationalfeiertag. Da geht auf der Insel die Post ab!"

Malleys Notkasse rettete unsere Einkäufe. Während sie mit dem Taxi zur Yacht zurückfuhr, um ihr Geld zu holen, schmiedeten Liz und ich den Plan, trotz des schlechten Wetters nach St. Pierre zu segeln. „Die Feier dürfen wir uns nicht entgehen lassen. Besonders wenn der Kapitän ein halber Franzose ist", stellten wir fest.

Der Hafenmeister zeigte Verständnis, über unseren Entschluß auszulaufen. Er sagte: „Ja, ja der 14. Juli. Da wird dort drüben auf der Insel mächtig gefeiert. Außerdem ist der Alkohol dort viel billiger. Es lohnt sich. Viel Glück und gute Reise."

Die 15 Meilen bis nach St. Pierre wurden sehr ungemütlich. Besonders, da wir gegen den Wind kreuzten und eiskalte Gischt über das Deck fegte. Erst im Hafen fanden wir Schutz vor dem rauhen Wetter. Die günstige Lage zu den Fischgründen und der Naturhafen St. Pierres brachte bereits vor Jahrhunderten französische Fischer hierher. Heute gehört St. Pierre und die benachbarte Insel Miquelon zu Frankreich. Administrativ wird dieser abgelegene Ort wie ein Landkreis behandelt. Réunion und Französisch Guayana besitzen den gleichen Status eines ‚Département outre Mer'.

St. Pierre war bei unserer Ankunft mit Fahnen und Banderolen geschmückt. Im Zentrum des Ortes ging es zu wie auf einem Jahrmarkt. Eine Band sorgte für Stimmung. Es wurde getrunken und getanzt. Letzteres war nötig, um sich der Kälte zu erwehren. Im Restaurant des Hotels ‚Isle de France' erlebten wir, wie in Frankreich das Essen zelebriert wird. Das Menü kannte kein Ende. Entsprechend viel Wein benötigten wir. Ein Feuerwerk rundete den Abend ab. Nach all den Aktivitäten sehnte ich mich nach der Koje. Doch Liz und Malley waren unverwüstlich. „Du kannst doch nicht schon schlapp machen!" stichelten sie. „Laß uns noch ein wenig in der Disco tanzen."

In der Menschenmenge des Nachtlokals, drohten wir unterzugehen. Malley sorgte für Belustigung, da sie es sich nicht nehmen ließ, trotz Gips das Tanzbein zu schwingen. Erst in den frühen Morgenstunden fanden wir den Weg zurück an Bord.

So fit wir in der Nacht auch waren, so schwach fühlten wir uns am nächsten Tag. Eine Wanderung an der frischen Luft brachte uns wieder ins Lot. Entlang der Hafenpromenade standen Lagerhäuser, die an die vergangenen Zeiten erinnerten. Fischerei dominierte seit alters her das Leben auf St. Pierre. Bis zu jenem Tag, im Jahre 1920, an dem in Amerika und Kanada der Verkauf von alkoholischen Getränken verboten wurde. Durch die günstige Lage der französischen Insel, entstand hier der wichtigste Umschlagplatz von Rum und Whisky.

St. Pierre prosperierte. In Nacht-und-Nebel-Aktionen schmuggelten die sogenannten ‚Rum Runners' ihre Ladungen zum Festland. Zwischen den Zollbehörden und Schmugglern entbrannte ein wahrer Krieg. Die Prohibition ließ sich auf Dauer nicht durchsetzten, denn das Geschäft mit dem Alkohol war zu lukrativ für Geschäftsleute und Gangster.

Auch ich hatte mich, wenn auch ganz bescheiden, im Schmuggel von alkoholischen Getränken betätigt. In der Bilge lagerten noch einige Flaschen Rum und Whisky. Die Angebote in St. Pierres Lagerhäusern waren verlockend. Doch wozu sollten wir Whisky nach Schottland schmuggeln?

Fischerei

Regen und starker, böiger Wind kündigten schlechtes Wetter an. Mit gerefften Segeln kreuzten wir in die Bucht von Trespassy, wo wir einen geschützten Pier fanden. In den nördlichen Breiten ist alles beschwerlicher. Kälte, wechselhaftes Wetter, Nebel, Seegang und Strömung machten uns zu schaffen. Wie schön hatten wir es doch in den Tropen! Die Kurven des Barographen zeigten deutlich den Unterschied. Dort bewegte sich der Luftdruck in einer leicht sinusförmigen, hier in rauhen, unregelmäßigen Kurven. Glücklicherweise besaßen wir täglichen Funkkontakt mit dem Wetterpapst des Nordatlantiks: Herb Hilgenberg hatte es sich zum Hobby gemacht, das Wetter für uns Segler zu interpretieren. Er kannte unsere Route und die wesentlichen Details des Schiffes. Wir waren eines von vielen Segelschiffen, die in der gleichen Saison den Atlantik überqueren wollten. Allerdings gab es kaum jemanden, der die Nordatlantikroute wählte. „Dies ist nur eine kleine Tieffront", meinte er. „Wartet am besten im Hafen, bis sich das Wetter bessert."

Glücklicherweise traf noch eine zweite Segelyacht ein. Auf der ‚Spirit of Joshua' einer hölzernen Segelyacht aus Lunenburg, konnten wir uns wenigstens wärmen, denn bei Starkwind erlosch unsere Dieselheizung. Dies besserte sich erst, nachdem wir das Kaminrohr modifiziert hatten.

Sobald sich der Wind legte, setzten wir die Segel. Als wir am berühmten Kap des Nordens, dem Kap Race, vorbeisegelten, sahen wir einige Wale. Schwerfällig tauchten sie auf, bliesen eine Wasserfontäne in die Luft und zeigten dann beim Abtauchen ihre gewaltigen Schwanzflossen. Gegen Abend segelten wir in die Bucht von Fermeuse und legten am Pier des gleichnamigen Dorfes an.

Sofort kamen Einheimische, die uns ihre Hilfe anboten. Einer von ihnen war besonders nett. Bob Ryan erzählte uns ein wenig aus dem Leben der Neufundländer. Ursprünglich arbeitete er im Fischfang. „Als die Regierung die Fischerei sperrte, wurden wir über Nacht arbeitslos und mußten einen neuen Beruf erlernen", sagte er. Im letzten Hafen hatten wir einen Fischer kennengelernt, der heute als Helikopterpilot arbeitet. Bobs Umschulung bot einen ähnlichen Kontrast. Er studierte Geschichte.

Obwohl er vieles über die östlichste Provinz Kanadas erzählen konnte, interessierte uns nur eines: der Fischfang. „Jetzt sind wir bereits die ganze Küste abgesegelt, ohne auch nur einen Fisch zu fangen", klagten wir.

„Ihr verwendet sicher die falschen Köder", erwiderte Bob. Bei sich zu Hause zeigte er uns einen Köder, den er als ‚Jigger' bezeichnete. Der Köder bestand aus einem länglichen Stück Blei in der Form eines Fisches, der an der Schwanzflosse eine Öse besaß und aus dessen Maul zwei überdimensionale Fischerhaken hervorkamen. Bob erklärte: „Dies sind die Köder mit denen unserer Vorfahren angeln gingen. Man läßt ihn an einer Angelleine auf den Meeresgrund hinab. Dann muß mit einer reißenden Bewegung die Leine nach oben gezogen werden. Dies wird wiederholt, bis ein Fisch am Haken hängt."

Ich zweifelte: „Wie soll den ein Kabeljau auf so einen großen Haken beißen?"

„Normalerweise beißen sie auch nicht. Die Form und die Bewegung des Köders zieht eine Unmenge von Fischen an. Sie schwimmen dann so dicht am Köder vorbei, daß sich die Widerhaken durch das Reißen an der Angelschnur im Fischleib verfängt. Die Herstellung des Jiggers ist eine alte Tradition bei uns Fischern. Diese hier sind aus der Form hergestellt, die schon mein Großvater verwendete."

„Bevor wir den Atlantik überqueren, würden wir gern ein paar Kabeljaus fangen. Wo gibt es denn hier noch welche?" fragte ich.

„Früher gab es sie hier überall. Vor der Küste Neufundlands erstreckt sich ein Schelfgebiet mit einer Wassertiefe von 20 bis 160 Metern. Es sind die Neufundlandbänke. Die Grand Banks ist die bedeutendste von ihnen. Sie erstreckt sich bis etwa 500 Seemeilen von Kap Race nach Südosten. Hier treffen die kalten Gewässer des Labradorstroms mit dem warmen Golfstrom zusammen. Daher rührt auch der lästige Nebel. Die Nährstoffe, die der Labradorstrom mit sich bringt, haben den Grand Banks zu dem enormen Fischreichtum verholfen. Damit begann die Besiedlung und auch die Geschichte Neufundlands. Jahrhundertelang kamen die Fischschoner und ankerten auf den Grand Banks. Mit kleinen Beibooten schwärmten die Fischer dann nach allen Seiten aus, fischten mit der Handleine und kamen abends voll beladen zu ihrem Mutterschiff zurück. Dort wurden die Fische ausgenommen und in Salz konserviert. Sobald die Laderäume voll waren, setzten sie die Segel. Die Rückkehr zu ihrem Heimathafen entartete zu einer Regatta, denn wer zuerst seine Ladung löschen konnte, erhielt den besten Preis. Es war eine Konkurrenz bis auf den Tod. Die Schoner segelten überladen und übertakelt. Manche waren so alt und wurmzerfressen, daß man behauptete: *They are held together by maggots holding hands.* Wenn dann noch ein Sturm aufkam, gab es oft Schiffbruch.

„Aber all dies gehört der Geschichte an", resümierte Bob.

„Mit modernen Fangmethoden wurden hier die Fische fast ausgerottet. Deswegen hat die Regierung die Fischerei innerhalb der Hoheitsgewässer gesperrt, bis sich der Bestand erholt. Außerhalb der Zweihundert-Meilen-Zone wird weiterhin rücksichtslos gefischt. Bei uns ist sogar das Fischen mit dem Jigger verboten. Schon der Besitz ist strafbar. Wer erwischt wird, riskiert sein Boot beschlagnahmt zu bekommen."

Besorgt fragte ich: „Gilt das auch für eine Segelyacht, die für den Eigenbedarf Fisch fängt?"

„Im Prinzip ja. Aber macht euch darüber keine Sorgen. Ich kann euch auf der Seekarte einen Ort zeigen, wo ihr garantiert Fische fangen werdet!"

Blut am Virgin Rock!

Mit dem Bus besuchten wir die Hauptstadt Neufundlands. St. Johns besaß den Charakter eines englischen Ortes. Die Stadt erschien altertümlich, zeigte jedoch noch Spuren des vom Handel und der Fischerei kreierten Reichtums. Wir fanden hier alles was unser Herz begehrte: Läden, Restaurants und Bars. Im Zentrum sahen wir zwei Engländer, die in traditioneller Kleidung auf antiken Hochrädern fuhren. Zufällig trafen wir uns dann später in einem Irischen Pub und tauschten unsere Geschichten aus. Sie unternahmen eine Fahrradtour zu wohltätigen Zwecken. Schließlich überraschten sie uns mit einer Einladung: „Wenn euch das Wetter bis nächsten Mittwoch festhält, seid ihr herzlich zur Gartenparty des Gouverneurs eingeladen."

Der Wetterbericht gab uns jedoch für Freitag grünes Licht. Sofort entbrannte eine Diskussion. „Wir können doch nicht am Freitag absegeln."

„Warum denn nicht?"

„Das bringt doch Unglück."

„Quatsch, das ist doch purer Aberglaube!" meinten meine Freunde. Aber dann fand sich ein Kompromiß: „Wenn wir am Freitag segeln, um auf der Großen Bank zu angeln, dann beginnt die Reise offiziell erst mit Verlassen des kanadischen Hoheitsgebietes."

„*Long may the big jib draw!*" riefen uns Vater und Sohn zu, als wir am Freitag die Segel setzten. Ihnen gehörte die Fischfabrik in Aquaforte, an dessen Dock wir die letzte Nacht in Kanada verbracht hatten. Der Wind kam mit 20 bis 25 Knoten aus SSW. Unseren Kurs hatte uns Bob vorgegeben: „Neunzig

Meilen vor der Küste gibt es auf der Großen Bank eine Untiefe. Es ist der legendäre Virgin Rock. Dort liegt das Mekka der Kabeljaus."

Ein Eisberg, den wir am Vortage vor der Küste haben treiben sehen, beunruhigte uns. Wir wollten diesen Hindernissen lieber bei Tag begegnen. Deswegen segelten wir am Morgen ab und erreichten kurz nach Mitternacht unser Ziel. Der GPS hatte uns geleitet. Der Tiefenmesser und die steileren Wellen bestätigten, daß wir Virgin Rock erreicht hatten. Das Seehandbuch gab die Warnung, daß bei schwerem Wetter die Wellen über der Untiefe brechen würden. Der Seegang erschien uns bedrohlich, da Nebel und Nieselregen uns jegliche Sicht nahmen. Ein vorsichtiger Seemann wäre weiter gesegelt. Doch wer hat schon die Gelegenheit, einmal in seinem Leben illegal Fische auf der Großen Bank zu angeln?

Die Versuchung war größer als die Angst. Daher holten wir schnell die Segel ein und ankerten in zwanzig Meter Tiefe. Obwohl wir die gesamte Ankerkette ausrauschen ließen, brauchte es lange bis der Anker am Meeresgrund hielt. Was wir dann erlebten, läßt sich am besten mit dem Ritt auf einem bockigen Pferd vergleichen. Die Wellen bearbeiteten *Ryusei* mit unglaublicher Gewalt. Alles was nicht festgebunden war, inklusive wir, wurde brutal hin und her geworfen. Gelegentlich brach der Kamm einer Welle über das Deck. Liz, Malley und ich konnten nur noch die Luken dicht ziehen und uns in den Kojen einkeilen. Alle Gerätschaften an Bord schepperten. An Schlaf war nicht zu denken und wir sehnten uns den Morgen entgegen.

„Es wird hell. Auf in den Kampf!" rief ich. Doch nur Malley lies sich von meinem Schlachtruf ermuntern.

Liz, die sonst bei allem vorn anstand, winkte ab: „Ich kann nicht zusehen, wie ihr die armen Fische umbringt", klagte sie.

Es bedurfte Überwindung, um an Deck des schlingernden Schiffes zu steigen. Zweifel kamen auf, ob wir bei solch einem Seegang überhaupt etwas fangen würden. Malley ließ sich trotz Gipsbein nicht einschüchtern. Sie stellte sich mit der Handleine an das Heck und warf den Jigger, den uns Bob zum Abschied geschenkt hatte, über Bord. Ich tat das gleiche vom Bug. Sobald der Köder den Grund berührte, holte ich die Leine ein wenig ein und riß in periodischen Abständen daran. Keine Minute verging bevor es ruckte. „Ich hab einen!" schrie ich. Kurz darauf tönte Malleys Schrei durch den Wind: „Ich auch!"

Wenige später hörten wir Liz Stimme: „Das reicht!"

„Warum? Wir fangen doch gerade erst an", rief Malley.

„Vier arme Kabeljaus sind genug für unseren Vorrat", erwiderte Liz. Sie hatte recht. Also beendeten wir die Fischerei so schnell wie sie begonnen hatte. Als ich die Fische in der Plicht ausnahm, warf ich einen Blick auf meine zwei Begleiterinnen. Malley, die sonst an Seekrankheit litt, besaß vor Aufregung und Freude gerötete Wangen, während Liz, unser ‚tough cookie‘ bleich erschien. „Was ist?" fragte ich.

„Den Seegang kann ich gerade noch verkraften, aber das Fischblut ist zu viel für mich!"

Hell Brakes Loose

„When conditions are bad, you just concentrate to stay afloat" (Gary Cain)

Sobald der Anker sich vom Meeresgrund löste, war *Ryusei* nicht mehr zu halten. Mit Wind in den Segeln stabilisierte sich das Leben an Bord. Zumindest vorübergehend, denn sobald die Nacht einbrach, zog eine Kaltfront durch. Der Wind drehte von Süd auf Nordwest und legte zu. Unter vollem Einsatz refften wir das Großsegel. Dann aber kam Sturmwind auf und verwandelte das Meer in einen Hexenkessel. Das schwere Schiff surfte die steilen und brechenden Wellen hinunter. Dabei erreichten wir neue Rekordgeschwindigkeiten. All dies bei Nacht, Nebel und den ‚sommerlichen‘ Temperaturen des Nordatlantiks: Sechs Grad Luft- und Wassertemperatur! In der Kabine herrschte Eiseskälte, da ab 30 Knoten Windgeschwindigkeit unsere Heizung nicht mehr funktionierte.

Um diese Jahreszeit treibt der Labradorstrom losgebrochene Eisberge nach Süden. Dies wurde selbst einem großen Schiff wie der ‚Titanic‘ zum Verhängnis. 1912 sank sie nach einer Kollision mit einem Eisberg an der Südspitze der Grand Banks.

„Wie können wir verhindern, bei Nacht und Nebel mit einem Eisberg zu kollidieren?" fragten wir Bob in Neufundland.

„Die Wetterstationen geben regelmäßig einen Eisbericht heraus. Sie enthalten die Positionen von Eisbergen. Außerdem lassen sie sich auf dem Radar sehen. Selbst ohne diese technischen Hilfsmittel würdet ihr rechtzeitig den Eisberg spüren, denn in seiner Nähe sinkt die Temperatur drastisch ab. In früheren Zeiten kam bei Sichtbehinderung das Nebelhorn zum Einsatz. Sobald sich das Schiff einem Eisberg näherte, warnte das Echo des eigenen Nebelhorns."

Nach 15 Stunden legte sich der Wind und bald war es, als sei nie etwas gewesen. Die Sonne zeigte sich sogar, was unserer Stimmung gut tat. Während wir über das Bonnet Flamment Schelf segelten, kamen wir in eine Flotte von riesigen Fischereischiffen. In jeder Himmelsrichtung sahen wir diese unheilvollen Bollwerke. Es waren die schwimmenden Fabriken, mit denen die Weltmeere geplündert werden. Die Statistik ist schockierend. Alljährlich fangen die 37.000, mit modernster Technologie ausgerüsteten Kühlschiffe, etwa 40 Millionen Tonnen Fisch. Die traditionellen Fischer holen noch einmal halb so viel aus dem Wasser. Nicht nur hier auf dem Atlantik sondern auch im Indischen Ozean sah ich diese Schiffe. Sie verfügten über riesige Schleppnetze. Andere wiederum fischen mit endlosen Langleinen und Treibnetzen. Auf meiner Reise wurde ich vielerorts Zeuge dieser Umweltvernichtung. Die Meere dieser Welt werden rücksichtslos ausgebeutet. Wir leben auf Kosten zukünftiger Generationen. Es ist ein Trauerspiel. Glücklicherweise gibt es noch einige, die es wagen, sich gegen diese Idiotie der Menschheit aufzulehnen.

Wir hätten Kanada nicht an einem Freitag verlassen dürfen. Die Meeresgötter akzeptierten scheinbar nicht, daß sich durch unser Ankern am Virgin Rock die Abreise auf den Samstag verschob. Sie gaben uns jetzt eine Lehre. Der Wind drehte auf Süd. Unangenehme Kreuzseen folgten. „Wenn ihr der Großkreisroute nach Schottland folgt, wird der Weg zwar kürzer aber dafür gelangt ihr näher an die Zentren der vorbeiziehenden Tiefdruckgebiete", sagte unser Wetterspezialist Herb über Funk. „Daher empfehle ich, daß ihr südlich von 48 Grad Nord bleibt bis ihr auf 30 Grad West stoßt. Dann könnt ihr, wenn der Wind es erlaubt, Kurs auf Schottland nehmen. Ein neues Tief sitzt euch auf den Fersen. Wenn ihr meinem Rat folgt, werdet ihr moderaten Wind aus Nordwest bekommen."

„Was heißt moderat?" fragte ich.

„Nicht mehr als dreißig bis vierzig Knoten Windgeschwindigkeit."

Bei dieser Nachricht kam sofort Bewegung in die Kombüse. Malley braute einen Topf Sturmsuppe, die für drei Tage reichen sollte! „Solange es nicht stürmt, müssen wir gut essen", beschloß ich und machte mich an die Arbeit. Es gab ‚Curry à la Mauricienne' mit Kabeljau. Ich verwendete dabei die doppelte Menge an Gewürzen, so daß wir anschließend fast Feuer spucken konnten. „Irgend etwas muß uns doch wärmen, wenn die blöde Heizung nicht funktionieren will", fand ich. Mit geöffnetem Backofen konnte auch geheizt werden. Wir probierten es einige Male mit Erfolg. Aber auf die Dauer wurde dies zu gefährlich.

Glücklicherweise stiegen die Temperaturen, als wir den Golfstrom erreichten. Der Unterschied war frappierend. Innerhalb weniger Stunden stieg die Wassertemperatur von 9 auf 16 Grad Celsius. Gleichzeitig verschlechterte sich das Wetter. Das Barometer fiel und fiel. Der Himmel verdunkelte sich. Wind und Wellen nahmen zu. Es kostete alle Kraft, das verbleibende Großsegel einzuholen und die Rollgenua bis auf ein winziges Dreieck zu verkleinern. Eigentlich hätten wir die Genua gegen das viel kleinere Fock Nr. 4 austauschen sollen. Aber dazu war der Wind bereits zu stark. Meine Eintragung im Logbuch spricht für sich:

„With the triple reefed Genoa we entered the night. Frequently the waves smashed on Deck and made the cockpit area wet and unsafe. Therefor the watch was held inside in front of the Radar screen. To generate the electricity for the Radar and the hard working autopilot we kept the shaft alternator running, causing a grinding noise. Combined with the other noises and the violent movements of the boat this was the most intensive display of sea forces I have ever experienced. Sometimes the boat shot up like an elevator to, subsequently surf down the crest of the wave at hairraising speed. Several times the yacht broached in front of a breaking wave. Three times the Genoa backed with such violence that it sounded like thunder. Malley and Liz remained remarkably calm and handled the scary night with a lot of courage. We where scared but did not loose our humour. At least Mel's soup saved our souls!"

Das Wetterfax zeigte, daß das Auge des angekündigten Tiefs direkt über uns hinwegzog.

„Ich habe euch ja gewarnt, möglichst südlich zu bleiben", erwiderte Herb, als ich über das schlechte Wetter klagte. „Ihr könnt es scheinbar nicht erwarten nach Schottland zu kommen. Nehmt euch in acht, denn das nächste Tief ist bereit unterwegs."

Sechs Tage und Nächte segelten wir unter sturmähnlichen Bedingungen.

An Bord war es kalt und naß. Die Beschleunigungskräfte wirkten brutal. Wir konnten nichts dagegen tun. Es wurde zu einem endlosen Leiden. Wir versuchten, die mißliche Lage zu ignorieren. Wie gut, daß uns das Schiff zu sehr beschäftigte, um Angst aufkommen zu lassen.

Glücklicherweise befanden wir uns auf Raumen- oder Vorwindkurs. Erst am neunten Tag auf See kehrte etwas Ruhe ein. Zur Feier fabrizierte Liz einen sensationellen Schokoladenkuchen, den sie mit Luftballons dekoriert servierte. Während des Sturms zeigte sich Elizbeths Stärke. Sie war bei allen Wetterbedingungen über und unter Deck einsatzbereit. Selbst in den schlimmsten Stunden gelang es ihr noch, Mahlzeiten zu kochen.

Wie gut, daß das Wetter den Gesetzmäßigkeiten des Lebens gleicht. Nach einem Tief folgt ein Hoch. Nach dem Sturm folgte die Ruhe. Der Wind legte sich. Die Temperaturen wurden erträglicher. Endlich konnten wir uns ein wenig erholen und die Zeit auf See genießen.

Seit Tagen hörten wir zweimal täglich einen Donner. Dies bestätigte, daß wir uns auf der richtigen Route nach Europa befanden. Es war der Überschallknall der Concorde. Dieses Flugzeug legt in 3 ½ Stunden die gleiche Distanz zurück, wie wir in etwa drei Monaten – wenn wir uns eilen!

„Die da oben wollen zwar keine Zeit verlieren, verpassen dafür aber ihr Leben", stellten wir fest.

Herbs letzte Vorhersage lautete: „Westlich von euch bildet sich ein weiteres Tiefdruckgebiet, daß im Laufe der nächsten Tage Nordostwind bringt. Daher nehmt am besten, so lange es noch geht, direkten Kurs auf Schottland! Womöglich müßt ihr dann gegen den Wind kreuzen, wenn er nicht zu stark wird. Viel Glück."

Herb Hilgenberg, der Hobbyfunker und Meteorologe aus Kanada stand uns als Lotse zur Seite. Mit ruhiger Stimme gab er den Fahrtenseglern im Atlantik Rat und Mut. Zu jener Zeit gab es nur zwei weitere Segelschiffe im Nordatlantik, die mit ihm im Funkkontakt standen. Eines lag etwa 300 Seemeilen hinter uns und ein weiteres Schiff befand sich bei Grönland. Alle anderen Fahrtenschiffe segelten viel weiter südlich.

Der Wind drehte wie angekündigt und bald stampften wir bei 30 Knoten durch die aufgewühlte See. Er kam nun ausgerechnet aus der Richtung in die wir segeln wollten. „Navigation ist denkbar einfach", sagte mir einmal ein erfahrener Segler. „Um zu seinem Ziel zu kommen, braucht man nur in die Richtung zu segeln, woher der Wind weht!"

Dies ist leichter gesagt als getan. Besonders bei Starkwind und ausgeleierten Segeln. Die Genua hatten wir endlich mit dem Fock Nr. 4 vertauscht. Dieses refften wir und segelten so hoch wie möglich am Wind. Wiederum wurden wir zum Spielball der Wellen, nur kamen sie jetzt von der Seite. Einige Male schlug uns eine brechende Welle mit solcher Gewalt gegen die Bordwand, daß ich die Planken ächzen hörte. Es gab Momente, in denen ich befürchtete, das alte Holzschiff könnte zerbrechen. Unzählige Male prüften wir den Wasserstand in der Bilge. Wasser drang zwar in vermehrtem Maße ein. Doch dies war bei dieser harten Beanspruchung normal. Die Wellen waren hoch, aber zum Glück nicht hoch genug, um *Ryusei* kentern zu lassen.

Dingle

Gegenwind aus nordöstlicher Richtung zwang uns, einen Hafen in Irland anzulaufen. Dabei stellte sich ein Problem, mit dem ich nicht gerechnet hatte. Meine Seekarte für Irland besaß einen zu großen Maßstab, für Küstennavigation. Wir behalfen uns schließlich mit dem Seehandbuch und einer Straßenkarte, die ich zufällig an Bord fand. Unsere Wahl fiel auf den Ort Dingle.

Landluft kündigte Irland an, bevor im diesigen Morgenlicht die Berge am Horizont auftauchten. Das Gefühl, nach all den Strapazen Land zu sehen, war unbeschreiblich. Auf Steuerbord lag Irlands höchster Berg und auf Backbord die Halbinsel von Dingle. In diesem Moment knallte unsere Schleppangel aus der Halterung. Wir holten sie ein und staunten. Da hing nicht ein Fisch, sondern eine große Möwe am Haken. Mit Handschuhen bändigten wir das arme Tier und befreiten es. Glücklicherweise war es nicht verletzt. Wegen der fehlenden Seekarte näherten wir uns vorsichtig dem Hafen. Kurz vor Dingle erschien ein großer Delphin und vollführte Luftsprünge. Welch eine Begrüßung!

Sonnenschein und sommerlicher Wärme empfingen uns in Irland. Die ersten Schritte waren beschwerlich. Endlich standen wir auf festen Boden. Doch der Boden schien zu schwanken. Breitbeinig wankten wir an der Hafenfront entlang und ließen uns in einem Cafe nieder, wo wir ein ausgiebiges Frühstück und Zeitungen erhielten. „That is life!" riefen meine Freunde begeistert. Der Jubel wiederholte sich, als wir erfuhren, daß es in dem kleinen Ort 52 Bars und Restaurants gab. Es hätte keinen besseren Hafen für unsere erste Landung in Europa geben können. Eines der besten Tränken befand sich gegenüber der Kirche im Laden des Schusters. Eine andere Bar, die wir besuchten, gehörte einer 80jährigen Dame. Bei ihr kam es uns vor, als säßen wir im Wohnzimmer ihres Hauses.

Dingle berauschte, und dies lag nicht nur an unserer gelungenen Seereise. An jenem Tag bewiesen wir wieder, daß der Alkohol für die Seeleute wie das Wasser für den Fisch ist.

Arran – Asien

Schottland lockte. So verließen wir bereits am folgenden Abend den Ort der Versuchung. Bei ruhiger See und sternenklarem Himmel segelten wir zwischen den Blasket Inseln hindurch nach Norden. Inishbofin an Irlands Westküste besitzt eine geschützte Bucht, in der wir für eine weitere Nacht ankerten. Auch wenn die Insel einsam und verlassen lag, ging hier die Post ab. Eine Flotte von Segelyachten hatte hier am gleichen Tage ihre Regatta beendet. Sie feierten abends im Insel-Pub. Zusammen mit einer schottischen Familie, die dabei war, Irland zu umsegeln, mischten wir uns in den Tumult. Es wurde lustig, denn Ian MacLeod, ein Professor der Universität in Glasgow, nahm seinen Dudelsack hervor und musizierte mit den Iren um die Wette.

Als sie morgens aus dem Ankerplatz segelten, spielte er auf seinem Dudelsack die schottische Nationalhymne, um uns auf Schottland einzustimmen. Wir johlten vor Freude und hißten das Sankt Andrews Kreuz, die schottische Fahne. Glücklicherweise schliefen die Iren an Bord ihrer Segelyachten den Rausch aus, sonst hätten wir uns unbeliebt gemacht: Es ist bekannt, daß der Konflikt zwischen Irland und dem britischen Festland nach wie vor schwelt.

Dreihundert Meilen trennten uns von unserem Ziel. Wir konnten es kaum noch erwarten. Scheinbar unendlich langsam zogen die grünen Hügel Irlands vorbei. Als am 8. August die Sonne aufging, war es soweit. Das berüchtigte Mull of Kintyre lag auf Backbord, Nordirland auf Steuerbord und voraus lag die markante Insel Elsa Craig. Dann tauchten die vertrauten Berggipfel der Insel Arran aus dem morgendlichen Dunst.

Wenig später segelten wir an Pladda, Arrans südlichsten Leuchtturm vorbei. Die Emotionen ließen sich nicht mehr verbergen. Ich erlebte diese Stunden wie im Rausch. Die Insel Arran kannte ich seit meiner Jugend. Dort hatte sich über die Jahre hinweg mein Bezug zum Meer herausgebildet. Nun sollte dieser Ort zur Endstation meiner Reise von Asien nach Europa werden.

Das Wetter konnte nicht idealer sein. Ein leichter Südostwind erlaubte uns den ,Drachen' zu setzen. Außerdem schmückten wir das Schiff mit allen Fahnen, die wir an Bord hatten. Darunter natürlich auch diejenigen der 26 Länder, die ich auf der Heimreise besucht hatte. Die Reise von Asien nach Europa hätte ein Jahr dauern sollen. Zwei Jahre und 22.000 Seemeilen lagen nun hinter mir. Es war eine Reise in Zeitlupe, aber ein Leben auf der Überholspur. Grund genug, einen Champagnerkorken knallen zu lassen. „Die

Ankunft wird sicher turbulent", prophezeite ich. „Laßt uns jetzt noch die Ruhe genießen."

Wir ließen uns auf das Vordeck nieder und stießen auf das gemeinsame Abenteuer an.

Schottland erlebte zu jener Zeit eine Hitzewelle. Die Sonne brannte so stark auf uns herab, daß wir die Badeanzüge herausholten. Dann segelten wir an einer kleinen Insel vorbei, die mich an vergangene Zeiten erinnerte, denn auf Holy Island befand sich ein buddhistisches Kloster. So mußte ich am Ziel meiner Reise feststellen: „Hier gibt es tropische Temperaturen und fernöstliche Kultur. Arran grüßt Asien!"

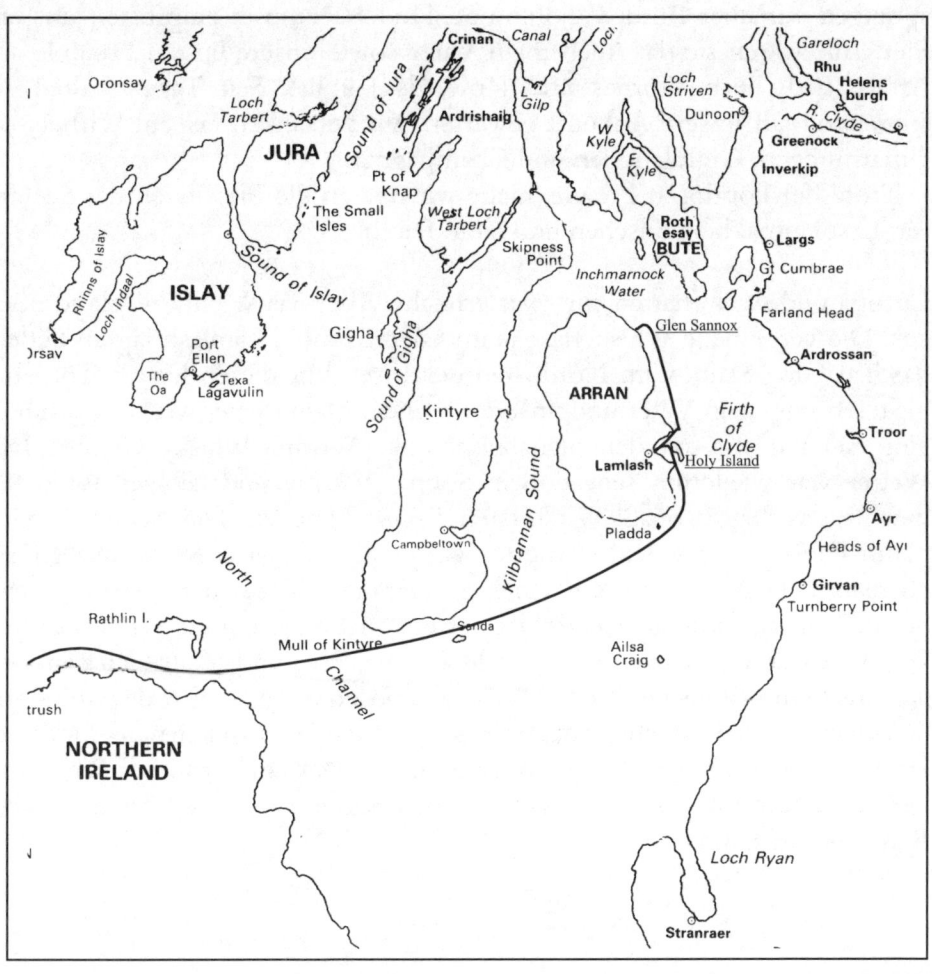

‚Whisky Galore‘ (August 1995)

„Ooh times are hard in Barra",
You'd hear the Botachs cry,
„No food to feed a sparra,
And every bottle dry. "

„Ahoi! Ihr werdet am Pier erwartet", rief uns die Besatzung einer Segelyacht zu, die uns entgegenkam. Als nächstes fing uns mein alter Freund Howard Walker ab und geleitete uns mit seinem Motorboot zum Liegeplatz vor Lamlash. Sein Angebot uns an Land zu bringen, lehnten wir jedoch ab. Jetzt waren wir so weit gesegelt. Die letzten Meter wollten wir schwimmen. Also sprangen wir über Bord. Gejohle und Dudelsackmusik empfingen uns am Pier. Alle waren sie da. Auch mein Vater sowie unsere besten Freunde auf Arran. Lady Jean Ffordes und Howards Familie. Seit Tagen hatten sie sorgenvoll auf unsere Ankunft gewartet. Wir versanken fast im Wirbel von Umarmungen, Gratulationen und Champagner.

Trotz der kopflosen Freude, hielte wir uns an die Prioritäten der Seefahrer: Erst einmal heiß duschen und dann feiern!

Europa und Arran hatten wir zwar erreicht. Aber das Wichtigste stand noch aus. Die vergrabene Whiskyflasche im Glen Sannox. Lamlash lag im Süden, das Tal Glen Sannox im Nordosten der Insel. Für diesen letzten Törn begleiteten uns mein Vater und unsere Freunde. Damit jeder wußte, worum es ging, setzten wir mit den Signalfahnen die Worte: ‚Whisky Galore‘. Das Wetter war wiederum sensationell: Sonne, Wärme und leichter Wind. So machte das Segeln Spaß! Wir hissten *Ryuseis* Drachen. Das Schiff krängte, nahm Fahrt auf und demonstrierte, was es in sich hatte. *Ryusei*, unser Drachenstern, belohnte uns mit einer Sternstunde. Trotz der vielen tausend Seemeilen, war das alte Holzschiff bestens in Form. Unsere Gäste jubelten vor Begeisterung. Arrans Gebirgskulisse zog vorbei und schließlich näherten wir uns dem schönsten Tal der Welt, dem Glen Sannox. Vor der Mündung des gleichnamigen Baches ankerten wir und landeten mit dem Beiboot am Ufer. Dabei sorgte ein Hai für Aufregung. Es war ein harmloser Riesenhai, der Kreise um uns zog. Den gemeinsamen Segeltörn feierten wir mit einem Barbecue am Ufer.

Erst als sich die Sonne dem Horizont zu neigte, begaben Malley, Liz und ich uns auf die Suche nach der Whiskyflasche. Diese Expedition unternahmen wir allein. Mehrere Kilometer wanderten wir über unwegsames Gelände das Tal hinauf. Wie ein Spürhund auf der Fährte, suchte ich nach dem markanten Felsen an dessen Fuß ich die Flasche 10 Jahre zuvor vergraben hatte. Meinen Freunden kamen Zweifel. Sie sagten: „Hier gibt es Tausende von Felsen. Glaubst du nach so langer Zeit, den richtigen zu finden?"

„Ich bin zwar ein wenig vergeßlich; aber nicht, wenn es sich um eine Whiskyflasche handelt", erwiderte ich.

Sie staunten nicht schlecht, als ich sie am Ende des Tales zu einem Felsen führte und innerhalb weniger Minuten die Flasche im moorigen Erdreich fand. Mit einem hatten wir allerdings nicht gerechnet: Winzige Moskitos, die sogenannten Midgets griffen uns an. Wir konnten nur einen kleinen Schluck nehmen und eilig ein Foto machen. Dann packten wir die Flasche in den Rucksack und flüchteten vor den Midgets das Tal hinunter. Es war ein heißer und schwüler Abend. Der Bach, an dem wir entlangrannten, war verlockend. An einer Stelle rissen wir uns die Kleider vom Leibe und sprangen ins kühle Naß. Kaum im Wasser, kam ein einsamer Wanderer vorbei. Bei soviel Nacktheit, fielen ihm fast die Augen aus dem Kopf.

Erst am Meeresufer waren wir vor den Midgets sicher. Hier ließen wir uns nieder, während die Dunkelheit einbrach und der Sternenhimmel sich über uns auftat. Der Whisky enthemmte die Gedanken.

Mir ging Grundlegendes durch den Kopf: „Ausgehend als Heimreisender bin ich zu einem Fahrtensegler geworden. Einer der keine Kosten und Mühe scheut, um auf den Weltmeeren zu reisen. Einer der so verrückt ist, das gesicherte Leben aufzugeben, der sich mit anderen Menschen auf ein Boot einpfercht und sich freiwillig Wind, Kälte und Nässe aussetzt. Weder Materielles noch Konkurrenz motivierten mich. Es ist das Erleben an sich. Mich motivierte der Nervenkitzel einerseits, aber auch der Erfolg ein Ziel, allein oder im Team, erreicht zu haben. Raum und Zeit erhielten für mich einen neuen Stellenwert. Probleme, die das Leben stellt, ob beruflich oder privat, kommen mir plötzlich klein vor. Meinem Leben bieten sich völlig neue Perspektiven."

„Schottland haben wir erreicht. Die Whiskyflasche gefunden. Was machen wir jetzt?" fragte ich.

„Meine Arbeitsstelle habe ich in der Zwischenzeit verloren, wie ich beim letzten Telefonat erfuhr", erwiderte Malley. „Wenn ich nicht sofort heimkehre, wird vielleicht auch mein Verlobter weg sein. Ich möchte nach Hause fliegen. Und zwar so schnell wie möglich!"

„Mein Ziel war es, nach Afrika zu reisen. Aber bevor ich das tue, würde ich gern noch weiter in Europa segeln", sagte Liz und fragte mich: „Was sind denn deine Pläne?"

„Ich werde weiter segeln bis ich einen Hafen finde. Ich möchte irgendwo in Europa meinen Anker werfen, eine neue Karriere starten und, wer weiß, vielleicht einmal eine Familie gründen. Aber das ist Zukunftsmusik!"

Glen Sannox

EPILOG

Immer wieder wurde mir süffisant die Frage gestellt, wie es allein an Bord mit zwei so entzückenden Damen gewesen sei. Daß sich auf so engem Raum einen Romanze entwickelt, erscheint naheliegend. Keinem von uns ging es darum. Die Natur bot ja Abenteuer genug. Wir zitterten gelegentlich um unser Leben. Im Team waren wir so stark, wenn nicht sogar stärker, wie mit jeder Männermannschaft zuvor. Auf keinem Abschnitt unserer Reise waren wir ähnlich harten Anforderungen ausgesetzt. In den Augen der Natur sind wir Menschen alle gleichberechtigt. Es hängt nur davon ab, wie wir gemeinsam bestehen.

Was wurde aus uns, nach all den Abenteuern?

Guillaume Felisaz ist nach Frankreich zurückgekehrt und hat sich in Marseille niedergelassen.

Luke Raubenheimer blieb vorübergehend in Südafrika, um anschließend wieder in See zu stechen.

Guy Hammond ist nach einem kurzen Intermezzo in Südafrika nach England ausgewandert.

Greg Friedrichs hat in Amerika seine Freundin Amy geheiratet. Sie leben in Seattle auf ihrer hölzernen Segelyacht.

Maryallice Weber (Malley) und ihr Verlobter heirateten auf Diamond Island in Maine. Heute ist sie als Künstlerin tätig.

Elizabeth Trice bereiste nach unserer gemeinsamen Reise Westafrika und setzte anschließend ihr Studium in Neu Mexiko fort.

Der Kapitän versucht zu ankern.

ANHANG

- Reisedaten

- Technische Spezifikation

- Sparkman & Stevens

- Glossar

- Danksagung

- Kartenmaterial

REISEDATEN

REISEABSCHNITT	Seemeilen	Nonstop
THAILAND – SINGAPUR	550	
SINGAPUR – MALAYSIEN / Tioman	355	
SINGAPUR – INDONESIEN (August 93)	520	
INDONESIEN – CHAGOS	2.031	16 Tage
CHAGOS – MAURITIUS	1.226	
MAURITIUS – REUNION (incl. Regatta)	376	
REUNION – SÜDAFRIKA / Durban	1.460	12 Tage
Durban – Kapstadt	1.032	
Kapstadt – NAMIBIA	491	
NAMIBIA – ST. HELENA	1.309	9 Tage
ST. HELENA – BRASILIEN / Natal	1.749	13 Tage
BRASILIEN – FR. GUAYANA	1.270	7 Tage
FR. GUAYANA – TOBAGO	609	3 ½ Tage
TOBAGO – PANAMA / San Blas Inseln	2.258	
PANAMA – HONDURAS / Guanaja	628	5 Tage
HONDURAS – USA / Florida	736	
USA / Key West – North Carolina	760	
North Carolina – New York	558	
New York – Maine / Portland	493	
USA / Maine – KANADA / Virgin Rock	1.372	
KANADA – IRLAND / Dingle	1.788	12 Tage
IRLAND – SCHOTTLAND (August 95)	416	

Gesamtstrecke (Seemeilen):   **21.987**

TECHNISCHE SPEZIFIKATION

Name	**RYUSEI** (japanisch = Drachenstern)	
Typ	Slup	
Design	Sparkman und Stevens (‚Firebrand')	
Werft	KATO BOAT / Japan	
Baujahr	1966	
Rumpflänge	44 ft	13.41 m
Wasserlienenlänge	34 ft	10.36 m
Breite	11.6 ft	3.51 m
Tiefgang	6.9 ft	2.06 m
Verdrängung	13 t	
Ballast	4.9 t	
Rumpf	Holz	
Mast	Aluminium	
Segelfläche	ca. 90 m²	
Maschine	YANMAR Diesel / 44 hp	
Treibstoff	470 l	
Wasser	580 l	

RUMPF

Burmesisches Teak Holz (32 mm) – Karweel beplankt auf Spanten aus laminierten japanischen Ulmenholz – Kiel und Kielschwein aus solidem Teak – Planken sind mit Schrauben und Muttern aus Bronze befestigt – Kniestücke, Mastfischung, Püttings aus rostfreiem Stahl (#316).

DECK & AUSRÜSTUNG

Das Deck ist teilweise mit Teak belegt – Deckshaus mit Spritzkappe – festes Sonnensegel über dem Steuerstand – selbstfassende Schotwinschen (Maxwell) – elektrische Ankerwinde (Muir)

SEGEL
Großsegel mit Latten – Genua (130%) – Fock Nr. 4 – Fahrten-Spinnaker –
Klüver – Sturmfock – Sturm Trysegel

ANTRIEB / ELEKTRIK
Yanmar Diesel / 4 Zylinder / 44 PS
Hydraulische Kupplung – Getriebe: 3:1 – Festpropeller –
Zwei Lichtmaschinen (90 Amp. & 30 Amp.) – 6 Solarpanele je 42 Watt –
4 Batterien je 150 Amp. – Inverter-Ladegerät (300 Watt / 30 Amp.)

INNENEINRICHTUNG
Inneneinrichtung mit Mahagoni verkleidet – Bodenbretter aus japanischem
Kirschbaumholz – Kojen: eine doppelte im Vorpiek und drei einzelne in der
Kajüte – Dusche im Vorpiek - Toilette (Lavac)

AUSRÜSTUNG

- Kühlschrank	155 l mit Gefrierfach / 12 Volt (Adler Bodour)
- Herd	Gasherd mit drei Flammen, Backofen, Grill
- Heizung	Diesel Heizung (Dickenson)
- Wasserpumpen	2 (Süßwasser / Salzwasser)
- Bilgenpumpen	2 elektrische, 1 mechanische, 1 manuelle
- GPS	MAGELLAN NAV 5300 DX
- Sextant	TAMAYA
- Radar	FURUNO 1621
- Wetter Fax	KODEN FX 7181
- Instrumente	B&G - Echolot
	- Geschwindigkeitsanzeige
	- Wassertemperatur
	- Windmesser
- Autopilot	AUTOHELM 6000 (Linearantrieb)
	mit Interface zum GPS und B&G
	AUTOHELM 5000 (Linearantrieb)
	komplette Einheit auf Standby
- Radio SSB	ICOM HF Transreceiver IC-731
	mit Antennentuner AH-2

- Radio VHF

Stationär: STANDARD
Mobil: ICOM IC-M7

- Rettungsboot   AVON für 6 Personen
- EPIRB   2 Systeme: ACR / LITTON
- Mann-über-Bord   Ausrüstung mit Rettungsring, Leucht- und Signalboje
- Notsteuerung   Notpinne mit Adapter zum Ruderstock
- Einbruchssicherung Elektrodraht mit 7000 Volt
- Signalfahnen   kompletter Satz

- Ankerkette   10 mm / 85 Meter
- Hauptanker   CQR   22 kg
- Heckanker   Danforth   15 kg
- Sturmanker   Bruce   35 kg
                               mit 15 m Kette (10 mm) und 130 m Nylonseil
                               (24 mm)

- Beiboot   2.6 m Schlauchboot mit Fieberglasboden
- Außenbordmotor   MERCURY 15 hp
- Musikanlage   Radio, Kasette, CD
- Tauchausrüstung   Kompressor: NAUTICA MCH-6
                               3 Tauchflaschen mit Lungenautomaten

- Ersatzteile
- Werkzeuge

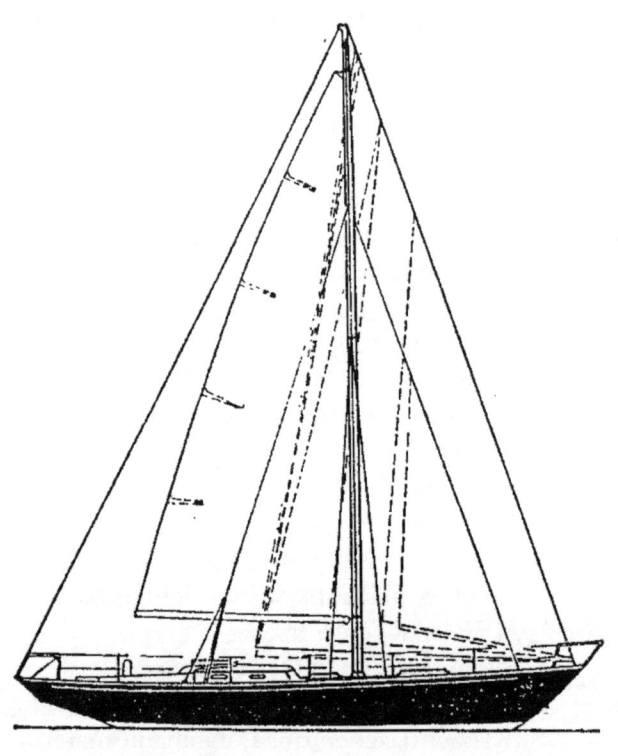

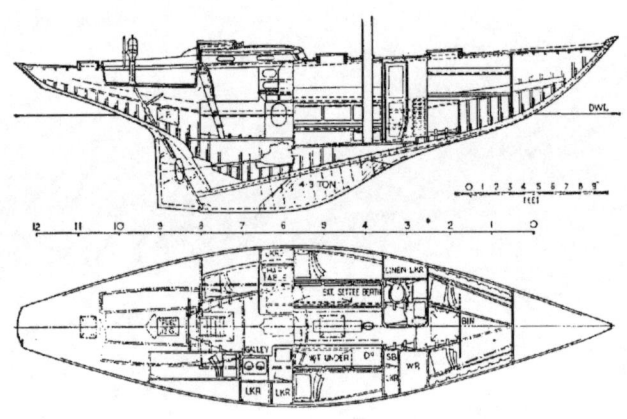

Ryuseis Schwesterschiff ‚Firebrand' - 1964

SPARKMAN & STEVENS

Olin und Rod Stevens beeinflußten seit den dreißiger Jahren das Design von
Renn- und Fahrtenyachten. Olin war der geniale Konstrukteur , Rod der
Ingenieur. Der Einstieg der Brüder Olin und Rod in den Konstruktionsberuf
fiel in das Jahr des großen New Yorker Börsenkrachs. Das war die Zeit, als
sich das Yachtsegeln zunehmender Beliebtheit erfreute. 1929 erhielten die
Stevens-Brüder von Drake Sparkman, einem Yachtmakler und -versicherer,
den Auftrag, einen Cruiser-Racer zu zeichnen. Daraus wurde die spektakuläre Yawl ‚Dorade‘ mit 52 Fuß Länge. Kurze Zeit später nahm Drake
Sparkman die beiden Brüder in sein Geschäft an der Madison Av. 79 / New
York auf, und daraus wurde dann schließlich eines der größten Designer-
büros weltweit.

In den Jahren 1930/31 gewann Rod Stevens am Steuer der ‚Dorade‘ alle
Segelregatten, inklusive des Transatlantik- und des berüchtigten Fastnet
Rennen. Die Erfolge machten die Konstrukteure und die Crew so populär,
daß sie 1931 am Broadway mit einer ‚Ticker-Tape-Parade‘ geehrt wurden.
Weitere berühmte Yachten vom S&S Zeichenbrett waren: ‚Stormy Weather‘,
‚Stormvogel‘, ‚Bolero‘ (1949), ‚Finisterre‘ (1954).

Olin Stevens Entwürfe zeichneten sich durch eine perfekte Ausstattung
für alles seemännisch Nötige an Deck und unter Deck aus. Seine Yachten
wurden so ausgelegt, daß sie sowohl für Regatta- als auch zum Fahrtensegeln
genutzt werden konnten. Unbequeme, schmale Kojen wie sie heute auf
Rennyachten üblich sind, gab es bei ihm nicht.

Skizzen von Schiffstypen (Noël Maurel)

GLOSSAR

Achtern, achterlich	hinten.
Achterstag	Das hintere Befestigungseil des Mastes.
Amwindkurs	Kurs mit Wind schräg von vorne.
Back	Ein Segel wird zur Seite gegen den Wind geholt, um z. B. die Fahrt zu vermindern.
Backbord	Die linke Seite des Schiffes.
beidrehen	Im Sturm läßt man das Schiff mit stark verkleinerter Segelfläche treiben
belegen	Eine Leine festbinden.
Bilge	Die tiefste Stelle im Boot.
Bilgenpumpe	Die Pumpe mit der das in der Bilge gesammelte Wasser über Bord gepumpt wird.
Bug	Das vordere Ende eines Bootes.
Bugsprit	Eine nach vorne, über den Bug hinausragendes Rundholz.
dichtholen	Etwas, bzw. ein Segel, wird mit einem Seil fest angezogen.
Echolot	Gerät zum Bestimmen der Wassertiefe.
EPIRB	Abkürzung für Emergency Positioning Indicating Radio Beacon (=Seenot-Funkboje).
Fall	Leine zum Setzen und Niederlassen der Segel.
Fender	Ein luftgefüllter Kunststoffpuffer der beispielsweise beim Anlegen zum Schutz des Rumpfes außenbords gehängt wird.
Freibord	Der Abstand zwischen Deck und Wasseroberfläche.
Fock	Das Vorsegel.
Gaffelsegel	Ein viereckiges Segel, das zwischen Großbaum und Gaffel (oben) aufgespannt wird.
Genua	Die Genua ist ein Vorsegel. Es ist um bis zu 150% größer als ein normales Vorsegel.
GPS	Abkürzung für Global Positioning System (= Satelliten-Navigationsgerät).
Großsegel	Das am Großmast gesetzte Segel.
Halbwindkurs	Kurs mit Wind von der Seite.
Halse	Das Wechseln der Windseite, in dem man mit dem Heck durch den Wind dreht.
Heck	Der hintere Ende eines Schiffes.
Heckspiegel	Die senkrecht oder schräg stehende hintere Abschlußplatte des Bootsrumpfes.
Hundekoje	Im hinteren Teil des Schiffes, zwischen Bordwand und Plicht eingebaute Koje. Diese Koje gehört meistens dem Navigator:
Kalfatern	Abdichten der Planken mit Dichtmaterial.
Kalfatereisen	Das Werkzeug mit dem Dichtmaterial (Werg) zwischen die Planken getrieben wird.
Karweel	Traditionelle Beplankung eines Holzrumpfes mit glatter Außenhaut.

Ketch	Segelboot bei dem der vordere Mast größer ist als der hintere.
killen	flattern, z. B. ein Segel.
Knoten	Geschwindig in Seemeilen pro Stunde.
Lee	Die dem Wind abgewandte Seite.
Logbuch	Das Schiffstagebuch.
Luv	Die dem Wind zugewandte Seite.
Plicht	Der im Deck eingelassene Platz für Rudergänger und Besatzung.
Preventer	Z. B. der Großbaum wird mit Hilfe eines Seiles (Preventer) so festgebunden, daß er bei einer unbeabsichtigten Halse nicht umschlägt.
Raumwindkurs	Kurs mit Wind schräg von hinten.
Rigg	Alles Drahtgut und Tauwerk zum Halten des Mastes.
reffen	Verringern der Segelfläche bei starkem Wind oder Sturm.
Rollreffanlage	Eine Anlage mit dem das Vorsegel durch aufrollen gerefft oder eingeholt werden kann.
Saling	Waagerechtes Metallprofil oder Rundholz am Mast zum Abspreizen der Wanten.
Schoner	Ein Segelschiff mit 2 oder mehreren Masten, deren vorderer Mast kleiner als oder ebenso groß ist wie der achtere Mast.
Schot	Ein Seil, mit dem Segel bedient werden (z. B. Großschot, Fockschot).
Seemeile	Eine Seemeile entspricht einer Entfernung von 1852 Meter.
Sextant	Ein Navigationsinstrument zum Bestimmen der Position.
Slip	Eine geneigte Rampe, die dazu dient Schiffe aus dem Wasser zu ziehen (=slippen).
Slup	Einmastiges Segelboot mit einem Großsegel und einem Vorsegel.
Stag	Drahttauwerk, das den Mast in Längsrichtung des Schiffes hält.
Steuerbord	Die rechte Seite eines Schiffes.
Spinnaker	Ein großflächiges, ballonähnliches Segel, daß bei Raumen- oder Vorwindkurs gesetzt wird.
Takelage	Die Ausrüstung, an der die Segel befestigt werden, (Mast, Wanten, etc.).
Trysegel	Ein dreieckiges Sturmsegel, das anstelle des Großsegels gesetzt wird.
Vorstag	Vorderes Befestigungsseil des Mastes.
Vorsteven	Der Holzbalken, der den Kiele vorne nach oben verlängert und die Form des Schiffsrumpfes mitbestimmt.
Wanten	Drahtseile, die zur seitlichen Verspannung des Mastes dienen.
Winsch	Winde zum Bedienen von Tauwerk.
Yawl	Ein Segelschiff mit zwei Masten. Der hintere Mast hat max. 50% der Höhe des Großmastes.

鎮星

DANKSAGUNG

Ohne Rückenwind hätte diese Geschichte keinen Platz zwischen den Buchdeckeln gefunden.

Besonders danken möchte ich

Lisa Gouw für die Inspiration
und all denen, die mit mir die Abenteuer teilten,

insbesondere aber

Graeme Irland, David Westerhout und Noël Maurel,
die der Seereise mit Rat und Tat den richtigen Schwung gaben.

sowie

denen, die am Gelingen dieses Buches mitgewirkt haben:
Helga Haniel, Dr. Marion Steiner,
Lutz Diedrichs, Christiane Stauder, Reinhilde Wurst,
Sabine Aly, Philippe Latscha und Inca Vogt.

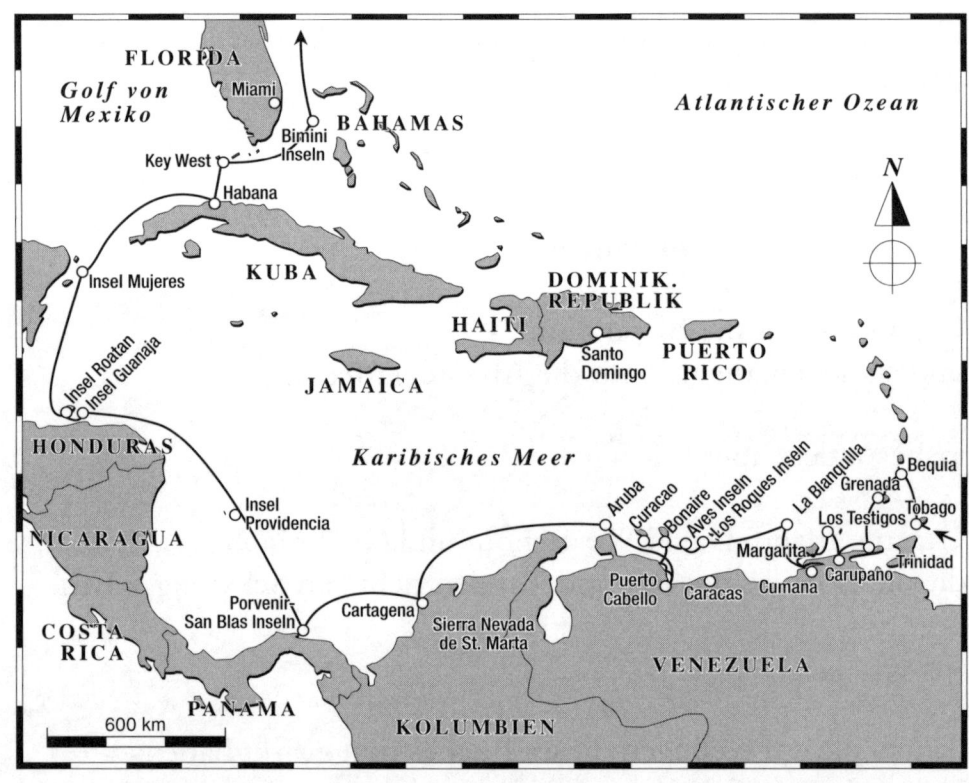

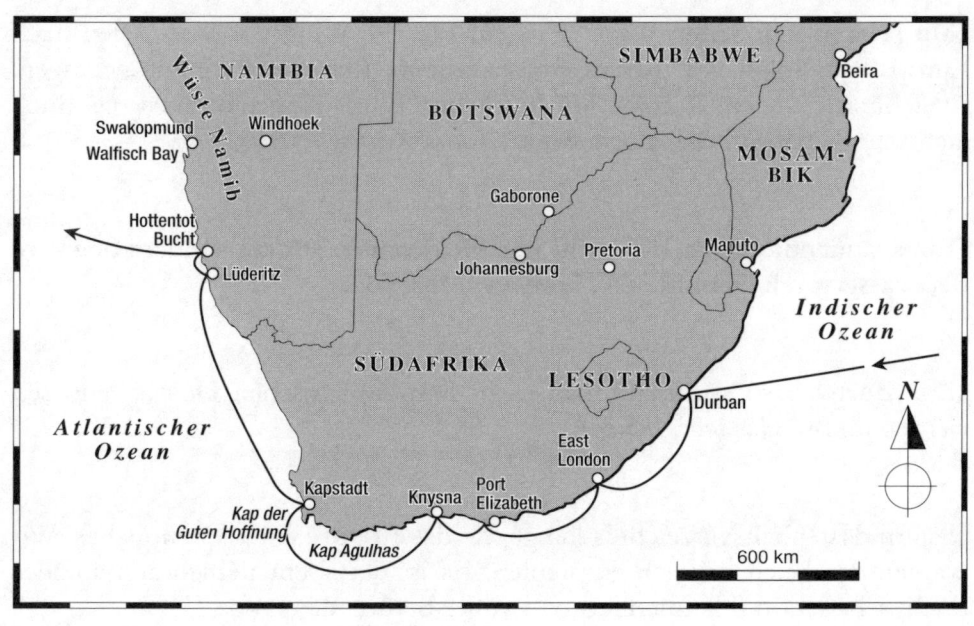

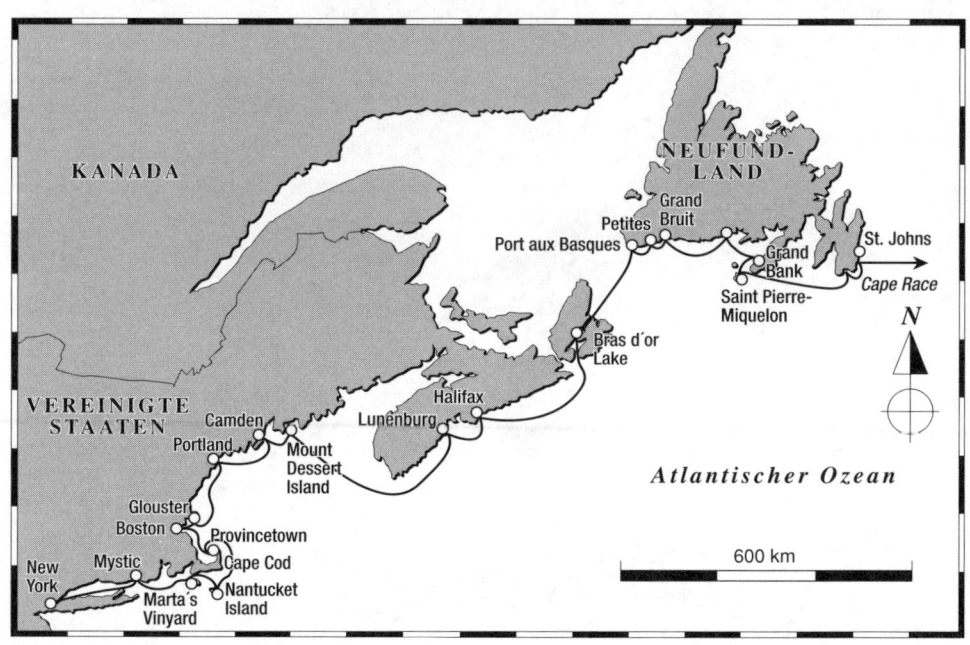

„Mit seinem 448 Seiten Werk „Für ein Flasche Whisky – Von Asien nach Europa" ist Ralph von Arnim eine exzellente Reisebeschreibung gelungen. Es ließt sich wie ein Roman. Mit herrlichen Fotos illustriert, zieht das Buch nicht nur Segelprofis in seinen Bann." *Kleine Zeitung / Graz*

„Ein spannendes Buch, daß nicht von Heldentaten strotzt, sondern Spaß am Blauwassersegeln vermittelt." *Hamburger Abendblatt*

„Das Buch ist so spannend, daß es in homöopathischen Dosen genossen werden muß!" *Hanauer Anzeiger*

„Schon das Inhaltsverzeichnis klingt wie das Exposé eines Drehbuches. Wir können das Buch wirklich empfehlen. Es ist ein abenteuerlich anmutendes Buch, sehr schön dokumentiert und voller betörender Fotos."
Hessischer Rundfunk

„Ein toller Schmöcker für den Urlaub" *Freizeit Revue*

EDITION MARySOL